文明自觉与
21 世纪思想文化研究

重述中国

贺桂梅 著

北京大学出版社
PEKING UNIVERSITY PRESS

图书在版编目（CIP）数据

重述中国：文明自觉与21世纪思想文化研究 / 贺桂梅著. —北京：北京大学出版社，2023.9

ISBN 978-7-301-34231-2

Ⅰ.①重… Ⅱ.①贺… Ⅲ.①思想史—研究—中国—21世纪 Ⅳ.①B26

中国国家版本馆 CIP 数据核字（2023）第 132232 号

书　　　名	重述中国：文明自觉与21世纪思想文化研究
	CHONGSHU ZHONGGUO：WENMING ZIJUE YU 21 SHIJI SIXIANG WENHUA YANJIU
著作责任者	贺桂梅　著
责 任 编 辑	张雅秋
标 准 书 号	ISBN 978-7-301-34231-2
出 版 发 行	北京大学出版社
地　　　址	北京市海淀区成府路 205 号　100871
网　　　址	http://www.pup.cn　新浪微博：@北京大学出版社
电 子 邮 箱	编辑部 wsz@pup.cn　总编室 zpup@pup.cn
电　　　话	邮购部 010-62752015　发行部 010-62750672
	编辑部 010-62757065
印 刷 者	涿州市星河印刷有限公司
经 销 者	新华书店
	650 毫米×980 毫米　16 开本　29.25 印张　419 千字
	2023 年 9 月第 1 版　2024 年 1 月第 2 次印刷
定　　　价	118.00 元（精装）

目　录

上编　思潮

中编　思想者

下编　文化

序言　阐释转变的 21 世纪中国

本书尝试对 21 世纪中国思想文化中的重要现象与理论议题进行描述、分析和研究阐释。探讨对象涉及知识界的主要思潮、人文思想领域的代表性研究者及其主要成果思路、影视大众文化中的主要现象。内容较为宽泛，但论题非常集中，那就是自 20、21 世纪之交以来当代思想文化如何重新叙述中国。

21 世纪是全球化语境下中国国家建构和社会文化发生重要转型与变化的时期。这一转型的阶段性起点，大致从 1990 年代后期开始。其时，知识界的分化与论争、影视文化的产业转型和不同学科领域的新思路的提出，都标志着中国思想文化开启了一个新的时段。经历 20 余年的发展变化，对于如何叙述 21 世纪的中国，无论思想议题、影视文化还是学科研究话语，都已形成了相对明晰的轮廓，学界对相关议题和历史脉络也开始了更为自觉的整理和分析。

本书从最初的构想开始，就有一个明确的目标，即记录和阐释 21 世纪转型的中国。虽然也有追踪、勾勒 20 年当代思想史文化史轮廓的基本诉求，但写作方式并不是一般性的历史研究，而是对正在发生中的思想文化实践进行观察，同时融入自己的评价和判断，以学术研究的方式来展开探讨。在大量当下的思想文化现象和思潮中捕捉到一些主题性的议题，进而努力把握较为全面的对象轮廓，在对核心文本进行深度解读的基础上，推进相关的理论话题，这种写法使得本书兼有思想文化评论和历史研究的特点。

全书写作的时间跨度较长，最早的一章完成于 2000 年，而最近的一章则写于 2020 年，可以说，这是一本与 20 年来中国思想文化变迁同时进行的书。由于这一原因，各章的内容、篇幅并不均衡。但这并不是一本一般性的论文集。因为总主题"重述中国"是我在不同时间段、讨论不同对象时反复思考的问题，并且何种对象能够进入我的分析视野也是有选择的，因而总体上具有专著的统一性。事实上，这是一本曾经设想可以不断延展的书。考虑到所讨论议题的阶段性轮廓已经明晰化，此时出版这本书也就有了必要性。

一　20 年的变迁与写作

最初有写作这样一本书的想法，始于 2011 年。那时，我刚刚完成《"文化自觉"与知识界的中国叙述》（本书第一章），设想围绕思想文化界如何重新描述和构建 21 世纪的中国认同问题，继续写一系列文章。加上此前和同时期完成的相关篇什，做成一本研究 21 世纪中国思想文化的专著。

产生这样的想法，是因为那时我开始明确意识到，如何叙述和构造 21 世纪中国认同问题，与 1990 年代相比已经发生了很大的变化。我关注的主要是思想界和影视大众文化这两个领域。就思想界而言，当时人们普遍关注的还是"新左派"与"自由派"之争，但通过对"文化自觉"表述群的分析，我意识到仅仅用左右之争，已经无法描述中国知识界的前沿思想理论拓展了。实际上，如何理解和阐释 21 世纪全球格局中经济崛起的中国，从 2005—2006 年开始，已经形成了另一个广受瞩目的议题，即有关"中国模式""中国道路""中国经验"等话题的讨论。这一首先从国际的政治、经济、文化界兴起，继而转入国内的话题，吸引了众多社会和文化力量的参与。

对"中国崛起"的指认，极大地改变了人们谈论中国问题和中国话题的方式。其中，费孝通于 1990 年代后期提出的"文化自觉"论，受到知识界前沿的很大关注,并经由甘阳、黄平等人的组织,形成了当时人文社科领域众多前沿学者参与的"中国文化论坛"的主要议题。而汪晖的《现代中国思想的兴起》(2008)、《去政治化的政治:短 20 世纪的终结与 90 年代》(2008)、《亚洲视野:中国历史的叙述》(2010),甘阳的《通三统》(2007)、《文明·国家·大学》(2012)、《政治哲人施特劳斯》(2003),王铭铭的《社会人类学与中国研究》(1997)、《中间圈:"藏彝走廊"与人类学的再构思》(2008),潘维主编的《中国模式:解读人民共和国的 60 年》(2009),赵汀阳的《没有世界观的世界》(2003)、《天下体系:世界制度哲学导论》(2005),韩毓海的《天下:江山走笔》(2006)、《五百年来谁著史》(2009)等诸多著作,都已经出版。我经过一年多时间的密集阅读之后,完成了《"文化自觉"与知识界的中国叙述》一文。这篇文章将在不同学科领域展开的"文化自觉"论述,称为一个具有内在一致性的表述群,并通过对诸如"中国文化论坛"、汪晖的思想史研究、甘阳的政治哲学研究、王铭铭的人类学研究、赵汀阳的世界制度哲学研究以及韩毓海的世界史研究等的主要观点、分析思路、理论资源和研究诉求的分析,较为系统地探讨了知识界的中国叙述所发生的变化及其打开的理论视野。

　　《"文化自觉"与知识界的中国叙述》一文的写作完成,对我是一次高难度的挑战,也极大地拓展了我对中国问题的思考视野。在此前后的两三年时间里,知识界所谓"新左派"与"自由派"之争已经演变得越来越激烈。我也自觉不自觉地卷入其中,完成了《危机意识与知识分子的主体重建:读王晓明》(第九章,2009 年)、《作为方法与政治的整体观:读汪晖》(第十三章,2010 年)、《激活历史经验与社会知识的力量:读刘复生》(第十五章,2011 年)、《全球化与世纪之交的批判思想路径》(第五章,2010 年)等文章。写作的初衷本无意于卷入左右之争,而是希望以思想史的观察者身份,描述和记录中国知识界前沿话题的内在逻辑和问题意识的变化。但 2000 年之后因"长江读书奖"而引发的知识界撕裂,却使我感到极大的困扰,也希望通过自己的观察思考来寻求新的思想路径的可能性。我采取的是一个年轻学人可能采取的最温和的介入方式，那就是观察、倾听、理解、思考、阐释，先了解事件或议题的内容，知道人们在谈论什么、如何谈论，然后以思想史和学术史的方式加以整理分析，进而提出自己的看法。时隔多年以后，这些当年写下的文章，不仅是我作为一个当代中国研究者学术思考的推进，也可以视为记录和见证当代中国思想变迁的分析史料。

与此同时，我也在持续地关注和分析中国大众文化领域的主要现象和叙事变迁。如果说知识界思潮还主要局限于学术领域的话题的话，那么对电视连续剧、商业电影大片等大众文化现象的关注，则是我力图去了解大众社会的文化心理和政治（无）意识的主要途径。同样在 2009—2011 年间，我写作了《"让世界看中国"：电影大片的国际化运作与国族叙事》（第十八章，2009 年）、《"亲密的敌人"：谍战大片中的性别与国族》（第二十章，2010 年）、《暧昧的遭遇战：孔子与传统文化认同》（第十九章，2010 年）等三篇文章。这些文章侧重讨论在后冷战/全球化的语境下，中国电影的产业机制转型和关于中国的叙事方式所发生的变化。一种被称为"中国大片"的商业电影制作模式开始成型，并在"中国崛起"的历史背景下，成为国际和国内文化市场认知中国、塑造中国形象的主要叙事形式。如果说我在《"文化自觉"与知识界的中国叙述》中指认出的是一种阐释中国的新的理论形态，那么，这些电影大片也在同一时间形成了一种新的中国叙事模式。两者所构建的中国形象，都具有跨越古今、统合内部历史断裂与多元构成的叙述诉求。这也是我在本书中尝试以"文明自觉"这一范畴去加以描述的内涵。

虽然本书的构想起源于 2011 年前后，但对书中涉及的主要问题的思考与写作，在时间上还要更早一些。这也是收入本书的另外三篇文章，即《世纪末的历史救赎之路：解析"反右"书籍热》（第四章，2000 年）、《"没有屋顶的房间"：读戴锦华》（第八章，2000 年）和《重述当代史：〈激情燃烧的岁月〉与红色怀旧》（第十七章，2003 年）。从写作时间的相近可以看出，这属于另一个序列的文章。当时我正处在从读博士研究生到刚毕业当老师的这段时间，而从研究方法上来说，则是我对文化研究（Cultural Studies）这一批判性研究路径的尝试。我从一个中国当代文学专业的学生和研究者，部分地转向文化研究，获益于 1990 年代后期思想界特别是北大的知识氛围。此前，我的关注范围还是中国文学专业的学生普遍具有的学院内专业视野，正是文化研究（特别是戴锦华老师的影响）使我开始产生了一种强烈的自觉意识，那就是去关注和研究"身边的文化"，那些在当代中国人生活和精神中正在发生着的变化。基于这样的考虑，我写作了两篇文章，分别讨论当时图书市场上的热点——"反右"书籍和正在热播的电视连续剧《激情燃烧的岁月》，并且通过对戴锦华的解读，尝试去理解知识分子介入现实的批判性实践的可能性。

这三篇文章也是我突破文学的专业视野，把当代中国的思想文化作为自己自觉思考对象的研究起点。因此，在 2011 年的考虑中，就想着把它们和我在 2011 年前后完成的讨论知识界与大众文化的几篇文章放在一起，构成我即将完成的 21 世纪中国研究一书的内容。

但 2011 年 10 月，我得到了一次特殊的出国交流机会，到日本神户大学交换教学一年。身处异国获取研究资料的不便，加上日常生活感知上发生的变化，使得这一写作计划暂时中断。旅居日本的那段时光，我像游客也像田野调查者一样，带着我所关注的国族叙述问题，走遍了日本关西地区，完成了一本观察日本社会与文化的散文小册子《西日本时间》（生活・读书・新知三联书店，2014）。那对我是一段难得的学术假期，也是一次寻求国际性参照并开阔视野的学术调整期，许多问题和思路开始重新聚集组合，但思考 21 世纪中国叙述这一基本问题却从未停止。也正是在日本的这段时间，我花费了较多时间研读日本当代政治、经济与文化史的书籍，特别集中系统地看了一批与日本战后史密切相关的海战电影。

2012 年 9 月从日本回国后，因为当时正着手的一个课题项目急需完成，我的主要精力转向有关 1940—1970 年代中国文学民族形式问题的研究，直至 2018 年完成《书写"中国气派"——当代文学与民族形式建构》一书。我构想中的 21 世纪中国叙述问题，与《书写"中国气派"》这本书在研究主题上有直接关联，许多新的想法也同时实践在那本书的写作当中。虽然暂时分不出更多精力来完成 21 世纪中国研究这本书，但因为约稿、开会或关注问题的切近性，我又陆续完成了与 21 世纪相关的多篇文章。

这些文章基本写作于 2015—2017 年间。包括《马年春晚的"中国梦"想象与文明史视野》（第三章，2015 年）、《中国经验的普遍性与特殊性：读温铁军》（第十四章，2015 年）、《"抒情传统"论述的文化政治及其启示：读王德威等》（第十二章，2016 年）、《"文明"论与 21 世纪中国》（第二章，2017 年）。这四篇文章的写作，多是当时的兴趣或编辑朋友的约稿，但我一直有一种要接续 2011 年被打断的写作计划的想法。更重要的是，随着新的写作的开展，我发现，时隔四五年之后，我曾在《"文化自觉"与知识界的中国叙述》和《"让世界看中国"：电影大片的国际化运作与国族叙事》中关注的中国叙述问题，已经开始显露出越来越明晰的轮廓，一些基本诉求和问题意识开始表现为较稳定的理论议题和思考框架。特别是从"文化自觉"到"文明自觉"，是其中最值得关注的议题。在几年前的思想探索中，"文化自觉"还是一种指向并不那么明确的中国主体性诉求，而在这个时段，用沟通古今、打破传统与现代的二元框架的"文明（体）"来描述 21 世纪中国的特点，已成为知识界论述中国和大众文化理解中国形象的一种主要方式。这是我在 2017 年写作《"文明"论与 21 世纪中国》时试图加以明确的理论议题。并且，这种理解中国的方式，无论在中国影响最广泛的春晚舞台，还是在前沿学者的著述和思考中，都已得到明确表达。

因编辑朋友的多次敦促，2013 年我写了一篇关于温铁军的《八次危机：中国的真实经验 1949—2009》的书评。分析这本探讨危机治理的经济史著作,在一些关注我的师友看来,这种跨学科似乎也跨得太远了。我关注《八次危机》的重点,是它如何从经济史的角度重新叙述当代中国史,特别是如何在城乡二元结构的历史视野中探讨经济危机的成因和解决方案。这些问题,对于我这样的关注当代中国历史与社会文化问题的研究者而言并不陌生,而且借助这种批判性的经济史研究成果,可以更为深入地反思当代文学与文化问题论述的基本前提。

可以说,正是对叙述中国这一总体性问题的关注,使我突破学科和专业限制的跨界思考成为可能;而意识到不同领域的代表性学者在这个总问题上似乎不约而同地形成了相近的"文明自觉"思路,则是我广泛阅读的基本动力。当时曾设想就费孝通的《中华民族多元一体格局》(1999)、《乡土中国》(上海人民出版社,2007)、汪晖的《东西之间的"西藏问题"》(2011),和陆续出版的新著如王铭铭的《超社会体系:文明与中国》(2015)、李零的《我们的中国》(2016)等,写作一个系列的评论文章。可惜因为时间、精力有限,这几篇书评都没有写出来,只将部分想法放到了《"文明"论与 21 世纪中国》一文中。与此同时,海外中国学界兴起的"抒情传统"论述,也在国内文学界产生了广泛的影响。这种打通古今区隔而在长时段视野中阐释中国文学传统的研究路径,也可以视为"文明自觉"的一种表现。这也是我写作《"抒情传统"论述的文化政治及其启示:读王德威等》这篇评论的原因。

回顾全书各章节的写作过程,如果将 2000—2003 年视为初始阶段,2009—2011 年视为明确阶段,2015—2017 年视为发展阶段,那么 2018—2020 年写作的另外六篇,则可以看作收尾阶段。这两年多时间,我又完成了几篇以个案形式分析学者(导演)的著作与研究思路的文章。这包括《当代文学的自我批判与超越:读李陀》(第七章,2018)、《以鲁迅为原理:读钱理群》(第十章,2018)、《大学教育与文学史传统:读陈平原》(第十一章,2019)、《打开当代文学历史的三种路径:读洪子诚》(第六章,2019)、《"秋月无边":许鞍华电影的中国香港叙述与中国认同》(第二十一章,2019)、《文化前线的游击战士:读毛尖》(第十六章,2020)。写作的当时原本没有考虑把它们收入书中,但关注的问题始终与中国叙述相关,我对他们的理解也是在这个问题域中展开分析的。特别是考虑到研究思潮与文化现象,真正重要的其实是那些展开具体实践的"思想者",正是他们的思考呈现出相关议题在怎样的研究脉络和学科背景下展开,又在何种意义上推进并复杂化了某些共同议题的深度和广度。因此,等到这些文章完成时,我将这些文章与此前完成的关于汪晖、温铁军、刘复生的评论文章一起,单独列成全书的第二编。

但是书稿的真正成型,还要等到 2020 年。

二 当代中国研究的"第五本书"

2020 年,《书写"中国气派"——当代文学与民族形式建构》一书出版。同时我的另外两本书《"新启蒙"知识档案——80 年代中国文化研究》(北京大学出版社,2010)和《转折的时代——40—50 年代作家研究》(山东教育出版社,2003),都获得了修订再版的机会。于是,有近两年的时间,我主要都在修订已完成的著作。这是一段回顾自己学术道路的时光,我开始全面整理自己的成长经历和学术研究,也有了将这本书整理出版的明确计划。

正是在这个整理的过程中,我发现自己已大致完成了当代中国五个主要时段研究的五本书:第一本是我读博期间完成的《批评的增长与危机》(山西教育出版社,1999),研究的是 1990 年代的文学批评;第二本是 2003 年完成的《转折的时代——40—50 年代作家研究》(2021 年更名为《时间的叠印:作为思想者的现当代作家》由生活·读书·新知三联书店修订重版),研究的是 1940—1950 年代从现代文学向当代文学的转型期;第三本是 2010 年完成的《"新启蒙"知识档案:80 年代中国文化研究》,研究的是 1980 年代的文学思潮;第四本则是研究 1940—1970 年代的《书写"中国气派":当代文学与民族形式建构》。而我关于 21 世纪中国思想文化的研究,应是这个序列的第五本书。把这五本书放在一起,我开始意识到自己多年的研究其实有一个持续的关注对象,那就是"当代中国"。探讨的问题和研究方式都在不断地变化,但"当代中国"这个核心对象和主题却是稳定的,就像一根轴线,串联起我多年来看似分散的研究。意识到这一点,我开始整理自己研究 21 世纪中国的多篇文章,发现这本我一直在计划中的书,其实已经基本完成,并且未曾远离最初规划的目标。

把当代中国作为自己的研究对象,既是我一直在摸索和追求的个人研究风格,也与我所在的专业领域即中国当代文学有密切关系。中国当代文学这个专业方向的设立始于 1970 年代后期,但关于当代中国文学的研究却是自 1940 年代后期当代文学发生期就同步展开了。当代文学实践的推进和展开,不仅包括文学创作即作家作品和文学现象,同时也与文学史研究、文学评论、文学理论的探讨紧密关联。这个最具当下性的开放性专业方向,既是中国文学研究整体学科建制中的一个方向,也是一个不断地突破文学的边界而直接介入当下思想文化的研究场域。文学问题的讨论始终是与中国问题的研究重叠在一起的。当代文学这种前沿性,使得相关研究常常突破了纯文学学科的规范性约束,而成为回应当下思想文化问题的活跃的"实验场"。

我对当代文学不同时段的研究,一直尝试着在一种跨学科、跨专业的视野中探讨文学问题,并将"当代中国"视为自己研究的真正对象。在这样的意义上,文学是基本的研究媒介和主要依据,而不是最终目标。《批评的增长与危机》研究 1990 年代文学批评,但考察的是批评实践如何回应 1980—1990 年代的历史转型、"人文精神"论争中立场和价值认同的分化、文学的边缘化与文化研究的提出、文学史研究中思想命题的推进;《时间的叠印》处理 1940—1950 年代转型期的五个作家个案和五组思想史命题,关注的是大转折时期不同作家的选择,文学家作为思想者的生命实践方式,以及由此呈现的宏观历史图景；《"新启蒙"知识档案》探讨 1980 年代六个文学（文化）思潮，希望通过知识社会学的整体性考察，呈现当代中国后 40 年的主流知识体制如何成型；《书写"中国气派"》重点分析 1940—1970 年代当代文学六个（组）经典塑造民族形式的具体路径，但关注的问题则是社会主义中国的文学实践如何转化民族资源并塑造其主体性。把文学问题和作家的创作实践放在思想史视野中展开分析，曾是我提出"人文学的想象力"的基本想法。因此，文学从来不是文学自身，而是一种当代中国自我表述的实践形态。

中国学术体制中并不存在"中国研究"这一分类。在"二战"后海外学科分类中，"中国研究"一方面是从传统的"汉学研究"转化而来，另一方面则与战后美国学院新设立的"区域研究"关系密切。欧美及日本等的"汉学研究"更强调的是古典中国研究，对现当代中国的关注并不多，因此称其为"汉学研究"还是"中国研究"实际上也涉及研究中国的时段转移。而在战后美国学术体制中得到命名的"区域研究"，显然与冷战体制及美国为中心的世界版图密切相关。在这种区域研究视野中，"中国研究"仅仅是"东亚研究"的一部分。我所理解的当代中国研究，并不是要接续这样的国际学术分类，而是与 1990 年代以来知识界为回应中国问题而提出的前沿性研究路径相关。这种研究的两个特点，其一是将当代中国作为整体性的研究对象，这意味着打破单一国别、专业研究的界限，而形成一种跨学科、跨国别、跨区域的整合性研究视野；其二是从中国的主体性视野出发重新理解中国与世界，这意味着并不将"中国问题"视为"世界问题"的某一地方性研究，而是注重问题提出的中国语境和历史脉络，并立足中国而重新理解世界。当代中国研究以"中国问题"为研究对象和讨论场域，在这一问题域中，基于不同国别、不同学科的专业研究可以获得对话和交流的空间，从而共同推进对中国问题的思考。

这是我所理解的"中国研究"，也是我一直在尝试和摸索的一种研究风格。在既有的学科分类体制中，这种研究诉求和风格并不容易获得清晰的定位。两个需要突破的主要体制性区隔，一是国别文学研究，一是学科与艺术分类体制。但在我的理解中，强调要从"中国问题"的整体性视野中展开研究，与专业体制并不完全构成对立关系。可以说，如果缺少必要的国别文学研究和艺术分类研究的专业基础，想要将"中国研究"推向深入，也将是困难的。其中的关键，不在于国别与世界、文学（或他种艺术分类）与中国的二元对立，而在于研究者是否既具有一种整体性的研究视野，同时也具备专业性研究的基础和能力。整体性视野和专业性研究能力这两方面的结合，才能使"中国研究"兼具广度和深度。

宽泛地说，只要关注与研究当代中国，就需要借助文学、艺术、思想、文化等诸多表述媒介。自 1980 年代以来，人们越来越强调"媒介自觉"和叙事媒介研究的专业化特点，但这种专业化探讨始终离不开对中国的关注。差别只在于，对于何谓中国，对于作为一个整体性对象的中国本身是否有着反思性的理论自觉。我开始有意识地将当代中国作为自己的研究对象和问题对象，受到 1990 年代求学期间整个知识界前沿研究的极大影响。正是当时知识界的诸多论争，包括"后新时期"的转型、"人文精神论争"、"新左派"与"自由派"的论战等，使得总体性地思考"中国向何处去"这样的大问题变成了共同的意识。这也使得人们难以仅仅在专业范围内讨论问题，而需要对中国社会现状及其可能的发展方向做出自觉或不自觉的考量。

事实上，在凸显"转型""断裂""变革"等阶段性特点的同时，就已经包含了对中国社会问题的总体性判断。我对当代中国五个主要阶段的分期研究，也是建立在这种总体性理解的基础上的。回过头来看，当代中国似乎频繁地处于"转折期"，1940、1950 年代之交，1970、1980 年代之交，1980、1990 年代之交乃至 20、21 世纪之交，中国社会与文化都发生了明显的转型与变化。这使得将当代中国作为一个整体性的谈论对象，首先是一个需要探讨的问题，但同时，如果缺少对当代中国的总体性意识，这些转折和变化的具体内涵也难以得到清晰描述。事实上，每一次对"转型"的界定和分断，都源于一种"新时期"的当代性诉求。在这一意义上，克罗齐的名言"一切真历史都是当代史"的确切含义是，缺少对当代性的认识和理解，人们就无法书写"历史"。

而我对当代中国五个时段的专题性研究，可以说始于 1990 年代的当代性意识。当时，如何看待 1980—1990 年代之交的转型和 1990 年代发生的变化是一个关键问题，知识界的诸多分化和争论也都建立在这一历史判断之上。就我的历史经验而言，正因为意识到 1990 年代中国社会发生的重要变化，如何重新理解 1980 年代、如何看待 1940—1950 年代的重要转型，尤其是如何重新阐释和评价 1950—1970 年代历史与文学，才成为可以也应该探讨的问题。这种关于当代中国的分段研究，一方面需要对研究者置身的当代性处境有自觉的历史认知和判断，另一方面也需要反思并超越此前对这些时段所形成的主流历史评价方式。已经形成的主流判断，主要是后一时期为确立自身的合法性而对前一时期的选择性评价。例如 1980 年代研究界如何叙述 1940—1950 年代转型，如何阐释 1950—1970 年代的历史与文学实践，论述方式都有意无意地立足于确立和维护"新时期"和"新启蒙"的合法性。在这种历史意识中，启蒙与革命、传统与现代、文学与政治等构成了一种二元对立式的选择。正是意识到 1990 年代以来的社会变化及其新的历史意识，超越 1980 年代的新启蒙知识体制而重新阐释当代中国这种研究实践才成为可能。

回过头来看，迄今我的所有研究存在着一个"90 年代原点"，也就是说我关于当代中国不同时段的研究，都有意无意地建立在 1990 年代形成的历史意识的基础上。1990 年代是"70 后"这一代研究者的求学时期，也是我们的学术青春期，当时的知识氛围和社会历史结构塑造了我们最基本的学术谱系和精神气质。意识到这一点，也就深刻地意识到人如何生活在历史中，我们作为个体如何被历史所塑造。所谓"一代人有一代人之学术"，大约指的是这样的情形。本书第二编收入了我对刘复生、毛尖这两位同龄人的学术思想评价,也大致呈现出了这样的理解。但是,当代性的社会历史结构是处在变迁发展之中的,"历史中的人"如何反思性地认识历史进而介入时代实践之中,才是代际主体性的真正表现。所谓"90年代原点"的独特性在于,一方面人们的精神状态仍旧处在1980年代的浪漫主义余绪中,另一方面又意识到1980年代塑造的"新启蒙"知识体制已经开始失效。构成整个20世纪中国基本认知框架的中与西、古与今、左与右、保守与激进等,都汇聚于1990年代的话语场中,在相互分化、辩驳乃至论战中深化展开。可以说这是一个曾经的主流话语失语、失序的时期,是一个略显混乱因而开放的蕴含着多种可能性的时期,也是一个新的思想路径在摸索中逐渐成型的时期。

本书所描述、勾勒和阐释的思潮、议题和现象,事实上都是从1990年代生长出来,进而在21世纪逐渐成型并稳定下来。正如前文提到的,这些从1990年代出发的思想文化探索,经历二十余年的发展,已经逐渐显露出相对稳定的轮廓。这或许也意味着"绵延的90年代"终于结束,而21世纪中国也开始显露出自身的阶段性特点。因此,当"90年代原点"获得指认的时候,对我而言,也意味着我终于远离了1990年代,而获得了对于21世纪中国更为自觉的认知。这本书的意义不仅在于记录和呈现了20余年来中国思想文化变迁的轨迹,也可以作为我从1990年代出发,观察、分析和阐释当代中国的思考见证。

这本书的写作过程,实际上是与我迄今的主要学术研究同时进行的。因此,这"第五本书"不是研究当代中国最新时段的最后一本,而是"四+一"本书,即这本书构成了前四本书写作的思想底色、问题意识和当代性出发点。在前四本书中,尽管研究的对象是当代中国,但我的思考层次存在着一个向前推进的过程。《批评的增长与危机》主要关注的还是文学批评话语的形态,我作为研究者是与我所研究的对象站在同一位置的。到了《时间的叠印》一书中,我开始有意识地关注知识群体的整体面貌,以及由作家们的创作实践而呈现的"立体的文学史"图景。将"中国"作为一个自觉的思考场域和对象，明确地表现在《"新启蒙"知识档案》一书对"80 年代""中国""文化"这三个关键概念的反思中，六个文学思潮的知识社会学考察也是放在"80 年代中国"这一地缘政治主体与文化空间格局中展开的。在 2018 年完成的《书写"中国气派"》中，我则开始更直接地讨论"中国形式"如何通过文学实践而得以呈现和表达。可以说，我对"中国"的关注，经历了从"中国的（批评或作家）"到"中国空间"再到"中国形式"的重心转移。本书的写作一直贯穿于我此前几本书的写作过程中，只不过前者将研究的对象放在 1940—1990 年代的中国，而这本书探讨正在展开中的21 世纪中国思想文化实践。并且本书一个很大的不同，就是直接把"何为中国"、如何重新叙述中国，作为关注的主题和对象。

三　21 世纪：中国如何作为问题

"何为中国"作为问题的提出，源自 20、21 世纪之交中国在全球格局中的位置和中国社会自身所发生的巨大变化。所有有关中国的讨论，都可以宽泛地视为中国研究的一部分，但追问"中国是什么""什么是中国"以及如何界定中国的主体性特点，却是 21 世纪之后才产生的问题。汪晖曾于 2014 年的一篇文章中说："在各种有关中国的具体问题的讨论中，'何为中国'始终是一个核心的但常常被掩盖了的问题。"①这个核心问题，正是在 21 世纪才提出来的，由此展开的理论实践也构成了 20 年来最受关注、谈论也最为深入的一个前沿性话题。

诸多学者都将自己 21 世纪的研究冠以"中国"两个字，比如汪晖所称的"中国问题"、甘阳等所称的"中国道路"、潘维等所称的"中国模式"、温铁军等所称的"中国经验"等。这种问题意识意味着，人们已经不再能挪用一些既有的理论范畴来界定或谈论中国，而需要对中

---

① 汪晖：《东西之间的"西藏问题"（外二篇）》，第 147 页，北京：生活·读书·新知三联书店，2014 年。

国作为一个政治体、经济体、文化体的独特性质做出总体性描述。本书的第一章(《"文化自觉"与知识界的中国叙述》)、第二章(《"文明"论与 21 世纪中国》)较为全面地论述了人文与社科知识界提出这一问题的大致过程、不同的思考路径和探讨的主要议题。全书所分析的思想文化现象和议题,既是不同学科领域、不同历史脉络上的具体讨论,同时"何为中国"又是这些论述共同关注的核心问题。具体问题的论述不是对某些核心理念的演绎或发挥,而是对"何为中国"这一总问题在不同方向上的探索与阐释实践。

这个总问题被提出来,是因为人们普遍意识到 21 世纪中国已经发生了不同于 20 世纪的巨大变化。但这种变化的内涵和性质如何描述?特别是 21 世纪中国是否具有了不同于 20 世纪中国的新特点?这是首先需要回答的问题。

21 世纪中国是 1980—1990 年代中国的阶段性延伸与调整,从而是 20 世纪中国在新时段的延伸,还是说 21 世纪中国已经整体性地超越了 20 世纪中国的基本问题系,而形成了中国发展的全新阶段?这是两种看待中国问题的基本方式。本书从对三个序列(即思想界论述、专业研究话语的发展和影视文化产业实践)的分析出发,总体性地偏向于持第二种态度,即认为 21 世纪中国具有了超越于 20 世纪中国的主体性特点。这一基本判断是否确切,当然是可以进一步讨论的。或许更准确的说法是:21 世纪中国问题已经具备了新的特点,因而无法或难以用人们所熟悉的 1980—1990 年代和 20 世纪的主流话语及思考框架来展开分析。但如何描述、判断和界定 21 世纪中国主体性特点的具体内涵,则是一个仍在探索、建构中的思想与话语实践过程。可以说,本书的全部内容就是在回答这个问题,即 21 世纪中国已经不再是 20 世纪中国,如何通过思想、学术、文化的话语实践来描述并建构这种历史阶段的主体性内涵。

中国变化的阶段性标志是明显的。从全球格局而言,中国的经济崛起和国家地位的提升,变成了获得明确指认的历史事实;而从中国内部的基本状态而言，社会文化的组织方式和民族认同方式也发生了不同于 1980—1990 年代乃至 20 世纪的极大变化。正是这些变化，使得如何认知和叙述中国成为一个需要不同社会力量共同回应的核心问题。发生于 21 世纪第一个十年间的"中国模式""中国道路""中国经验"的相关讨论，即是这种问题意识的集中呈现。人们曾经习惯的诸种认知和表述中国的思考模式与阐释框架，诸如在传统与现代的二元对立模式中展开的现代化论述，在社会主义与资本主义的二元对立模式中展开的冷战或后冷战论述，都已无法描述和分析 21 世纪的中国问题。这就使得建构一种新的 21 世纪中国叙述，不仅是可能的，也是必要的。

在中国国家形态和社会结构都发生了重要变化的 21 世纪，存在着多种叙述中国的实践形态和方式。从实践主体的层面而言，存在着政府、知识界、学院、大众文化等不同力量。本书将关注和分析的重心主要放在知识界前沿性的思想探索和大众化的影视文化实践这两个层面，讨论的是其"叙述"形态。可以说任何行动实践都必然包含着对其意义机制的叙述成分，但不能倒过来说所有叙述都可以转化为行动。一种知识或理论形态本身可以视为一种"理论实践"，但并不等同于社会（特别是体制性的）行动、实践本身。在这样的意义上，本书更侧重的是思想文化叙述的探索性和批判性实践的可能性，也就是更关注这种叙述基于何种问题意识而提出，包含着怎样的共同理念和意识，依托怎样的群体性或体制性力量而展开，其核心叙述文本的具体表述方式，蕴含着怎样的突破性理论性议题，可能产生的社会效果等。换言之，在重视"重述"这一基本取向的同时，本书对所讨论的理论议题与文化现象的阐释，都是分析性的而非结论性的。

四 "文明自觉"：整合与重构

本书花费主要篇幅关注的一种重要叙述模式，是以"文明"作为基本论述框架而展开的中国阐释与叙述。正如在本书第一、二章的分析中提到,"文明"作为一种论述冷战后的世界格局的基本范畴,可以追溯到 1990 年代初期美国理论家塞缪尔·亨廷顿。他在《文明的冲突》中提出,"在后冷战的世界里,人民之间的最重要的区别不是意识形态的、政治的或经济的,而是文化的区别"。"文明"在这里被指认为一种"用祖先、宗教、语言、历史、价值观、习俗和体制来界定自己"的"最广泛的文化实体"。他区分出当今世界存在的八大文明,将中华文明与印度文明、伊斯兰文明、日本文明、东正教文明、西方文明、拉丁美洲文明、非洲文明等并列。亨廷顿的相关论述已为许多人耳熟能详,并且因其美国立场和后冷战色彩而引起广泛争议。

重提亨廷顿的文明论,并非简单地肯定他的观点,而意在关注美国式世界论述范式在中国知识界引发的繁复效应。比如人们较少意识到,社会人类学家费孝通于 1990 年代后期提出并在 21 世纪引发广泛关注的"文化自觉"论,其基本意图即是与亨廷顿对话,既接续以"文明"为单位的阐述方式,又构建一种不是基于"冲突"而是基于"和谐"关系的世界图景。而自 2003 年起,学者甘阳就提及中国应当从"民族—国家"走向"文明—国家"。他将所有非西方国家的现代化区分为两个阶段,第一个是"西方化"阶段,第二个阶段则表现为"去'西方化'和复兴'本己文化'",因此认为在经济崛起的 21 世纪,中国的"历史文明"不再是现代化的阻力,而是"中国'现代国家'的最大资源"。甘阳进而提出了著名的"通三统"论述,即"孔夫子的传统、毛泽东的传统、邓小平的传统,是同一个中国历史文明连续统"。本书第二章提及的马丁·雅克的《当中国统治世界:中国的崛起和西方世界的衰落》和张维为的《中国震撼:一个"文明型国家"的崛起》等,也力图用"文明—国家""文明型国家"等概念来描述中国作为一个国家与政治体的独特性。更多知识界前沿的诸多相关论述,尽管并未明确"文明(体)"这一说法,但在理解和阐释中国的基本思路上采取了相近的方式。

当"文明"与"中国"关联在一起，将中国视为一个文明体而非仅仅民族体，或用文明史的视野来阐释中国问题，其间的关键变化包含几个要点：其一涉及如何理解中国作为现代国家的性质，即承认中国作为独立的现代政治体是文明与国家相统一的形态，具有不同于西方现代国家的特殊性，不能用西方式民族—国家的标准来衡量或描述；其二涉及如何看待古今关系，即承认中国文明自身的长时段历史连续性，中国传统不是现代化的障碍或包袱，而应该说中国的现代化特别是 21 世纪的崛起正是从中国传统自身延展出来；其三涉及如何理解世界的基本格局，即认为世界是由多个文明体构成的区域体系，强调中国作为一个文明体，并不是用中国中心主义来取代西方中心主义，而是从中国的主体性视野出发来理解自身和世界，用费孝通的说法是"美美与共，天下大同"。这些变化的核心关节点在于，文明传统作为一种重要因素与维度被纳入当代中国问题的思考。但这一传统并不具有确定的内涵，真正需要的乃是创造一种同时涵纳传统、现代、当代的中国叙述。因此，"文明自觉"既不是文化复古，也不是从过去发现一种本质性的文明品质，而意味着一种关于当代中国的政治性叙述实践。

21 世纪提出新的阐释框架的强大动力，源自中国现实情境的巨大变化，也源自既有话语形态无法有效地回应和阐释现实问题而产生的危机意识。如果说 1980 年代的"新启蒙"思潮和现代化意识形态曾经有效地整合起了中国政府、知识界和大众社会的基本认同，那么经历 1980—1990 年代转型，这一文化共识和社会共同体意识已经产生了明显的分化。其突出表征是官方"主旋律"、知识界专业化诉求、大众文化市场这种三元格局的形成。而从知识界内部来说，以论争形式表现出来的分化，从 1990 年代初期的"人文精神论争"，到 1990 年代中期后现代主义、保守主义与自由主义等的分流，再到 1990 年代后期出现并一直持续到了 21 世纪的"新左派"和"自由派"论战，表现得越来越尖锐。本书第四、五章从不同角度分析阐释了知识界左右之争产生的历史脉络和问题意识。知识界的论争现象,可以说是仅仅用冷战、革命话语来叙述中国社会现实所产生的危机。尤其值得注意的是,论争本身并不一定是"民主"的代名词。如果双方缺少共同的整合性诉求,二元对抗式论争只能导向冲突与撕裂。这一点亲历过当代中国思想界论争的人们都会有所感知吧。

分化格局反映了 1990 年代中国社会与思想文化的多元化发展,随之也必然产生一种新的诉求,即如何在融合不同族群力量、文化空间的基础上形成新的共识,进而形成一种更具包容性和整合度的中国叙述。中国作为一个独立的政治文化构成体,其存在和发展总是同时需要构建自身的合法性论述,需要在全球性的国家体系格局和内部性的社会关系格局中塑造有关中国的共同体意识。缺少这种共同体意识和认同,中国就无法存在。无论 1980 年代的"新启蒙"思潮,还是 1990 年代分化中的诸种思想路径,都主要局限于一种二元对立的思维框架,而难以意识到处于矛盾和冲突之中的二元本身都共存于全球化格局中的"中国"这一内部。正是 1990 年代以来全球地缘政治和经济对中国社会形成的越来越明显的影响乃至挤压,使得一种从"外部"重新理解中国的眼光和思路成为可能。这可以说是"何为中国"这一问题提出的初始情境。这里并不是在民族主义或国家主义的逻辑上讨论这一问题,而是从实质性的政治科学意义上探讨中国作为共同体存在的必要条件和全球化时代国家形态的存在方式。

从这样的历史脉络来看,"文明自觉"首先可以视为超越二元对立式论战、冲突的一种新思路。费孝通用"文化自觉"来替代亨廷顿的"文明的冲突",强调关节点不在"冲突",而在"共生",所谓"和而不同"是一种思考自我与他者关系的既非"专一独尊"也非"二元对立"的整合性模式。"新左派"与"自由派"虽然在基本立场和理论预设上存在着较大分歧,但两者实际上都是在二元对立的冷战式框架内部思考问题。21 世纪初年的"文化自觉"论述,试图通过对长时段文明传统的重新阐释而回应全球化格局中的中国问题,这种思考框架已经超越了冷战式的他性政治逻辑。从这个意义上来说，"文化自觉"论述并不是左右之争的延续。

"文化自觉"论述的基本意识，侧重于"中国"作为一种包容多种差异性（包括古今、左右、城乡、东西部等）的新共同体形象。而描述这一新共同体的理论性范畴，则是"（中国）文明"。从 1990 年代关于"文明的冲突"的争议，到世纪之交"文化自觉"论的实践，再到 21 世纪第一个十年"文明自觉"论述的成型，这中间存在着一个叙述能指的展开过程。"文化自觉"所理解的"文化"，并不是一般所理解的与政治、经济、社会等相对应的文化实践，其内涵相当于作为一个大的构成体单位的"文明（体）"。因此，"文化自觉"与"文明自觉"的基本内涵和重构指向是相近的。如本书第二章提到，出现于 1960 年代的文明史论述，强调的是一种复数的"文明"观，试图描绘一种超越西方中心主义而包容多种文明形态的世界史图景。这种新的世界史/文明史诉求，也构成 21 世纪中国知识界重新理解中国自身的历史传统，并构想新的世界秩序的出发点。因此，"文明自觉"不仅是回应世纪之交中国社会分化的整合性诉求，也是塑造 21 世纪新的中国认同的重构实践。

由于"文明"这一范畴的引入，如何理解中国的古与今、传统与现代之间的关系，理解中国内部包括阶级、民族、城乡、东西部等群体与区域的关系，以及如何理解中国与世界的关系等，都与此前的现代性视野有很大不同。"文明自觉"的基本诉求在于强调中国基于自身的历史传统和能动性实践而具有的主体性。中国并非一般西方式的民族国家，也不仅是一种普遍性的意识形态机器，而是一种具有自身长时段历史传统的政治与社会组织形态。如何看待中国历史传统，是关键所在。1980—1990 年代乃至整个 20 世纪，人们对中国的主流理解，都强调应摆脱传统的束缚而将自身转变为一种现代性组织形态。而 21 世纪出现的这种新论述，则认为经历剧烈的转化更新，中国已经变成了一个现代国家，但这个国家仍旧与文明传统有着割舍不断的关联。在阐释 21 世纪中国崛起的原因时，人们普遍强调的不仅是西方式现代化资源与规范，更是支撑着中国的现代性转化但未曾得到充分理论化阐释的政治传统、经济传统与文化传统。费孝通所谓"行而不知"的实践层面，正是"文化自觉"需要着力探索的面向。"文明"作为一个同时涵纳古典、现代与当代的阐述范畴，由此而成为阐释 21 世纪中国问题的主要框架。在这种研究视野中，理想的状态是将当代中国问题的分析，放置在中国自身的文明传统延长线上展开，以期构建出一种真正能呈现出中国复杂经验和政治文化特点的阐释路径。

　　21 世纪思想文化"重述"中国的主要思考向度，都有意无意地建立在这种"文明自觉"的意识和诉求之上。这是在全球格局中彰显中国主体性的主要方式，也是整合国内不同群体、区域性差异而形成的新的中国认同的主要思路。当下，有关"中国文明""中华文明"以及人类文明的描述，已经成为人们逐渐耳熟能详的论述方式。但需要意识到，"文明"并非一个自明的范畴，其内涵即便在当代中国也发生了极大的变化。比如在 1980 年代的"新启蒙"思潮中，"文明"是一个表达明确的价值判断、与"野蛮"这一范畴相对的形容词，而非一种"文化（同时也是政治、社会、经济）实体"。在这种普遍主义的逻辑中，世界只有一个，而中国是尚未获得"入籍"资格的成员。当中国被承认为一种自足性的"文明（体）"，也就意味着世界可以是多元性的，每一种文明都是这个世界格局中的一种"地方性"（"区域性"）形态。从这些变化可以看出，"文明自觉"的关键在于认知中国的基本方式发生了范式性的变化。这使得考察"文明自觉"的出现过程、具体表述形态和不同的意识形态诉求，成为既是理解今日中国，也是理解二十余年来思想文化变迁的一个核心理论范畴。

　　值得说明的是，本书并不把"文明"或"文明自觉"作为一个内涵固定的理论范畴，更不将其视为一种理论原理，而强调这是一种包含着相近的问题意识、思考取向的阐释方式。本书更关注的是，在何种现实情境的触发下，人们需要重新调用"文明"这一看似陈旧的范畴来描述世界与中国；在"文明"或"文明自觉"的能指表述实践过程中，出现了怎样的不同于以往的研究思路和阐述框架，以及这种阐释实践可能提供的新的批判性思想资源。但这并不影响本书得出这样一个基本结论，即"文明自觉"不是限于知识界的一种前沿性理论探索，而是 21 世纪中国思想文化发生的一种范式性转型。

五 探索一种总体性的研究路径

"文明自觉"意味着一种从文明（史）的角度阐释 21 世纪中国的整合性的文化政治表意实践。由于"文明"是一个内涵模糊、涵盖面甚广的总体性范畴，要勾勒出这种表意实践的大致轮廓，需要某种与"文明"的总体性视野相匹配的分析路径。这也涉及本书在基本研究方法上的自觉探索。

首先值得提及的是全书前三章的关联性。第一章将"文化自觉"论视为世纪之交中国知识界一个有多种声音和力量介入其中，但具有相近的批判性诉求的表述群。本书主要分析其代表性研究著作和思路，它们尝试回应何种当下的中国问题，核心的理论议题如何建立自身的逻辑性表述。从分析对象和方法上来说，这是一种对叙述本身的知识社会学探讨；第二章偏重分析"文明"论，关注历史学、人类学、社会学、政治哲学等前沿研究领域，如何阐释中国的国家特性、历史传统和新的世界史诉求等问题，进而概括提炼出其中的主要理论表述；第三章则以 2014 年的春节联欢晚会为分析对象，探讨这一试图融合大众娱乐文化和主流意识形态的大舞台，如何展示"中国梦"诉求，呈现出怎样的中国文明史叙述和共同体想象方式。从最初的写作动机来说，这三章原本是我设想的相互关联的整体，力图呈现"文明自觉"从知识范式、理论议题到大众文化的实践形态。

将全书设计为"思潮""思想者""文化"这三大部分，也是基于这样的研究视野和思考维度。从一般的学术分类而言，"思潮"研究大致属于思想史的范围。第一编的五章,力图显示出知识界的主要思潮从1990 年代后期的左右之争转向 21 世纪的文明自觉的流变脉络。本书的章节组织是粗糙的,因为这些文章写作之初,我主要是想勾勒当时思潮的主要轮廓、基本议题和论述逻辑,既无法预知此后的发展,也没有考虑思潮与思潮之间的关联性。但将这些文章放在一起,却可以看出二十余年来思潮流变的大致轨迹。

第二编的十一章,分析解读十一位学者及其主要著作。他们的研究学科范围涵盖中国当代文学、文化研究、现代文学、思想史、经济史研究、文化评论等。当初写作时没有全盘性的考虑,选择这些学者及其著作作为讨论对象,也多是刊物约稿或会议邀请。所讨论的这些研究对象,都是或深或浅地对我的学术研究产生过影响的前辈或朋友,可以说他们从一个侧面显示出了我的学术思想资源的基本谱系。同时因这些学者在各自领域和当代思想界的重要影响,这些文章的写作也可以说是以学案或书评的方式所展开的当代中国思想史研究。我的讨论不是一般的研究者论,而侧重于当代中国二十余年的变迁对这些学者的学术思想产生的影响,特别是他们如何通过自己的研究和思考回应 21 世纪中国的变化。将这些学案式探讨文章辑录在一起,可以更为具体地呈现知识界曾经共同面对的议题,包括如何跨越1980—1990 年代转型、如何在 1990 年代的分化和探索中提出新的研究路径、各自的学术思想和研究议题在 21 世纪发生的变化,特别是他们形成了怎样的具有新特点的研究著作、思想议题和探索路径。如果说思潮研究更关注知识界的普遍议题,那么这种学案式讨论更关注的是研究者直面世纪之交的中国社会文化转型而展开的创新性思想实践。第一编以思潮形态出现的思想议题和变化轨迹,在第二编中得到了更深入也更复杂的呈现。

第三编的五章,探讨影视大众文化的重要现象和代表性叙事文本。这是"重述中国"在影视大众文化中的具体实践,可以与第一、二编知识界的理论实践形成互动和参照。第十八章(《"让世界看中国":电影大片的国际化运作与国族叙事》),是与第一章(《"文化自觉"与知识界的中国叙述》)对称写作的一章。第一章分析的是知识界关于"何为中国"的理论探索实践,而这一章则分析中国电影产业所塑造的新形态和新叙事。"中国大片"作为中国电影一种独特的叙事艺术媒介和产业形态,在 21 世纪全球化语境中自觉地谋求国际化市场的过程中,也形塑了一种新的中国形象叙事模式。这种叙事模式同样需要将古典文明资源作为其展示中国形象的内在构成部分,进而重组中国内部的文化认同和全球华语电影的区域性市场资源。虽然很难说这些商业电影有明确的理论诉求,但其展示中国形象的基本叙事框架、调用中国历史文化资源的方式以及重构中国叙事的强烈诉求,却是与"文明自觉"的理论实践相近或相通的。可以说,这是以"大片"形式展开的重述中国实践。第十九章"暧昧的遭遇战:《孔子》与传统文化认同"、第二十章"'亲密的敌人':谍战大片中的性别与国族"、第二十一章"'秋月无边':许鞍华电影的中国香港叙事与中国认同",则将讨论范围扩大到中国社会对传统文化的认同冲突,东亚地区的后冷战整合以及香港电影的中国认同等问题。这四篇都试图在一种国际化特别是东亚区域关系中分析电影如何重构其国族叙述。虽然讨论的是不同脉络与语境中的电影文本和现象,但呈现出的是 21 世纪重述中国的共同诉求和问题意识。

这种章节设计,力图呈现的是知识界的理论实践、学术界的研究议题、大众社会的文化现象这三者之间存在着"共振"关系。正是这种共振性,构成了人们指认一个"新时代"的基本内涵。如果说本书的基本问题意识和研究诉求,是尝试勾勒出 21 世纪中国不同于 20 世纪中国的阶段性特点,那么,通过何种研究方式及对象呈现出这种变化的样态和轨迹,则涉及本书的基本方法论问题。打破既有的学科体制分类,从理论、机制、叙事这三个实践层面整体地把握中国叙述问题,是本书摸索的一种研究方法。这也需要回答这样的问题:将"中国"作为整体性的研究对象是如何可能的?

可以说,全书关注的是关于中国的"叙述",即多种表意实践如何建构出有关中国的认知和表达这一语言或话语的维度。这首先涉及研究方法的理论性重构。强调"叙述"这一维度,无疑会使人联想起弗雷德里克·詹姆逊的那些著名论断,"文本之外一无所有"或"我们透过语言看到的不是事实本身,而是关于事实的表述"。斯图尔特·霍尔则将文化研究直接理解为对"表征"(representation)实践的探讨。自 1960 年代人文学科和理论的"语言学转型"以来,这几乎已成为人文研究领域的某种常识。缺少对"叙述"或"表征"本身的自觉,我们难以将如此广泛的论述对象纳入到研究整体中。但是,关注"叙述"本身,并不意味着抽象地关注语言或话语,而是将其视为一种意义表述的社会实践行为。对我而言,无论知识界的理论阐释、研究者的学术著作还是影视文化的叙事,都是一种叙述性的文本。我将这些文本视为 21 世纪中国总体性意义网络中的一些开放性节点。依托这些文本节点,既可以考察生成文本的 21 世纪中国政治经济学语境、专业与媒介的体制性生产机制以及接受条件,也可以深入文本内部,分析其调用的文化符号、叙事表意的策略和试图达成的意识形态效果。

由于这些文本的当代性,也形塑了我作为研究者与作为研究对象的文本之间的独特关系。与一般性历史研究的对象化文本不同,这些叙事文本就在我们的身边和生活中展开,其意义实践是开放的、召唤性的,与我作为当代中国人的种种感觉、感知、体验和(无)意识相互参照、相互激发。在这一意义上,我既是参与性的受众,也是反思性的研究者;既需要将这种表意实践纳入其借以展开的知识/权力的体制性场域中进行分析,也需要通过对我的当代性经验和文本叙事的参照性解读,来评判这些叙述文本的可行性和有效性。在这个意义上,我的阐释和写作本身也是一种介入性的表征和叙述。

作为表意实践的叙述存在着不同层次和性质。每一种叙述都是嵌入到种种物质性的知识/权力机制之中的,比如思想表述本身无法脱离学院知识生产机制以及社会文化传播媒介,而影视叙事实际上是由影视产业和文化市场组织的，因此既是"艺术"也是"工业"。这里存在着宽泛意义上的大大小小的场域，同时也存在着布尔迪厄意义上的政治、经济、文化场域的结构性互动。能够将诸种叙述场域勾连起来的共同体机制，则是"中国"，既是作为政治共同体意义上的国家，是作为组织共同体意义上的社会，也是作为意义共同体意义上的文化。对于中国这样有着悠久文明传统的国家而言，其共同体意识也远远超越了现代民族主义或国家主义的建构。现代民族—国家这种政治形式，是源发于西欧的现代资本主义世界体系的产物。中国社会虽然经历了从传统的王朝国家到现代民族国家的转型，但长时段历史积淀下来的文明传统并没有消失，并且始终在 20 世纪现代化实践过程中发挥作用。因此，仅仅用西方式的现代国家（以及与之同构的社会和文化）理念无法涵盖中国共同体意识的更复杂和多元的层次。正是在这一意义上，需要调用作为"超社会体系"的"文明（体）"这样的总体性范畴，来描述和呈现政治、经济、文化等不同层面共有的总体性特点。这种总体性并不表现为整一性和单质性，而存在着不同层次，兼有差异性和同一性的特征。

将中国指认为一种"文明体"，或从"文明（史）"的视野来理解当代中国，是一种基于 21 世纪全球格局而"在世界中认识中国"的反思性阐释实践。缺少对这一当代性情境的把握和意识，"文明自觉"的叙述实践就不可能出现。也可以说，正是阐释者的当代性立场，构成了撬动文明论述的支点。因此，无论是古典学的兴盛、跨区域跨学科的整合性研究，还是新世界史/文明史的构造，都是学界对 21 世纪中国与世界问题的当代性回应。而"文明自觉"之"自觉"这一意识与行为本身，最重要的是提示一种思考路径，即通过对已有经验的反思性认知和叙述实践，重新探索中国与世界的未来发展方向。21 世纪以来，"中国经验"作为一个高频词的出现，不仅意味着思考者站立的主体位置的调整，也意味着认识中国的方法论和阐释框架发生的变化。借用托马斯·库恩的说法，这是一种真正的范式转型。而"文明自觉"

正是这一转型得以发生的基点,它给出的不是结论或原理,而是探索的问题域与新的可能性。

从这一意义上说,以上对本书的写作过程、成书方式、基本问题意识、主要理论范畴和研究方法的回顾,既是对我多年研究实践的总结,也希望由此出发,为推进 21 世纪中国思想文化的未来发展提供进一步思考的线索。这显然是一次极为艰难而且力不胜任的冒险尝试。但或许这也正是思想探索的意义所在。每一种思考和写作都是认识现实世界的摸索性尝试,并需要在社会实践中检验其效力。缺少这样的探索性认知环节,"经验"无法成为"意识","实践"也无法转化为"理论"。

因此,本书的意义不在于提供具体的结论,而在于召唤一种认识和阐释我们置身其间的 21 世纪中国的自觉意识。21 世纪仍在展开之中,21 世纪中国和中国人也正在探索自己在世界史/文明史上的确切位置。对这个正在进行中的历史过程进行认知、描述和分析,进而探索出有效的实践方式,将是每一位思考者需要直面的议题。

上编

思　潮

第一章 "文化自觉"与知识界的中国叙述

进入 21 世纪,如何重新叙述并构建中国认同,变成了一个广受瞩目的文化与政治议题。这一议题的提出,源自特定的历史契机,即中国在全球格局中作为经济大国的崛起及其政治地位的改变,和中国社会自身所发生的巨大变化。国内外不同力量介入的"中国模式"讨论即为其中突出的一例。不过,"契机"某种程度也是"危机"的显现,这意味着曾有的中国叙述不再具有不言自明的合法性。比如以西方现代性规范为导向的启蒙主义叙述,比如冷战式的社会主义与资本主义叙述,以及民族主义的中国叙述,这些在当代中国不同时期曾经主导中国认同的叙述方式,已经难以整合起全球化处境下的中国认同。中国叙述的难题源自中国历史与现实的独特性和复杂性。"叙述"行为本身,不仅意味着如何"描述"当下中国的现实状况,也包含着如何"规范"社会发展方向,如何应对现实中存在的社会问题。在国际国内的复杂格局中,在社会认同发生激烈分化的情形下,如何叙述中国必然是不同政治与文化力量介入的场域。这里不打算全面讨论所有的中国叙述,而是集中分析国内知识界的一种叙述形态,即在"文化自觉"这一基本诉求下展开的中国叙述。

如若试图相对宏观地对 21 世纪中国社会文化状况做一种粗浅的描述,将不得不关注这个时期在文化认同的基本方向上发生的变化,即人们普遍对中国传统文化抱持一种关注、重构乃至"回归"的热情。这在政府引导、经济消费、社会认同与日常生活组织等不同层面都显现出来。这种变化在知识界也表现明显。如果用"反传统"来描述近现代以来中国思想界的主流的话，那么 21 世纪的变化或许可以概括为对"传统"的重新体认与激活。这一基本文化态度的改变，使得重构中国文化主体性的思考取向成为当前知识界不容忽视的声音。"文化自觉"论即是这些实践中一种重要的表述形态。

一 作为一个表述群的"文化自觉"论

"文化自觉"这一说法，最早是由社会人类学家费孝通在 1990 年代中后期的多次谈话、演讲中提出的。其中，"文化"用以描述"人造的人文世界"①，这个人文世界是一个"复合的整体，由各项相关联的社会制度结合成的"②；"自觉"首先针对的是一种"不自觉"状态："人们往往生活在自己的文化中，而没有用科学的态度去体会、去认识、去解释，那是不自觉的文化"③。所谓"文化自觉"指的是："生活在一定文化中的人对其文化有'自知之明'，明白它的来历，形成过程，所具的特色和它发展的趋向，不带任何'文化回归'的意思。不是要'复旧'，同时也不主张'全盘西化'或'全盘他化'"。费孝通强调"文化自觉"不同于"全盘西化"或复旧，也就把这种关于自身文化的认知活动，与对"传统"采取虚无主义态度的西化派，和固守传统的复古主义姿态区分开来。而"文化自觉"的实践目标，是"为了加强对文化转型的自主能力，取得决定适应新环境、新时代时文化选择的自主地位"④。

---

① 费孝通：《从反思到文化自觉和交流》，收入《文化的生与死》，第 203 页，刘豪兴编，上海：上海人民出版社，2009 年。
② 费孝通：《从马林诺斯基老师学习文化论的体会》，收入《文化的生与死》，第 89 页。
③ 费孝通：《开创学术新风气》，收入《文化的生与死》，第 170 页。
④ 费孝通：《反思·对话·文化自觉》，这是 1997 年费孝通在北京大学社会学人类学研究所开办的第二届社会文化人类学高级研讨班上的发言，收入《文化的生与死》，第 185—186 页。

作为社会人类学家的费孝通提出这一说法,并不是偶然的。人类学的基本方法大致是站在"局外人"的位置关于"他者"的一种研究认知活动。在不自觉的状态下,人们常常于日常生活与行动中实践某种文化,但却缺乏"自知之明":"你自己的生活有时好像是被包裹起来的,因而不理解自己是怎么生活的",因此,将"行动"(或实践)转化为理性认知,从"行而不知"到"知而行之",被费孝通解释为以人类学的方法"从实求知"的基本内容①。可以说,费孝通在 1940 年代与1980—1990 年代的人类学与社会学研究本身,就包含了这种"文化自觉"的基本诉求。而这一诉求在 1990 年代后期的中国语境中作为一个自觉的理论范畴提出来,则是他想"表达当前思想界对经济全球化的一种反应"。由于"世界各地多种文化的接触引起了人类心态的诸多反应",因此需要对自身的文化以及不同文化共存的格局做出自觉思考。② 这也就使得"文化自觉"不仅是指对中国文化自身的自觉认知,同时还包含了对全球文化秩序的一种新构想:"费孝通先生读了亨廷顿的'文明冲突论',提出'文化自觉'与之对垒,认为冲突背后有一种秩序,这个秩序也是理想,可以用'各美其美,美人之美,美美与共,和而不同'来理解与期待。"③可以说,"文化自觉"既包含着对作为自我的中国文化的重新认知,同时也试图勾勒出一种处理自我与他者关系的中国式世界观。

费孝通关于"文化自觉"的表述,包含着从个体到时代的不同层次的思考,是基于个人的学术反思,也是对全球化时代多元文化和多族群生存状态的理论描述。这一说法成了 2004 年成立的"中国文化论坛"的基本宗旨,并被拓展至关于全球化时代的中国社会认知这一普遍的理论实践层面。

---

① 费孝通:《我对中国农民生活的认识过程》,收入《中国士绅》,第 11—13 页,赵旭东、秦志杰译,北京:生活·读书·新知三联书店,2009 年。

② 费孝通:《文化三论》,收入《文化的生与死》,第 210 页。

③ 王铭铭:《"中间圈"——费孝通、民族的人类学研究与文明史》,收入黄平主编:《乡土中国与文化自觉》,第 61 页,北京:生活·读书·新知三联书店,2007 年。

"中国文化论坛"由周凯旋、董秀玉出任理事会理事长,其理事包括陈来、陈春声、甘阳、黄平、刘小枫、童世骏、王晓明、王绍光、汪晖、余永定、苏力等人,这些也是目前中国人文社会科学界的重要学者。论坛希望回应的基本问题是:"进入 21 世纪,中国如何面对全球化的挑战?"其基本宗旨,则是"重新认识中国的过去、现在和未来,促进对全球化时代中国文明主体性的理论思考和实践关怀"。正是在这一意义上,费孝通阐述的"文化自觉"论被认为准确地传递了论坛的基本思考:"'文化自觉'这一命题中的'文化',涉及经济、政治、法律、教育、学术和其他领域中的方方面面;这一命题中的'自觉'表达的是在全球化的处境中对于中国的文化自主性的关切和思考。"[①]中国文化论坛的具体工作,是聚集各学科的学者,"以跨学科的合作方式,从具体问题切入","每年就某一具体问题举行一次或两次年度论坛和多次小型讨论会"。年度论坛提出并讨论的话题,如"中国大学的人文教育""乡土中国与文化自觉""孔子与当代中国""中国人文社会科学三十年"等[②],都在不同程度上围绕着"文化自觉"这一核心命题展开。在中国文化论坛名下召开的小型研讨会,影响较大的则有由王铭铭、汪晖主持的"区域、民族与中国历史的叙述",力图以"区域"与"民族"这两个核心范畴,重新整合关于中国的历史叙述。某种程度上,汪晖近年来影响较大的文章,如《跨体系社会与区域作为方法》《东西之间的"西藏问题"》等[③],王铭铭的重要著作《中间圈——"藏彝走廊"与人类学的再构思》[④]等,也与论坛及其形成的讨论圈之间形成了互动

---

① 黄平主编:《乡土中国与文化自觉》,"总序",第 1 页。

② 这些讨论都已结集并由生活·读书·新知三联书店出版。其中,《中国大学的人文教育》由甘阳、陈来、苏力主编,出版于 2006 年 8 月;《乡土中国与文化自觉》由黄平主编,出版于 2007 年 8 月;《孔子与当代中国》由陈来、甘阳主编,出版于 2008 年 7 月;《中国人文社会科学三十年》由苏力、陈春声主编,出版于 2009 年 8 月。

③ 这些文章收入汪晖《亚洲视野:中国历史的叙述》,香港:牛津大学出版社,2010 年。

④ 王铭铭:《中间圈——"藏彝走廊"与人类学的再构思》,北京:社会科学文献出版社,2008 年。

关联。

与中国文化论坛的活动相关并值得提及的,还有由甘阳主编、生活·读书·新知三联书店出版的丛书"文化:中国与世界新论"。这套丛书沿用了 1985 年以甘阳等为发起人成立的"文化:中国与世界"编委会的辑刊名。1980 年代中期,这个编委会的成员几乎囊括了当时人文学界的学术新生代力量,因此被称为当时"文化热"中最重要的三个知识圈子之一①。他们当年的工作是"在短短三四年间曾主持出版了'现代西方学术文库'、'新知文库'、'人文研究丛书',以及《文化:中国与世界研究集刊》等上百种出版物"②。这个知识群体于 1980 年代后期解散后,2007 年,由甘阳牵头再次组织"文化:中国与世界新论"丛书,无疑带有重新接续并再组织知识界人员和知识话题的意图。

不过,相当有意味的是,尽管甘阳两个时期都强调秉持"从大文明格局看中国与世界关系的视野",但是,两者对待中国传统文化的基本态度,却发生了几乎是根本性的逆转。1980 年代中期的"文化:中国与世界"编委会,当时曾被人称为"全盘西化"派③。这个编委会发表过一篇宣言性的文章,即由甘阳执笔的《八十年代文化讨论的几个问题》④。在文中,他提出为了促成中国社会的现代化,最需要完成的是"文化的现代化",需要对中国的传统文化进行"根本的改造和彻底的重建"。"继承发扬'传统'的最强劲手段恰恰就是'反传统'"这一论断,成为当时传播甚广的"名言"。而在 2007 年为"文化:中国与世界新论"丛书所写的"缘起"中,甘阳首先批评的就是"近百年来的中国

---

① 详细论述参见贺桂梅:《现代化叙事与"韦伯的幽灵"——"文化热"》,《"新启蒙"知识档案:80 年代中国文化研究》,第 222—225 页,北京:北京大学出版社,2010 年。

② 甘阳主编:《八十年代文化意识》,"再版前言",第 3 页,上海:上海人民出版社,2006 年。

③ 参见查建英主编:《八十年代:访谈录》,第 211 页,北京:生活·读书·新知三联书店,2006 年。

④ 甘阳:《八十年代文化讨论的几个问题》,《文化:中国与世界》第一辑,北京:生活·读书·新知三联书店,1987 年。

人基本是用西方一时一地的理论和观点去看世界，甚至想当然地以为西方的理论观点都具有普遍性"，因此呼吁"今天我们已经必须从根本上拒斥简单的'拿来主义'"，而需要"以中国文明的历史视野去看世界"，从而确立"中国文明主体性之独立立场"①。显然，从根本改造中国传统文化的"拿来主义"，到中国文明主体的独立性，这两者之间的变化是明显的。甘阳的这种变化，也颇具征候性地显示出了这个知识群体在文化认同的基本方向上，从 1980 年代到 21 世纪所发生的改变。

"文化：中国与世界新论"作为一套丛书，其作者构成及文化立场并不完全一致，不过与 1980 年代"文化：中国与世界"编委会的西化倾向相比，"新论"的选书标准侧重在中国问题和中国文明主体性诉求，却是颇为明显的。丛书收入了甘阳的新著《通三统》，由论述关于中国三大传统的融合、中国绘画和大学通识教育的三篇演讲构成。其基本问题意识，是在全球化语境下"重新认识中国"。倡导"新时代的'通三统'"，即古典中国以人情为核心的孔夫子传统、毛泽东时代的平等传统和邓小平时代的市场传统这三者的融合，最为鲜明地代表了他的文化立场。丛书中另一本引起很大关注与争议的著作，是北京大学法学院青年学者强世功的《中国香港：政治与文化的视野》。这本书勾勒了"一国两制"作为一种政治制度构想得以提出并实践的历史过程和政治哲学渊源，阐述它与中华帝国时期的"天下"体制之间的关联性，并论述了这种制度安排与西方民族国家体制及帝国主义的大英帝国体制之间的不同。值得注意的是，这本书在讨论香港身份认同这一极为敏感的问题时，一方面留意去体认香港人的历史情感与"无言的幽怨"，一方面也并不掩饰作者在中国崛起背景下的"大国"情怀。他认为中国崛起，"不仅是指其经济增长，而且是建构了一套不同于西方现代文明的政治体制以及与这套政治体制相匹配的政治哲学思

---

① 甘阳：《"文化：中国与世界新论"缘起》，收入《通三统》，第 1—7 页，北京：生活·读书·新知三联书店，2007 年。

想"。这构成了该书论述中国的基调。①

可以说,如果要关注"文化自觉"这一理论命题的提出及其实践,显然需要关注"中国文化论坛"这个特定的文化讨论空间的影响。这也意味着从知识社会学的视野,考察一种思想被什么人、以怎样的方式提出并散播。自1990年代以来,中国知识界的"分化"是常常被人们关注的问题,其中"新左派"与"新自由派"的论战,文化保守主义、新自由主义、后现代主义等不同思想理路的展开②,显示出1980年代在"新启蒙"立场上聚集起来的当代中国知识界在回应现实问题时的不同走向。而20、21世纪之交,这一知识界的格局又在发生新的变化,完成着新一轮的分化与组合。只有当一种思想活动被置于具体的实践过程与传播语境中时,这种变化才可以更清晰地显示出来。

但是,如果仅仅把"文化自觉"视为中国文化论坛及其特定人脉提出的讨论话题,显然是偏颇的。事实上,虽然并没有采取"文化自觉"这个说法,但"对中国文明主体性的理论思考和实践关怀""从中国的历史视野看世界",却构成了当前中国知识界许多研究者的基本共识,并出现了颇具影响的诸多研究著作。很大程度上,可以将"文化自觉"及其相关表述,视为一个有着相近文化诉求的表述群。限于篇幅,这里不可能全面地描述这一文化取向的方方面面,我试图简单地提取其中产生较大影响的重要文本,以其为个案展开分析。

首先值得提及的是近年来引起广泛关注的"中国模式"讨论。"中国模式"这一说法最早可以追溯到美国《时代》周刊编辑、高盛公司顾问乔舒亚·库伯·雷默提出的"北京共识"。这个说法不久也成为国内外政治界、知识界争议的一个重要范畴。在中国国内,近年出版的一本名为《论中国模式》的书籍,不仅收录了国内知识界从政治、经

① 强世功:《中国香港:政治与文化的视野》,第373页,北京:生活·读书·新知三联书店,2010年。

② 详细分析参见许纪霖、罗岗等:《启蒙的自我瓦解:1990年代以来中国思想文化界重大论争研究》,长春:吉林出版集团,2007年。

济、文化和比较等不同层面描述或争论"中国模式"的文章，收录了一些国际学者(除雷默之外，还有德里克、马丁·雅克、托马斯·海贝勒等)的讨论，同时还收入了毛泽东、邓小平、江泽民、胡锦涛的政治政策论述①。这也可见，"中国模式"有时也与"中国特色的社会主义"等表述混同。这里提出来分析的，主要是知识界的一个重要表述群，即由北京大学国际关系学院教授潘维主持的"中国模式"讨论。

2009 年，在中华人民共和国成立 60 周年之际，潘维联合了社会科学界的诸多学者，在北京大学召开名为"人民共和国六十年与中国模式"的研讨会。这次会议的论文后来结集出版②。在此基础上，潘维又重新组织作者写文章，出版了另一本《中国模式：解读人民共和国的60 年》③。如果说"中国文化论坛"与"文化：中国与世界新论"相对地侧重包括人文与社会科学在内的文化方面的讨论，那么潘维组织起来的更多是包括政治学、经济学和社会学在内的社会科学界的讨论，但他们同样把确立有关中国主体性的知识表述作为基本诉求。潘维这样写道："思想上的破与立是当代全球生存竞争的主战场，思想斗争的能力攸关中华文明的兴衰续绝。……一个是破，破一个国际性的霸权话语系统；一个是立，在我国知识界确立对自己生存方式的自觉，也就是对中华发展道路的自觉。"④在《中国模式：解读人民共和国的 60年》一书中，这一诉求更高调地表述为："它标志着具有独立性、敢于向西方争取'话语权'的'中国学派'正在浮出水面。"⑤

尽管参与"中国模式"讨论的学者立场和态度各不一致，但强调中国发展道路的独特性，并将中国经济的成功解释为中国历史连续性展

---

① 赵剑英、吴波主编：《论中国模式》(上下卷)，北京：中国社会科学出版社，2010 年。

② 潘维、玛雅主编：《人民共和国六十年与中国模式》，北京：生活·读书·新知三联书店，2010 年。

③ 潘维主编：《中国模式：解读人民共和国的 60 年》，北京：中央编译出版社，2009 年。

④ 潘维：《序　中国模式》，《人民共和国六十年与中国模式》，第 23 页。

⑤ 潘维主编：《中国模式：解读人民共和国的 60 年》，封面前勒口。

开的结果,尤其是毛泽东时代的革命历史与邓小平时代的改革历史间的内在关联,成为论者阐释"中国模式"的主要倾向。潘维在他的总论性文章《序 中国模式》(后扩充为《当代中华体制——中国模式的经济、政治、社会解析》)中,将"中国模式"的独特性概括为"国民经济、民本政治、社稷体制的'三位一体'"。可以看出,潘维的论述方式带有很强的结构—功能学派的特点,他格外强调的,一是中国历史与文化区别于西方的独特性,一是当代历史与传统中国之间的连续性。当下中国经济的成功,并不被解释为某一时期的经济或政治(如改革开放或革命)的结果,也不被解释为传统中国的复兴,而是这些不同历史时期特点的混杂与综合。在这一点上,潘维的"中国模式"论与甘阳所谓"通三统"有着内在的一致性。

在强调中国文化(或中国文明、中国知识)的自主性这一话题下,同样值得关注的,还有中国社会科学院学者赵汀阳提出的"天下体系"。在《没有世界观的世界》①和《天下体系:世界制度哲学导论》②这两部论著中,赵汀阳从政治哲学与文化哲学的角度,提出古代中国的"天下体系"应当成为构想全球化时代的"世界制度"的基本模型。"天下体系"的独特性在于,与西方的民族国家体系,以及罗马帝国、大英帝国与全球化帝国主义等模式相比,它包含着"饱满的或完备的世界概念",可以成为实践全球化时代新的世界观的"乌托邦"形态。对西方民族国家模式的批判与对传统中国天下体系合理性的论证,构成了赵汀阳阐释的基点。这一从政治哲学高度对传统中国政治制度的重新阐释,不仅被论述者视为经济崛起背景下从"知识生产"角度将中国构造为"一个新型大国"的环节,同时也是其"以世界责任为己任,创造世界新理念和世界制度"的全球性思想实践。

还需要提及的,是北京大学中文系学者韩毓海近年来产生较大影

① 赵汀阳:《没有世界观的世界》,北京:中国人民大学出版社,2003 年初版,2005 年再版,2010 年第三版。

② 赵汀阳:《天下体系:世界制度哲学导论》,南京:江苏教育出版社,2005 年。

响的著作《五百年来谁著史：1500 年以来的中国与世界》。韩毓海如此表述他的基本诉求："从中国的视野、或'以中国为本位'去观察和描述最近 500 年世界历史的变迁，致力于探询当代中国的'世界'观。"①"以中国为本位"重新讲述历史之所以可能，在于一种完全不同的、关于明清时代中国历史的认知图式。在经典的现代化理论范式中，古代中国被视为前现代的（也是资本主义之前的）时期，这是现代世界需要加以根本改造的低级、未开化时段；而在主流马克思主义理论范式中，古代中国的社会制度则被视为落后的"亚细亚生产方式"。但是，在《五百年来谁著史：1500 年以来的中国与世界》一书中，借助费尔南·布罗代尔（Fernand Braudel）关于"世界经济"和"资本主义世界体系"这两个基本范畴的区分，借助对"资本主义"完全不同的定义方式，韩毓海强调真正的"世界经济"始于中国明朝，而此前学术界所称的"现代化"过程，则是以军事—金融为一体的西方资本主义体系摧毁中国主导的这个世界经济体的过程。明朝中国的崩溃，在于错误地完全依赖外来的白银—金融体系，清代中国被西方列强打败，则主要在于缺乏强有力的国家机器组织起社会与经济。在这种叙述中，500 年来的中国历史，经历的是一个崩溃、重建并"复兴"的过程。而如果说，今天中国经济的崛起，乃是一种"复兴"，用一位外国学者的表述是"当历史学家回顾我们所处的时代时，可能会发现几乎没有任何国家的经济发展可以像中国的崛起那样引人注目。可是，当他们进一步放开历史视野时，他们将看到那不是一个崛起，而是一个复兴"②，这显然也构成了中国文化自觉论的重要面向。

《五百年来谁著史》采取的是一种大历史叙述，虽然有很强的经济史研究的特点，但并不特别关注具体的经济分析。在重新解读一些重

---

① 韩毓海：《五百年来谁著史：1500 年以来的中国与世界》，第 1 页，北京：九州出版社，2009 年。

② ［英］安格斯·麦迪森：《中国经济的长期表现：公元 960—2030 年》"序言"，伍晓鹰、马德斌译，上海：上海人民出版社，2008 年。

要史料的基础上,这本书侧重从已有的史学研究成果中组合出新的宏观论述。布罗代尔的长时段、大范围、物质流通史的关注视野,阿里吉(Giovanni Arrighi)、沃勒斯坦(Immanuel Wallerstein)等人的世界体系理论对于东方与西方两种资本主义体系的描述,尤其是贡德·弗兰克(Andre Gunder Frank)关于白银资本的论述,和被称为"加州学派"的彭慕兰(Kenneth Pomeranz)等人关于 19 世纪中国经济与英国工业革命"大分流"的阐释等,构成了这一"复兴"叙述背后的理论支点。

这也带出了海外学界关于中国研究的一个重要思想脉络。事实上,在中国知识界强调"文化自觉"、强调中国历史与文明"主体性"问题的同一时期,相关的国外研究著作也陆续译成中文出版。其中影响最大的,或许是德国学者弗兰克的《白银资本:重视经济全球化中的东方》①。尽管与沃勒斯坦、阿里吉、萨米尔·阿明同被称为世界体系分析的重要理论家②,弗兰克却并不把历史批判的视野仅仅局限于资本主义体系的现代世界,而认为在 1400—1800 年间中国经济就已经逐渐构成了当时世界经济的中心。他追踪白银资本在美洲—亚洲—欧洲的全球流动轨迹,重新解释了 19 世纪西方资本主义的崛起与中国经济衰落的原因。正是这种全然不同于欧洲中心主义的政治经济学批判视野,打开了在启蒙主义、现代主义思想之外重新解释世界史的可能性。事实上,当这种极富批判性的历史阐释最早被介绍到中国时,也构成了当时"新左派"与"新自由派"论战的一个小的回合。③ 另外一本产生较大影响的著作,则是意大利学者乔万尼·阿里吉的《亚

---

① ［德］贡德·弗兰克:《白银资本:重视经济全球化中的东方》,刘北成译,北京:中央编译出版社,2000 年。

② 沃勒斯坦称他们四人为"四人帮"。见《沃勒斯坦精粹》"前言",第 2 页,黄光耀、洪霞译,南京:南京大学出版社,2003 年。

③ 代表性文章有刘禾:《欧洲路灯光影以外的世界:再谈西方学术新近的重大变革》(《读书》2000 年第 5 期),徐友渔:《质疑〈白银资本〉》(《南方周末》2000 年 6 月 16 日)等。

当·斯密在北京:21 世纪的谱系》①。这本书重新阐释了东方与西方两种不同的资本主义的历史,并认为中国经济的崛起正是亚当·斯密的"自由市场"理论得以真正实践的结果。此外,阿里吉和日本学者滨下武志(Takeshi Hamashita)、美国学者马克·赛尔登(Mark Selden)主编的《东亚的复兴:以 500 年、150 年和 50 年为视角》,以及英国学者安格斯·麦迪森(Angus Maddison)关于中国长时段研究的经济史著作的出版等,都为"复兴"论提供着重要的理论和史学支撑。

这些都意味着,寻求中国历史独特性与文明主体性的论述,很大程度上乃是在全球化语境下一种国际性的理论实践互动中形成的。因此,既需要在一种中国情境也需要在一种全球视野中,来理解中国知识界的"文化自觉"论述得以提出的历史语境。

二 重建历史连续性:"崛起"与中国叙述

"文化自觉"表述对于中国历史与文化主体性的寻求,固然可以从其对中国传统的关注这个侧面,而与反传统的启蒙主义、现代主义思潮区别开来,但是,它也不同于近现代中国历史上的任何一次保守主义、复古主义文化思潮。费孝通强调,"文化自觉"不是"全盘西化"也不是"坚守传统"。很大程度上应该说,"文化自觉"表述实践乃是 21 世纪的中国处境所决定的一次独特的思想实践,它有着不同于近现代历史以来历次文化思潮的现实诉求、问题意识与知识建构。关键之处或许在于,"文化自觉"的重心其实不在"文化",也不在"自觉",而在对于"中国"这个主体的认知方式与认同方式发生了根本性改变。

显然,在启蒙主义、现代主义的视野中,当中国自身的"传统"被作为批判的对象时,也就意味着"中国"本身是"未完成的",它总是处在

① [意]乔万尼·阿里吉:《亚当·斯密在北京:21 世纪的谱系》,路爱国、黄平、许安结译,北京:社会科学文献出版社,2009 年。

"朝向"国民/民族国家的现代化进程之中。而"文化自觉"强调的则是,现代中国的变革实践并不是西方现代化历史的复制,也不应以西方现代社会为目标,而具有它自身的"独特的道路"。这种独特性被中国文化论坛解释为:"中国是一个古老的文明,又经历了现代的革命和30年的改革,中国的变革必然是一个立足于自身的传统和现实而展开变革与创新的过程";与此同时,"当代全球化浪潮包含着一种支配性的逻辑和同质化的趋势,中国的变革一方面离不开向不同的文化和社会的学习和借鉴,但另一方面又必须在开放性中确立自身的主体性"。① 这意味着,首先中国的变革必然是"中国性"的,另一方面,全球化格局本身也需要中国创造性地发挥它的主体性,这两个层面决定了"文化自觉"的必要性。如果参照1980年代的现代化论述乃至近现代历史以来的启蒙主义论述,可以看出,其中发生的真正变化,在于中国的主体位置的转移。在启蒙主义、现代主义的论述中,中国总是潜在地被设想为处在全球化(或称"世界")格局的外部,它是一个"后来者""落后者",一个没有"入局"的"学生";而"文化自觉"论述的一个根本性转变则在于,它把主体位置挪到了"局内",是站在全球化格局"里面"来讨论中国的主体性。这也就是说,"文化自觉"乃是基于全球化格局中中国位置的转变而形成的关于中国主体性探索的新叙述。

强调这一主体表述的具体历史情境是重要的,这也构成"文化自觉"论述的关键所在。"文化自觉"不同于文化保守主义的任何一种表述的地方,在于它一方面是对话性的,即在与他种文化的比较与对话关系中重新认知自我;更重要的方面则是它的反思性。费孝通曾将"对话"与"反思"作为"文化自觉"的两个面向②,并认为两者处在不同的层次:"学术反思是对个人而说的,文化自觉是学术反思的扩大和发展","学术反思是个人要求了解自己的思想,文化自觉是要了解孕

---

① 中国文化论坛"总序",收入《乡土中国与文化自觉》,黄平主编,第2页。
② 费孝通:《反思·对话·文化自觉》,收入《文化的生与死》,刘豪兴编,上海:上海人民出版社,2009年。

育自己思想的文化"。① 但是如果将"反思"一词理解为一种认知情境，就应当意识到这种自反性的认知活动总是包含着"回顾""反省"这样的意思，这也意味着它是在某种关于现实的"完成时态"的指认中展开的一种回溯性叙述，是在完成实践、行动的过程之后进行的一种理性认知。

当"中国"需要在反思的层面上展开"文化自觉"表述时，这首先意味着，中国的现代化实践和社会变革这一历史过程本身，得到了某种结论性的认可。它不再是未完成的"未来"或"理想"，而成了某种需要被理解的"现实"。这无疑直接指涉着中国经济崛起、中国被纳入全球政治文化格局这一现象本身。甘阳在讨论当代中国的"通三统"时，集中论述的是"中国经济改革成功的内在逻辑"，中国经济因何"起飞"，构成了他讨论问题的核心关注所在。赵汀阳关于"天下体系"的讨论，也是由"中国在经济上的成功已经使中国成为一个世界级别的课题"这一现象着手，并更为简洁地将这一经济崛起所带来的文化问题表述为："已经在舞台上了，就不能不说话。"②几乎可以说，"文化自觉"的相关论述，很大程度上都是对"中国经济崛起"这一现象的回应，因此，特别值得关注的就是这种新的关于中国的叙述本身如何构成，以及这种叙述背后包含的问题意识与或隐或显的政治态度。

"文化自觉"论述的基本前提，在于重新确认全球化格局中的中国主体位置，也就是说，这是在一种新的地缘政治与国家主体关系格局中展开的，因此，这一叙述本身包含着两个面向的重新认知。其一是如何认知全球化格局及其构成方式；另一是在此前提下，如何将全球格局所划定的"中国"这个空间，重新讲述为一个文化与政治的主体。这两个面向看起来是所有现代民族国家构造的基本框架，但是在 21

① 费孝通：《从反思到文化自觉和交流》，收入《文化的生与死》，第 203 页。
② 赵汀阳：《天下体系：世界制度哲学导论》，第 1—2 页。

世纪的中国知识界,这个论述框架却并没有简单地重复西方式民族国家的建构逻辑。导致这种变化的关键在于人们关于"全球化""世界"的认知方式。在启蒙主义、现代主义的逻辑中,无论是否对"世界"或"全球"保有一种反思态度,人们总是倾向于将这个全球格局理解为一种由现代民族国家构成的总体性理想秩序,所谓"世界之林""地球村""与世界接轨",都是如此。但是"文化自觉"论述的一个共同特点,便是对全球化保持着某种批判态度。这或者是指认出全球化进程与资本主义扩张、现代民族国家作为一种基本政治单位的建构之间的关系,或者是指认出全球化秩序背后英美大国的帝国主义政治逻辑与西方中心主义的文化逻辑,从而将理想化的现代性普世秩序还原为一种地缘政治的现实关系考量。从这个角度来说,赵汀阳将现代的全球世界描述为一个"没有世界观的世界",是相当具有征候意味的。这种对全球化的认知方式,无疑与 1990 年代以来对已经纳入全球格局之中的中国社会处境的体认直接相关,此时关于"世界"的认知,已大不同于 1980 年代那种立足于中国内部而自认为处于"世界"外部的认知方式。这种关于"世界"的新认知,由于论述者的知识谱系和政治立场的不同,其论述方式也不完全一致,但是对西方式民族国家形态及其民族主义知识的反省,特别是认为中国作为一个不同于西方式的民族国家但却合法与正当的国家形态,成为某种普遍的共识。如何在批判全球化和反省现代化范式的前提下,重新建构"中国"的合法性表述,构成了"文化自觉"论述的核心问题。在这样的历史情境下,"文化自觉"与中国叙述构成了同一个问题的两面。

这种中国叙述的首要特点,在于强调中国历史经验的延续性和完整性,这包括古典时代的王朝国家经验、现代以来的中国社会变革历史,也包括毛泽东时代的社会主义经验和 1980 年代以来的改革开放经验。甘阳在论述"通三统"时,一方面从地方分权角度论证邓小平时代的改革与毛泽东时代的革命之间的连续性,另一方面则从海外华人资本和中国改革的关系,论证传统中国经济与现代中国之间的连续性。甘阳的论述并不缜密,可以说仅提出了一个粗糙的思考框架,但真正关键的地方,在于他试图建立传统中国、毛泽东时代中国与改革时代中国之间连续性的努力。潘维在构建"中国模式"时,强调国民经济、民本政治、社稷体制的"三位一体",其基础在于"中华文明的延续性",这包括"中华百年奋斗史、三千年王朝史、五千年文明史,还特别包括被消化为中华文明有机组成部分的外来文明"①。强世功从中国政治制度自身的延续性的角度,论证了关于香港的"一国两制"制度的合法性所在——"如果我们把'一国两制'放在中国历史的脉络中思考,就会发现从明清的边疆治理到新中国的民族区域自治,一切是如此自然、贴切"②。在论述作为一个整体的中国历史的延续性方面,走得最远的,则是韩毓海的《五百年来谁著史》。在叙述当下中国的经济崛起及其在国际格局中地位的改变时,"中华民族的伟大复兴"是一个常常被人挂在嘴边的说法,但是,何谓"复兴"、"复兴"的是什么,却几乎没有得到过这么明确的阐释。

这些连续性论述,都倾向于强调在一个类似"母体"文明的基础上,把各不相同的传统、现代与革命经验重新整合起来,从而构造一种"完整的"中国论述。但需要特别提出来分析的是,同样是通过重建中国历史连续性而构造一种新的文化表述,这些叙述中却包含着两种不同的现实政治态度,至少包含着两种可能性。

问题的讨论,可以从中国在世界经济格局中崛起这一现象,如何被转换为知识界关于"中国"的重新认知开始。这个过程其实并不像"经济的重量决定了政治、文化和思想的重量,经济的问题带动了政治、文化和思想的问题(马克思的'经济基础'理论仍然有效)"③这样的表述那样想当然。有趣的倒在于这种叙述逻辑在何种意义上能够

---

① 潘维:《当代中华体制——中国模式的经济、政治、社会解析》,收入《中国模式:解读人民共和国的60年》,第5页。

② 强世功:《中国香港:政治与文化的视野》,第373页。

③ 赵汀阳:《天下体系:世界制度哲学导论》,第2页。

成立。事实上,对于从 1980 年代过来的中国知识群体而言,如何面对并认知 20、21 世纪之交中国经济在世界格局中的崛起,并不是一件"顺水行舟"的事情,因为 1980 年代知识群体的"新启蒙"立场正是建立在国家与社会(市场)的二元对立格局基础之上,而 1980—1990 年代之交的政治与经济变动,更加重了其中的国家(政府)与社会(知识分子)间的对立情绪。如果要承认这场在国家主导下的经济变革的成功,那也就意味着对"新启蒙"立场的某种自我反省和自我质询。这一点相当有意味地从甘阳的表述中透露出来。在强调要"重新认识中国"时,他首先提出"熟知不是真知":中国知识界曾经自认为了解的中国其实并不是"真知"。他写道:"我想绝对不是我个人,所有 80 年代活跃过的知识分子都没有意识到当时中国经济已经起飞。"①他因此而对自己曾经秉持的思考框架本身提出质疑。但有意味的是,这种反省本身,也是从西方世界倒着看出来的:他用以论证中国经济改革成功的"内在逻辑"的主要理论支撑,是两本美国学者关于中国研究的著作,"住在中国的我们好像还不如西方人了解中国"。这里面包含了两个层面上的值得讨论的问题。一个层面是如何能够从一种"全球"视野而不是中国内部视野,来理解中国社会及其在国际格局中发生的变化。显然,1980 年代的"新启蒙"思潮把全部的中国社会问题,理解为中国内部的国家与社会(个人)间的对立,这是导致其不能正确认知全球化格局中的中国处境的原因。另一层面的问题是,中国知识群体的这种"全球"视野是如何获得的?它是在一种自我批判中对"新启蒙"意识的超越,还是以另外一种方式遵循着西方目光对于中国主体性的建构?这之间的暧昧关系,显然并不是强调要在全球化语境下"重新认知中国"的"文化自觉"论述所能回避的。

潘维曾在文章中提出一种"内外'不平衡'现象":"在国外是对中国国力高速增长的震惊,世界各国对中国发展经验日益好奇和尊

---

① 甘阳:《通三统》,第 13 页。

重,中国国际地位快速蹿升,以致'中美共治世界'的论调大行其道。但在国内是党政干部政治理念的'多元化',大众舆论和社会价值观碎片化,以至于知识界对国家前程深怀忧虑。"①如何回应这一国内外的"不平衡"现象,事实上构成了"文化自觉"论述中两个需要区别开来的基本立场。

一种立场采取的是"为结果寻找原因"的论述思路,也就是通过重新阐释中国的历史,将中国经济的崛起解释为某种"历史的必然"。中国社会、历史与文化的独特性被解释为中国经济崛起的原因,而这个原因,却是在确认"崛起"这个事实之后,"倒着"从历史中建构出来的。强调重新建构中国历史连续性的论述,无疑包含着这种"颠倒"的论述结构。孔夫子传统、毛泽东传统与邓小平传统的"通三统"、国民经济、民本政治、社稷体制的"三位一体"、"复兴"论所强调的中国作为一种独特的东方"世界经济"形态如何不同于西方的"现代资本主义世界体系"、"天下体系"作为一种世界制度的优越性等,都意在建立古代、现代与当代历史之间的连续性关系,确立一种新的中国"混杂论",即古典时期的帝制经验、现代历史的革命经验和改革经验三者的混杂与重新整合。近代历史以来,中国叙述充满着"断裂性",从古代/前现代/封建王朝向现代国族的转化,从"现代中国"向"革命中国"的转变,从"革命中国"向"现代化中国"的改造等等。但"文化自觉"论要强调的却是这无数的"断裂"背后存在的"延续性"。所谓"三统"意味着传统与现代的冲突以及现代性内部的冲突,"通"三统则意味着有一种类似于不变的"母体"那样的中国文明被重新发明出来。这个新的"母体"之所以需要被建构出来,基本动因是为了回应和确立中国作为一个国际格局中崛起的新兴大国的主体位置。

值得提出的是,这种"颠倒"的论述结构所确立的中国连续性叙述,并不仅仅基于对新的国际局势的回应,也同时包含着重新整合中

---

① 潘维:《序 中国模式》,收入《人民共和国六十年与中国模式》,第 1 页。

国社会内部族群关系的政治能量。甘阳认为,在分裂的"三统"中,隐含着中国社会阶层与中国知识群体内部政治立场的分化,需要通过"通三统"而建构一种防止社会瓦解的新的中国认同。这无疑是中国社会需要回应的重要问题。1990年代以来知识界"左"与"右"的分化,中国社会阶层的贫富不均和东西部之间的地区落差等,已经构成了影响深远的社会问题。通过重新建构历史的连续性而整合一种更高层次的国族认同,如同"1800年前后的英国和1900年前后的美国"①,无疑是一种重要构想。但问题是,这种"连续性"的认同本身是如何可能的?如果仅仅通过从中国历史中寻找解释经济崛起的因素,并将之作为新的中国认同的依据显然是不够的。这种"为结果寻找原因"的思路本身,有一个根本性的政治前提,即强调中国目前社会秩序的合法性。无论论述者有意或无意,这必然会以不同的方式加固或强化现有社会秩序的合理性,呼应着一种新的国家主义认同。

问题的症结在于,所有关于"连续性"或"完整中国"的论述本身,必然是政治性的。汪晖在关于古代中国历史的研究中,曾提出这样的论述:"经常有一些老调说,中国历史是延续的,西方历史是断裂的。……中国历史中不断地出现周边向中原地区的入侵和渗透,无论在政治上,还是在族群关系上,都不断地发生着断裂。所谓延续性是历史过程中不断出现的有意的和无意的建构的结果。例如,那些少数民族王朝的统治者不断地利用儒学,包括其不同形态如理学、经学或史学,以各种各样的方式把自己转化为中国。这个礼仪中国的问题不是一般所谓礼仪或道德的问题,而且更是一个政治问题,政治合法性问题。"②强调中国历史的完整性,强调当代中国历史与古代、近现代历史的延续性,这种表述同样必须被视为一个"政治的"问题。其关键是,新的政治实践的目标到底是什么?它是旨在维护既有政治秩序的

---

① 甘阳:《通三统》,第47页。
② 汪晖:《对象的解放与对现代的质询》,收入《亚洲视野:中国历史的叙述》,第80页。

合法性，还是通过重新叙述"中国"而进行某种"制度创新"的思想实践？使新的"中国"叙述成为一种自觉的政治实践方式，也就需要在意识到其"颠倒"结构的同时，将关于普遍平等与社会公正的原则纳入其中，从而将新的国际格局下的"中国"，转化为一个政治与文化实践的场域。

从这个意义上说，中国叙述问题，不是对中国崛起的论证，而是对于崛起背景下不同层面上存在的中国社会问题的回应和创造性阐释，并将其作为构建一种新的社会平等方式的政治实践的构成部分。显然，所有关于"连续性"的叙述都并不是"历史的必然"，而是一种历史建构的结果，这也就为新的政治实践提供了可能性。正是在后一立场上，"文化自觉"表述存在着批判性实践的可能性。

三 "多元一体"：国家与天下

"文化自觉"论述在 21 世纪中国知识界出现之所以可能，首先是出于对新的历史情势的回应。但是这种历史情势不能仅仅在中国在国际政治与经济格局中的崛起这一维度上被认知，毋宁说这仅仅是造就新的历史情势的维度之一。事实上，中国经济的崛起及其在全球格局中位置的变化，引起的更是国际与国内情势互动所导致的当代中国社会的复杂处境。格局的变化，引起的是"势"能关系的变更，从而带动了不同层面的社会与文化反应。这既包括西方、中国政府、中国民众与中国知识界等社会力量在不同方向上的文化实践，也包括政治博弈、经济活动、社会心态与文化表述等不同领域之间的互相激发与塑造。

中国经济的崛起，无疑使得西方（世界）将更多关注的目光投向中国。这种目光也是"纵横交错"的，它将带出一种"东方主义"式的文化注视，也将带出后冷战式的政治冲突，以及地缘政治的博弈。对于中国政府而言，在这种新的政治格局中塑造自身的主权国家形象，也

必然要求文化建构的加入。在他者与自我的目光的互动中,中国历史
自身的多重性与复杂性也被带了出来:这是有着5000年文明的古老
大国,也是一个有着革命经历的社会主义国家,同时还是一个新兴的
现代化经济大国。在这种意义上,中国成为了一个可以有不同力量介
入的政治场域。中国在全球格局中的经济崛起,同时带起的还有国内
社会局势的变化。事实上,"文化自觉"并不仅仅是中国知识界的一个
变化,某种程度上,中国政府、文化市场、民众认同与知识界实践在如
何重新认知中国传统这一点上,共同促成了一种民族性心态在20、21
世纪之交的转变。这包括中国政府如何建构"国家形象"、"软实力"
的制度性实践,比如对"国学"的制度性扶植,比如对儒学与孔子的重
新塑造,比如借助传统文化提出诸如"和谐社会"等的政治构想等;也
包括在全球经济格局中,旅游业、影视文化产业、大众消费文化等,对
作为一种"被展览的文化"的中国性的建构与消费,这个侧面带出来
的是类似《英雄》《满城尽带黄金甲》等强调中国元素的中国电影大
片,是重编帝王将相历史的电视连续剧如《汉武大帝》《雍正王朝》
等,是旅游业刺激下的各地方政府挖墓、考古与改名的热潮。如果认
为重新发明传统仅仅是一种政治与经济的建构也是不准确的,在"唐
装热"、"恢复传统节日"、重修族谱和重建祠堂热以及以重讲中国经
典为主要内容的"百家讲坛"等节目热播背后,传递出的是普通民众
文化认同心态的变化。——这些多个层面上"传统"与"中国"的耦
合,显示出的是复杂得多的社会与文化的"情"与"势"。

在这种文化认同转变的表象之下,真正具有主导性的,其实是经
济全球化格局所带动的、中国社会内部不同族群关系的分化组合及其
认同方式的变化。最为突出的问题,既有后冷战情境下,出于对资本
主义全球体系与社会主义遗产的不同认知,而导致的"新左派"与"新
自由派"在基本政治立场上的分歧,更有因为1980年代以来,快速发
展的出口导向型经济导致中国东部沿海与西部内陆、城市与乡村的区
域分化,同时还有新的社会分化被组织到民族主义意识形态之中而引

起的边疆与民族问题。可以说，在 21 世纪全球化处境下，中国内部的社会分化问题，构成了"文化自觉"叙述需要直面的甚至是更为重要的文化与政治问题。正是纳入这样的视野，中国知识界"文化自觉"的理论实践，需要完成的乃是全球视野中对中国问题的新的政治化整合。它不能简单地在民族主义逻辑上把中国问题转化为特定文明形态的延伸，而应当将在中国这一特定地缘政治空间中的不同社会族群的变化，转化为一种新的政治实践的可能性。

从这样的角度，关注中国内部包括族群、阶层、区域的差异性，它如何可能被包容在"中国"这一新的政治叙述中，成了"文化自觉"论述关注的重要问题。正是出于这样的问题意识，与过去那种单一性政治与文化想象的中国叙述不同，"文化自觉"论述格外强调应将中国视为一个由多元关系构成的共同体。由此，在具体的知识表述上发生的变化，则是在反省西方理论和社会科学范式的基础上，中国传统政治、哲学与文化及其基本表述范畴的活力被激发或重新创造出来。"多元一体"（费孝通）、"帝国""跨体系社会"（汪晖）、"天下""中间圈"（王铭铭）、"天下体系"（赵汀阳）、"当代中华体制"（潘维）、"文明体"（甘阳）等，成为表述中国的新的政治与文化语汇。它们的共同特点在于批判那种从均质化的、单一民族国家理论角度来理解中国的方式，而试图强调中国经验本身所包含的历史复杂性，尤其是中国社会内部族群的多样性，以及在此基础上形成一种整合性的中国新叙述的可能。

"天下"叙述也与费孝通的"文化自觉"论述有着直接的渊源。费孝通曾提到，"文化自觉"的看法，首先是他"从少数民族地区的发展问题中看到的"，他关心的是：在"文化转型期"，不同的民族与文化如何能够生存下去①。这也使他回过头来历史地思考中华民族与各民族单位的形成与演变过程。1988 年在香港中文大学的一次演讲后，费

① 费孝通：《关于"文化自觉"的一些自白》，收入《文化的生与死》，第 231—233 页。

孝通发表了《中华民族的多元一体格局》这篇著名的文章。文章强调需要将中华民族和一般意义上的民族区分开来,前者作为一个"自觉的民族实体",是"近百年来中国和西方列强对抗中出现的",但它作为一个"自在的民族实体",则是"几千年的历史过程所形成的"。不同于西方民族主义知识将"民族"与"国家"建构为同一单位,并以民族认同构造国家的合法性,费孝通在强调中华民族作为一种国族单位的建构性的同时,也突出中国内部不同民族群体之间的交往和混杂关系,从而"许许多多分散孤立的民族单位,经过接触、混杂、联结和融合,同时也有分裂和消亡,形成一个你来我去、我来你去,我中有你、你中有我,而又各具个性的多元统一体"①。"多元一体"强调的是在族群认同的差异性基础上,如何形成统一性的国族建构,这也就打破了那种本质主义的民族主义叙事,同时也突破了自上而下的国家主义论述,从而为重新整合中国内部的差异性族群关系提供了可能性。

　　这一论述在人类学学者王铭铭的研究中得到很大的拓展。王铭铭反省了西方社会科学进入中国以来,人类学与民族学的学科建制的历史,尤其批评了1950年代以来那种"分族写史"的民族学研究。他力图将局限于在汉族地区进行社区研究的人类学,和局限于少数民族研究的民族学,重新整合起来,形成对于"完整的中国社会"的宏观研究。他认为应将中国社会视为一个由"核心圈"(汉族区与"中国本部")、"中间圈"(少数民族区域)和"外围圈"(海外、外国)构成的文明体,由此重新理解中国社会的内在"世界观"。他将研究的重心放在"中间圈",一方面尝试从人类学式的"土著"的立场来理解"文明的周边"与文明核心之间的复杂关系,另一方面则要求对"大社会凝聚力之产生起支配作用的'文明'进行宏观把握"。当"中间圈"被视为一个不断地完成着自我与他者、中心与边缘的转化区域时,建立在中心与边缘的简单二元结构基础上的民族主义与国家主义叙事就会被打

① 费孝通:《中华民族的多元一体格局》,收入《文化的生与死》,第285页。

破。在这个意义上,正是以"中间圈"这个"区域"作为基本方法,王铭铭试图重构现代国家与中国文明的视野。从这样的角度切入中国研究,他认为更能说明"一个完整的'中国社会'何以不能不是'多元一体'的"①。

王铭铭从人类学与民族学这两个特定的学科视角,提出的关于中国社会整体研究的新思路,在"区域、民族与中国历史的叙述"这个研讨会上得到了进一步深入。参与这个会议的民族学、历史学、人类学及相关社会科学的研究者,认为应将"区域"与"民族"作为重新思考中国叙述的两个重要维度。王铭铭观察到,改革开放的 30 年来,有两个重要的研究领域发生了很大变化,一是区域史研究,一是民族关系史研究。② 汪晖则提出,这两个维度提出的实际上是如何重新认识中国的问题——"各个地区、各个地方,也不仅是少数民族,包括各个地方的文化到底怎么叙述,再放到一个重新认识中国的框架下,都成了一个新的问题"③。在批判性地重新解读国内外相关研究的基础上,汪晖认为,针对民族国家范式,出现的是一种新的"区域史范式"。这一方面表现为李济、傅斯年、桑原骘藏、费孝通、施坚雅等学者打破以行政区划为单位的国家研究,而从民族的区域流动、经济流通形成的"自然区域"等角度所展开的中国研究,另一方面则是在布罗代尔倡导的长时段、大范围的大区域研究理论基础上,滨下武志、拉铁摩尔等人展开的超民族国家的世界性经济体研究。这种"区域作为方法"展开的研究思路,提示的是将中国作为一个"跨体系社会"加以描述的可能性④。

---

① 王铭铭:《"中间圈"——"藏彝走廊"与人类学的再构思》;王铭铭:《所谓"天下",所谓"世界观"》《人类学与中国社会》,收入《没有后门的教室——人类学随谈录》,北京:中国人民大学出版社,2006 年。

② 王铭铭在"区域、民族与中国历史的叙述"研讨会上的发言,收入《中国人类学评论》第 14 辑,第 4—5 页,北京:世界图书出版公司,2009 年。

③ 汪晖在"区域、民族与中国历史的叙述"研讨会上的发言,收入《中国人类学评论》第 14 辑,第 6 页。

④ 汪晖:《跨体系社会与区域作为方法》,收入《亚洲视野:中国历史的叙述》,第 283—321 页。

　　对中国内部的区域差异性,尤其是边疆地区的民族区域自治形态加以重新研究,显然对于回应全球化处境下的中国社会问题,有着明确的现实针对性。1980—1990 年代之交苏联解体后,在新一轮的全球性民族主义热潮中,中国作为世界上唯一的一个在疆域、民族与人口上延续了帝制时期王朝国家格局的国家,作为一个多民族的、与中华帝国历史保持着紧密联系的国家,其合法性问题一直受到民族国家理论与民族主义知识的质询。在启蒙主义、现代主义的逻辑中,传统与现代的二元框架对应的政治组织形态,便是帝国与国家。美国政治学家白鲁恂(Lucian W. Pye)关于中国是一个"佯装成民族国家的帝国"的论断,成为西方民族主义知识体制下最有代表性的一种观点。因此,如何叙述中国这个主权国家内部疆域与族群的完整性和合法性,成为一个引起广泛争议的现实政治问题。事实上,这也构成了 1930—1940 年代被称为"边政学"的民族学研究在1990 年代重新活跃的重要原因。这方面的两份重要研究成果,一是强世功的《中国香港:政治与文化的视野》,从边疆治理的角度探讨了"一国两制"提出的历史过程及其与中国既有政治制度的延续关系,并尝试从一种区别于民族国家理论与帝国主义逻辑的视野,重新思考中国独特的生存伦理秩序与政治哲学思想。另一是汪晖发表的《东西之间的"西藏问题"》,这篇文章不仅批判了西方对于西藏的东方主义构建,以及在民族主义与殖民主义逻辑基础上形成的分裂主义理论,同时还论证了"民族区域自治"作为一种融合了中国古代政治思想与现代革命实践的政治样态的制度创新意义。汪晖并没有将问题的分析止于这种对历史连续性关系的揭示,而是强调了中华人民共和国成立以来"多元一体"政治建构的未完成性,尤其是 1980 年代之后在市场扩张与社会分化基础上形成的新的社会问题。正是后者,而不是民族区域自治这一制度本身,导致了全球化语境下西藏地区的社会问题以民族主义的方式爆发出来。

　　"天下"(或"多元一体""跨体系社会""中间圈"等)论述本身,是在批判和反省资本主义、帝国主义建制下的民族国家范式与民族主义知识的基础上产生的,它尝试建构的是一种包容族群多样性的政治实践形态。

这种论述试图强调的一点是，传统中国的政治实践本身，就是一种"世界"关系体系中的"国家"形态。并且，不同于西方将民族国家作为基本的政治单位，中国政治制度同时还包含着一种比"国家"更高形态的"天下"这一政治理想。这意味着"中国"并不被视为一般意义上均质的、同质化的民族国家形态，而是同时包含有诸如不同于郡县制的"封建"建制或由礼仪关系建构的"朝贡"体制等的政治形态。这是一种能够包容政治多样性的"另类"的国家形态和国家关系体系。

正是从强调其内在的非均质性和多样性，以及如何造就一种多族群的平等关系这一政治构想出发，"天下"叙述不仅试图回应中国内部的历史与现实政治问题，还尝试从政治哲学的角度，构建出一种新的世界秩序形态。赵汀阳的"天下制度分析模型"即是一个突出范例。

《天下体系：世界制度哲学导论》认为，中国传统的"天下体系"乃是全球化世界中唯一具有"世界先验理念"的政治制度，因而应当成为引导当下全球秩序的"乌托邦"理想。不同于西方以国家为单位、由个体—共同体—国家这三个层次构造的世界体系，"天下体系"不仅有着超越"国家"的"天下"这一"世界尺度"，而且"天下—国—家"这三者乃是由同一原则的同心圆结构构建起来的，因而更具有哲学理念上的"先验尺度"。这种从抽象的政治哲学角度对于"天下体系"合理性的阐述，尝试将中国这个特定国家与文明区域中的历史经验加以普世化，认为它提供的不仅是处理国家内部族群关系的国家构想，同时还可以成为安排世界秩序的世界制度。这种普世化的推进也带来了这一论述自身的问题。就赵汀阳的论述而言，其关键问题不在于历史研究的薄弱（比如所有关于"天下"的理论论述，都在多次引证老子的"以天下观天下"，而缺乏足够的历史论证），也不在于用理想化的"天下体系"来批判全球化与资本主义进程，正如美国学者柯岚安（William A. Callahan）指出的，关键在于其内在地采取中西对比的二元框架来组织论述。① 这也就使得一种政治哲学高度的理论建

---

① ［美］柯岚安：《中国视野下的世界秩序：天下、帝国、世界》，《世界经济与政治》2008年第 10 期。

构,实际上可能在同义反复的前提下构成对特定政治权力机制的合法性论述。正如确立中国历史与文明的"连续性"这一论述包含着有意无意的政治诉求一样,强调"天下体系"的合理性,首先需要反省的就是在"中国不同于西方"这样的二元结构中把中国历史与政治合法化。它在一种去历史化的抽象论述中抹去了"天下"体制自身的复杂性和实践过程中的暴力性因素,同时也容易在一种颠倒的东方主义框架中,沦为"大中华主义"的变相表述。

但是,这并不意味着"天下"这一论述就没有政治制度创新的可能性。这一方面指的是,反思中国历史与文化的独特性,构想一种不同于西方民族国家的政治形态是可能的,另一方面更重要的是,正是这个范畴,激活了中国知识界关于超越民族主义的"世界"或"人民"的想象力。在这一点上,强世功的阐释是相当有意味的。他以传统中国的儒家理想"转译"了中国的社会主义实践:"共产党理论中最核心的要素不是阶级,也不是民族,而是'国家'和'天下'这样的概念。中国人接受马克思主义的阶级概念,就在于这个阶级概念的背后,有着共产主义的天下大同理想。而这个'国家'也不是现代政治理论中的民族国家,而是传统儒家的家—国—天下秩序所形成的差序格局","只有理解中国共产党理论与传统儒家理论在最深层次上的一致性,才能理解中国革命的特殊性,即它是正统马克思主义的一个例外,也是现代民族国家理论的一个例外"。① 当"全世界无产者联合起来"这样的社会主义政治想象,被转译为一种"天下大同"的论述时,事实上连带起来的是两个层面的历史资源:其一是西方现代性内部的反叛资源(社会主义理论),而另一则是中国传统思想资源的激活。在中国儒家传统的文化表述中,"先天下之忧而忧,后天下之乐而乐"也确实试图表达超越君王、国家、宗族与家庭的大同想象。但是,这个所谓"天下"的视野显然是局限于特定的政治秩序之内的,而它借以被实践的方式也无法离开中国古代的政治制度本身。因此,毋宁说社会主义理想与"天下

---

① 强世功:《中国香港:政治与文化的视野》,第 115、117 页。

大同"之间的转换，乃是后革命情境下一种富于征候意味的文化表述策略：它在抽空社会主义理论的"阶级"含义的同时，尝试将古代儒家理想转化为一种新的批判资本主义秩序的思想资源。但是与此同时，"天下大同"的政治理想本身也就恰恰可能丧失其在现代世界被实践的具体路径。在这种意义上说，复活"天下大同"的理想，同样不能止于历史连续性关系的揭示，而需要真正具有批判精神的进行"制度创新"的想象力。

"天下"论述的重要突破，在于"多元""差异"呈现的可能，特别是提供了中心与边缘的"双向流动"和"关系倒逆"①的可能性视野。但就其作为一种政治表述而言，更关键的还是"多元一体"之"一体"如何被组织，因为正是这个"一体"或"中心"的存在，使得"多元"得以被组织在一个关系体系之内。因此，如果不讨论这个"一体"如何实践的具体组织形态，不创造性地思考这个"一体"如何可以在众多的"元"的基础上形成平等的交往关系，那就无法逾越一种变相的"国家主义"与"大中华主义"（或"大汉族主义"）的限制。在这一点上，汪晖在讨论西藏问题时提出，"在多元性的社会中，如何将尊重平等和尊重差异这两个原则统一起来，是一个巨大的挑战，但这也是'多元一体'这一概念的魅力所在"②。这事实上也是"天下"论述范式中最为核心的问题。

在这个核心问题上，不同论者的基本立场并不相同。在赵汀阳的论述中，"天下体系"的合法性总是在参照西方文化与政治的差异（或缺陷）的前提下确立的，因此，其所能想象的就无法不是"中国视野下的"世界秩序，它不能返身批判的恰是构造不平等身份政治的自我与他者的二元结构。在王铭铭的"中间圈"论述中，则隐约地存在着将边缘（他者）转化为中心（自我）的倾向。"中间圈"论述与拉铁摩尔的边疆互动论③有着一定的对话关系。拉铁摩尔并不将"边疆"视为一条

---

① 王铭铭：《"中间圈"——费孝通、民族的人类学研究与文明史》，收入《乡土中国与文化自觉》，第 62 页。

② 汪晖：《东西之间的"西藏问题"》，收入《亚洲视野：中国历史的叙述》，第 179 页。

③ ［美］拉铁摩尔：《中国的亚洲内陆边疆》，唐晓峰译，南京：江苏人民出版社，2005 年。

国家之间的分界线,而将其视为一个中心与边缘互动的区域。正是在这个区域中,可以看出中心与边缘、自我与他者的建构性、流动性及其互相转化。但是如果不将一种宏观性的文明支配关系作为思考前提,这种关于"转化"的讨论便会丧失其历史性。如果说赵汀阳的论述中潜含着一种"大中华主义"的可能性的话,那么王铭铭的论述中则总是隐约地带有一种"想象的异邦"的味道。在更年轻的论述者如强世功、韩毓海那里,这一问题则是以颇为清晰的"文明"之间较量的形态出现的。如果说费孝通最先提出"文化自觉"论,正是为了批判亨廷顿的"文明冲突"论的话,值得讨论的就不仅是"各美其美、美人之美",更是"美美与共"如何可能。在触及这个问题时,汪晖提出的思考路径,是重新复活1950—1960年代社会主义实践中"以人民主体为基础的公民政治",以作为能够让不同的人群平等参与并保持社会多样性的"普遍政治"的基础。① 这也意味着,与"多元"的差异性承认政治同时需要被关注的,还有"一体"或"中心"的普遍性政治如何可能的问题。

正如本尼迪克特·安德森(Benedict Anderson)在他那本著名的民族主义著作开篇就提到的,今日世界全球性的民族主义热潮,有其历史的渊源。② 正是在1970年代第三世界社会主义实践普遍衰落的背景下,民族主义才成为一种替代性的意识形态实践方式。霍布斯鲍姆(Eric J. Hobsbawm)在关于民族主义的历史性考察中,更进一步提出民族认同并没有确切的本质,相反,它总是在与不同政治力量的结合与转化中发挥作用。③ 因此,无论是民族身份还是区域身份,首先需要反省的恰恰是那种本质主义的身份政治框架,这无疑是导致"文明的

① 汪晖:《东西之间的"西藏问题"》,收入《亚洲视野:中国历史的叙述》,第180—184页。
② [美]本尼迪克特·安德森:《想象的共同体:民族主义的起源与散布》,吴叡人译,上海:上海人民出版社,2003年。
③ [英]埃里克·霍布斯鲍姆:《民族与民族主义》,李金梅译,上海:上海人民出版社,2000年。

冲突"的根源所在。真正需要的,应当是在具体的历史关系与社会语境中将身份认同的政治力量,导向一种在尊重差异前提下的平等关系实践。关注"多元"之"一体"的重要意义,在政治哲学的层面,意味着去思考"普遍政治"的基础;而在社会批判的层面,则意味着在具体的历史关系格局中,理解一种社会力量在怎样的政治、经济、文化乃至情感基础上形成,并寻找把握其转化方向的良性途径。事实上,当费孝通用"多元一体"来描述中华民族时,这里的"一体"更应当被理解为一种动态的格局,是多种力量/族群不断地协商、调节和转化的可能性。从这个意义上说,"一体"不应当被理解为一种国家主义的监控与管制,"多元"也不同于民族主义的分化与冲突,而是"美美与共"作为一种理想秩序在具体的历史语境中转化与实践的方向。

四　叙述:一种新的知识范式

作为一个宽泛意义上的表述群,"文化自觉"的理论实践可以在对"中国主体性"的诉求与重构整合性的中国叙述这两个层面上统合起来。从具体的表述方式上来看,"文化自觉"论者的内在理论谱系与政治立场并不相同,不过,就其谈论中国的基本框架,与借以展开论述的知识形态而言,也存在着值得重视的一致性。某种程度上可以说,"文化自觉"的相关表述,已经在实践着一种新的整合性知识范式。这种整合性表现在三个方面:其一是叙述中国的整体性关系视野,其二是打破学科边界的整合性知识形态,其三则是在反省西方知识范式并重新激活传统中国文化范畴的前提下,形成一种契合中国独特性的理论语言。

这种知识范式的首要特点,是打破民族国家的单一视野,在一种区域关系和全球关系体系中来思考中国问题。"中国"并不被视为一种自明的政治与文化单位,也不被民族国家的理论框架所限定,而被视为大至"全球""世界经济体""亚洲""海洋/大陆体系",小至"区域""地方""边疆"等处在紧密互动关系的体系格局中的一个能动的政治与文化单位。在这种理论视野中,中国的问题总是在跨国的、区域性的关系中被描述;中国内部也不被视为具有同质性,而存在着多种有差异性的区域与族群的互动。从这个角度来看,"文化自觉"关于中国的叙述,与其说是民族国家知识体制内部的叙述,毋宁说它首先就是对民族国家建制的一种自反性思考,揭示的乃是"中国"认同如何可能的问题。大致可以将其概括为超民族国家的宏观世界体系视野,与民族国家内部的差异性与混杂性的呈现这两个面向的结合。① 一些大于或小于民族国家的论述单位,比如"天下""帝国"等界定"复杂社会"的范畴,比如"边疆""地域"与"民族区域"等界定"自然区域"的范畴,构造出的是一种新的中国空间视野。而以中国为中心的朝贡体系、东亚地区形成的"世界经济"体、殖民主义与民族主义逻辑下的资本主义全球体系、冷战历史结构等不同历史层面的呈现,则构造出一种多层次的新的历史图景。这在某种程度上,也可以说是布罗代尔所谓"长时段、大范围"的历史研究,在中国叙述中的具体表现。

但是,如果认为这种在超国家和次国家的关系体系中叙述"中国"的认知活动,松动了关于"中国"的认同,却无疑是一种大大的误解。费孝通提出"文化自觉"时,特别强调的是"自知之明是为了加强对文化转型的自主能力,取得决定适应新环境、新时代文化选择的自主地位",也就是说,认知"中国"的活动本身,正是为了重新组织和确立中国的主体地位。"中国文化论坛"则将其描述为"开放性与自主性、关联性与多样性之间的辩证关系"。可以说,这种叙述中国的整体性框架,挑战的并不是"中国"认同本身,而是一种民族国家视野内部的中国叙述模式与知识体制。并且,正是这种超越了民族国家知识体制的分析视野,为重新将中国作为一个整合性对象来加以思考提供了可能性。也正是在这种新的整合性视野中,出现了一种新的跨越学科边际

---

① 汪晖在《跨体系社会与区域作为方法》一文中,将这两种取向概括为"两种区域主义叙述"。参见汪晖:《亚洲视野:中国历史的叙述》,第285—292页。

的整合性知识实践形态。

这也涉及"文化自觉"表述的另一个明显特征：这一近年来中国思想界最为活跃的思考动向，基本上是在社会科学领域内展开的。这也就是说，相对于人文科学领域，以及大众文化与文学艺术等媒介形态，历史学、人类学、社会学、政治学、经济学等被称为社会科学的领域，构成了这一知识实践的活跃场地。但是，这么说又是不准确的：这并不意味着它们是以作为一般学科分类的历史学、人类学、社会学等形态出现的，毋宁说它们首先便要打破传统的社会科学分类，挑战既有的社会科学知识体系，而实践一种新的跨学科整合。无论是"中国文化论坛""中国模式"讨论，还是赵汀阳所谓"政治/伦理/文化"的综合文本分析，韩毓海的大历史叙述或强世功的"政治与文化的视野"，这种知识实践形态特别强调的都是跨学科整合。这或者表现为"以跨学科的合作方式，从具体问题切入"的论坛组织形态，或者表现为研究著作本身实际上已经无法用既有的学科分类加以定位。可以说，"文化自觉"论述事实上在实践一种社会科学的新的知识范式，或者说，它本身就代表着社会科学研究的一种转向。

这种跨学科的知识范式，源自将中国社会视为一个特定"整体"结构的基本认知模式。在费孝通的"文化自觉"表述中，"文化"首先是一个整合性的概念，它是对"人文世界"作为一个"复合的整体"的描述。费孝通的早期研究，都将"村庄"作为其把握人文世界的最小单位。这种建立在人类学功能学派基础上的社区研究范式，受到了人类学研究领域不同研究范式的质询。① 其关键问题是，对于"村庄"这样的社区的微观社会学研究，如何能够拓展至"中国"这一复杂文明社会的整体研究，以及被作为基本研究单位的社区内部的差异性如何显现。正是在对这两个问题的推进性思考基础上，费孝通于 1980—1990年代提出了宏观中国研究的思路与"多元一体"等新的理论范畴。不

---

① 王铭铭：《社会人类学与中国研究》，北京：生活·读书·新知三联书店，1997 年。

过,如果认为"文化自觉"表述中的整体观,主要源自费孝通的功能学派观点,肯定是不完整的。事实上,马克思主义理论同样是一种"作为方法的整体观",它要求将政治、经济与文化等问题结合起来观察问题。这一特点在1970年代之后发展起来的世界体系分析理论家,如伊曼纽尔·沃勒斯坦、乔万尼·阿里吉、萨米尔·阿明等的著作中,有更为清晰的呈现。可以说,将社会问题的讨论区分为政治学、经济学、社会学、人类学、历史学等不同学科的组织形态本身,正是民族国家内部的一种知识分类体制。唯有打破这种学科分类体制,才可能把握到全球性的历史动力机制,和中国社会变化的复杂格局。这也使得在全球语境下"重新认知中国"这种自反性思考,无法局限于被19世纪资本主义体制塑造出来的民族国家单位及其学科知识体制之内。

应当说,"文化自觉"表述的跨学科特征,主要是由20、21世纪之交需要回应的中国问题所决定的。如何叙述中国经济的崛起,如何在强调中国主体性的前提下讲述中国历史及其现实处境与问题,本身就构成对既有社会科学知识体制及其基本范畴的挑战。如果将"知识"视为对社会存在形态及其意义秩序的表述/再现/组织方式,那么这些"知识"从来就不是在"真"与"假"的意义上区分的真理模式,而必然涉及支配与被支配的权力关系以及由此导致的主体认同问题。这也是福柯(Michel Foucault)所表述的知识—权力体制①。沃勒斯坦以他的世界体系分析视野,曾尖锐地揭示出社会科学、意识形态与社会运动在何种意义上,构成19世纪以来向全球扩张的资本主义世界体系的三个基本体制。并不像人文/社会科学的二分体制所显示的那样,社会科学是一种与价值无涉、更能超然于权力体制的"客观"知识,相反,它本身就是西方国家在资本主义/殖民主义扩张过程中所确

---

① [法]米歇尔·福柯:《何谓启蒙》,收入《福柯集》,杜小真编选,上海:上海远东出版社,1998年。

立的合法性知识体制。① 由于社会科学与资本主义之间的这种共生关系，对资本主义、民族国家体系、全球化等的挑战本身，都将涉及社会科学知识的基本前提及其表述范畴。

就中国的具体情形而言，又有其历史独特性。"二战"之后世界霸权向美国的转移，同时导致的是社会科学研究中心从欧洲向美国的转移，一种在结构—功能学派基础上形成的现代化理论，成了西方社会科学的主流范式。它进而成为后发展的第三世界国家在社会主义另类现代化范式（"革命"）之外的唯一选择。很大程度上可以说，支撑起 1980 年代中国知识界"文化热"的核心范畴及其文化想象，都来源于并未以社会科学形态出现的现代化理论，诸如"现代化""市场""科学""发展""民主"等等②。20、21 世纪之交中国经济的崛起，以及全球化格局中中国处境的变化，不同程度上都在挑战着现代化理论的基本前提和表述形态。1990 年代中国知识界发生的"新左派"与"新自由派"论战，事实上也可以看做以现代化理论为核心的西式社会科学知识，与在马克思理论基础上发展出来的政治经济学批判知识之间的争议。

从这样的知识谱系角度来看，20、21 世纪之交的"文化自觉"表述实践中，最有意味的，莫过于费孝通位置的中心化。

作为现代中国早期留学西方的人类学学者，费孝通主要接受的是英国学者马林诺夫斯基开创的功能学派理论。这一学派强调以小型社区作为研究对象，将其作为社会结构的基本单位，整体地讨论其运转方式。费孝通在这一思路上展开的早期研究成果《江村经济》《乡土中国》《生育制度》等，从"村庄"这一中国社会基本结构单位出发，事实上形成了对于中国社会的总体性叙述。其基本特点，一是将

---

① ［美］伊曼纽尔·沃勒斯坦：《否思社会科学：19 世纪范式的局限》，刘琦岩、叶萌芽译，北京：生活·读书·新知三联书店，2008 年。

② 具体论述参见贺桂梅《"新启蒙"知识档案：80 年代中国文化研究》中的第四章"现代化叙事与'韦伯的幽灵'——'文化热'"。

人类学这一西方学者对作为"他者"的简单社会的研究,转化为中国研究者以"局内人"的姿态对于中国这一复杂文明社会的研究,并强调这种研究与社会改造实践相结合,因而被称为"应用社会学";二是形成了对于中国社会结构的总体性论述,即由村庄、集镇与城市等三个层次的结构构成的自我运转的社会系统。近代以来中国乡村的崩溃,不是中国社会系统自身的坍塌,而是从沿海地区的城市开始的、西方外来资本的"损蚀"。在这样的叙述基础上,重建中国乡村,最重要的就是恢复原有的一套运转系统;另一重要特征,则在于这一叙述中,国家与士绅所扮演的角色。费孝通认为中国传统社会系统中,国家的功能不在于控制,而在于协调;士绅阶层扮演的则是国家与乡村之间的中间人角色。

值得分析的是,费孝通以人类社会学的方法对中国社会的研究与叙述,显然与毛泽东从政治经济学角度展开的叙述有着很大的不同。其中根本的区别在于如何理解中国传统社会的基本结构,尤其是国家与士绅阶层在社会系统中扮演的角色。在毛泽东的阶级斗争视野中,国家管理不应当采取"无为主义",而应当深入到中国社会的最基层;同时,所谓士绅阶层不是中国社会系统运转的良性力量,而是阶级斗争需要消灭的"腐朽阶级"。也许可以说,对于中国社会及其变革的理解,存在着费孝通范式与毛泽东范式的差异。而这两种范式的演变,似乎清晰地呈现在费孝通在当代中国历史上的浮沉命运之中。他在1960—1970年代的沉默,与1990年代以来的中心化,显现的其实也是两种不同的中国社会变革方式的历史演变轨迹。

当然,强调"文化自觉"表述中费孝通影响的重要性,并不意味着这个表述群就整体地笼罩在"费孝通的阴影"下。简单地比较一下王铭铭与韩毓海关于中国历史的叙述,可以隐约地看出两种范式的冲突所在。韩毓海对"国家能力"的强调,对知识分子及其社会角色的激进批判,某种程度上可以看作是毛泽东式的社会研究范式的拓展;而王铭铭强调从边缘处返观文明中心,以及对于土司制度的合理性论述、对于 1950 年代以来中国民族研究制度的批判，尤其是对于"中间圈"如何可以提供不同于"核心圈"的历史与理论视野的阐述，某种程度上可以看到费孝通式中国研究的回响，尽管对于费式社区研究他也持有批判态度。

如果要做一种简单化的概括的话，"文化自觉"表述事实上意味着三种理论传统的重新整合。其一是以现代化理论为核心的西方社会科学知识体制；其二是马克思主义理论脉络上的政治经济学批判传统，特别是在布罗代尔理论基础上发展出来的世界体系分析理论；其三，费孝通所提供的，乃是西方式社会科学与中国文化实践相结合的某种具体典范。这三种理论谱系的混杂，构成了"文化自觉"表述的基本能指形态。

基于"文化自觉"的诉求，如何在批判西方社会科学知识及其基本范畴的前提下，重新激活中国知识传统的独特表述，构成了这一理论实践方向的第三个重要特征。"天下""社稷""情势""民本"等传统范畴的复活，基本上都是在这一诉求下展开的知识实践。如何处理中国自身的文化/知识传统，事实上是近现代以来中国知识界一直面对的核心问题。"文化自觉"论的独特性在于，它试图超越那种在中国知识与西方知识之间做本质主义区分的做法，而尝试在一个更高的层次上完成对古代与现代知识传统的整合。因此，尽管意识到社会科学语言是在西方社会与历史情境下展开的知识实践，而难以呈现中国历史与社会的全部复杂性，但更多的研究仍旧倾向于用一种"混杂论"的方式来解决知识表述上中国问题与西方理论的脱节问题。比如"通三统"，比如"国民经济、民本政治、社稷体制"三位一体的说法等，都试图把中西知识混杂起来，而形成一种新的表述方式。这也就意味着，西方与东方、古代与现代都被视为某种"地方性知识"，在一种全新的"世界史"视野中，同时颠覆现代主义与复古主义（以及由此衍生的西方主义与东方主义）两种倾向。

正如"自觉"一词本身所显示的，这是一个在当代视野中重新"发明"传统的过程。真正支撑起"知识自觉"的那个内在框架,是当代的问题意识和批判视野。"文化自觉"作为一个问题的提出,事实上基于对现代中国的启蒙与当代中国的革命、改革这些不同时期的历史实践的理论性反思。因为人们可能发现,在具体的实践过程中,存在着许多难以被已有的理论表述所包容的"活生生"的知识与文化。这些"活着"的、实际上起作用的文化力量,才是"文化自觉"讨论需要面对的真正对象,理论实践的工作正是在这个基点上才有了展开的必要性。很大程度上,这也是人类学这个特定学科在近些年兴盛的内在原因,因为它正是把社会运转和日常生活实践中真正发挥作用的那个"整体的文化"作为自己的研究对象。

汪晖在《现代中国思想的兴起》的研究实践中,曾提出"内在视野"这一说法:"在这个视野中,我们今天单纯地当作经济政治范畴的那些问题,在另一个历史语境中是不能单纯地当做经济政治问题来解释的,例如,郡县、封建等等概念在儒学世界中是一个有着内在完整性的思想世界的有机部分,只有通过这个思想世界,现实世界及其变化才被赋予了意义,也才能够被把握和理解。"他认为这一"内在视野"的真正意义,在于提供一种自反性的历史参照,"这不仅仅是用古代解释现代,或用古代解释古代,也不仅是用现代解释古代,而且也是通过对话把这个视野变成我们自身的一个内在反思性的视野"。① 意识到既有的西方社会科学知识的缺陷,并不意味着从另一个方向把中国古代的知识合理化。在这样的意义上,汪晖强调对帝国的朝贡体制的研究,"不是将这一制度理想化,而是从一个历史的视野反思现代政治制度在保持多样性方面的缺失"②。由此,对西方式知识体制的反省,对中国历史与知识的重新思考,目标都是打开人们的历史视野,从而为

---

① 汪晖:《对象的解放与对现代的质询》,收入《亚洲视野:中国历史的叙述》,第68—69页。

② 汪晖:《琉球:战争记忆、社会运动与历史解释》,收入《亚洲视野:中国历史的叙述》,第203页。

具体的当代性政治实践提供新的可能性。它超越了传统与现代的二元对立,而将朝贡秩序、现代世界、冷战时代以及全球化格局等不同的历史可能性,一视同仁地纳入知识批判的视野。

强调"知识"与"世界"之间的有机统一,某种意义上就回到了知识社会学关注的核心问题。如果说并不存在一种超越性的普世性知识,而只存在在具体的历史关系和世界想象中建构的不同知识形态的话,那么反思知识表述的最终目标,也就是理解世界的多样性,以及在这种多样性中选择合理世界的可能性。从这个角度来看,打破西方式的社会科学知识分类体制,采取跨学科的合作方式与知识实践形态,重新激活传统中国知识范畴,也可以视为中国知识界重新建立思想与社会互动的路径。这一方面意味着那些在"科学"的名义下重组中国社会的基本理论/知识前提得到了自觉的反省,另一方面也意味着活生生的社会与日常生活实践中存在着的别样的知识得到了重新理解,同时还意味着知识界逾越学院体制而直接回应社会问题的努力。正是在这样的意义上,知识生产成为一种介入性的思想与理论实践。

五　中国:四个被打开的理论问题

如果并不将"文化自觉"表述简单化地视为一种民族主义或国家主义叙事,而将其看作一种不同政治与文化力量介入其中的思想场域,可以认为它们呈现的乃是中国知识界试图超越冷战—后冷战历史框架而展开的新的理论实践。无论 1980 年代的新启蒙思潮,还是 1990 年代知识界的分化与论战,冷战式的思维框架与知识体制事实上一直构成着当代中国思想界的潜在制约。这使得问题的讨论,总是在现代性冲突的内部视野中展开,尤其是资本主义与社会主义、传统与现代、国家与个人(社会)、民族/国民国家与"东方专制主义"等等,构成了冲突的关键所在。"文化自觉"表述则尝试将传统、革命、现代化经验整合到一种关于中国连续性的叙事中,尝试突破民族国家的框架而构建一种包容多样性政治实践的"天下"叙事,这些都不同程度地打破了(后)冷战式的二元对立框架。但是,这种试图激活文化传统与历史经验的努力,也不能简单地在中国与西方的二元框架中理解,而应在力图沟通传统与现代的同时,将中国这一特定区域与文明体的历史经验转化为对那种普世化的西方文化体制的质询,从而在一种新的历史视野中探索重新想象并叙述"世界"与"中国"的可能性。这也使得"文化自觉"论述与新儒家或不同取向的文化保守主义路径区别开来。

但是应该说,"文化自觉"作为一种理论实践,并不是"已完成的",毋宁说它仅仅打开了新的历史视野和叙述的可能性。它可能形成的政治与社会影响,由于参与者基本取向的不同,也将会导向不同的方向。"可能性"源自对既有知识体制的松动。正是对那些曾经被视为不言自明的知识与理论前提的"反思"与"自觉",使得新的论述成为可能。因此,相对深入的讨论,需要将这些核心的理论问题呈现出来,并分析这些问题得以提出的历史语境,及其形成的新叙述的"洞见"与"不见"。这同样不是一篇论文能够解决的问题。

不过,可以做出的一个简单概括是,21世纪的"文化自觉"表述,在如何重新认知和阐释中国这一议题下,围绕着展开的四个核心范畴,乃是资本主义、国家、民族、民主。正如查尔斯·蒂利(Charles Tilly)、柄谷行人(Karatani Kojin)等理论家曾经指出的[1],所有的民族国家表述都难以脱出资本主义—民族—国家这个三位一体的圈套,即便是那些看起来很"内在"、很个性的文学叙事也是如此,就更不用说建构这种合法性的社会科学知识了。而21世纪的"文化自觉"表述,正是在追问并不能被民族国家框架所包容的"中国"如何可能这一基本问题的前提下展开的,因此,构成社会科学体制的核心范畴,便

---

① [美]查尔斯·蒂利:《强制、资本和欧洲国家(公元990—1992年)》,魏洪钟译,上海:上海人民出版社,2007年;[日]柄谷行人:《日本现代文学的起源》,赵京华译,北京:生活·读书·新知三联书店,2003年。

成为不同的表述需要反复面对的问题。

如何认知"资本主义"构成了所有讨论的关键所在。无论在社会主义与资本主义的冷战式框架中，还是在韦伯理论式的"儒教资本主义"框架中，资本主义本身都并没有成为问题。"没有成为问题"也就是说，它被想象和叙述的理论前提并没有得到追问。而有意味的是，正是在 20、21 世纪之交的中国思想界，这却成了"文化自觉"论构造新的中国叙述的基础。

如果说"文化自觉"表述，乃是对中国经济崛起这一特定历史现象的回应的话，那么最值得拿来与之做比较的，是 1980 年代伴随着亚洲四个新兴工业国家（区域）的兴起（即"亚洲四小龙"）而出现的"儒教资本主义"论述。"儒教资本主义"论述带有很强的"为结果寻找原因"的特点，它需要解释的是：为什么是亚洲这四个国家或地区能够在经济上实现起飞？原因被解释为它们共同具有的与"儒文化圈"的关系。经济上的成功被解释为与特定文化类型（儒文化）的关联，这种思路并不是空穴来风，而是对当时作为主流的现代化理论范式的某种修正。在韦伯（Max Weber）理论主导下的现代化理论范式（其核心形态乃是帕森斯［Talcott Parsons］的结构—功能主义理论）①中，资本主义之所以出现在西方，被解释为新教伦理这一精神结构导致的结果；而非西方国家之所以无法完成现代化，正因为它们缺乏这种文化特质。"儒教资本主义"是在同一结构的相反方向来完成自我论证的：如同新教伦理促进了西方资本主义的出现，东方的儒家文化也以不同的方式促进了资本主义在东亚地区的发展。这里没有得到反省的恰恰是资本主义本身。事实上，1997 年亚洲金融风暴之后，"儒教资本主义"论述遭受了最大质疑，因为正是这一历史事实证明：不是特定的文化

---

① 具体论述参见［美］雷迅马（Michael E. Latham）：《作为意识形态的现代化：社会科学与美国对第三世界政策》，牛可译，北京：中央编译出版社，2003 年；［美］塞缪尔·亨廷顿等：《现代化：理论与历史经验的再探讨》，罗荣渠主编，上海：上海译文出版社，1993 年；等等。

构成,而是政治经济的全球结构,决定了东亚地区经济的兴与衰。与"儒教资本主义"论述相比,中国"文化自觉"论述的一个大的变化是,对中国主体性的表述首先是确立在对资本主义的批判与反省的基础上。其中的关键是,不同于韦伯理论将资本主义界定为一种经济活动与文化活动的交融,中国的"文化自觉"表述特别强调了"市场"与"资本主义"应当被视为不同的两个概念。这一源自布罗代尔的资本主义范畴,认为基于物质流通和交换的市场机制,与以金融——军事——民族国家体制推动的资本主义进程,应该完全区分开来。事实上,"市场"并不是"资本主义"的同义词,相反,就资本主义依靠民族国家建制而通过金融活动和军事征服来攫取最大利益的逻辑而言,它是"反市场"的。这种理论实践,在以乔万尼·阿里吉、滨下武志等为代表的研究者关于"东方资本主义""东方的世界经济体"的论述中,得到了更为深入的讨论,并与中国以及亚洲经济体的具体讨论结合起来。

可见,"儒教资本主义"无论如何修正现代化理论的论述,它却从不曾怀疑资本主义自身的合法性;而在"文化自觉"表述中,正是资本主义本身成为了问题。这背后带出来的,其实是三种理论范式的不同。"儒教资本主义"建立在韦伯理论的基础上,它将资本主义视为一种普世的经济与文化活动,而其根基建立在西方基督教文化传统之上;韦伯范式的文化主义倾向,所批判的恰是马克思主义理论在经济基础与上层建筑的二元结构、并以阶级斗争为核心范畴所构建的资本主义论述。马克思将资本主义视为一种生产方式,在斯大林式的化约论中,它变成了一种经济决定论。这也成为 1950—1970 年代中国理解资本主义的基本方式。而有意味的是,正是布罗代尔理论将市场与资本主义区分开来的论述,为 1990 年代以来的中国知识界提供了一种新的理论视野。而这一理论,在阐释 1997 年后的亚洲金融风暴,尤其是 2009 年前后的世界金融风暴中,显示出了更为深邃的洞见。

就对资本主义的理解而言,关注从 1950—1970 年代的马克思主义到 1980 年代的韦伯主义,延展至 21 世纪"布罗代尔主义"的变化，无疑可以从一个重要的侧面揭示当代中国知识界思想谱系的变化。布罗代尔对"世界经济"与"现代资本主义世界体系"的区分，极其锐利地批判了前两种资本主义论述对"市场"与"资本主义"的混淆，从而为中国作为一个经济体如何具有自身的独特运转传统，提供了有效的说明。但有意味的是，同时被削弱的，还有作为马克思主义理论核心的"阶级"范畴。事实上，与"民族""性别"等身份政治不同，"阶级"认同并不建立在实体性的主体归属（比如血缘与地缘，比如生理结构与性别角色）的基点上，相反，它特别强调的是经济结构中的社会地位向政治主体的转化。这一点汪晖曾做出颇为深入的阐释。① 缺乏"阶级"政治这一视野，也就意味着经济活动导致的社会阶层分化现实，会被以不同的方式加以合理化。

"文化自觉"表述大多倾向于强调中国作为一个独特的"文明社会"（复杂社区），有着自身的经济、政治与文化的运转传统，并且在其内部和周边形成了不同层次的市场交换体制。这一特点正是 20、21 世纪之交中国经济能够崛起的内在基础。中国既有的这种市场体制，在西方帝国主义入侵之前，并没有诞生出构成 19 世纪西方经济体系核心的、掌握金融货币命运的"资本家"。阿里吉提出，马克思理论关注的，其实只是资本主义经济活动的"底层"，即关心资本与劳动的关系，认为资本家正是通过占有劳动者的剩余价值而攫取利益；世界体系理论关注的是市场经济的"中层"，它把马克思局限在单一民族国家内部的阶级结构的分析，转化为一种世界性的核心与边缘地区不平等结构的描述；而布罗代尔理论揭示的，是资本主义经济活动的"顶层"，在这里国家与资本结合在一起，构成了市场经济的对立面，并通过金融操控而获取更大的利润。② 布罗代尔、阿里吉、沃勒斯坦等对金

① 汪晖：《去政治化的政治、霸权的多重构成与 60 年代的消逝》，收入《去政治化的政治：短 20 世纪的终结与 90 年代》，北京：生活·读书·新知三联书店，2008 年。

② ［意］杰奥瓦尼·阿锐基（又译乔万尼·阿里吉）：《漫长的 20 世纪——金钱、权力与我们社会的根源》，姚乃强等译，南京：江苏人民出版社，2001 年。

融资本活动的关注,对于资本主义"反市场"品性的揭示,无疑为解释金融危机情境下的全球经济与中国处境,提供了有力的理论说明。也正是布罗代尔的理论,构成了诸多中国学者基于"文化自觉"诉求而在讨论"全球化"时的一个理论支点。

在这样的理论视野中,"国家"作为一个同样重要的问题被提了出来。但有意味的是,马克思主义理论所关注的市场经济活动的"底层",物质生产与市场交换关系中形成的阶级问题,在某种程度上,却被忽略或消隐了。这也使得"文化自觉"论述在分析中国经济发展所导致的社会分化问题时,常常不是在阶级冲突的意义上讨论其间存在的问题,而主要是在潘维所谓的"国民经济体"的意义上论述其运转的合理性。

从这些层面来看,在将"资本主义"问题化的同时,还需要重新思考的是"社会主义"的合法性和历史意义问题。社会主义国家实践普遍在资本主义体系的边缘区域展开,从苏联到中国乃至 1960 年代"第三世界"的兴起,莫不如此。某种意义上可以说,社会主义实践始终是资本主义内部的反叛,如德里克所说:"我们所知的整部社会主义史,无非是第三世界史,必须透过它们与资本主义内在演变的关系来理解。"①因此,在对资本主义历史实践的不同层次进行剖析,并厘清不同类型的资本主义(称之为"东方资本主义"、亚洲的"世界经济"等)之后,"文化自觉"讨论无法回避的,便是如何重新理解当代中国的社会主义实践,如何在 21 世纪的历史情境中重新思考与社会主义相关的平等与公正、大众参与式民主、另类发展等问题。或许可以说,只有在这样的意义上,中国模式的独特意义才能真正显现出来。

在反思资本主义及其全球体系的基础上,"国家"成为另一个重要问题。如果说是资本主义创造了民族国家,而不是相反,那么,如何通过国家治理来制衡跨国性的大资本,如何使国家成为与市场的交换体

---

① [美]德利克(又译德里克):《世界资本主义视野下的两个文化革命》,《二十一世纪》,1996 年 10 月号。

系、文化传统的互惠体系相协调的"再分配机制"，就成为重新理解国家功能的重要思路。1980 年代知识界"新启蒙"思潮建构的一个核心框架乃是国家与社会（市场）的对立，而 1980—1990 年代之交的政治事件无疑加重了这一对抗的悲情心态。如何重新认知全球化处境下中国的国家功能，事实上也构成了"新左派"与"新自由派"论战的主要问题。在"文化自觉"的表述中，批判西方式的民族国家模式，强调中国历史和政治体制的独特性，同时也不将中国政府理解为一个单纯的压抑性权力机制，而开始讨论在国家治理与社会组织的意义上，国家所扮演的复杂角色。韩毓海在《五百年来谁著史》中，将明清中国的失败，解释为国家无法掌控和主导金融体系，以及"国家能力"的衰败，显然很大程度上是在回应全球化格局（尤其是新世纪全球金融风暴）中的中国现实处境问题。如果说需要反对那种混淆"国家"与"国家主义"，以为一谈"国家"就变成了"国家主义"的做法，那么当国家在中国社会扮演如此重要角色的情形下，如何审慎地处理良性的国家管理和僵化的"国家主义"之间的边界显然是更大的问题。对国家角色的重新阐释与建构，特别需要面对和回应来自中国社会内部的问题，尤其是官僚体制腐败而激起的社会抗议，以及如何建构较为完善的民主渠道来加强社会的自我保护能力。

与在资本主义世界体系中重新思考国家的角色和功能相伴随的，则是对西方式民族国家模式的反省。民族国家的合法性建立在两个支点之上，其一是在文化认同维度上的"民族"，另一是在政治认同维度上的"国民"。这两者常常是融合在一起的。

民族国家理论强调的是，国家的合法性建立在"一个民族一个国家"的认同基础上。中国作为多民族社会的传统与现实，变成了被广泛讨论的问题。尤其在国内外不同力量的介入下，西藏、新疆、香港等边疆问题，构成了中国叙述的真正挑战。不过不能不说，正是在"文化自觉"论关于"天下""跨体系社会""中间圈"等的表述中，多民族平等与中国主权的合法性问题，才成为被国内知识界直接讨论的理论议题。新的中国叙述,批判那种在血缘与地缘共同体的意义将"民族"实体化的倾向,而突出民族"形成的过程"与民族认同的动态历史。关注这个"形成的过程",也就意味着"从'多元一体'的动态中去认识中国大地上几千年来一代代的人们聚合和分散形成各个民族的历史"①,从而打破那种本质主义的民族主义叙事。这事实上也是希望将民族认同问题,从一种去政治化的"根源"归属问题,转化为一种自觉的政治实践。汪晖在解释 2008 年的西藏事件时,便认为西藏社会的民族主义认同,正是在后革命的社会分化处境以及全球性的民族主义逻辑、东方主义幻象中被构造出来的一种政治叙事。强世功进而将这种"民族形成的过程"中所展现的中国认同传统,概括为一种"文化主义":"它既不是西方意义上的国家,也不是西方意义上的帝国,它体现的恰恰是'中国'这个概念本身具有的含义,即一套处理中心与边缘的主从格局中的伦理关系。"②在这样的意义上,生存意义上的"天道自然"、个体与社会的关系,政治意义上的中央与地方、内地与边疆、多数民族与少数民族、多数阶级与少数阶级的关系,都可以统一为一套政治哲学原理,即边缘(地方)服从中心(中央)的主权权威,中心(中央)承担起边缘(地方)安全和发展的政治责任。③ 不过,仅仅用"文化主义"来解释中国主权的合法性显然是不够的。这种"文化主义"的策略不仅是边缘民族入主中原时常常借重的,而且在现代世界的帝国主义战争中,由"文化主义"转化出来的文明与野蛮、年轻文明与衰败文明的价值等级,也构成了殖民侵略的借口。最明显的例证莫过于日本京都学派关于中国历史的叙述为军国主义侵略提供了口实。而事实上,启蒙主义/殖民主义逻辑本身,便可以视为一种变相的"文化主义"。因此,在讨论中国多民族社会与差序格局的传统与现实时,关键或许不在于用一种去政治化的"文化主义"取代民族主义/种

---

① 费孝通:《论人类学与文化自觉》,第 165 页,北京:华夏出版社,2004 年。
② 强世功:《中国香港:政治与文化的视野》,第 228 页。
③ 强世功:《中国香港:政治与文化的视野》,第 228—229 页。

族主义叙事，而在如何从具体的历史关系与社会情境中有效地建立起差异性政治主体间的平等关系。

与"国家"问题相关的，同时还有"民主"问题。反省西方式的民族国家模式，强调中国作为一个有着独特传统与历史的"国家"的合法性，无法不回应建立在"国民国家"基础上的"民主"理念与实践。诸多的"文化自觉"论述，在强调中国独特性时，常常会同时批判西方的个人主义传统，从而在社会与国家、礼仪与法治的层面上，论及中国社会的特殊性。费孝通的"差序结构"、赵汀阳所谓"同心圆"，以及"文化自觉"论关于儒家社会结构的叙述，都特别强调中国的社会结构单位不是"个人"，而应当是"家庭"。在这样的论述中，由于无法真正深入地对作为现代社会普遍政治基础的"个体"做出合理的解释，因此常常会混淆个人主义与个人主权、形式民主与作为基本理念的"民主"原则之间的差别，从而在"文化自觉"的名义下简单地批判民主、个体观念，强调中国儒家文化以家庭为基本单位的合法性。但问题是，在当代历史情境下，如果不对建立在父权制家庭基础之上的男女、长幼等伦理关系格局进行批判性的重构，仅仅恢复"家庭"作为社会单位的合法性，无疑将会带出更多的问题。这或许也意味着，需要在反省个人主义、形式化的西方"民主"概念、尊重差异性政治主体的前提下，创造出一种具有实质性平等原则的"普遍民主"形态。它固然需要和在国家/社会二元对立框架中被理解的公民/国民民主区分开来，也同样需要警惕在"文化自觉"的名义下，把不同层面的等级关系重新合法化。

可以说，对资本主义、国家、民族与民主这四个理论问题的重新讨论，其核心还是在如何理解"中国"。如果说今日中国并不是一个西方式的民族国家，也更不是一个"佯装成民族国家"的"帝国"，那么，如何叙述并规范这个文化与政治主体的合法性，就构成了"文化自觉"论的真正挑战。这种论述试图越出那种非此即彼的(后)冷战式意识形态结构，拆解那种建立在西方中心主义基础上的民族国家叙事，也力图与建立在中西对立基础上的文化保守主义叙述保持距离。它所打开的历史与理论视野,使得诸多的"中国"想象与叙述不再是一个自明的议题,而需要在理论实践的意义上直面自身隐含的理论预设、思考前提并阐明自身的合法性。很大程度上,这也正是知识界的"理论""思想"实践本身需要承担的历史责任。作为一种正在进行中的知识实践形态,"文化自觉"论试图以理论探讨的方式回应中国社会问题,并以不同方式发挥社会影响。在当下中国社会的复杂情形下,如何估量这种影响,及其在具体实践过程中可能产生的问题,显然也是需要进一步讨论的话题。

第二章 "文明"论与 21 世纪中国

如何阐释和理解中国,在 21 世纪的中国知识界发生了"范式性"的转型。一种从"文明"论角度展开的中国研究和阐释,取代了曾经的诸种中国论述,比如民族—国家论、现代化论、以社会主义与资本主义冲突为主要内容的冷战论等。这里的"文明",不是一个与"野蛮"相对的形容词,也不是一个大写的普遍价值体,而是一种宏观且复数的独特构成体单位。中国文明作为世界史上为数不多的文明形态之一种,具备历史的连续性和稳定性内涵,成为当代知识界阐释中国的一种主要方式。在这种阐释视野中,中国社会被视为"中华文明体"的当代延续,其国家形态是区别于西方式民族—国家的独特政治体,而其文化认同则需要重新深植于古代传统的现代延长线上。这一范式的转型起源于世纪之交关于"中国崛起""中国模式""中国经验"等的讨论,并被思想界持续实践于其理论研究,进而扩展为一种影响广泛的知识范型。在这一知识形态出现的同时,21 世纪中国社会也出现了"传统文化热"。这种热潮并不仅仅是一种文化现象,同时也作为一种社会、政治、经济的实践,很大程度改变了中国社会的认同方式。

可以说,在理论与实践两个层面上,"文明论"成为阐释与建构 21 世纪中国的一种重要范式。阐释者的立场、导向和理论谱系并非一致,有种种复杂的声音交织其中,它们不仅尝试阐释 21 世纪的中国,也力图阐释全球化时代的世界。较为深入地勾勒并分析这一知识形态,因此成为展开一种批判性思想实践的契机。

一 "文明—国家"的崛起

以"文明"来勾勒当下世界秩序,始于美国学者亨廷顿(Samuel P. Huntington)1993年发表的"文明冲突论"。上世纪八九十年代之交苏东解体之后迅速出现的两种重要历史叙述,一是福山的"历史终结论",一是亨廷顿的"文明冲突论"。虽然它们在出现之初都引起了激烈论争,但是,两者的命运却有所不同。不同于"历史终结论"遭到的普遍贬斥,"文明冲突论"虽然引起了许多争议,但有意味的是,它迄今仍是最有生命力的一种历史叙述形态。这里的关键不在"冲突",而是用"文明"这样一个范畴来解释今日世界,被以不同的方式延续或复制。

亨廷顿将"文明"视为理解冷战之后世界政治格局的新范式,并声称它是取代"冷战范式"的唯一可能:"在冷战后的世界中,人民之间最重要的区别不是意识形态的、政治的或经济的,而是文化的区别。"亨廷顿所谓"文明",主要指"文化"特性,即"用祖先、宗教、语言、历史、价值观、习俗和体制来界定自己",因此"文明"被视为"一个最广泛的文化实体"。[①] 他提出当今世界存在八大文明,"中华文明"与"印度文明""伊斯兰文明""日本文明""东正教文明""西方文明""拉丁美洲文明""非洲文明"并列。在这样一个"多元文明"的世界里,中华文明构成了对以美国为中心的西方文明的重要挑战。亨廷顿特意突显了"中华文明"与"儒教文明"的区分:"虽然儒教是中国文明的重要组成部分。但中国文明却不仅是儒教,而且它也超越了作为一个政治实体的中国",因此他使用"中华(Sinic)"来描述"中国和中国以外的

---

① [美]塞缪尔·亨廷顿:《文明的冲突与世界秩序的重建》(修订版),第5、21页,周琪等译,北京:新华出版社,2010年。

东南亚以及其他地方华人群体的共同文化,还有越南和朝鲜的相关文化"。① 在这样一个文明圈中,中国并不占有特殊位置,由于"4 只小老虎中有 3 只是华人社会",亨廷顿更强调"华人"这一族群的重要性。

亨廷顿的"文明冲突论"发表之初,即在 1990 年代的中国知识界引起了反响。但在当时,这种论述并没有与重新阐释"中国"直接关联起来,而更多地与阿诺德·汤因比的《历史研究》、奥斯瓦尔德·斯宾格勒的《西方的没落》等文明形态学研究联系在一起。不过,当 2010 年,英国人马丁·雅克在他那本于国人读来有些惊世骇俗意味的《当中国统治世界:中国的崛起和西方世界的衰落》②中,将中国称为"文明国家",而且这种称呼没有任何贬低的含义(比如不是落后于现代民族国家的"文明帝国",也不是白鲁恂所谓"一个佯装成国家的文明"),相反,倒是对支撑中国崛起的那个巨大文明体充满敬意时,"文明"作为一个阐释性理论范畴,似乎才与"中国"建立了更直接的联系。继而,张维为在《中国震撼:一个"文明型国家"的崛起》③中,将中国称为"文明型国家"。虽然只是多了一个"型"字,含义却有所不同:文明型国家(civilizational-state)—文明国家(civilization-state)——"前者融'文明'与'(现代)国家'为一体,而后者中的'文明'和'(现代)国家'则常常是个矛盾体。"在这样的表述中,"文明国家"是一种与西欧式"民族—国家"相对立的前现代形态,而"文明型国家"则糅合了传统"文明国家"与现代"民族—国家"的两种特点,是一个现代却非西方模式的国家。张维为总结了中国作为"文明型国家"的八大特点,以说明中国的崛起代表的是一种新的发展模式的崛起。

用"文明"来描述中国的国家特性,有着明确的历史语境,那就是

---

① [美]塞缪尔·亨廷顿:《文明的冲突与世界秩序的重建》(修订版),第 24 页。

② [英]马丁·雅克:《当中国统治世界:中国的崛起和西方世界的衰落》,张莉、刘曲译,北京:中信出版社,2010 年。

③ 张维为:《中国震撼:一个"文明型国家"的崛起》,上海:上海人民出版社,2010 年。

对中国崛起的判断和指认,以及由此在全球化格局中重新认知中国的诉求。汪晖提到,"在1989年之后,中国几乎是当代世界上唯一一个在人口构成和地域范围上大致保持着前20世纪帝国格局的政治共同体",但是,"在各种有关中国的具体问题的讨论中,'何为中国'始终是一个核心的但常常被掩盖了的问题"。① 正是中国经济的崛起和中国作为一个大国在全球格局中日益重要的地位,使得重新讨论这一问题成为可能,用"文明"来描述中国的国家特性则是回应这一问题的一种重要方式。可以说,如果没有中国经济的崛起,"文明"论与"中国"挂上钩,或许还有待时日。

事实上,这种论述方式并非始自马丁·雅克或张维为,国内知识界于21世纪之初就已形成类似的叙述。其中影响最大的,或许是甘阳从政治哲学角度展开的"文明—国家"论。

甘阳早在2003年就提出中国应当从"民族—国家"走向"文明—国家"。与1980年代在"文化热"中的表现相比,如何看待中国传统,甘阳的立场和态度发生了某种逆转。似乎并非偶然的,他借用亨廷顿的相关理论描述,区分了现代化的两个阶段:第一阶段现代化被等同于"西方化",其特征是对自身文明传统的激烈否定和批判;进入第二阶段,则"现代化进程越是发达,往往越是表现为'去西方化'和复兴'本己文化'的倾向"。21世纪的中国已经进入第二阶段,必须树立一种"新观念":"中国的'历史文明'是中国'现代国家'的最大资源。"②"文明—国家"的提出意味着对中国的全新认知方式,甘阳认为中国并非联合国上百个国家中的普通一"国",而应是一个"文明母体"③。作为一个"历史文明共同体",中国从古迄今表现出了共同特征,即"共同的文化认同""统一的最高主权"和"高度的历史连续性"。

① 汪晖:《东西之间的"西藏问题"(外二篇)》,第147页,北京:生活·读书·新知三联书店,2014年。
② 甘阳:《从"民族—国家"走向"文明—国家"》,《21世纪经济报道》2003年12月29日。
③ 甘阳:《"文化:中国与世界"新论缘起》,《通三统》,第1页。

甘阳是在全球格局的差异性视角下使用"文明体"这一语汇的,一方面他批评西方中心主义的"世界史"范式,认为中国不仅是"非西方文明",而且"中国在历史上和西方没有任何关系,是完全外在于西方的,西方也完全外在于中国"①,所以,用黑格尔那样的"世界史"视野无法理解中国;另一方面他强调了中国文明具有的内在同一性与延续性,具体到当下中国,需要完成的是新一轮的传统整合,将现代、当代与古典传统重新融会起来。甘阳由此提出著名的"通三统"说,即"孔夫子的传统,毛泽东的传统,邓小平的传统,是同一个中国历史文明连续统"②。他用"大跃进"时期的地方分权与改革开放时期海外华侨的文化认同,论证邓小平时代的中国、毛泽东时代的中国与传统中国的连续性,并提出应该用"儒家社会主义共和国"来概括当下中国社会的"新改革共识"③。

甘阳强调 21 世纪中国作为"文明—国家"的特性,最重要的立论便是用"文明"传统的连续性来构建中国国家的文化认同,并与他的"通识教育"实验、重读经典等实践活动紧密结合。背后的理论资源,很大程度地借鉴了美国哲学家列奥·施特劳斯和德国政治家卡尔·施密特的古典政治哲学思想。④ 这也使他在整体文化取向上表现出某种"保守主义"立场⑤。这里的"保守主义"与 1990 年代倡导"国学""儒学"的文化保守主义有所不同,更多地强调从"中国文明"整体的连续性角度重新认知中国历史与现实。事实上,21 世纪中国知识界值得注意的一种现象就是,在 1990 年代被区分为"社会主义"(左

① 甘阳:《新时代的"通三统"——三种传统的融会与中华文明的复兴》,2005 年 5 月 12 日在清华大学公共管理学院"北京共识"论坛的演讲。

② 甘阳:《通三统》,"自序",第 6 页。

③ 甘阳:《通三统》,第 23—38 页;甘阳:《文明·国家·大学》,第 35 页。

④ 相关论述参见甘阳:《政治哲人施特劳斯:古典保守主义政治哲学的复兴》(香港:牛津大学出版社,2003 年)、《文明·国家·大学》(北京:生活·读书·新知三联书店,2012 年),他主编的"文化:中国与世界新论"丛书和"经典通识讲稿",以及刘小枫主编的"西方传统:经典与解释"丛书等。

⑤ 甘阳:《甘阳访谈:中国的软实力》,《21 世纪经济报道》2005 年 12 月 26 日。

派)、"保守主义"与"自由主义"的知识群体,于近年呈现出某种混融状态,尤其是曾被称为"新左派"的知识群体,大都在"文明"的理论视野中探索重构中国现实与历史传统的可能性。2004 年,由甘阳等牵头组织的"中国文化论坛",几乎囊括了中国人文与社科界的重要前沿学者,其宗旨"重新认识中国文明的过去、现在和未来,促进对全球化时代中国文明主体性的理论思考和实践关怀"①,也可以说表达了这一群体的普遍诉求。②

如果说甘阳侧重从历史延续性即纵向的时间轴上理解"中国道路",那么潘维联合多个社科领域的学者提出的"中国模式",则更倾向于从共时性角度建立某种关于"中华文明"的模型。潘维的问题意识也是从理解当代中国的历史经验出发,他把"中国模式"看作"关于人民共和国 60 年'成功之路'的理论解释",而这个"模式"的基础是"中华文明的延续性"。在这种"文明"视野中,不仅 30 年与 60 年的当代中国是一个连续展开的过程,而且当代中国与"百年""三千年""五千年"历史也构成了内在的延续关系。"模式"的特征在于结构性要素的稳定性,潘维概括出"中国模式"的三个子模式,即"国民经济""民本政治"与"社稷体制",而每一子模式又可以分成几种更细微的要素。并且他联合社会科学界的诸多学者,从经济学、政治学、社会学以及法律、医疗、乡村治理等不同领域和角度加以阐述。潘维等的"中国模式"与马丁·雅克、张维为的论述有不同之处,后二者更倾向于用"标准化"方式抽象地概括中国作为"文明(型)国家"的特点,用以论证"中国崛起"的"必然性",而潘维等则更关注当代中国社会实践中的独特历史经验。尽管并非书中所有学者都认可"中国模式"这个提法,但他们阐释中国的共同立场和诉求,是打破西方中心主义范式而

---

① 有关"中国文化论坛"的简介和活动情况,见"经典通识讲稿"(甘阳主编,北京:生活·读书·新知三联书店出版)诸书附录。

② 相关论述参见贺桂梅:《"文化自觉"与知识界的"中国"叙述》,收入《思想中国:批判的当代视野》,广州:广东人民出版社,2014 年。

从中国自身的历史传统和实践经验出发来解释中国的发展道路。在这样的分析视野中,"中国文明"意味着一种新的阐释平台和研究范式,不再是用西方社科知识来解释中国,也不是用以西方(美国)为模板的现代化范式来规范问题范围,而是打破古/今、中/西乃至社会科学/人文科学的种种区隔,站在中国主体性视野中探询当代中国历史经验的复杂性和丰富性,并尤其关注将那些在实践中"行而不知"的经验转化为自觉的理论探讨。可以说,在知识研究范式的层面,"中国模式"作为一种理论范畴的提出,意味着某种真正的转型,即从西方中心范式、现代化范式向"中国学派"①的转变。

与理论层面上的"文明—国家"论述相关,21 世纪以来中国的"传统文化热",是一种特别值得注意的社会与文化现象。这里所谓"传统文化",在宽泛的意义上指涉古典中国不同时期、不同形态的文化。它有各种各样的称呼,如"中华文明""中国文化""国学""儒学""传统经典"等。对这些文化形态关注、讨论、研究、建构与实践的热情,是新世纪中国的一种文化现象,也是一种政治、经济现象,在国家治理、文化市场运作、社会生活组织和民族心理及精神状态等各个层面都有所表现。② 这种社会实践层面的"传统文化热"与理论层面的"文明—国家"论,构成了彼此塑造的复杂关系。虽然在不同脉络上展开,参与其中的社会力量也纵横交错,难于被统一到某种理论形态中,但是,其共同特征在于:正是在"文明"与"国家"勾连的视野中,新世纪中国的国家形象、社会组织、文化认同等都发生了某种根本性的改变。这是人们在描述、分析 21 世纪中国时几乎难以回避的。

---

① 吴志攀在为潘维主编的《中国模式:解读人民共和国的 60 年》所写序言《旧邦新命》中,提出了"中国学派"这一说法,见此书序言第 3 页。

② 相关描述参见贺桂梅:《传统文化热:"国家"与"文明"交互塑造》,《上海采风》2014 年 3 月。

二 "文明"与"中国"

上述"文明—国家"论述中,"文明"这一范畴常常在描述性和自然化的意义上被使用。比如在甘阳那里,"文明"的含义除了表明"三统"的连续性和中国区别于西方式"民族—国家"的特性,并没有被清晰界定;"文明"往往是"传统"的同义词,而中国文明的内涵又常常缩小为"儒家文明"。如何从理论上界定"文明"的内涵,并探讨"中国"与"文明"间的独特关系,也构成了 21 世纪知识界关注的重要问题。

"文明"作为一个大于"国家"而小于"世界"的人类构成体单位,其特征一方面在于文明体内部超越时间的某种连续性和稳定性,另一方面则在其边界的模糊性,法国人类学家莫斯称之为"没有清晰边界的社会现象"①。与"民族—国家"所追求的"均质性"和"清晰边界"不同,一个"文明体"能够包容内部的差异性,同时,与他种"文明体"之间又存在着既交融又区隔的复杂关系。由此带来的三个问题,一个是"文明体"与"政治体"的关系。比如汪晖提及一个看法,"在欧洲的语境中,国家的边界与文明的边界并不重叠,而中国历史始终存在着一种将文化的边界与政治的边界相互统一起来的努力"②,这也是将中国视为"文明—国家"的前提。另一个问题是"文明体"与"民族—国家"的差别。源发于 18 世纪西欧的现代民族—国家,其首要特征在于"一个民族一个国家",以及建立在"国民"与"国家"的直接对应关系上的均质性。③ 而"文明—国家"及"文明体"内部则总是包含着多种民族、多个区域的差异,因而呈现出混杂性特征。

---

① [法]马塞尔·莫斯、爱弥尔·涂尔干、亨利·于贝尔:《论技术、技艺与文明》,[法]纳丹·施郎格编选蒙养山人译,北京:世界图书出版公司,2010 年。

② 汪晖:《东西之间的"西藏问题"(外二篇)》,第 149 页。

③ 参见[英]厄内斯特·盖尔纳:《民族与民族主义》,韩红译,北京:中央编译出版社,2002 年;[美]本尼迪克特·安德森:《想象的共同体:民族主义的起源与散布》,吴叡人译。

当中国被视为一个由"文明"界定的国家时，其国家特性也发生了变化。其三是"文明体"间的关系与"世界"想象。亨廷顿的文明理论接近汤因比的文明形态学，强调"文明体"之间的隔绝、对立而非流通、融合的关系，因而构造的是一种"冲突"的世界图景。在这些关键问题上，费孝通、王铭铭与汪晖的中国研究做了值得关注的推进。

1988 年在香港的一次讲座上，费孝通提出了"中华民族的多元一体格局"这一说法，将"中华民族"的形成描述为两个相关联的历史过程：其一是"几千年来的历史过程中形成"的"自在的民族实体"，其二是"近百年来中国和西方列强对抗中出现"的"自觉的民族实体"。"自在的民族实体"并非单质的，而是"许许多多分散孤立存在的民族单位，经过接触、混杂、联结和融合，同时也有分裂和消亡，形成一个你来我去、我来你去，我中有你、你中有我，而又各具个性的多元统一体"。他同时说，"这也许是世界各地民族形成的共同过程"。也就是说，"民族"并非如民族主义理论描述的那样具有单质性，而总是在交融中形成的，中华民族"大混杂、大融合"的历史不过更突显了这一过程而已。从"自在的民族实体"转化为"一体性"的"自觉的民族实体"，则意味着一个政治性的"国族体"构建过程。① 这种描述突破了一般的民族国家理论，而与"文明论"视野中的中国论述关系密切。1990 年代后期，为回应亨廷顿的"文明冲突"论，费孝通提出了"文化自觉"说："生活在一定文化中的人对其文化有'自知之明'，明白它的来历，形成过程，所具的特色和它发展的趋向，不带任何'文化回归'的意思。不是要'复旧'，同时也不主张'全盘西化'或'全盘他化'。"② 王铭铭写道："费孝通先生读了亨廷顿的'文明冲突论'，提出'文化自觉'与之对垒，认为冲突背后有一种秩序，这个秩序也是理

① 费孝通主编：《中华民族多元一体格局》(修订版)，第 3—4 页，北京：中央民族大学出版社，1999 年。

② 费孝通：《文化的生与死》，第 185—186 页。

想,可以用'各美其美,美人之美,美美与共,和而不同'来理解与期待。"①可以说,在费孝通这里,"文化自觉"的中国诉求与"和而不同"的世界构想是一体两面的,在看似平实的历史性描述中,包含着一些重要的理论设想。

王铭铭承续费孝通的思考,从人类学、社会学和民族学的视野出发,强调中国不应被理解为一个"民族体"而应是"文明体"。"民族体"有着将"社会"与"文化"等同于"国家"的局限,固化了一些实际上是历史地构成的社会单位,因此王铭铭提出"文明人类学",以期形成一种新的宏观研究视野。人类学领域注重传播、交融的"文明"研究,往往采取一种普遍主义的文明观,由于这一理论范畴常与"进步的信念"这种启蒙主义思想相关联,所以使得强调地方性知识的"二战"后人类学研究者常常避之唯恐不及。不过,王铭铭却认为,放弃"文明"的这一范畴同时也意味着人类学抛弃了与传播论相关联的宏观研究视野。他重新钩沉出 1920—1930 年代莫斯的理论,将"文明"界定为一种"超社会体系",借此分析地方性的"文化"与作为复合体的"文明"之间的互动关联。在体系性的"文明"和结构性的"文化"("社会")之间,王铭铭倡导的"文明人类学"力图打破凝固性的结构主体,特别是社会共同体的民族国家和普遍而单一的世界体系这种二元论。这里的"文明"含义不同于"文明—国家"论的理解。最大的不同在于,它并不将"文明"视为与"国家"同一的凝固特性,比如"中国模式"那样的"模式",或张维为归纳的八大特点,而将之视为具有"体系性"又不断传播、交流、融合的过程。与之相应的是,被视为"文化"("社会")的那些差异性结构,从来就不是自我生成的,毋宁是"外生的",其独特性总是在"文明"的宏观体系中才能成立。因此他说:"脱离了'超社会体系'研究中的'互为主体'的人文世界观,世界史将是

---

① 王铭铭:《"中间圈"——费孝通、民族的人类学研究与文明史》,收入《乡土中国与文化自觉》,第 61 页。

不可能的",对于文明而言,"'融合'同时是历史与价值"。①

具体到中国研究,"从历史看,过去的中国确实是超社会的,它既不同于世界体系,又不同于文化,历史上无疑是一个帝国,一个我们叫作'天下'的东西,但过去这个超社会体系是有价值和伦理定义的,过去的政府处理内外关系,很大程度上依赖某种既非政治经济又非文化的'技巧',这些'技巧'跟莫斯所说的'文明'有些相近,但又不同于他所说的'超社会的宗教'"②。如何理解这样一个"超社会体系",是王铭铭重新认知中国的基本内容。他提出"三圈说"(即汉人核心区、少数民族"混杂区"和国家边界之外的"世界"),以描述中国这一"文明体"的内在世界观。作为一个圈式结构关系中的"文明体",其中心与边缘的关系并非固定,而存在着圈与圈之间互为主体的可能性。由此,中国既不是民族主义意义上的"国家",也不是普遍主义意义上的"帝国"或"世界",而是包含了诸种混杂性族群与区域("圈")的"体系"。

汪晖以与王铭铭的"超社会体系"概念对话的形式,提出了一种关于中国的新的界定方式即"跨体系社会",并将其实践于对西藏、琉球等边疆问题的讨论中。汪晖颠倒了"社会"与"体系"的位置,显示出其中国研究的不同侧重点。莫斯/王铭铭的"超社会体系",是要将"社会"从民族主义知识构造的社会—国家一体中解放出来,将其放在复数文明的体系性关系中加以考察。而汪晖"跨体系社会"概念的重心,则强调中国作为一种具有内在差异性(跨体系)的"社会"即"一体性"面向。他认为任何社会构成体(包括国家、区域、地方、村庄乃至个人)都是跨体系的,是在体系性的互动关系中形成的。因此,理解"社会"的前提是其在变动历史关系中形成的跨体系性。他由此提出了"区域作为方法"这一基本方法论原则,瞩目于"区域"范畴包含的"独特的混杂性、流动性和整合性",一方面破解"民族主义的知识框

---

① 王铭铭:《超社会体系:文明与中国》,第 62、58 页,北京:生活·读书·新知三联书店,2015 年。

② 王铭铭:《超社会体系:文明与中国》,第 127 页。

架",另一方面考察"更广阔的区域内的各政治共同体连接在一起"的历史形态①。比如他对西藏问题的阐释,特别强调了"民族区域"作为政治认同单位的建构如何区别于"民族"(自决)与"区域"(自治),从而为当代中国民族和边疆问题提供了创造性的阐释思路。②

但正如费孝通"自在"与"自觉"的区分,诸种多元性结构或体系最终形成一个统一的政治体是如何完成的呢?汪晖突显了特定"政治文化"在构造"一体性"认同时的重要性。"多元性"存在于中国多民族、各区域的互动关系中,"一体性"则源自一种超越族群、区域身份政治的普遍政治文化的构建。"社会"与"体系"是互动互生的,其关系既是历史性的,也是价值性的(或政治性的)。历史性指的是诸如朝贡体系、现代世界体系、殖民体系、王朝中国的政治体制、区域关系、地方性形态等建构与发展的历史过程,政治性指的则是特定政治实践与这些历史结构的关系乃是一种自觉建构的产物,总是建立在自觉的政治文化或合法性表述基础上。比如,在论及历代中国王朝的连续性问题时,汪晖如此说道:如果没有用公羊思想特别是"大一统""通三统"和"别内外"等政治文化构想来确立新朝之"正统"的过程,"讨论王朝之间的连续性是完全不可能的"③。

事实上,所谓文明的连续性、整合性,既涵盖了制度、宗教、心态、习俗、技艺与技术等层面,更包含了自觉的理论认知和政治化实践。在断裂性的诸历史形态与话语构成之间,缺少政治化这个环节,文明的连续性并不会自然生成。

三 文明的当代性:从过去探询未来

在中国文明的连续性视野中,"传统"(或"古典")得到了极大的

---

① 汪晖:《东西之间的"西藏"问题(外二篇)》,第 149—150 页。
② 汪晖:《东西之间的"西藏"问题(外二篇)》,第 72—96 页。
③ 汪晖:《亚洲视野:中国历史的叙述》,第 82 页。

重视。从当代中国经验中追溯出传统的影响,强调在长时段视野中思考中国文明的当代性,可以说是 21 世纪中国"文明论"的主要内容。但这一态度和取向与 20 世纪"反传统"的主流思潮形成了明显的对比,可以说这种对文明当代性的关注显然也是政治化的产物。因此需要追问的,一是为什么"传统文化"会在 21 世纪中国社会成为不同力量的"共识",并以此来建构中国身份与文化认同呢?二是"传统"的确切内涵及其意义怎样理解,它如何与当代中国发生关联?

就第一个问题而言,"文明论"的兴起确与亨廷顿所谓世界性的"后冷战"处境密切相关。"文明"被视为一种"非政治"或"超越政治"的运作方式,替代了社会主义与资本主义冲突的冷战论述。在"去政治化"的普遍趋势下,"中国文明"这种看似非意识形态的文化身份,更易为人接受。国家形象的建构如此,"新儒家"的兴盛如此,文化市场与文化产业的叙事策略如此,大众社会的认同心理也是如此。同时,"传统的复兴"也与高速发展后的民族心态和在全球格局中重新定位中国的主体性想象密切相关。

但是,由于对"传统的复兴"这一现象缺少足够政治化自觉,传统文化往往成为民族主义意识形态运作的主要场地。对内而言,是通过对"传统"的不断发明和再制造,将国族认同建构为一种基于地缘与血缘、看似"自然"的共同体意识,以强化社会凝聚力,并有效地调解、转移结构性社会矛盾。对外而言,资本主义/社会主义意识形态对抗的失效,使得已然进入全球格局的中国在确立其主体性身份时,可以有效借用的重要资源,主要是前现代帝国的历史与文化传统。在这样的意义上,"全球化"并未能真的"消灭"民族—国家及其身份认同,甚至应该说,民族主义本身便是全球化的副产品。正是全球化格局本身,使得基于国家领土范围内的"文明传统"来重新构造身份认同成为必要的发明,其最大问题在于无法逾越国家(主)视野。在此,称这一国族体是"民族"还是"文明",并没有太大差别。这样的问题在将中国视为"文明—国家"的理论阐释,与在现代民族—国家装置内重新发明和构造"传统文化"的热潮中,都同样存在。

同样值得注意的是,在民族主义意识形态之外,知识界也存在着将传统转化为批判性思想资源的可能性。霍布斯鲍姆曾将"传统的发明"视为现代社会的普遍现象,不过,21世纪中国的传统文化热却包含着既与之相同又与之相异的因素。就其同而言,这次热潮确是一种现代的发明,它并非一种"复古"行为,而是市场社会、消费时代与全球化语境下对传统的现代性构造。霍布斯鲍姆关于"传统发明"阐释的两个要点:其一是"'被发明'的传统之独特性在于它们与过去的这种连续性大多是人为的",由此需要将之与实践性的"习俗"区分开来;另一是被发明的传统是一种"形式化和仪式化"的过程,它不同于实践中的"惯例或常规"。[①]在中国的传统文化热中,情形常常更接近后一种,即"习俗"或实践中的"惯例或常规"。比如"恢复传统节日"并不是无中生有的"发明",而是原本就一直在民间社会中流传,只是现在以法律形式正式确定为国家法定节日。在许多时候,这些被重新"发现"的传统,更接近"复兴"的含义,其实践性内涵也远大于仪式性含义。传统文化在许多人的体认中,是那些一直存在但没有得到承认或理论化的东西,一种"日用而不知"的形态。

知识界的"文明论"在讨论传统问题时,更愿意突显后一层面的含义。费孝通所谓"文化自觉",甘阳所谓"熟知不是真知",王铭铭所谓"既非政治经济又非文化的'技巧'"等,都是如此。特别值得一提的是,李零依据地理山川、经典文献、考古材料、制度形态等考察长时段"中国"的稳定性内涵[②],则更深入地显示出中国文明的延续性并非全然是一种"虚构"。这也是探讨中国传统和文明当代性问题时的独特性所在。

---

① [英]E.霍布斯鲍姆、T.兰格:《传统的发明》,第2—4页,顾杭、庞冠群译,南京:译林出版社,2004年。

② 李零:《我们的经典》,北京:生活·读书·新知三联书店,2013年;李零:《我们的中国》,北京:生活·读书·新知三联书店,2016年。

不过,对于传统如何转化为当代形态,研究者的立场和思考方式并不相同。比如甘阳对古典政治哲学的推崇,特别强调问题的关键乃在"古今之争"。他认为列奥·施特劳斯的不同寻常之处,"在于他坚持必须从西方古典的视野来全面批判审视西方现代性和自由主义","在他看来欧洲十七至十八世纪的那场著名的'古今之争'或'古典人与现代人之争',虽然表面上以'现代人'的全面胜利为结果,但这场争论本身并未真正结束"。[①] 施特劳斯所从事的这场争战,显然也是甘阳的立场与选择。他回归古典的前提,是对西方现代性危机的诊断,并以立足"古今之争"弥合"中西之争"的方式,将中国古典思想置于与西方古典的同一平台。据此展开的通识教育实践,则强调"精英教育",将教育理念设定为"教育未来的管理者"。这种思想实践在知识界产生了广泛影响,但其保守主义和精英主义立场如何避免新的西方中心主义,"通三统""文明—国家"等论述如何区别于民族—国家主义仍有可讨论之处。王铭铭瞩目的,则是以"中国文明"破除西方式现代民族—国家观念。他沿用费孝通的说法,称 20 世纪是"新战国"时代,"这个时代,以民族为单位建立国家,成为一条世界性的纲领,但矛盾的是,国与国之间的竞赛,又是这个时代的另一大特征","所谓'冷战'、'后社会主义'、'文明冲突'、'全球化'不过是'战国式竞赛'的具体表现"[②]。他提出的"超社会体系""三圈说""文明"与"天下"是可以互相替换的概念,目的是重构一种新的"世界"观。中国古典社会的结构方式是"'家、国、天下',与'乡民、士绅、皇权'二者之间,相互分阶序交错着,形成不对应的关系体系",其实践主体则是士大夫阶层,他们构筑的观念体系"规定行为规范并支持这个结构"。近代以来,这种"社会"观念的衰落导致三层结构各丧失了一层,即"天下"观念的缺失和士大夫作为社会中间层的消失,"只剩下家与国

---

① 甘阳:《政治哲人施特劳斯:古典保守主义政治哲学的复兴》,第 2 页。
② 王铭铭:《超越"新战国":吴文藻、费孝通的中华民族理论》,第 8 页,北京:生活·读书·新知三联书店,2012 年。

或国与家——即我们理解的'国家'"。① 但在王铭铭这里,"天下"的世界观和"士"的社会功能如何转换为当代形态,则缺少更明晰的理论构想。与之相比,汪晖更侧重探询新的以"人民"为主体的普遍政治的可能性,他对古典和传统的重估也是在这一立场上展开的。在研究现代中国思想如何兴起时,他认为需要关注传统中国的"内在视野","这不仅仅是用古代解释现代,或用古代解释古代,也不仅是用现代解释古代,而且也是通过对话把这个视野变成我们自身的一个内在反思性的视野"。② 在这种反思性视野中,古典与现代处于同等的、"互为主体"的思想平台上,为研究者回应当代问题提供批判性资源。

上述研究者的差异性和深层对话关系,尚需更深入讨论。不过,构成知识界"文明"论述的共识,在于破除进化论的现代性意识形态和西方中心主义范式。正是在这样的视野中,中国文明的过去得以浮现出来,成为人们探询未来时的一种重要思想资源。

四 中国与世界:文明史视野中的批判实践

"文明"这一范畴,如同"文化"一样,含义极为模糊,将其理论化存在着很大的风险。焕发出这一范畴的批判活力,需要厘清三种不同的文明观:一是普遍主义的文明观,一是民族主义的文明观,另一是介于两者之间的复数的文明观。重构"文明"理论,特别是不使其为民族—国家主义所限,需要更广阔的文明史视野。

最早于 18 世纪法国和英国出现的"文明"概念,是在启蒙主义的视野中,在与"野蛮"相对的"开化"这一意义上使用的。这是"文明"的基本含义之一,并形成了一种普遍主义的"文明论"。"它主张存在文明这样一种东西,这种东西与进步的信念相关,仅为少数特权民族

---

① 王铭铭:《经验与心态:历史、世界想象与社会》,第 157、163 页,桂林:广西师范大学出版社,2007 年。

② 汪晖:《亚洲视野:中国历史的叙述》,第 69 页。

或特权集团(也就是人类的'精英')所拥有"①；有学者还认为，人类
社会最终将统一于一种最高文明，并以此"成为对国族进行世界性的
等级排序的手段"。② 这也使普遍主义的"文明论"成为殖民主义、帝
国主义扩张的意识形态。"文明"的另一含义等同于"文化"，这是 18
世纪德国为对抗法英的普遍主义"文明论"而发明的一种"特殊主义
的文明论"，"文化"的含义等同于"民族"，成为民族主义的具体表征。
普遍主义与民族主义的"文明论"，其实是一体两面，都将"文明"视为
一种单质的价值实体，其特殊性与普遍性同处一个可以互相转化的结
构中。

布罗代尔考证，在 1819 年前后，出现了一种新的"文明论"，即复
数的"文明论"③。对于这一范畴，王铭铭做了极其耐心和深入的关键
词梳理。④ 他回溯到 1920—1930 年代法国年鉴学派民族学研究者涂
尔干和莫斯，瞩目于他们提出但未受到重视的"复数的文明论"，即人
类社会存在多种文明，并且它们都具有同等的主体位置。"文明"作为
一种"超社会体系"，既超越了被民族—国家限定的"社会"，具备国际
化的流动性，同时也不同于普遍的世界体系，而有其传播、扩散的地理
限度。实际上，"复数的文明论"也是法国年鉴派史学代表人物布罗代
尔研究的特点。在《文明史纲》中，布罗代尔从地理空间、社会、经济、
集体(无)意识等四个方面概括了"文明"的基本特点，并描述了伊斯
兰、非洲、远东(中国、印度、日本)等"欧洲以外的文明"和欧洲文明
(欧洲、美洲、俄罗斯)的历史演变过程。对"文明"范畴的关注，显示
的是布罗代尔的一种新的世界史构想。在被称为"总体的社会学"的
观照视野下，布罗代尔对特定文明的存在方式(如地中海文明)、诸文

---

① ［法］费尔南·布罗代尔：《文明史纲》，第 27 页，肖昶等译，桂林：广西师范大学
出版社，2003 年。
② 王铭铭：《人类学讲义稿》，第 318 页。
③ ［法］费尔南·布罗代尔：《文明史纲》，第 26 页。
④ 王铭铭：《超社会体系：文明与中国》，第 3—70 页。

明的传播交流形态(如 15—18 世纪的物质文明、经济、资本主义)做了典范式研究。这种曾被人概括为"长时段、大范围、跨学科、日常生活"的宏观研究方法,被沃勒斯坦等学者结合马克思主义理论而发展为现代世界体系研究。

追溯文明史研究的形成,1960 年代是重要时段。在布罗代尔写作了《文明史纲》(初版于 1962 年)的年代,一种新的史学形态出现了:麦克尼尔写作了《世界史》①(初版于 1967 年),斯塔夫里阿诺斯写出了《全球通史》②(初版于 1970 年),而巴勒克拉夫则确立了不同于"现代史"的"当代史"概念,认为这种"全球的历史观"与 19 世纪西方中心主义历史观的最大不同在于,它纳入了"欧洲之外的世界"③。更不用说,阿诺德·汤因比自第一次世界大战期间开始构想,历时 30 多年终于在 1961 年出齐的巨著《历史研究》。可以说,文明史是一种新的"世界史""全球史",突破了欧洲中心主义和黑格尔意义上的世界史的局限④。复数的诸文明,它们各自的历史与相互的交往融合,构成了这一"世界"/"全球"历史图景的内容。在同为"地方性知识"这一点上,"复数的文明论"超越了西方中心主义;在强调诸文明体的交流与融合这一点上,"复数的文明论"超越了民族主义。这使得真正意义上的"世界""全球"理解成为可能。不过,需要区分的是,同为复数的文明观,汤因比的文明形态学和文明比较研究更倾向于将诸文明理解为历史"有机体"式的存在,并偏于文化主义的描述,而布罗代尔等则更突出文明作为一种社会—文化—经济的总体性结构。在这一点上,亨

---

① [美]威廉·麦克尼尔:《世界史:从史前到 21 世纪全球文明的互动》(第四版),施诚、赵婧译,北京:中信出版社,2013 年。
② [美]斯塔夫里阿诺斯:《全球通史:从史前史到 21 世纪》(第七版),吴象婴等译,北京:北京大学出版社,2006 年。
③ [英]杰弗里·巴勒克拉夫:《当代史导论》(初版于 1964 年),张广勇、张宇宏译,上海:上海社会科学院出版社,1996 年。
④ 近年也有西方学者对布罗代尔的文明史研究提出批评,认为其未能从根本上超越"西欧中心主义范式"(参见[英]杰克·古迪:《偷窃历史》,张正萍译,杭州:浙江大学出版社,2009 年)。

廷顿采纳的,更主要是汤因比式的文化主义文明观。

1960 年代出现这种新的史学并非偶然。那是一个欧洲殖民体系瓦解、第三世界崛起、非西方国家成为主权国家、"黑人也是人"的解放时代。尽管这仍是一种"西方文明"内部的史学变革,但通过"复数的文明"这一范畴,非西方国家与文明得以确立其主体地位,"世界史"不再是"西方中心的历史"。但是,在殖民主义意识形态延续和冷战历史结构的支配下,诸种非西方文明主体很难逾越民族国家主义与现代中心主义,并将自身的合法性建立在对资本主义与西方主义批判的基础上。很大程度上可以说,冷战历史的终结,也使得这种文明史叙述范式失去了批判的核心支点。也正是在这一意义上,亨廷顿的"文明冲突论"丧失了文明史研究曾有的批判性,而成为对历史危机的一种表述形态。他一方面立足美国利益将"国家"视为"文明"的真正代理人,另一方面则使"文明"变成了一种非历史的范畴。"文明冲突论"不仅无法应对冷战后民族主义、文化复古主义、不同形式的基要主义及宗教力量的兴起,它自身就是这种现代性危机的具体表征。

对文明范畴与文明史研究的知识谱系考察,可以为从"文明论"视野展开中国研究提供更可靠的批判支点。复数的"文明"观的出现与1960 年代以来的文明史研究实践,都瞩目于破除西方中心主义而从真正多元的意义上理解人类历史,但悖谬的是,"反西方中心主义"常常是西方学者与西方学术内部的一种研究和论述。在这一意义上,21世纪的中国学者提出"从中国的视野"或"以中国为本位"[1]去描述中国和世界历史的变迁,无论如何评价都不为过。而复数的"文明"观,则提供了一种真正多元世界的批判性视野。

在现代中国的语境中,"文明"常被视为一种普遍性的价值范畴,而"文化"一词则与民族特性的描述相关。自五四时期开始,"文化"就一直是知识界探讨中国特性的关键词。即便在知识界关于东西

---

① 韩毓海:《五百年来谁著史:1500 年以来的中国与世界》,第 1 页。

方文明的大论争中,人们使用的也主要是"文化"而非"文明"一词。这种思维方式一直延续到 1980 年代的"新启蒙"思潮中。在如何使用"文明"与"文化"这两个基本范畴的方式背后,实际上隐藏着一种普遍主义的现代化意识形态,其中"中国"与"西方"、"古"与"今"、"传统"与"现代"是一种不言自明的同构关系。这也意味着有关"文明"的理解始终是在民族主义与世界主义的二元对立框架内展开的。21 世纪中国知识界的"文明"论,在将中国视为一个"文明体"时,已经提出了一种区别于这一二元框架的不同理解方式,包含着在多个"文明体"的世界图景中理解中国这一特殊文明的复数的"文明"观。但由于对"文明"这一核心范畴的界定与阐释不清楚,文明论述中"国家""文明体""世界"这三者的关系常常是含糊的。引入复数的"文明"论有助于说明三个重要关系维度:

其一,可以同时破除特殊性的"国家主义"与普遍性的帝国/世界主义。作为"没有明晰边界的社会现象",诸"文明体"之间存在着"国际间"的流动性。这使得人们有可能在民族主义与普遍主义这两个极端之外,来观察特定区域群体之间的交流融合形态。"中华文明"论述若能超越"中国主义"及其变形的"大中华主义",而关注作为"世界经济体"与"文明体"的中国在复杂地缘政治格局中的交往形态,这显然更有助于批判性地理解中国的主体性。

其二,可以同时超越复古主义与现代中心主义。"文明论"所强调的"历史连续性",可以帮助人们理解长时段视野中的历史关系。但是这种连续关系既是实践性的,也是"解释性"的,所以布罗代尔将"文明史"称为"用过去解释现在""用现在解释过去"这两个双向过程。[①] 这使我们可以从现代中心主义的世界(观)中解放出来,看到前现代的社会与历史,但又并非堕入复古主义,而能够在一种整合性视野中,理解中华文明体的全部历史生存。

---

① [法]费尔南·布罗代尔:《论历史》,刘北成、周立红译,北京:北京大学出版社,2008 年。

其三，"文明"这一边界模糊的体系性存在同时也是总体性的。这种总体性不同于"整体"，后者是现代国族主义构造的"社会""文化""民族"这样的整一性存在，而"文明"却是互相关联而又并非整一的总体性构成体。布罗代尔对之做了非统合性的分层，如物质文明、经济、资本主义①；莫斯则区分了技艺、社会生活团体、制度等可传播性的"文明现象"与缺少传播性的"社会现象"②；王铭铭进一步将其概括为三个层次：宏观方面，可以理解"各种大的文明板块互动的复杂局面"；中观方面，可以"在区域的范围里研究文明互动方式"；微观方面，则可以理解"'生活世界'中的跨文明关系"。③ 这使得人们可以在多重交互的关系中来理解中国内部与外部不同社会体系的交流融合，而又不凝固于某种固定的边界。

在这种复数"文明"论的前提下重新思考中国，能够成为一种重要的批判性思路。传统中国作为区域性国家形态（帝国）、市场形态（经济体）以及独特的世界观体系（文化体），不仅可以成为今天重新阐释中国的"活的传统"，也是跳出"现代"来思考人类社会的重要资源。这并不是指"回到中华帝国"，而是将其作为一种批判性思想资源吸纳进来，重新构建中国在全球格局中的主体性位置。缺少这样的批判性文明史视野，不仅世界史是不可能的，而且要从民族主义（及其变形的"中华中心主义"）的羁绊中摆脱出来，从世界史高度理解 21 世纪中国的意义，也是不可能的。

---

① ［法］费尔南·布罗代尔：《十五至十八世纪的物质文明、经济与资本主义（1—3卷）》，顾良、施康强译，北京：生活·读书·新知三联书店，2002 年。

② ［法］马塞尔·莫斯、爱弥尔·涂尔干、亨利·于贝尔：《论技术、技艺与文明》，［法］纳丹·施郎格编选，蒙养山人译。

③ 王铭铭：《超社会体系：文明与中国》，第 418—426 页。

第三章 马年春晚的"中国梦" 想象与文明史视野

一 "中国梦":博弈的场域

从 2012 年十八大会议以来,中共中央提出了新的执政理念和指导思想,即"中国梦"。其基本内容被界定为"实现中华民族的伟大复兴",并强调个人、国家与民族利益的一体化。基于此,中国社会出现了一种阐释、宣传和构想"中国梦"的社会文化现象。这不仅指主流意识形态对"中国梦"的诸多阐释和描述,也包括国家机构(特别是中央文明办及各地方城市文明办)推动和组织下形成的中国各城市大街小巷,特别是社区空间的广告栏中种种关于"中国梦"的公共宣传。同时,"中国梦"也成为政府部门、文化公司、社会团体等举办的各种文化、艺术和学术活动(诸如联欢会、征文比赛、流行歌手选秀、电视娱乐文化、网络传播、学术研讨等)的主题。

尽管"中国梦"的说法和理念由中国政府首先提出并自上而下地加以推广,但由于这一宣传活动涉及并带动的社会层面十分广泛,实际上参与其中的社会力量是多样的,政府、学界、大众文化市场、市民社会等不同力量都介入其中。更重要的是,"中国梦"并非一种完备的理论形态,而是一种社会发展导向的规范和文化心理的引导①，因此，这个范畴也具有较大的开放性。"梦"本身具有的某种空泛性与情感性，召唤并赋予了不同社会力量介入其中的想象空间。这就使得不同社会群体关于"中国梦"的诸种表述，实际上也可以成为理解当下中国社会普遍状况的一种文化表达或文化征候。也就是说，"中国梦"现象并不是中国政府一种缺少社会动员力的官方说教，而可以被视为一个不同社会力量介入其中的能动性话语场域。具体地分析不同社会力量、以何种具体的方式构造有关"中国梦"的叙事与表达，就成为值得尝试的一种文化与社会批判实践。

论及"中国梦"的具体内涵与表述特点，人们常常会联想到如今几成全球常识的"美国梦"。相当有意味的是，人们总是能轻易地指认"中国梦"的人为构造性，却将所谓"美国梦"视为自 1620 年乘坐"五月花"号由欧洲奔赴美洲"自由"土地的移民"自然"地分享的梦想，而忘记"美国梦"也有其构造的历史。1931 年，历史学家詹姆斯·特拉斯洛·亚当斯（James Truslow Adams）在他的著作《美国史诗》中提出并构想"美国梦"的时候，美国正处于极度艰难的经济大萧条时期。但此后在不到 20 年的时间中，借助第二次世界大战提供的历史契机，美国不仅走出大萧条危机，而且取代英国一跃而成为资本主义世界体系的新一轮霸主国。显然，真正使"美国梦"充分自然化的，正是战后美国社会经历的"黄金时代"。这使得"人人机会均等的自由国度""个人奋斗"等内容变成了真正深入人心、并且具有世界普遍性的"美国梦"。

从这样的历史视野来看"中国梦"的提出及其宣传热潮，有三点格外值得讨论。其一，中国政府为何要在此时提出"中国梦"这一理念和说法？显然，"中国梦"的提出与新世纪以来的"中国崛起"密切相关。经济崛起的事实不仅改变了近代以来中国在全球格局中的基本位置，也极大地改变了中国人如何认知自己国家与民族身份的社会心

---

① 程冠军：《以科学的态度解读"中国梦"——专访中共中央党史研究室原副主任石仲泉》，《领导文萃》2013 年第 16 期。

理。21世纪以来,2008年北京奥运会的成功举办、国内外学界关于"中国模式""中国经验"的争议、国内知识界关于"文化自觉"的讨论、大众社会普遍出现的"传统文化热"等等,都可以视为对这一事实的回应。与此同时,快速的经济发展导致中国社会出现的阶级(层)、城乡、区域、意识形态分化以及生态危机、环保问题、民族矛盾等,使得构造新的民族与国家认同,成为与经济崛起同样重要的社会议题。同样需要意识到的是,中国崛起其实出现在现代资本主义世界体系的危机时刻:1998年的亚洲金融风暴与2009年的世界金融危机。因此,资本主义并不能成为解决中国问题的出路,相反,它变成了中国问题的根源。因此,对中国问题的讨论,并不是只要继续发展"资本主义""现代化"就可以解决的,雾霾、水危机、土壤污染以及食品安全问题等等,都在提示着:解决中国社会发展问题,需要现代文明以外的想象视野和可能性。"中国梦"需要被置于这样的上下文关系中来加以理解。它既是一种整合互相冲突的多种社会力量的努力,也是一种超越发展主义危机的构想,更是一种摆脱整个现代文明危机的另类想象的尝试。

由此,值得讨论的第二点是,与"美国梦"的普遍性和世界性相比,"中国梦"格外强调它的"中国性"与"民族性"。事实上,在中国许多繁华大都市的街头,看到那些以传统文化特别是农耕文化为主要表意符号的"中国梦"宣传画,画内画外的对比,会让人充分意识到这种"中国梦"想象的特异性。这种想象格外地倚重中国传统文化的表意方式,及其提供的社会与世界理想。正是在这种"中国梦"想象中,古典中国的人伦秩序、人与自然关系及世界想象,变成了特别引人注目的存在。因此,有趣的问题就是,"中国梦"中的"中国"实际上变得比"梦"更重要,而如何构造这个"中国",又极大地借助了民族主义表述中的古典中国文化表象。

不过,如果仅仅在民族主义的逻辑中来理解"中国梦",显然是成问题的。固然"中国梦"之"中国"是以民族认同与国家想象为前提的，但是，它借以想象"梦"的方式，却在许多地方溢出了一般的民族主义想象。或者说，它试图回应的，并不仅仅是作为民族国家的中国的问题，而希望在世界史的"文明"高度重新理解"中国"及其"梦"。文明视野中的古典中国，其实并非完全是复古主义与民族主义的，而是在回应现代社会的生态危机、现代资本主义体系的世界性困境以及现代文明的困局，尝试从长时段的"中华文明"中寻找"另类"表述。当然，问题还包括这种创造性思想和表述的能力之高低。

第三点是，与"美国梦"所强调的核心价值观即"个人奋斗"相比，"中国梦"的另一突出特征，显然是它并不特别强调"个人"的意义，而突出了"国家""民族"与"个人"的一致性。这种特性可以很快地被解释为社会主义国家的集体主义或东方国家的集权主义等导致的结果。不过，意识到西方现代文明的缺陷，认识到个人主义与现代资本主义的共生关系，特别是中国社会发展主义意识形态的危机，这种对"个人性"的排斥和贬低也可以理解为中华文明构想个人与社会关系的别样可能性。有关中国古典社会理论的研究，都突出了中国社会的"差序结构"，即身—家—国—天下等不同结构之间，既是独立的层级圈，又是有着共性的"同心圆"。① 由此，问题的关键不在于个人与国家的对立或同一，而在如何确立二者更灵活的关系。在"中国梦"表述中，实体性的"中国"与虚拟性的"梦"组合，可以包含前者对后者的召唤，同时，也包含后者对前者的规约，从而保留了一种互动关系的可能性。

大致可以说，"中国梦"与"美国梦"的最大不同，并不在于"构造性"与"自然性"之间的对比，而是在回应国家/民族危机与回应现代文明危机这双重层面上如何寻找一种别样的主体性表述。如果说"美国梦"仅仅是"现代的"，那么可以说"中国梦"却不仅仅是"现代

---

① 相关研究参加费孝通：《乡土中国》，上海：上海人民出版社，2005 年；赵汀阳：《天下体系：世界制度哲学导论》，南京：江苏教育出版社，2005 年；王铭铭：《人类学讲义稿》，北京：世界图书出版公司，2011 年。

的",因为现在正是整个的现代世界体系与现代文明自身出现了危机。如果说"美国梦"尽管是普遍性的而仍旧是"美国"的,那么也许可以说"中国梦"虽然是民族性的却力图使自己不仅仅是"中国"的,因为存在着从长时段的中华文明历史中寻求超越现代世界危机的可能性。在"中国梦"的表述中,问题是多个层面的:中国国内的社会问题与现代世界的困境,国家认同与文明构造,民族想象、个人认同与国家运作等。因此可以说,与介入其中的社会力量的多样性相似,"中国梦"作为一种能指的表意形态,同样具有表意实践上的多样性。

汪晖曾用"霸权的多重构成"①来描述当代中国问题的特性,事实上,有关"中国梦"的构想与宣传,介入其中的力量、试图面对的问题及其表意的暧昧性与不确定性,都成为了"霸权的多重构成"具体实践的场域。这也使得对"中国梦"的讨论,需要从其具体的表意实践脉络中展开,才可以触摸到参与其中的力量、这些力量表达自我的内在逻辑以及它们之间如何互相协商与博弈。

二　春晚:最大的小舞台

在"中国梦"提出以来的诸种宣传与阐释活动中,恐怕没有哪次比2014年春节举办的电视联欢晚会(春晚),更值得关注,也更有征候性的文化实践了。

春节期间,特别是中国最重要的传统节日除夕之夜,国家文艺部门举办大型的联欢晚会,并以电视媒介向全国现场直播,这种文化活动始于1983年。那一年,中央电视台第一次以现场直播形式举办的春晚,获得了巨大成功。此后,一年一度的央视春晚,成为中国社会一项独特的文化活动与"新民俗"。由于这一活动在收视率、演出时间和参演演员上创下的三项世界之最,因而被称为"世界上最大的舞台"。

---

① 汪晖:《去政治化的政治、霸权的多重构成与六十年代的消逝》,《开放时代》2007年第2期。

21世纪的第二个十年以来,不止是中央电视台,各地方电视台(特别是卫视台)在春节期间(从腊月二十四的小年夜到正月十五的元宵节),也开始举办各自的春晚活动。其中影响较大的,包括湖南卫视的小年夜春晚(即阴历12月24日晚)、辽宁卫视在除夕前一天举办的春晚(即阴历12月29日晚)、北京卫视在大年初一举办的春晚。各地方台纷纷举办春晚,打破了中央电视台春晚"一统天下"的格局,其根本在于春晚提供了巨大的经济利益,由此造成了地方卫视"群雄并起"的"大春晚"时代。这些地方台强化了春晚的商业性与娱乐性,其核心元素在"明星""怀旧"及"地方性"①。它们在与央视春晚构成竞争关系的同时,也刻意强调"本土化",并在播出时间上寻找时间差,以避开与央视春晚同台竞争。因此,除夕之夜举办春晚,仍旧是中央电视台的专属。除地方卫视台举办的大型商业综合类春晚外,还有一种类型的春晚活动,即由国家文化教育和管理部门以及网络、社会文化团体等联合举办的特定社会群体的春晚,比如"网络春晚""摇滚春晚""草根春晚"等。其中,影响较大的是自2012年开始,主要由北京"新工人之家"参与、迄今已举办三届的"打工春晚"。

在作为马年的2014年,这三种形式的春晚活动都极为引人注目,成为一段时间中受到广泛关注的文化现象。而且,它们的主题,都直接与"中国梦"相关。也可以说,如何理解"中国梦"的理念与思想原则,在很大程度上决定着这些春晚的节目内容及舞台表演形式。

尽管存在着多元化的趋势和格局,影响最大、收视率最高且规模也最大的,仍旧是中央电视台春晚。自1983年迄今,一年一度的央视春晚已经越来越成为当年度最受关注的"文化事件"。当一年中的除夕夜,有7亿以上中国人②都同时盯着(哪怕仅是开着)发光的小荧

---

① 参见北岭鬼盗:《地方卫视群雄并起:大春晚时代到来了吗?》,搜狐娱乐2011年2月9日;杨天:《地方卫视抢滩春晚市场主打本土化》,《瞭望东方周刊》2010年2月23日;《春晚成卫视厮杀战场:谁动了央视的蛋糕?》,《扬子晚报》2013年1月17日。

② 《马年春晚收视率30.98%较去年微降 7亿观众看直播》,央视新闻2014年2月1日。

幕,那个被称为"世界上最大的舞台"上所呈现的一切,就不仅是"想象的共同体"的绝佳载体,同时还相当有意味地变成了某种"意义战场":它将试图融合不同的社会力量的声音,并且在播出之后,还需要承受多种立场各种评价态度的褒贬。

不过,马年央视春晚呈现出了某些别具意味的文化征候,显示出其"想象"方式,在这一年发生了值得关注的变化。

导致这种变化的原因,并不完全是电影导演冯小刚作为央视首度外聘的总导演,总体负责制作 2014 年央视春晚。事实上,与 2013 年中央电视台哈文总导演的春晚相比,马年央视春晚在总体节目流程、节目类型、主要演员构成等方面,变化可谓少得可怜。但值得注意的是,节目主题、内容及表现形式的变化,却使得马年央视春晚的舞台上,如何言说"中国",成了引人注目的存在。可以说,舞台上密集地充斥着各种关于"中国"的表述、演示和符号。这不仅指主旋律的"中国梦"与"红歌",不仅指歌舞类节目的"民族风""中国风",也指叙事内容、舞台布局、大投影和短片展示的各种"中国符号"。冯氏风格的介入表现在两点上,一是舞台和节目设计上,一定程度地去除了央视春晚传统的华丽与混杂,其为人称道的"朴实""真诚"主要表现在表意的明晰性上,这使整个舞台和节目不再常是不知所云的"闹腾""喜兴",而具备了某种内在的叙事性主题;另一是带入了一定的电影视觉呈现方式,特别是三部短片、舞台调度布局和大屏幕投影。

马年央视春晚的主题,很明确的,是"中国梦"。尽管这一点并未作为晚会主题得到明示,但这从节目内容和主题上可以直接看出来。有意味的是这种关于"中国梦"的具体演绎方式:突出地展现于舞台上的,主要是"中国",而"梦"的成分并不显眼。几乎可以说,央视春晚将"中国梦"演绎成了"中国+梦",并且前者的部分压过了后者的部分。因此,舞台上出现的,就主要是各种有关"中国"的文化符号的展现与演绎。

这一特点使得央视春晚很快被解读为"国家主义"的操作。比如

《中国新闻周刊》透露执行总导演吕逸涛语焉不详的说法：今年春晚被定位为"国家项目"，在报纸和网络上引起了诸多恶评。① 不过，这种解读方式的问题是，作为"党和国家喉舌"的央视一年一度举办的春晚，从来就不仅仅是"民间"的活动，它从 1983 年一开始就是作为国家的一项意识形态工程而定位自身的意义。在地方卫视参与春晚市场、春晚形式多元化的格局下，央视春晚的"国家性"会得到进一步强化。这不仅表现在中央/地方的关系格局中，也表现在央视春晚如何面向全球华人（华语）市场而展示自身的"中国性"。仅仅从国家主义的层面批判央视春晚，这中间值得反思的不仅是"国家"/"民间"的二元对立思维，更重要的是人们对"国家"特别是"中国"的理解方式。

马年央视春晚播出之后，引发了各种批评和争议。主要的话题集中在冯小刚在多大程度上改变了春晚，或他与华谊的"阴谋论"，以及歌曲假唱、魔术穿帮、语言类节目太少等各种"吐槽"。更有趣的是，在网络上发起的"我最喜爱的春晚节目"投票活动中，因为一组节目，即属于"红歌"性质的《英雄组歌》，引发了"公知精英"与"网络红军"的对阵。但真正值得分析的，其实并不在这些相对表面的话题，而是舞台上触目皆是的"中国"展示与人们对它的熟视无睹。很少有人注意舞台上的"中国"构造，而将那些密集地出现的各种"中国符号"视为自然而然的对象，或者很快将其指认为国家主义的操作，而忽视了这种中国想象的构造性与独特性。

这些关于"中国"的展示是不同层面的，既包括作为习俗、惯习的文化共同体的无（下）意识层面，也包括近代以来构筑的现代中国文化认同，同时还包括当下社会的政治愿望和要求。或可简略概括为民俗、民（国）族、国家、国民（民生）四种要素。可以说，这是国家主导、资本市场建构和社会认同心理等不同力量聚合的结果。它是政府提出的"中国梦"表述的具体呈现，也是全球化语境下中央/地方、世界/

---

① 《马年春晚执行总导演：春晚首被定位为国家项目》，《中国新闻周刊》2014 年 1 月 28 日。

中国等多重格局中"中国大舞台"的国族主体性展示,同时还包含着特定历史时期中国社会的民族认同心理。从理论上,这涉及的是"中国"认同如何建构和"梦"的想象方式。让7亿以上的中国人同看春晚,这是如何可能的?仅仅用国家操控、大众文化的水泥效应来解释这一现象显然是简单化的。真正有意味的,是国家、资本、市场、共同体文化、媒体,如何可以共存于这个"最大"的小舞台,并在其上展开意义交涉的具体方式。这也使得对央视春晚进行一种介入性的意识形态批判成为可能。

除央视春晚之外,2014年引起广泛关注的春晚活动,还需提及北京电视台于春节第一天(大年初一)晚上举办的北京春晚。与央视春晚引发的诸多争议不同,北京春晚得到了广泛的好评,被誉为马年各地方电视台举办的春晚活动中的"黑马"。拿这台春晚来与冯小刚任总导演的央视春晚进行参照,会有许多有趣的发现。

最重要的一点是,如果说央视春晚偏向于有关"中国"的符号性演示的话,北京春晚给人印象最深的,是关于"中国梦"之"梦"的演绎。这台春晚通过舞台的设计、参与晚会的演员身份的选择,特别是节目主题的设计,颇为成功地构造出了一种关于北京的"城市共同体"想象,从而将"欢乐北京中国梦"的主题演绎为主流、边缘社会群体"欢聚一堂"的某种"社会大同"式的现场感。在这里,老人、孩子、家、边缘族群(残疾人、农民工)等,构成了与"北京"这一地域身份同样重要的表意符号,从而把"梦"落实为一种地域共同体式的社群想象。第二点是,或许由于作为首都城市的便利,北京春晚的演员和节目主题设计,在很大程度上与央视春晚发生重叠,也就是两场晚会上出现了同样的演员和同样的节目内容。但是,由于具体演绎方法的不同,尽管是同样的演员和同样的节目,但北京春晚的呈现方式却与央视春晚有许多不同,这也为讨论央视春晚的导向性,提供了重要而便利的参照。

2014年春节期间另一台值得提及的春晚,是由北京工友之家、农林卫视、朝阳区文化馆联合举办的"打工春晚"。"打工春晚"自2012

年开始，迄今已举办三届，并引发了越来越多的社会关注。这种关注主要是针对作为社会特定弱势群体，即在城市打工的农民工（近年的一个新的命名是"新工人"），他们的劳动价值，他们作为劳动者的尊严，特别是他们面临的生存和生活问题。在此之前，对于这一群体的社会关注，基本上采取的是一种"自上而下"的"俯视"视角，表现在春晚舞台上，就常常是赵本山式的漫画式刻板形象。而"打工春晚"的独特意义在于，它让工人和工人艺术团站在舞台上发出了自己的声音，既颠覆主流商业文化赋予的刻板形象，又直接向社会发出自己的诉求。与诸多其他春晚活动不同的是，"打工春晚"有着或明或暗的"阶级（阶层）"诉求，这与"中国梦"所倡导的"共同体想象"方式发生了某种内在的冲突与对话。换一种方式也可以说，打工者的春晚将"中国梦"中隐含的社会共同体想象变成了一个更直接和明确的问题：在"中国"这个"共同体"中，弱势群体如何安置和生存？从这样的层面，"打工春晚"事实上也与央视春晚构成了有意味的对话关系。

将这些不同脉络、不同形式的春晚活动置于同一考察视野之中，并将它们视为对"中国梦"的具体演绎形式，可以为我们讨论"中国梦"现象提供一个较为深入而具体的分析场域。事实上，晚会所具有的"联欢"性质，本身就内在地包含着某种共同体想象，或者说，关于共同体的想象性实践。而春节这一传统节日形态，则包含着中国人（华人）千百年来关于"家""团圆""时间"等的想象，它本身也是共同体实践的一种民俗形态。透过"春节""联欢""晚会"这种活动形式，来考察"中国梦"想象，将能更为具体地理解其中的民族、国家、国民、共同体等被理解、想象、构建的具体样态。

限于篇幅，这里的讨论将以央视春晚为主体，并纳入北京春晚、"打工春晚"作为参照。

三　春晚与新民俗：文化的共同体性

对央视春晚的讨论，首先涉及春晚作为所谓"新民俗"与"中国"

想象间的关系。美国学者本尼迪克特·安德森将现代民族(nation)称为"想象的共同体",视其为一项完全现代的"发明"。① 但是,这种以西欧式国家为基本模型的民族主义理论,在面对中国问题时常会捉襟见肘。比如,最大的差别在于,今天的"中国"并不完全是现代民族主义"想象"与"发明"的产物,而与漫长的王朝国家历史及其生活文化惯习(即前现代的"共同体"文化)紧密相关。春节作为中国人的传统节日,自西汉时起就已成型。现代中国的确立,并未中断这种基于传统纪年法的节日仪式,无论辛亥革命后的中华民国还是中华人民共和国,采取的纪年方法都是"双轨制",即西方纪年和传统纪年的并行。春节作为传统节日仪式在中国社会,并未因现代民族国家的确立而中断。这也可见现代中国的民族认同,从来就无法离开由前现代延伸至现实的历史传统。

从这样的角度来看,1983年以电视媒介在全国现场直播的方式"发明"出来的春晚,实际上是一种相当有意味的中国认同"装置"。央视能够创办春晚,建立在中国社会对于春节这个传统节日仪式的认同基础之上;同时,春晚的筹办本身,又变成了对传统节日的确认,进而转化为对中国社会政治与文化认同的建构。

有关春节的民俗展示,是历次央视春晚节目的最基本要素。这些要素涉及"年""春""团圆"、拜年、贴春联、放鞭炮、红灯笼、传统服装、当年生肖等内容。这也常被视作作为某种"共同体文化"的"中华文明"的突出标示。马年春晚突出了"马"(包括舞蹈《万马奔腾》《小马欢腾》以及主持人的串词)与"年"文化(魔术《团圆饭》、腹语《空空拜年》、曲韵联唱《年味儿》、歌曲《张灯结彩》及舞台布景)。

特别的是,也设计了三个相关的短片("春晚是什么""舌尖上的中国""中国年")来展示春节文化。这三个短片采取将同一时间、不同空间的人群快速地剪辑在一起的方式,具象地显现"想象的共同

---

① 参见［美］本尼迪克特·安德森:《想象的共同体:民族主义的起源与散布》,吴叡人译。

体"之"共同"性。可以说,三部短片是马年央视春晚如何理解自身意义的视觉呈现,因此值得略作具体分析。

与仅仅符号性地使用这些要素不同,马年央视春晚包含着某种关于中国认同的叙事,也就是试图建立起中国人与文化的认同关联。"春晚是什么"这部短片,一方面带有戏谑和反讽意味地展示各种人物对春晚的不同态度,表明人们对于春晚的期待与理解几乎不可能获得一致的认识;但另一方面,又特别地突出了除夕聚餐时的热闹家庭场景,和春运交通工具上归心似箭的人群。这就以一种情感召唤的方式将春晚与春节融合在了一起,特别是当"回家"心态与春晚连接在一起时,实际上是将春晚直接"嵌入"春节这一古老的节日仪式在人们内心唤起的那种归属认同。这也涉及民俗意义上的春节的独特心理内涵。

民俗往往是某种属于"共同体"的惯习、仪式和心理的展示,它在现代社会的延伸,往往反映的是一种文化形态、一种社会组织最原初因而也最具凝聚力的特性。从这一层面上来说,民俗与共同体记忆有着密切关系。所谓共同体,社会学家滕尼斯认为是与"社会"不同的一种群体存在形式①。这一范畴强调的是,个人是这种族群关系中的被动性产物,其习惯的所谓"文化",是在出生之前就已存在的群体共性。费孝通在《乡土中国》中论及这一问题时说,"欲望并非生物事实,而是文化事实"。这就揭示出了共同体文化与人的复杂关系,并不仅是"启蒙"所强调的个人理性选择那样单一,而包含着对各种保存在日常生活中的惯习、仪式等的无(下)意识认同。可以说,春节作为中国人(华人)最重要的传统节日,呈现的正是"共同体"而非"社会"的组织形态。春节的时候,"应该"不顾路途遥远而回家团圆,"应该"停下手头的工作享受闲暇,"应该"通过各种活动诸如贴春联、放鞭炮、吃年夜饭等进入对"时间"有机体的体认而辞旧迎新等等,这种心

---

① [德]滕尼斯:《共同体与社会:纯粹社会学的基本概念》,林荣远译,北京:商务印书馆,1999 年。

理需求并非个人的理性选择,而与漫长的群体和历史惯习联系在一起。每年春节期间,比春晚更壮观的春运人口大流动,正是这种认同心理的典型呈现。而春晚,则通过直接融入春节的传统节日心态和情绪中,将自身构造为一种"新民俗"。这是春晚活动与别种文化联欢活动的最大不同之处。

马年春晚的主题短片"春晚是什么",极力地凸显了春节/春晚作为一种共同体文化的这一面向。另一短片"舌尖上的中国",以筷子为线索,展示"启迪、传承、明礼、睦邻"四种形态,由此将一种"行而不知"的生活惯习提升为某种自觉的文化认同。第三部短片"中国年",则将中国的春节民俗置于跨地域、跨国族的当下时空中,以一种差异性的观看视野,返身确认这一民俗之于"中国人"的主体性。

可以说,对春节民俗性的展示,力图凸显的是春晚的"非政治性""民间性",以在心理惯习的层面上,唤起人们对于何为"中国人"的文化认同。对这一点的自觉呈现,也构成了马年央视春晚与往年的不同之处。

不过更有意味的,是这种共同体文化展示与"国(民)族"在舞台上的勾连方式。

四 中国想象:国族、文明与国家

英语中的 nation 一词,在汉语中可以同时被翻译为"民族"与"国族"。在"民族"的意义上,它被理解为中国作为多民族国家的"56 个民族";而在"国族"的意义上,它被理解为现代的"中华民族"。马年春晚的民族色彩是不甚突出的,仅有壮、蒙、回、维、藏五个民族的歌舞《欢歌》及 2013 年流行的"民族风"歌曲《套马杆》(乌兰图雅、乌日娜)。但"民族"作为中国"国族"之视觉形象的构成部分,特别是"主旋律"合唱队的队列构成部分,一直存在于春晚舞台上。

用以显示中国性的,主要是"中华文化"。这既包括国粹京剧《同光十三绝》、糅合了书法和千字文的创意武术《剑心书韵》、杂技《梦蝶》和陕北民歌《天下黄河九十九道弯》，也包括匈牙利影子舞团的创意舞蹈《符号中国》。特别的是，歌舞类新人如"春晚好声音"四小强（汪小敏、华晨宇、肖懿航、李琦），如《群发的短信我不回》的词曲作者和演唱者、同时为《我的要求不算高》作词的活跃新人郝云，以及以一曲《卷珠帘》而一夜成名的霍尊等，他们演唱的歌曲形态一律是"民族风"与"中国风"。曾于 1984 年春晚以一曲《我的中国心》走红的香港歌手张明敏，时隔 30 年后则演唱了《我的中国梦》。不过，与《我的中国心》通过长江长城黄山黄河等自然人文意象而构建全世界华人的民族认同不同，《我的中国梦》则突出了"个人"与"祖国"之间的情感联系，带有更明确的主旋律味道。——在这些节目中出现的京剧、武术、黄河、民歌等，作为中国国族认同的经典符号，其实都是现代文化构造的产物。它们与民俗意义上的文化共同体记忆交织在一起，构成了关于"中国"认同的几乎不言自明的表意形态。

马年春晚的导向性，并非仅仅表现为对国族经典符号的挪用，更表现为对由这些符号构造的古典中国所投注的内在热情。比如同样是创意武术，2013 年春晚是充满现代民族焦虑的《少年中国说》，马年则是祥和安宁的《千字文》；同样是外国舞团的舞蹈，2013 年是充满异国情调的《火》，马年则是拼贴式的《符号中国》；同样是美轮美奂的人体杂技，2013 年是抽象的《冰与火》，马年则是浪漫的民族传说《梦蝶》……主持人所说的"老理儿""老词儿"，在马年除夕的舞台上，焕发出别样的光彩。这是一种新的"发明术"，一种在当代视野中重新构造文化传统的别样中国叙事。

从某种方面来看，这是在延续 1980 年代以来形成的大中华、大中国表述。自 1980 年代开始，"文化中国"成为整合港澳台以及海外华人的中国认同的一种重要方式。最先引进的港台流行歌曲，和电视连续剧及主题曲，都与民族认同相关。1980 年代的春晚舞台上，邀请港台及海外华人明星演唱民族认同的歌曲,也成为一种不成文的规定。
这种"文化中国"想象在 1980 年代大陆文化界的表现形态,则是文学
界和知识界的"寻根"潮流。但是,在如何理解当下中国与传统文化的
关系上,"文化中国"想象始终被一种内在的传统/现代、中国/西方的
二元对立框架所撕裂。因此,"文化中国"想象在其民族主义表述与现
代主义诉求之中,有着内在的紧张关系。正是在这一点上,马年春晚
舞台上的古典中国想象,并非 1980 年代在传统/现代二元关系中理解
的大中国表象,而更接近于新世纪以来逐渐形成的关于"走向复兴的
中国"的文明—国家想象。

　　自 2009 年以来,"复兴"成为界定当下中国的一个关键词,这也意
味着如何理解中国这个国家,需要将其与中华文明的长时段历史联系
在一起。在这样的"文明"视野中,当代中国被置于与古典中国、现代
中国的同一连续历史过程,而不再是 1980 年代式的传统与现代的内
在断裂。学者甘阳曾以"通三统"描述类似的理念。在有关"中国模
式""中国道路"的讨论中,从"文明"的高度理解中国主体性,特别是
中国现实与历史传统的关系,也成为一种重要的阐释模式。① 这里所
谓"文明",并不是一般置于"文明"与"野蛮"这种对立项中的普泛化
理解,也不是一般新儒家理论所倡导的中国文化特殊性,而是在对现
代西方文明展开批判的基础上,从世界史的高度,对中国文化与历史
传统的重新认知。其最突出特征,在于强调"中国"并非一般西欧式现
代国家形态的"民族—国家",而是一种独特的"文明—国家":它具有
悠久的国家构成历史,是一种特殊的统一国家形态,同时又能克服民
族—国家的同质性,而形成一种包容文化与历史多样性的"多元一体"
格局。这种"文明—国家"的构想,实际上已经成为新世纪在"崛起

---

① 参见潘维主编:《中国模式:解读人民共和国的 60 年》,韩毓海:《五百年来谁著
史:1500 年以来的中国与世界》。对相关论述的分析,参见本书第一章。

论"背景下理解中国独特性的一种越来越有影响的理论形态和中国构想。① 某种程度上可以说，马年央视春晚舞台上所展现的"中国"，与这种"文明—国家"构想有着内在的关联性。这突出地表现在，古典中国的诸多文化符号，成为界定当下中国认同的基本内容，并刻意地强调了老传统的当下性。这与大街小巷的围墙、围栏、挡板等上的"中国梦"宣传画，都几乎一律以古典中国及其礼仪文化作为表意符号，有异曲同工之妙。

"文明—国家"的想象，不仅突出了现代国族的古老"血缘"，更突出了现代国家与文化共同体的紧密关联。由此，"中国梦"既指向当下的生活，更包含一种新的国家想象。央视春晚舞台上的两首新主旋律歌曲《光荣与梦想》与《天耀中华》，可说是这种想象的直观呈现。它们的合唱队列和大投影背景，都是经典的国族符号；歌词也不是旧式主旋律的刻板形态，而是强化了国族的文化性，并建立了一种"我的血脉里流淌着你的神奇和美丽""历经苦难走向复兴"的悲情、低调、召唤式叙事。在这里，国家形象（如总政歌舞团、"中国梦"、国族队列）、市场流行时尚（人气歌手、流行而非民歌或美声唱法）与民族认同符号（长江、黄河、长城、天安门、国旗，以及阅兵式、新式宇宙飞船、航空母舰等）、共同体想象（母亲、血脉、复兴）等重新组合，力图表达一种关于中国的新的认同方式。其中的特别之处是，在这样的视野中，中国的"国家"形象获得了某种非意识形态性的中性色彩。

但极具社会征候性的是，当春晚舞台上出现了一组歌舞《英雄组歌》（包括芭蕾舞剧《红色娘子军》选段"练兵舞"及配曲《万泉河水》，和电影故事片《英雄儿女》的主题歌《英雄赞歌》）时，社会主义中国形象和历史记忆的凸显，使得意识形态争议构成了国家认同分歧的焦点。春晚直播结束后，很快有人发表评论，认为这组节目透露了冯

---

① 张维为的《中国震撼：一个"文明型国家"的崛起》（上海：上海人民出版社，2011 年）是这种论述的典型。有关文明—国家论述的具体阐述和分析，参见本书第二章。

小刚的"文革情愫"①。更为有趣的是,凤凰网、腾讯网、搜狐网和央视网上,支持者与反对者在"新韩流"偶像李敏镐(与台湾歌星庾澄庆合唱《情非得已》)和"英雄组歌"之间,展开了极具后现代意味的投票大战,最后以"网络红军"完胜告终。有网友写道:"用手机投票,就感觉自己像三大战役的支前民工用小推车支持前线。"这种社会反应直接联系着中国作为社会主义国家的历史记忆,联系着新世纪后中国社会的"红歌热",也关联着当下中国的社会分化,尤其是"左"与"右"的意识形态分歧。其中,"文革"是否可以纳入作为"文明—国家"的中国的历史记忆之中,成了焦点问题。

事实上,自 1987 年开始,样板戏的片断就多次出现在春晚舞台上,但多取清唱或表演唱形式。马年央视春晚的特别之处在于,它展现的不仅是芭蕾舞剧的样板戏演出场面,更是许多人"文革"记忆中的经典意象。选择样板戏芭蕾舞剧《红色娘子军》作为演出的节目,在这里未做舞台说明。相对而言,同样出现在北京电视台春晚舞台上的《红色娘子军》,处理方式有所不同。其一是舞台设置的刻意"去文革化",这表现为女兵军装的色调和质地相对朴素,还特地打上了补丁,舞台打光也是柔光而非亮光,从而与"文革"艺术的"高光亮"区分;其二是以字幕的形式强调了 1964 年的首演,说明 2014 年是 50 周年纪念,并以旧影像资料,特别是饰演琼花的五代芭蕾舞演员的到场,来强调历史的纵深感;其三是选段内容突出军民相亲而非练兵……显然,同样是涉及"文革"记忆与中国国家想象之间的关系,北京电视台春晚的处理,相对于央视春晚,要细腻得多也复杂得多。它们都在"青春"这一近年中国社会流行文化中的热点词与"怀旧"这两个面向上,强化中国作为社会主义国家的正当性与历史连续性,但是一个侧重于"国家",一个侧重于"人",因此造就的效果便不甚相同。

不过,尽管如此,北京电视台春晚刻意地"淡化"《红色娘子军》

---

① 张建伟:《冯氏春晚的风光碉楼》,《检察日报》2014 年 2 月 7 日。

"文革"标记的做法，实际上与那些指责冯小刚总导演的央视春晚有"文革情愫"的受众反应，属于同一性质，凸显的是同一个历史难题，那就是作为社会主义国家的中国，如何在文明—国家的视野中重构其历史的合法性。

五 "梦"的社会认同：国民、民生与"大同"

如柄谷行人的理论所指出，作为现代民族国家构成的 nation，其实同时包含着文化想象与政治想象的两个层面，即"根植于如亲族和族群那样的共同体所具有的相互扶助之同情心（sympathy）"，和"市民之社会契约这一理性的侧面"。① 如果说，有关文化的共同体性涉及的是民（国）族想象的层面，那么与政治共同体相关的国民、公民想象，也构成了"中国梦"的具体内涵。因此，与国族想象相关，央视春晚另一值得分析的地方，是其关于国民或民生的想象性叙述。

相当有意味的是，央视春晚关于"中国梦"的主题性表述，弱化了传统的"大家庭"想象，而将认同的国族/国民主体，潜在地指认为核心小家庭，由此在有意无意间显露出一种中产阶级趣味和认同取向。黄渤演唱的《我的要求不算高》，也是春晚的主题曲之一，它以一种平民化的方式演示了"中国梦"的具体内涵。但这里的想象主体，仅是一家三口的小康之家，因此涉及的民生话题，诸如贷款购房、孩子上学找工作、上班交通、生活环境、度假旅游、社会福利、人际关系、食品安全等，都是中产阶级关心的问题。王铮亮的《时间都去哪儿了》配合"30年父女照"，表达的也是同样的情调，是三口之家的亲情。这种情调和趣味，其实也是马年央视春晚的基本格调。它的所谓"真诚""朴素"，一方面确实去掉了往年春晚的形式主义和教条意味，但是，这种革新是以"小家庭"想象为前提的。也许可以说，马年央视春晚的内在

---

① ［日］柄谷行人：《日本现代文学的起源》，"前言"，赵京华译，北京：生活·读书·新知三联书店，2003 年。

接受群体与想象主体,其实主要是都市中产阶级。

与之相关,央视春晚突出新人演员,节目内容则多涉及国族的文化性与怀旧/小资情调,特别是以"干预生活"为口号的几个小品,也大致是无关痛痒的中产社会问题,基本没有触及中国社会的结构性问题,由此而大大弱化了对不同社会族群特别是底层群体,诸如农民工、老年人等的关注。相比之下,北京春晚则涉及农民工(《真的想回家》)、进城农民(《亲人》)、老人(《桃花源》与老年业余合唱团)、盲人(《你是我的眼》)、轮椅篮球队(《跟着希望跟着光》)等不同群体。可以说,央视春晚对"中国性"的理解,局限于电影大片式的符号化与平面化层面,而较少展示族群、地域与历史的差异性。由此,春节民俗与中华文明的认同背后那种"天下大同"式的社会与世界想象,也无法融入其中。而作为"最具中华文明意味"的传统节日,春节事实上内在地包含着一种大家庭想象和崇老文化,某种意义上也可以说,这是中国传统理想的"大同社会"的具体形象。落实到春晚的所谓"团圆"、所谓"喜兴",其实都是在一家老小其乐融融的情境中展开的。如果不能意识到这一点,"中国梦"与传统文化的交涉能力将大打折扣。

显然,这直接涉及"中国梦"之"梦"的一般内涵。从社会理论的层面看,与建立在个人想象基础上的西方社会相比,中国传统中关于"理想社会"的理解,其实离不开"大同"想象。古老典籍《礼记·礼运》中提出的"人不独亲其亲,不独子其子,使老有所终,壮有所用,幼有所长,鳏寡孤独废疾者,皆有所养"的大同社会想象,在春节这个特殊节日的特殊时刻,变成了春晚舞台演绎共同体想象的内在依据。如果说中央电视台的春晚,正是因为过于倚重中产阶级的国民想象主体,而使其"中国梦"的想象缺少了"梦"的具体内涵的话,那么北京电视台春晚的成功之处,正在于它将这个舞台想象性地演绎成了大同社会的形态。其中,百岁老夫妻"家人健康,国泰民安"的祝福、百日孩子"嘹亮的哭声/和声"、三位老年歌手(杨洪基、李光羲、刘秉义)、盲人女孩及其设计的作为"家"的舞台布局形象等,对于将舞台/北京营造为一种共同体形象，起到了格外有效的作用。

与"中国梦"的理想社会想象相关，更值得一提的是近年引起较多关注的"打工春晚"。2014 年的"打工春晚"，一如既往强调了"劳动最光荣""劳动者的尊严"这一基本主题，同时也多方面地涉及农民工/新工人在工作与生活中遇到的各种现实问题。对于这些问题的想象性解决方案，一方面强调了"阶级（阶层）"冲突的现实，一方面也试图依靠国家法律、社会爱心、劳动者之间的互相尊重等，来消除冲突的存在。可以说，"打工春晚"舞台上的"工人"想象，并不是毛泽东时代的"工人阶级"，而更接近于"社区"（它与"共同体"分享同一英文词community）、"社群"的想象。"打工春晚"的另一特点，则是舞台的简陋、设备的简单和工人们自己上台演出时的简朴。这在反衬出央视春晚的高投资大制作、国家化、主流化的同时，也凸显出其关于弱势群体的再现方式常常是刻板的和漫画式的。与赵本山式的央视春晚舞台上的农民/工形象不同，在"打工春晚"的简陋舞台上，农民工/新工人成为真正的演出与言说主体。他们不如中产阶级那样光鲜亮丽，却拥有着作为主体的尊严感。这使得人们需要去反思，在大资本、主流媒体与政府主导组织的春晚舞台上，"底层"的出现，如果不是仅作为门面的点缀和装饰，就需要将不同阶层的劳动者的价值和尊严包容于"中国梦"之中。同样值得思考的是，被置于"共同体"想象中的农民工/新工人，他们的"中国梦"与别的阶级（阶层）有何不同，以及他们面临的独特社会问题如何解决？除了"像中产阶级那样生活"之外，他们是否有文化和主体的多样性？对于这样的问题，"打工春晚"的出现，与其说是问题的解决，不如说仅是问题的提出而已。

央视春晚"国民"想象的第三点，涉及受众的选择性。歌舞类节目主导而语言类节目偏少，固然是出于客观原因，但它事实上造成的效果，则是突出了消费文化的演示性与展览性，而弱化了语言的历史感、地域性与时代性。有评论指出，冯小刚此举"讨好了两大人群，年轻的观众和南方的观众"①。实际上,与其说这是冯氏的个人喜好,毋宁说乃是中国电视文化的一种新的消费时尚。近年电视歌曲选秀节目的风行,构成了引人注目的文化现象,以致"所有的电视机都在唱歌"②。央视春晚的歌舞类节目也囊括了 2013 年各类音乐选秀节目的优胜者。这种现象显示出消费社会的平面化特征,更凸显了电视作为一种大众媒介与商业媒介的矛盾。就其作为商业媒介而言,电视是文化产业市场的构成部分,而作为大众媒介(特别是"党与国家的喉舌")而言,又需照顾最大限度的受众群体。人们常常会忘记,那些很"草根"的大众选秀,其实常常只是"中产阶级孩子的游戏"。央视春晚的歌舞化导致其偏向的是商业化一极,而恰恰忽略了其作为"国家文艺"的一面。

结　语

"春节""联欢""晚会"这三个范畴内在地包含的"共同体"想象,对于凸显"中国梦"之"中国性"起到了别样重要的作用。这也是用春晚来展示、演绎"中国梦"特别值得分析的基本原因。在上述分析的所有层面上,文明—国家与中产阶级化的中国想象构成了马年央视春晚"中国/梦"表述的内在症结。这背后涉及的,不仅是受众群体/国民主体的选择和偏向,不仅是这个"世界上最大的舞台"在国家与资本间的两难,更是今天如何"想象"中国这个"共同体"的困境与挑战。"中国梦"作为一种能指形态的意义就在于,它提供了一个表述实践的场所,其中,各种社会力量、表意符号和社会惯习互相作用,耦合出不同的表达/实践方式。因此,与其说"中国梦"现象有着确切的固定的理念,不如说它仅仅是中国国家与社会探索其主体性表达的一种创造性实践。

---

① 黄鑫亮:《冯小刚掌勺的春晚荤素搭配不均》,新浪娱乐专栏 2014 年 1 月 31 日。
② 吴琦:《所有的电视机都在唱歌》,《南方人物周刊》2014 年第 4 期。

第四章　世纪末的历史救赎之路：
解析"反右"书籍热

一　缘起：历史记忆的重现

似乎是从 1994 年《顾准文集》(贵州人民出版社)的出版开始,20世纪末的中国图书市场上,出现了一批与 1957 年"反右派运动"相关的涉及历史人物及史料的"解禁书籍",并在 1998 年形成了一种出版热潮与引人瞩目的社会文化现象。

这首先是伴随着世纪末人们对 20 世纪历史的习惯性检视和随之产生的"怀旧"感,而形成的一种社会文化现象。在此前的一段时间内,1950—1970 年代的中国历史(尤其是"文革"历史),曾是图书出版业和文化市场上的热点话题之一。其中最受关注的是 1995—1996年由上海远东出版社出版的"火凤凰文库"。这套丛书包括《无梦楼随笔》(张中晓)、《沉船》(邵燕祥)、《李方舟传》(朱东润)、《从文家书》(沈从文)等一批主要写作于 1950—1970 年代而在当下重新出版的书稿;也包括一批由亲历者写作的回忆录,如《龙卷风》(蓝翎)、《文革中的我》(于光远)、《狱里狱外》(贾植芳)等。几乎同时,杨健的《文化大革命中的地下文学》(1993 年,朝华出版社)和唐小兵主编的《再解读——大众文艺与意识形态》(1993 年,〔香港〕牛津大学出版社)的出版,也在大陆和海外文学界形成了有关"重写文革文学史"和

"重读 40—70 年代文艺经典"的讨论。

但在"文革"结束 20 周年的 1996 年,预期中关于"文革"历史的资料出版和研究热潮,却并没有形成。有意味的是,1995 年上映的一部电影《阳光灿烂的日子》(姜文编剧、导演),以"个人记忆"的方式把"文革"历史改写为一段天马行空般自由、快乐,同时伴以"动物凶猛"式伤痛的青春时光。同一时间,受到许多关注的"王小波热"及王小波的小说《黄金时代》,也以同样的方式,把"文革"经历书写为一段青春性爱的历史。革命记忆与青春期对性爱的饥渴交织在一起时,似乎在以一种相当有效的方式穿越意识形态的禁区而步入 1990 年代的文化市场,并以曲折的方式唤起与个人相关联的历史记忆。与之相关的文化事件,当然还可以列出 1995 年前后,上海京剧团在北京、上海、广州三地巡回演出革命京剧样板戏。尽管一些曾亲历"文革"痛苦的老人们会发出"不要忘记历史"的警示,但另一些端坐在保利大厦、海淀剧院等现代剧院中的人们(其中大多是年轻人),在享受一种象征白领和工薪阶层身份的时尚消费情调的同时,似乎并没有表现出特别的厌恶,反而对革命样板戏所具有的特殊美感产生了一种新奇的感觉。同样是作为"文革"历史与记忆的表达形式,大众社会中涌现的"毛泽东热"和"知青热"现象,传递出来的或许是"在实用主义、商业大潮和消费主义即将全线获胜之前,对一个理想主义时代的不无戏谑、亦不无伤感的回首"①。

参照上述在消费市场上似乎畅通无阻的"文革"历史与记忆表述,再来考察 1998 年所形成的关于 1957 年"反右派运动"的书籍出版热潮,或许可以看出更多的内容。

1998 年 9 月,经济日报出版社将在"反右派运动"中受到冲击的民主人士、文艺界人士和青年学生的言论、文章(也包括少量的相关研究文章)编辑成册,推出了三卷本"思忆文丛":《原上草》《六月雪》

---

① 戴锦华:《救赎与消费——九十年代文化描述之二》,《钟山》1995 年第 2 期。

《荆棘路》，其副标题为"记忆中的反右派运动"。以这套书的出版为标志，各种与右派知识分子相关的回忆录、史料和纪实性研究，开始形成受到关注的出版热潮。回忆录是其中引人注目的叙述形式，影响较大的有韦君宜的《思痛录》（北京十月文艺出版社，1998 年 5 月）、周一良的《毕竟是书生》（北京十月文艺出版社，1998 年 5 月）、戴煌的《胡耀邦与平反冤假错案》（中国文联出版公司，1998 年 5 月）和《九死一生——我的"右派"历程》（中央编译出版社，1998 年 8 月）、丛维熙的《走向混沌三部曲》（中国社会科学出版社，1998 年 8 月），以及稍后出版的《第一个平反的"右派"：温济泽自述》（中国青年出版社，1999 年 6 月）。以史料编辑的形式出版的书籍，包括《乌"昼"啼——1957 年"鸣放"期间杂文小品文选》（中国电影出版社，1998 年 12 月），而纪实性的历史研究书籍则有朱正的《1957 年的夏季：从百家争鸣到两家争鸣》（朱正著，河南人民出版社，1998 年 5 月）。与此同时，一些已经去世但有过"右派"经历的知识分子和在历次思想改造运动中被批判的知识分子的相关书籍和文章，也开始出现。如"野百合花丛书"（其中收入王实味、胡风、罗隆基、王造时、顾准等人的传记、论文或文学作品）、《吴晗文集》《邓拓文集》《遇罗克遗作与回忆》等。

如果要为这些书籍找到一个共同特点的话，那么很显然，它们都是与知识分子，尤其与 1957 年"反右派运动"的当代史事件密切相关的书籍。这些性质相近的书籍的集中出版，在 1998 年的文化市场上构成了引人注目的现象。或许可以将这一现象，看作一次历史性的对话：这是 1998 年的中国知识界对 1957 年历史的返顾和再解释。分析这些书籍得以在 1998 年出版的原因，它们在文化市场上的遭遇，将会让我们看到 1990 年代中国知识群体在经由当代史的叙述而确认主体认同时的微妙处境和倾向。

二 1998 年浮现的契机

"1957 年"在当代中国历史中是一个意识形态叙述的界标。从

1970 年代后期开始的历史反思潮流,始终没有往前跨越 1957 年。尤其是 1981 年中国共产党第十一届三中全会后公布的中央文件《中国共产党中央委员会关于建国以来党的若干历史问题的决议》对这一历史事件做了明确的定性之后,对 1957 年的相关阐述始终受到严格的控制。关于这段历史的书籍能够在 1998 年集中出版,在某种意义上可以说是"市场改革"的产物。1997 年十五大会议可以看作是这些书籍得以出版的文化政策上的直接信号。一些新闻出版机构成员在学习十五大报告的文章中,明确提出"思想早解放,早发展;思想大解放,大发展",要求国家出版机构和发行"主渠道"在"资本运作、资产重组上下功夫",以与非正式出版机构和"二渠道"竞争,争取生存空间。① 1998 年出现的这些与"反右"运动相关的书籍,大都由国家正式出版社出版(当然也不排除书商购买正式出版社书号,通过"二渠道"发行这一操作方式)。这些书籍中影响最大的几本,如《思痛录》《1957 年的夏季:从百家争鸣到两家争鸣》等,大都与"1993 年"相关。比如韦君宜的《思痛录》在 1993 年前后完成,同年她还完成了内容与此密切相关的长篇小说《露沙的路》(人民文学出版社,1994 年);《1957 年的夏季:从百家争鸣到两家争鸣》"是 1993 年花了整整一年时间写的"②;……一个明显的事实是,1993 年正是中国全面推进市场化改革的年份。这些书在 1993 年开始动笔或交到出版社,或许正是期待商业市场能够容纳这些在国家体制中难以发出的声音,或者将市场化看作发出这种声音的一个"契机"。

很大程度上可以说,这些书籍在 1998 年得以以极快的速度出版,与出版社或出版商如何把握官方在"解禁"与"禁"之间的微妙尺度,有着直接的关系。一位评论者在分析这些书出现的原因时写道:

①　周卫滨:《大潮涌来扯满帆——学习十五大报告、浅议发行行业改革过程中的思想解放》,《出版发行研究》1998 年第 3 期。

②　朱正:《1957 年的夏季:从百家争鸣到两家争鸣》"后记",第 573 页,郑州:河南人民出版社,1998 年。

"这些书，不是谁想炒作就能炒作出来的……在一年内先后问世，绝非有人蓄意制造热点，而是中共十五大和九届人大先后召开，提供了一个出版环境，使得一些压在出版社，多年难以通过的好书，终于在1998 年获得与读者见面的机会。"①将这些书的出版，归结为政治环境的宽松，正好道出了这一事实。1998 年之前出版的与"反右"运动相关的书籍，基本上是在"二渠道"上流通，如叶永烈 1995 年出版的《反右派始末》（青海人民出版社，1995 年）。除此之外，便是那些由外国研究者所写，标以"内部发行"的相关书籍，如纳拉纳拉扬·达斯的《中国的反右运动》（华岳文艺出版社，1989 年）、麦克法夸尔的《文化大革命的起源》（河北人民出版社，1990 年）、莫里斯·梅斯纳的《毛泽东的中国及其发展》（四川人民出版社，1989 年；1992 年中国科学文献出版社再译出版）和费正清主编的《剑桥中华人民共和国史》（中国社会科学出版社，1990 年）。或许正因为这段历史暧昧的书写性质，1994 年图书市场上出现的"畅销书"《第三只眼睛看中国》，便标上了一个奇怪的不明身份的德国人的名字：洛伊宁格尔。第二渠道和海外作者、"内部发行"，提示的是一份体制之外的容忍空间，也表明了这些书籍书写的历史记忆与官方说法之间的紧张关系。1998 年出版的与"反右派运动"相关的书籍，正是试图为当代中国（大陆）知识分子的暧昧历史、一段长久以来被官方说法防范严密的敏感禁区，寻求另一种可能的叙述空间和叙述方式。

1998 年这些书籍的出现，另一个不可忽视的原因，是因特定的意识形态禁忌而导致其所负载的特殊"市场价值"。正如戴锦华在《隐形书写——90 年代中国文化研究》中指出的那样，当代中国历史叙述禁区的划定，在 1990 年代的文化市场上形成了一种"特定的政治文化'窥视癖'的类型"②。精英知识分子在 1970 年末至 1980 年代初形成

① 丁东：《反思之书》，《南方周末》1998 年 12 月 25 日。

② 戴锦华：《隐形书写——90 年代中国文化研究》，第 77 页，南京：江苏人民出版社，1999 年。

的"突破禁区"的创新热情,窥探当代中国政治中的内幕、秘闻的市民心态,甚至海外市场了解"铁幕后的红色中国"的消费欲望——这些因素,在多个层面上形成了当代中国历史叙述在图书市场上所具有的"卖点"。"反右"书籍在这一意义上所具有的商业价值,使出版社有理由期待它们成为一种特殊类型的畅销书。而它们在 1998 年的出版,与山东画报社的《老照片》所取得的巨大商业成功相映成趣,同时伴以"毛泽东热""政治隐秘书籍热",说明了"当代历史记忆"在读者群中的强大需求。尽管这些与知识分子历史相关的书籍,并没有获得《老照片》杂志那么广泛的市场占有量,但它们提供了成功地把握知识分子图书市场需求的范本,那就是呼应知识群体希望更深入更广泛地把握当代历史的需求,尤其是"曝光"那些过去未曾触及的历史禁区和被禁人物的需求,所可能获得的市场成功。可以说这些书籍提供了一种新的畅销书制作模式。1998 年"反右"书籍的出现,或多或少都与出版社遵循这一模式而力图取得市场占有量有关。

当然,指出 1998 年这些书籍得以出现的文化政策上的原因和市场消费原则,或许忽略了其所负载的最重要诉求。在书籍的编撰者、写作者及部分阅读者那里,它们远远不只是一些文化消费品或提供消费快感的畅销书。不如说,这些书籍展示的是一个社会群体的历史创痛,是一次期待已久的关于历史的"真实"讲述,也是试图通过重新讲述历史而为现实文化立场寻求合法依据的尝试。重新讲述 1957 年,对这些当代中国知识群体来说,可以说是一次世纪末的"自我救赎"。这不仅因为讲述这段"苦难的历史"终于成为可能,而且人们期待在重新讲述中,展现知识者的良知、忠诚和勇敢,展现历史中思想的尊严和"失踪的思想者",从而"恢复"或重塑早已被扭曲的知识分子主体形象。因而,1998 年的这一文化现象,虽然是裹挟于消费大潮中的,但它具有的政治文化意味(尤其是对写作者和编写者而言)却远远超出了它的商业意味。

但如果把 1998 年的这一文化现象描述为从 1970 年代后期开

始,知识分子在对自身历史的叙述问题上一直受到的种种限制,终于在 1990 年代的特定政治文化语境下有所突破,那么我们忽略的是其中更为复杂的多重面向。因此,不仅要关注造成这一现象的多种社会文化因素,同时也要警惕对其做简单化理解。显然,问题的重点并不完全在"记忆"与"遗忘"的争夺,不完全在这些知识群体终于获得了讲述历史的权利,而在他们怎样讲述这段历史,并在什么样的思想文化脉络上认为自己获得了这种表达权。更值得追问的是:在 1990 年代复杂的文化语境中,知识群体对于这段历史的叙述是否是统一的?1990 年代的这种讲述与 1980 年代的相关叙述构成了怎样的关系?两个时期阐述历史方式的变化说明了什么?

1970 年代末至 1980 年代初,由政府实施的"冤、假、错"案平反运动,可以说是体制给予知识群体的象征性补偿。大规模的平反运动将那批被放逐至社会底层的知识群体,重新召唤到社会中心,是一次知识群体在社会体制中位置的"复归"。因而在 1980 年代,对作家的区分,就有"复出作家""归来者"等称呼。与之不同的是,1998 年的这次出版热,知识分子的言论和思想是被作为重新评价的核心。那些曾经使他们被难的文章和言论,如今被当成了流通于文化市场的文稿。① 这些资料本身经历了一次"革命性"的变更:它们从旧报纸上的文章,转变为思想论著而重新出现在如今的书籍市场上。这意味着它们本身的价值也发生了一次逆转:那些曾经是"毒草"的文字,如今变成了思想的"见证物"。这些史料的命运变更,反映出的将是更为深刻的内涵:"就一个社会而言,历史是一种赋予它与之不能分离的众多的文献以某种地位并对它们进行制订的方法。"② 修订者为何选择了这些史料?在重新编订中传达出了什么样的意识形态内涵?在捷克作

---

① 在《乌"昼"啼:1957 年"鸣放"期间杂文小品文选》(段跃编,中国电影出版社,1998 年 12 月)一书的"编辑说明"中,即注上了"见到本书后主动同我们联系,以便我们奉寄稿酬"字样。

② [法]米歇尔·福柯:《知识考古学》,第 7 页,谢强、马月译,北京:生活·读书·新知三联书店,1998 年。

家米兰·昆德拉的著名小说《玩笑》中,小说主人公卢德维克并不认为曾经使自己获罪的那张明信片具有什么样的思想价值,而仅仅将之视为一个得不到爱恋者回应的年轻人心血来潮的"玩笑"。也就是说,米兰·昆德拉试图对历史进行"报复"的时候,他并没有想到为受害人当初的动机和思想进行辩护。与之相比,我们可以更为清晰地看到,在 1998 年关于"右派"记忆的表述中,"思想"所具有的重要性。在这些书籍的扉页或封面上,知识群体的言论经常被定义为"先驱者"的"精神遗训"①,是"促进社会主义民主和社会主义法治健全"的"肺腑之言"②。在更为明确的意识形态叙述中,这些重新出版的资料,是一个时代知识分子立场和勇气的见证,并且成为后继者据以寻求现实立场的精神"遗产"。

　　与文献史料具有相当价值的,是历史当事人在回忆录中所讲述的亲身经历。正如人们评价巴金在 1980 年代前中期写作的五卷本随笔《随想录》那样,当事人说出自己在历史中的遭遇被看成是面对"虚假"的历史叙述而勇敢地"说真话"。依据亲身经历写就的回忆录所具有的独特价值,就在于它通过表述个人记忆将我们带回那个时代,因为讲述人自身就是活的见证。但是在这些回忆录中,每一个个体的记忆似乎都成了知识群体记忆的缩影,人们很少去关心这一段历史的个体书写方式与群体记忆之间的复杂性。乐黛云和舒衡哲在对话录《历史与记忆——对二十世纪我们应该记住什么?》中,谈到个人记忆的偶然性与历史记忆的必然性,并提出"似乎觉得越是重大事件,说的人越多,越是没有新的话可说",因而赞同尼采在《查拉图斯特拉如是说》中提到的"一些小而坦率的无意识"③。这种对待历史的态度,对于 1998 年的"反右"书籍的写作者来说,似乎不成其为问

---

① 经济日报出版社 1998 年出版的"思忆文丛"的封底。

② 李锐:《乌"昼"啼》"序一",北京:中国电影出版社,1998 年。

③ 乐黛云、[美]舒衡哲:《历史与记忆——对二十世纪我们应记住什么?》,乐黛云、[法]李比雄主编:《跨文化对话·第一辑》,第 74 页,上海:上海文化出版社,1998 年。

题，或者说是一个未曾意识到的问题。

在相关书籍中，关于"反右"的历史记忆是相当一致的，那就是对苦难的控诉和面对造成这种苦难的权力体制时的冤屈感、无辜感。霍布斯鲍姆在《极端的年代》的开篇曾引用意大利作家李威（Primo Levi）的话："我们侥幸能活过集中营的这些人，其实并不是真正的见证人。这种感想，固然令人不甚自在，却是在我读了许多受难余生者，包括我自己在内所写的各种记载之后，才慢慢领悟。……那些真正掉入底层的人，那些亲见蛇蝎恶魔之人，不是没能生还，就是从此哑然无言。"① 这里引用这句话，并不是要怀疑"反右"回忆录的真实性，而是试图指出这些书籍以集体名义描述的历史记忆所传达的意识形态性质。当历史当事人非常明确地将这段历史表述为一段"施虐者"与"受虐者"的历史，表述为一段"清白者受难"的历史，或许掩盖了复杂历史情境中的许多因素，而历史情境的这种复杂性，也许是后来者了解历史的"全部真实"所必须的。我们不能简单地把此前的主流历史叙述看作是"谎言"，也不能把揭示主流叙述的虚假性的亲历者叙述看作是"真实"的全部，因为无论哪一种叙述，都对历史进行了"选择"，并依据所选择的因素组织为一个关于历史的"故事"。

具体到当代中国 1950 年代后期的这段历史，把它讲述成打击社会主义"敌人"的革命叙述当然是不公正的。实际上，主流叙述的最大问题不在于它是革命叙述，而在于这种叙述的漏洞。"文革"结束后，官方说法对 1950 年代后期"反右"运动的历史叙述处在矛盾中。一方面，对受到打击的历史对象进行了广泛的平反。到 1980 年代初期，"改正被错划的'右派分子'的结果表明，反右派斗争中所划的 55 万人中，除极少数是真右派外，绝大多数或者说 99% 都是错划的"②；

① ［英］霍布斯鲍姆（Eric J. Hobsbawm）：《极端的年代》上册，第 1 页，郑明萱译，南京：江苏人民出版社，1999 年。
② 薄一波：《若干重大决策与事件的回顾》下册，第 618—619 页，北京：中共中央党校出版社，1993 年。

另一方面在"扩大化"这一面向上承认是"错误":"一九五七年反右派斗争还是要肯定。……错误在于扩大化"①,或者表述为"对这种进攻进行坚决的反击是完全正确和必要的。但是反右派斗争被严重地扩大化了……"②与历史性质叙述的含混性相伴随的,则是对触及这段历史的讲述所采取的严格的防范措施。正是在这一点上,1998年出版的与反右派运动相关的书籍,具有"解禁"意义。但是,同样值得警醒的是,我们不能因此就对1998年这种带有"反抗"性质的叙述采取全部认同的态度。把这段历史叙述为"清白者"受难,可能只是呈现了历史行为后果的一部分,而参与者介入这一历史行为中的全部复杂性则被做了某种简化处理。

正是出于上述考虑,本章对这些书籍的叙述方式中所包含的意识形态性分析才成为可能。对知识分子在这段历史中所遭遇的苦难表示尊重,并尽可能多地去发掘这段历史中存在的事实史料,这应该是当代中国知识分子必须直面的问题。而对这一段历史在1990年代浮现的方式,以及知识群体对之作出的反应进行分析,考察其隐含的意识形态导向,却是另外一个层面的问题。这也是本章选择1998年这一文化现象做出分析的基本出发点。

三 1980年代的文学书写

1950年代后期以知识群体为主要对象的"反右派运动",长久以来成为一个未曾解开的历史难题。似乎除了官方性的解说及历史记录之外,知识分子一直未曾充分获得关于这段历史的充分书写权利。但事实上,知识界对这段历史的书写,却从未停止。这种书写实际上

---

① 邓小平:《对起草〈关于建国以来党的若干历史问题的决议〉的意见》,《邓小平文选(一九七五——一九八二年)》,第258页,北京:人民出版社,1983年。

② 《中国共产党中央委员会关于建国以来党的若干历史问题的决议》,收入《三中全会以来重要文献选编》下册,第805页,北京:人民出版社,1982年。

也就是知识分子参与主流意识形态构造的方式之一种。

1980 年代,表现"反右"历史的文字载体主要是虚构性文学作品(绝大部分是小说和散文);而 1990 年代,同样的历史事件却是以原始资料和历史纪实的方式重新出现的。以常识而论,史料和纪实本身常常被看作是历史的化身,是历史的最"真实"呈现。但更值得讨论的,是记忆的存在方式和表述载体。为什么这段历史记忆的书写方式会从 1980 年代的虚构走向 1990 年代的纪实?这种书写形式的变化,表明现实的文化机制和知识/权力的构成发生了什么样的变化?更进一步地,附着在"虚构"和"纪实"之上的文化与现实的互动关系是什么?我们可以简单地说 1980 年代的政治文化迫使历史变成虚构,而 1990 年代市场文化的"自由"在以纪实的方式,"还原"历史本身吗?如果不仅仅如此,这种变化又暗示了我们什么?它可以让我们看到知识群体本身的什么问题?

作为历史事件的受害者和当事人,右派知识分子群体在 1950 年代的遭遇处在有意和无意的双重遗忘之中。一方面,这段历史已长时间地成为一个政治禁忌,历史当事人被要求"少写"或"不写",也就是要求有意地遗忘。出现在 1998 年图书市场上的这些书籍,大都有被压在出版社多年不能出版的经历。这一点可以证明"刻意"要求遗忘的意识形态制约因素。而进入 1990 年代,在较长的时间距离之后,对于年轻一代来说,对历史的遗忘似乎已成了历史的事实。这或许不仅仅因为代沟的存在,还因为 1980—1990 年代中国社会的结构性调整所造成的"断裂"。"过去的一切,或者说那个将一个人的当代经验与前代人经验承传相连的社会机制,如今已经完全毁灭不存。"①在一个以消费主义为原则迅速构建起来的商业社会中,历史只是"怀旧"感所填充的表象。人们从中发现了某种如《老照片》《老新闻》《老房子》等以"老"字标识出来的"怀旧"感,并满足于在"陡临的断裂体验"

---

① [英]霍布斯鲍姆:《极端的年代》上册,第 4 页。

中,从"稔熟而陌生的历史表象"中"获得一个关于现代化中国的整体想象性图景"。[①] 除此之外,似乎很难指望后来者来执行一次期盼已久的"公正判决"。或许正因为此,对于"遗忘"的恐惧和焦虑,在亲身经历历史苦难的当事人那里,显得更为迫切。但关于这段历史,1980年代和1990年代的叙述方式之间存在的差异,却显示了比"拒绝遗忘"更多的内容。

1970年代末期,在思想解放运动社会潮流中,人们一度欣喜地以为一个高歌猛进地穿越禁区的时代已经来临。但随即在1983年树起的界标和警戒,使这场进军开始遭遇某些难以逾越的边界。而那一时期留下的也许最撼动知识分子心弦的疑问:"您爱我们这个国家,苦苦地留恋这个国家……可这个国家爱您吗?!"[②]——似乎成为那些遭遇过历史厄运的知识分子的一种深刻隐痛。无论他们事实上在现实中获得了什么样的补偿,都不足以抹去这层创痛感。在全社会的平反活动中,知识分子群体在社会体制中获得了甚至超出1950年代的地位和声誉,这既是他们历经磨难终成正果的标志,也可以看成是体制给予知识分子的一种补偿性安抚。在1980年代的文坛,他们被称为"复出作家",一群曾经被流放而今归来的受难者和功臣。"尊重知识,尊重人才"的口号,赋予了知识群体一份崇高而体面的社会位置。与1950年代后期那场试图将多数知识分子视为必须"再教育"的对象而从社会主流体制中排除出去的做法相反,体制重新默认并以实际行动认可了知识分子的可用价值。但过去的那段历史某种程度上存在一个让人们视而不见的黑洞,一段脱离了正常轨道的噩梦。因而,历史成为一个必须面对而又不断被遗忘的存在。

实际上,在1980年代,受益者难于明确承认,他们所获得的一切是体制给予的一种补偿。因而必须将那个使他们受难的创伤记忆的

---

① 戴锦华:《想象的怀旧》,《天涯》1997年第1期。
② 电影文学剧本《苦恋》(白桦、彭宁)中主人公凌晨光的女儿质问凌晨光的一句话。见白桦:《白桦文集·卷四(文学剧本)》,第57页,武汉:长江文艺出版社,1999年。

原始情境掩盖起来，或者寻找一种更为"安全"的叙述。在他们试图为自己的这段历史做出必要的叙述时，他们必须努力寻求的是"苦难"的合法性。从对"苦难"进行控诉的动机（这种动机当然直接地联系着 1970 年代末至 1980 年代初的"历史反思"潮流）出发，表现为对"苦难"的赞美——这样的历史表述，似乎是知识分子迫不得已的违心之论，但实际上，却正好是知识分子与体制的共谋行为。无论是当初响应号召"鸣放"，还是而今"流放者的归来"，知识分子都不得不承认自己与体制之间的共生关系。这正如一位研究者指出的："反体制知识分子作为一个群体，在 1949 年以后建立起来的集计划经济——一元化政治——文化意识形态领导权于一体的体制下是不存在的，非体制知识分子……只是在接受权威性的正式语言或'官方语言'的过程中，参与了这种语言的再生产。"[1]于是，在 1980 年代的叙述中，1950年代后期以至 1960 年代的当代中国历史获得的是多重而暧昧的合法性。

一个典型的个案是当代作家张贤亮。他的系列小说《灵与肉》《绿化树》《男人的一半是女人》等，被作者命名为"唯物论者的启示录"[2]。他试图要证明，许灵均、章永璘等并不是历史的牺牲品和被动的受害人，而是主动经受磨难并在磨难中最终成长为成熟的"唯物主义战士"的炼狱经历者。历史苦难在这些小说中，闪烁着神圣的、近乎崇高的受难色彩。[3] 张贤亮以一个挺身接受考验的成长者、受难者形象，改写了历史，从而以个人成长的历史叙述，取代了群体受难的历史"事实"。然而恰恰是这样一种叙述历史的方式，印证了那过去历史中

---

[1] 黄平：《现代中国知识分子：社会变迁的参与者和体现者》，收入《未完成的叙说》，第 40 页，成都：四川人民出版社，1997 年。

[2] 张贤亮在《绿化树》的"题记"部分，称自己将写一部总名为《唯物论者的启示录》的书，描写的是"一个出身于资产阶级家庭、甚至曾经有过朦胧的资产阶级人道主义和民主主义思想的青年，经过'苦难的历程'，最终变成了一个马克思主义的信仰者"。参见张贤亮：《绿化树》，第 1—2 页，北京：北京十月文艺出版社，1984 年。

[3] 相关阐述参阅洪子诚的《中国当代文学概说》（香港：青文书屋，1997 年）第九章"历史创伤的证言"。

的文化逻辑:1950年代那场运动,不正是出于这样的逻辑,把知识分子送到了农村或劳改农场吗？如同张贤亮一样,1980年代一些"复出"作家(又称为"右派作家")在书写这段历史时,都有意无意地试图以个人的故事来置换一个群体的一段经历。个体的生命历程,在这些小说中,仿佛都在冥冥之中受到一个理想自我或光明未来的招引,从而促使他们无视身边的苦难,或者把苦难视为必要的代价。苦难可以成为张贤亮小说中磨砺成长者的历史过程,可以成为丛维熙小说中分辨忠奸的验金石(《雪落黄河静无声》《大墙下的红玉兰》),可以成为鲁彦周笔下分辨好男人和好女人的道德考验(《天云山传奇》),甚或可以成为王蒙小说中摆脱权力异化而回归淳朴自我的难得契机(《蝴蝶》)。苦难历史的原初情境被重重掩盖起来。似乎尽管历史曾经带给知识分子灾难,但一切并不那么可怕,因为这仅仅是一个过程,一个更为成功的社会或自我,将在灾难的尽头等待,并将给予受难者丰厚的报酬。

当然这种声音在1980年代前中期,并不是全部。当一种试图为历史做出合法辩护的声音成为虚构性文学作品的叙述主流时,在比"复出"作家更为年长的作家群那里,一种更加接近纪实性质的散文作品即"伤悼散文",同时出现。孙犁、杨绛、巴金等人,不约而同地写作身边琐事。他们似乎并不曾想到去写一段"大"的历史,而只愿意抓住那些与个人经验密切相关的琐碎但却温馨的人与事。孙犁称自己是"患难余生,痛定思痛",杨绛记住的是"身处卑微的人,最有机缘看清世态人情的真相"。一段最有可能演化为"政治文化"的记忆,被化成了人生沧桑的平淡和一分淡漠的温情。惟有巴金一再地坚持"说真话",在他这里,说出历史的"真相"和现实的"真相",仍被作为一项刻意争取的权利。但巴金笔下写出来的,更多的是现实的片段,那段过去的历史(主要是"文革")是一个含糊不清但恐怖笼罩的梦魇,清晰地潜藏在现实背后。历史被简化成了一个噩梦,一个只需要几个字就能表达出来但却难以摆脱的噩梦。尤为沉重的是,个人不仅是历史的牺牲品,同时也是历史的合谋者,只要巴金仍旧面对过去,就必须不断地忏悔自身。但是,这种忏悔并不是出于普通人的良知,而是一分"文化英雄"的自觉。只因知识分子被视为文化英雄,他们对历史就必须承担更多的责任。① 于是,历史的焦虑被个人性的道德焦虑所取代,而这种道德焦虑,无疑是无数知识分子曾骄傲地自诩的。然而不得不承认,在这种"九死而不悔"的执着背后,在一种"儿子怎能怨恨母亲"的忠诚背后,是那段历史所留下的无法轻易被改写的复杂记忆。

四　重返创伤情境的迷离路径

与1980年代的文学叙述相比,有意味的是,1990年代出现的"反右运动"资料和回忆中,一个明显的征候是:历史当事人作为个体书写者开始成了清白之身,一个被历史强暴的无辜的"局外人"。韦君宜在《思痛录》中写道:"如果在'一二·九'的时候,我知道是这样,我是不会来的。""如果我知道是这样,我是不会来的"——这样一种被欺骗的口吻大量地出现在当事人对历史的描述之中:"只因为我对党说了实话""我听话成了'右派'""毛主席是什么时候引蛇出洞的"等。历史的暴力性被极大地凸现出来,当事人的怨恨情绪明确无误地流露在文字表述之中。在相关的回忆录和研究文章中,1957年的历史因而成为一段"梦魇"、一次"苦难的祭坛"。

正如前面曾引用的乐黛云和舒衡哲的对谈中谈到的,"似乎觉得越是重大的历史事件,说的人越多,越是没有新的话可说"。但从不同文化身份和文化立场的叙述者的表述中,还是可以看到对同一历史事件的不同评价。据此,我们也可以通过对比,更加清晰地看出作为当事人的知识分子历史叙述的特征。

明确以"畅销书"方式写作出来的《人民记忆50年》(宋强、乔边

---

① 相关分析参见洪子诚:《作家的姿态与自我意识》(西安:陕西人民教育出版社,1991年)第三章。

等著,甘肃人民出版社,1998 年),在序言中提出"反对妖魔化历史",实际上是从民族主义情绪出发,为历史的合法性做注解。这本以"人民记忆"命名的书,通过描述"老百姓"(一群无"知识"但却保持着朴素而淳朴情感的农民形象)对知识分子近乎厌恶的态度和知识分子自身表现出来的缺陷,似乎印证了官方文件的解说:知识分子被批判,很大程度上真是他们自己"有问题"。而奇怪的是,这种叙述是以"人民记忆"的名义发出的,而其针对的,恰恰是知识群体描述的苦难和冤屈记忆。《第三只眼睛看中国》(山西人民出版社,1994 年)则以一章的篇幅,来论述中国知识分子的"不成熟",认为他们介入社会政治生活始终采取的是"旧式民主活动"的方式,而没有形成独立的政治力量。在这本书的论述中,国家利益是第一位的,因而毛泽东的忧虑和"引蛇出洞"都带有较大的合理性,问题在于中国知识分子从来不知道如何配合他的想法。类似的说法表明,当人们从一种"非"知识分子的眼光来看待这一历史事件时,常常突出的是历史事件产生的合法性,而对知识群体的同情是很稀薄的。从那些作为"反右"运动当事人的后代对 1950 年代后期的历史评价来看,他们给予父辈的"待遇"也不见得好到哪里去。这些后辈们不断地指出父辈因为那段历史而造成的人格上的萎缩,甚至指责他们丧失气节。唯一向父辈表示了敬意的是谢泳对自由知识分子的描述。不同的历史叙述的差异,或许与当下知识分子文化身份分化的事实有密切的关系,但我在这里更关心的是在这些叙述中包含的意义网络,以及知识分子记忆在其中占据的位置。

以上列出的一些讲述历史的方式,与"反右"运动当事人的回忆录形成了某种张力。或许正如黄平所说:"反右"运动之后,知识分子群体"在公众中的社会—政治形象也受到了前所未有的贬损"[1]。这种影响也表现在对这次运动的不同描述之中。但在 1998 年知识分子写

---

[1]　黄平:《现代中国知识分子:社会变迁的参与者和体现者》,收入《未完成的叙说》,第 37 页。

就的与"反右"运动相关的书籍中,却完成了一次清晰的历史指认。人们在返顾过去时,非常明确地把自己和历史区分开来:一个是施害者,一个是受害者。为什么到了 1990 年代,知识分子(当事人)的历史叙述中,1950 年代的政治体制变成了一个明确的压抑机制?这不仅仅意味着一种压抑已久的情绪的表露,而且同时表明知识分子与体制之间的关系发生了变化。由补偿与合谋的虚构性叙述,转为带有怨恨情绪的纪实回忆,这是 1980—1990 年代关于这段历史叙述的最大差别。

尽管 1990 年代出现的许多回忆录,并没有比 1980 年代的"伤悼散文"在内容上更进一步,但那种怨恨、冤屈的情绪表露却十分清晰。导致这种情况产生的原因,可以考虑到的,是关于知识分子在市场机制下的社会位置"边缘化"话题。对于曾有右派经历的知识分子来说,则意味着补偿性的体制空间的缩减和体制威慑力量的减弱。事实上,补偿和威慑是同一行为的两面,一旦体制外的权力空间——市场机制,开始成型,这段隐晦的历史就将浮现出来。在市场机制中,知识群体与体制之间有了一个缓冲地带,一个以"挪用与遮蔽"的方式构造起来的"特定的意识形态症候与其实践内容"的共用空间①。但1998 年的"反右"书籍显示的,却远不仅仅是一次商业消费,而是一次政治情绪的直接发露和自觉的政治行为。知识群体试图借助对这一历史记忆的"清算",在与政治体制的"对决"中,完成知识分子形象的意识形态构造。正因为此,与历史史料和记忆相伴随的,是对记忆的改写。

五 "新自由主义的神学"

在 1998 年与"反右"相关的书籍中,另一个同样明显的现象,是一

---

① 戴锦华:《大众文化的隐形政治学》,《天涯》1999 年第 2 期。

些知识分子文化英雄从历史中被"挖掘"出来。最典型的是顾准。
1994年,为纪念顾准80周岁而出版的《顾准文集》,于不经意间在图
书市场上成为某种意义上的"畅销书"。1997年《顾准日记》,1999年
《顾准传》(罗银胜),2000年《顾准全传》(高建国)和评价顾准的大批
文章,足以构成"顾准现象"。事实上,顾准最重要的著作《希腊城邦
制度》1980年代初期出版时,就在当时的高校中也引起了不算小的影
响,但那时并没有太多关于顾准的讨论。而1990年代出现的"顾准现
象",与几乎同时展开的人文精神讨论之间的关系,应该说是颇为清晰
的。人文精神讨论最早的一个话题是"二王"(王彬彬、王蒙)关于"聪
明"的论争,王彬彬认为知识分子在历次思想改造运动中的表现是一
种"明哲保身"的"聪明"和软弱,而缺乏"苏格拉底刀架在脖子上也勇
于说出真理"的独立精神。[①] 王蒙等人面对这种指责,只能以"躲避崇
高"来辩护。而在此后展开的讨论中,这段历史成了一个问题:如果中
国知识分子的人文精神真的在当代历史中有过完全被清除的经历,那
么对于曾经亲历了那段历史的知识分子而言,无论如何不是一件"光
彩"的事;同时,从这段历史中得出结论,认为中国知识分子"先天"地
缺乏"独立"的精神传统,缺乏"俄罗斯文化中与被钉死在十字架上的
耶稣一同受苦"的高尚精神品质[②],也就成了理所当然的判断。因此
也就可以想象,当人们在历史中"发现"了顾准,一位在艰苦的条件下
追求真理的思想斗士,而且他的思想达到了"整整超前了10年"[③]的
深度,欣喜之情会多么强烈。于是有一段流传很广的故事:有海外学
者曾在一次学术会议上质问大陆学者,在1960年代与1970年代,你
们有没有可以称得上稍微像样一点的人物?一位70多岁的老学者应
声而起:有,有一位,那就是顾准! 当代知识分子对于拥有顾准这样的

---

① 王彬彬:《过于聪明的中国作家》,《文艺争鸣》1994年第6期。
② 刘小枫:《我们这一代人的怕和爱——重温〈金蔷薇〉》,收入《这一代人的怕和
爱》,第20页,香港:卓越书楼,1993年。
③ 王元化:《〈从理想主义到经验主义〉序》,见顾准《顾准文集》,第226页,贵阳:
贵州人民出版社,1994年。

英雄，其骄傲和欣慰之情溢于言表。而从另一方面看，他们又是多么需要一些这样的英雄来洗去历史和当下给予他们的屈辱感。

　　本章第二节提及的关于"思想平反"的呼声，或许正来自这种重建知识者"尊严"的需要。在"思忆文丛""野百合花丛书"等史料编撰者眼中，当年留下的文字，正是当代知识分子"捍卫理性的尊严"的"精神遗训"，是这段历史并不缺乏"英雄"的明证。但是有意味的是，1990 年代以来，在越来越多的文章和论著中，据以阐述这段历史的意识形态内涵，则逐渐集中到了"自由主义"理论和姿态之中。在《顾准日记》的序言中，李慎之将顾准的思想追求明确表述为"自由主义"，朱学勤则进一步将这种思想立场看作是"第一次破题，发出了1998 年自由主义言说的第一声"①。谢泳在《西南联大与中国现代知识分子》《逝去的年代——中国自由知识分子的命运》《教授当年》等书中，非常明确地勾勒出了西南联大和《观察》等自由知识分子群体在思想改造运动中的失落流脉，"仔细一想，整批倒下去的都是那些自由知识分子"。在这样的历史叙述中，"自由知识分子"不仅仅指有着欧美留学背景的胡适式知识群体的学术传统，更强调的是一种自由主义的理论形态和文化立场。而这一理论形态和文化立场，则与 1990年代知识群体分化的社会现实密切相关。事实上，真正有意味的不是"自由主义"被作了什么样的理解，不在于它所指涉的"自由""民主""独立"等内涵，而在于这种理论形态和文化立场在 1990 年代文化语境中的具体针对性，以及它在面对当代中国历史时所作的改写。

　　相关叙述在 1990 年代文化语境中特别强调顾准等人的"自由主义"身份，一方面表明"当代中国知识分子"不再是一个统一的群体而是出现了内部的分化；另一方面，把顾准这样的知识分子归入"自由主义知识分子"，则是为了将其与左翼知识分子区分开来。其中未曾明确表述的意涵是，在现代（尤其是当代中国），只有这样的知识分子保

---

　　① 朱学勤：《1998，自由主义的言说》，《南方周末》1998 年 12 月 25 日。

持了知识者的尊严,实践了知识分子的"批判"功能。而这样一种思路,在1990年代知识界反省历史时,似乎是一种较为流行的观点,那就是从左翼的一极走向自由主义的一极。在对历史人物、历史事件和文学作品的重新评价中,被赋予"自由主义"称谓往往同时意味着被赋予了更崇高的思想和更"高尚"的道德力量。类似的理论立场也表现在刘小枫的论著《沉重的肉身》,特别是其对丹东及法国大革命、《牛虻》《钢铁是怎样炼成的》等革命时代的经典文学作品的重读方式中。

以个体伦理、民主、自由等名义改写革命时代的记忆,并以一种似乎幡然醒悟的姿态,抹杀曾有的革命热情和冲动,这种断然与历史洗清关系的叙述,如果说确实提供了另一种历史叙述的可能性,那也是以压抑他者叙述为前提的。曾留学欧美的部分知识分子在思想改造和"反右"运动中确实遭遇了悲惨的命运,但让人难以认同的,是叙述者将左翼知识群体与权力体制混为一体,而丝毫不曾考虑左翼知识分子群体本身存在的分化以及他们在当时的社会体制中遭受的同样的命运。

从历史史料提供的复杂情形来看,在1955—1956年"百花运动"中,那些最早最急切地跳出来批判"三害"①,并具有极高热情的知识分子,主要并不是当时具有自由主义立场或自由主义倾向的人,而是那些对革命抱有真诚信仰的左翼知识分子。当时对民主、公正的理解,也主要是在革命文化或社会主义文化脉络中展开的。与其说这些批判者在实践胡适式的欧美自由主义立场和文化理想,不如说他们是在要求实现更为理想化的人民民主。支持他们对现实做出批判的文化信念,也主要不是与体制实行公开对抗的"独立"精神,而更主要的是左翼文化逻辑中必然包含的"不断革命"的激情。实际上,导致1957年悲剧的核心因素,是左翼激进知识分子与社会体制之间的矛

---

① 1957年中共中央发动整风运动,目的是反对党内的官僚主义、宗派主义和主观主义,当时称为"三害"。

盾。这种体制建立在左翼文化基础上，并把自己看作左翼革命文化的现实成果，但是它并不能承受"进一步革命"的冲击。

可以说，在 1957 年存在着不同层次的文化矛盾和社会矛盾，而自由主义或自由主义倾向的知识分子在这多重矛盾中并不占据主导位置，甚至不构成矛盾的主要侧面。但 1998 年浮现的诸多叙述，却把自由主义放到了核心位置，并把这场对社会主义体制本身也构成巨大损耗的历史灾难看作一部"自由知识分子"悲壮覆灭的历史，不能不说这掩盖了更为复杂的历史事实。与 1980 年代那种"欲说还休"的暧昧态度相比，1990 年代的这种叙述更为简单化。当代中国的这段历史，对于后来者，是一段不得不面对的沉甸甸的"遗产和债务"。它需要人们重新讲述，但这种讲述不是要简单化地撇清个人与历史的干系，不是以"审判失败者"的逻辑将一个时代的文化或文化逻辑宣判为非法，当然，更不是从阐述者身处的现实文化逻辑出发，从那段历史中"抢救"出几个引以为骄傲的英雄。真正必须正视的，是一种令人不安的历史"矛盾"，是真实地进入历史实践过程中时所体认到的那种悲壮的尝试和残酷的结局之间产生的触目惊心的矛盾。

也许直到 1990 年代，中国的知识群体仍然难以获得较为平和的心态来对待这段历史。直面这段历史，当然不是去论证"凡是存在的就是合理的"，而是需要澄清一段难以澄清的历史，需要正视这段历史的全部复杂过程和后果。历史不存在"空白"，同样，历史也不可被轻易抹去。正视历史悲剧，并不意味着无视历史的复杂性。1990 年代一个十分明显的变化是，知识界的许多历史叙述非常明确地试图确立知识分子群体的"独立性"身份，并将其定位在"自由"和"民主"之上。这种变化是市场孕育出来的知识分子主体性实践的开始，还是另一种用自由的名义重新建构市场主义的方式之一？

一个并不粗略的描述是，当代中国大陆学界对于自由知识分子传统的重新重视，从学术脉络上而言，始于 1960 年代海外汉学研究界。他们倾向于赞美那些在苦难情境下英勇斗争的英雄，并强调自由的知识分子必然在社会主义制度下遭受屈辱。这种叙述当代中国大陆历史的方式与冷战年代的意识形态二元对立格局有着密切的关系。这些思想在 1980 年代后期进入中国大陆学界。在宣称"历史的终结"的 1990 年代,正如霍布斯鲍姆在《极端的年代》中所说的,存在着一种"新自由主义神学"①。这种神学在面对革命时代的暴力记忆时,似乎显得特别有效,因为一种足以与"多数民主"体制相抗的自由主义市场机制已经清晰地浮现出来,作为别一生存空间和相抗的意识形态,显示出其作为一种对抗性批判实践的有效性。但"自由主义的精神,整个短促的二十世纪时期,都只是作为一种原则而存在,乃是针对现在经济制度的不见效与国家权力的膨胀提出批评"②。而在 1990 年代的中国,秉持消费主义意识形态而迅速完成的全球资本扩张过程,才是更为迫切的社会现实情境。当知识界夸张地将当代知识分子的历史改写为一段"自由主义知识分子"受难史或以"自由主义"的名义审判当代中国历史时,或许回避了更为复杂的记忆与经验。

---

① ［英］霍布斯鲍姆:《极端的年代》下册,第 835 页。
② 同上。

第五章　全球化与世纪之交的批判思想路径

　　1970 年代后期，社会主义中国开始了自我变革的社会进程。这次变革以"改革、开放"作为基本原则，即以 1978 年 12 月中国共产党召开十一届三中全会为开端，在经济领域推动市场化改革；和以 1979 年 1 月中美两国建交作为标志，中国结束了 1950—1970 年代由于冷战格局而形成的"封闭"时期，开始进入全球化的资本市场和政治格局。这一社会变革运动是以否定 1966—1976 年间的"文化大革命"作为起点，并把批判 1950—1970 年代社会主义历史中的"极左"政策作为基本前提，这在 1980 年代曾得到中国知识界的广泛认同，从而使得"现代化""走向世界"成为知识界展开"新启蒙"实践的醒目意识形态。

　　但有意味的是，当 1990 年代特别是世纪之交的中国已然处于全球化格局之中的时刻，知识界却出现了一种被称为"新左派"的批判思想路径。需要特别说明的是，采用"新左派"这一说法，是一种不得已而为之的描述性概念。事实上，几乎所有被列入"新左派"名下的知识人都不愿意接受这顶"帽子"。但这里并不将这一概念用来指涉确定的人群，而是试图描述并分析一种批判性、反思性的思想路径。这种以批判资本主义市场作为主要特点的思想倾向，构成了世纪之交中国思想文化格局中的独特现象。中国在 1990 年代之后并没有改变市场化的政策，而是加快了市场化步伐，同时加大引进外资的力度、全面介入全球资本市场,并于 2001 年加入世界贸易组织(WTO)。"新左派"因此在两个层面与中国社会改革形成了某种矛盾的关系:一方面是与中国当时的市场化主导方向形成矛盾,一方面是与社会主义意识形态之间的暧昧关系。更重要的是,这一思想路径在中国知识界内部引起了广泛的争议。这就是 1990 年代后期特别是 20、21 世纪之交发生于知识界的"新左派""自由派"论争。参与论战的双方都曾亲身参与了 1980 年代的"新启蒙"运动,是新时期社会与文化变革的支持者和推动者,因此这种分化就显得尤有意味。论战的发生并非因为出现了两种不同的新思想,毋宁说,这标志着的是所谓"新左派"从 1980 年代形成的新启蒙主义知识群体中分化出来。

很大程度上可以说,"新左派"的出现,是一部分知识分子对于全球化格局中的中国现实处境的一种思考方式。这既是对于中国步入全球化格局的社会现实后果的思考,同时,"新左派"的出现及其所借重的思想资源,又是学术体制"全球化"的一种结果。因而,在多重意义上,作为一种批判思想路径的中国"新左派"的出现,与1990 年代后的全球化格局中的中国社会与文化处境有相当直接的关系。因此,这里尝试从全球化实践及其反思的角度,描述并分析这一被宽泛地称为"新左派"的批判思想路径。值得思考的是,怎样的因素促成了知识界的这种思想分化?"新左派"这一批判思想路径试图回应的中国社会现实问题是什么?

一　"导火索":重新思考批判的前提

1997 年,汪晖在《天涯》杂志(海南)第 5 期上发表长文《当代中国的思想状况与现代性问题》。这篇文章的发表被认为是"新左派"在中国本土浮现的标志。不仅如此,它还被视为中国"新左派"的纲领性文章,其对中国现实状况的描述和它所提出的基本思路,构成了此后"新左派"与"自由派"论战的焦点。

《当代中国的思想状况与现代性问题》在相当宏阔的视野中，描述并解析了 1980 年代以来中国思想界的基本状况。其基本观点是：由于 1980、1990 年代之交中国的社会状况已经发生了不同于 1980 年代的根本性变化，所以，无论是作为现代化意识形态的当代中国马克思主义还是作为知识界主流的新启蒙主义，都已经丧失了"诊断和批判已经成为全球资本主义一部分的中国现代性问题的能力"。论文关于中国状况的判断是：1989 年是一个世界性的历史界标，中国以全球资本市场和经济体系为目标的改革进程，已经使得"中国社会的各种行为，包括经济、政治和文化行为甚至政府行为，都深刻地受制于资本和市场的活动"。与此同时，改革进程也改变了中国知识界的文化空间，使得 1980 年代知识界受制于现代化意识形态的批判思想，比如将"中国传统文化"描述为现代化的障碍，在民族国家内部来讨论问题，并把政府和其他国家权力机器作为主要批判对象等，都已经丧失了批判活力。通过对当代中国马克思主义和新启蒙主义的分析，汪晖认为 1980 年代的这种思想虽然在对 1950—1970 年代社会主义历史的批判中获得活力，但它们从来没有对中国的现代性问题进行过深刻的反思，尤其没有把 1950—1970 年代社会主义实践的危机视为一种"现代性危机"，而是简单地将其看作前现代的封建主义历史。由于 1978 年以后，改革的社会主义放弃了前 30 年现代化观念中"反资本主义的现代性"的成分，并把市场化和进入全球资本市场作为改革的目标，所以，其本身就是一种"现代化的意识形态"，它们不能为 1990 年代的市场社会提供批判的活力。丧失批判活力的原因在于，1990 年代的中国问题已经同时是世界资本主义市场中的问题，新启蒙主义的批判视野局限于民族国家内部的社会政治事务，既不能分析市场社会中国家与社会的复杂关系和国家行为的变化，同时因为仅仅援引西方作为中国政治和文化批判的资源，所以也缺乏对全球资本主义及其问题的批判视野。因此他提出，1990 年代的批判思想需要反思 1980 年代的现代化意识形态，并重新思考批判的前提。

　　可以看出,汪晖认为中国思想界应当调整其批判思想的原因,是基于中国社会现实状况的变化,即中国已经成为全球化格局中的市场社会。这一现实的变化,使得具有批判力的思想必须去正面讨论资本流动的方式,讨论市场、国家、社会之间的复杂关系,讨论全球化格局中中国国家行为的变化。在这一思路中,全球化视野是观察和分析问题的最重要因素。汪晖批评那种仍停留在"中国"与"西方"、"传统"与"现代"、"国家"与"市场"、"社会主义"与"资本主义"等二元对立框架的旧的批判思想,并认为这种思路潜在地把西方现代性规范作为衡量和讨论中国问题的标准。换句话说,首先应该批判的是其中的西方中心主义和把资本主义视为唯一现代性形态的思路。由于跨国资本和国内的资本掌控者之间已经形成了紧密而复杂的关联,所以,必须在全球格局中讨论中国的社会问题,并进而把资本流动的方式作为主要考察对象。可以说,汪晖提出的新的批判思想,针对的正是全球化在中国造成的深刻影响。韩少功在描述这篇文章出现的历史语境时,更明确地强调了它与国际语境的关联:"由于俄罗斯经济发展的严重受挫,由于亚洲金融风暴的发生,还由于从美国西雅图开始的抗议和骚乱",因《当代中国的思想状况与现代性问题》引爆的"新左派""自由派"的论争,"又与全球性的反思大潮汇合,向下一个千年延伸而去"。①

　　汪晖在文章中广泛地论及了 1990 年代出现的种种思想理念、社会实践和文化事件。这包括 1990 年代初期社会科学界的"儒教资本主义""乡镇企业的现代化理论",包括人文思想界的人文精神论争所讨论的知识分子身份的危机,同时它也分析了中国式后现代主义。但值得注意的是,汪晖认为上述思想都无力回应中国社会的现实问题。他较为正面地介绍了出生于中国大陆而留学欧美的年青学者所提出的"新进化论""分析的马克思主义"和"批判法学"。他将之称为"中

_____

　　① 韩少功:《我与〈天涯〉》,写于 2000 年 9 月。李陀、陈燕名主编:《视界》第 3 辑,石家庄:河北教育出版社,2001 年 5 月。

国新马克思主义者"。同时也明确指出，这种新思想的出现是"所谓全球化条件下的'理论旅行'"。

尽管汪晖也批评这些新马克思主义者仅仅讨论了经济民主的问题，而缺乏对文化民主和政治民主的探讨，但可以看出，汪晖作为正面观点提出的"理论创新"和"制度创新"，以及他对于中国改革过程中出现的权力腐败和社会不公现象的分析，却正是在这些"理论旅行"的新马克思主义者的思路上展开的。在论文的开篇处，汪晖分析1990年代知识界的变化时，即强调了中国大陆主流知识分子的"西迁"和从1970年代后期开始留学欧美的中国留学生在1990年代中国文化界形成的影响。他认为，正是这两部分知识分子，"得到了深入了解西方社会和西方学术的机会，并把他们对西方社会的观察带入对中国问题的思考之中"。汪晖的文章对"理论旅行"和"西方经验"的强调，不仅表明《当代中国的思想状况与现代性问题》一文所强调的批判思想的来源，事实上也可以说，这一点相当症候性地显现了1990年代中国"新左派"的一个主要特征，即它本身就是当代中国知识群体所获得的跨国经验和知识生产、学术活动全球化的一种反应。

大致考察一下被称为"新左派"的中国学者及其思想路向，也可以较为清晰地看出知识生产全球化，对于"新左派"出现的影响。在政治学领域，最早提出强化国家能力，并区分"政权形式"与"国家能力"的学者王绍光，即是美国耶鲁大学的政治学博士。在经济学领域，最早讨论毛泽东的"大民主""鞍钢宪法"中蕴涵的经济民主等问题的学者崔之元，则是美国芝加哥大学政治学博士。在理论领域，提出"自由左派"，并讨论"消极自由"与"积极自由"差别的学者甘阳，同样有着丰富的海外求学经验。在文化批评实践领域，成型于英国伯明翰、并经由美国及亚太地区而进入中国的文化研究这一批判路径，也是"理论旅行与现实观照"的结果。一位评论者这样描述中国"新左派"的思想资源："新左派的武器库，直接取自于西方新马克思主义，接榫了法兰克福学派和塞纳河左岸的左翼批判传统，其间还夹杂着女性主义、环保主义的千头万绪。以'马克思主义问题性'立论的詹明信,是其主要思想依托,以阿明为代表的'现代化的全球化与依附理论',萨伊德(E. Said)以'东方主义'对西方中心论的批判,为'新左派'处理全球化及民族性问题提供了思路。"①这种描述并不确切,但也大致勾勒出了中国"新左派"的主要知识脉络。可以说,1990 年代的中国"新左派"之所以是"左派",是因其所接纳的思想资源接续了西方左翼文化传统,并与欧美 1960 年代后的"新左翼"文化理论形成了直接的对话关系;而"新左派"在中国之"新",则因为其使用的思想资源区别于1950—1970 年代以及 1980 年代后的正统马克思主义,后者因而被称为"老左派"。

二　"新左派"的展开及其不同面向

但是仅仅依据汪晖的文章来理解 1990 年代中国"新左派"的总体情况并不全面。或者说,中国"新左派"本身并不是一个可以清晰界定的对象。事实上,"新左派"始终是一个暧昧不明的称呼,被纳入这一名号中的众多学者并不认为这个范畴能够表达其思想内涵。毋宁说,"新左派"仅仅是一个并不那么准确的模糊说法。无论就思想资源而言,还是就"新左派"倾向在 1990 年代中国的形成,被放到"新左派"称号中的学者都存在较大的差异。

如果将对资本市场的批判,作为 1990 年代中国"新左派"的主要特征的话,类似的思想倾向事实上在 1990 年代初期的经济、社会变动中已经显现出来。如曾主持《天涯》(这份刊物曾被大众媒介称为"新左派"营垒之一)的韩少功这样认为:"'新左派'这个标签至少有两代的历史。早一代,是出现于 90 年代初北京文坛某些圈子里若隐若显的流言中,当时是指张承志、张炜以及我,当然还有别的一些作家和陈

---

① 沈宏非:《百年问题从头思——中国向何处去》,"思想的境界"(http://www.sixiang.com/)网站,2010 年 12 月 3 日。

思和等批评家。这些作家和批评家因为从各自角度对文化拜金大潮予以批评,被有些人视为'阻挡国际化和现代化'的人民公敌。"①韩少功所描述的"第一代",主要是基于在对中国市场化导致的社会后果的思考中,所形成的对资本化、市场化和 1980 年代的思想倾向的反省。这种反省一定程度上在人文精神论争中表现出来。人文精神论争是 1993—1996 年间发生于文化界的一场大论争。在这次以人文知识界为主导并引起广泛社会关注的讨论中,一种对于"现代化"的批判的声音开始出现。但这种批判主要表现为一种道德化的姿态,他们讨论了诸如文学与人文学科的危机、大众文化造成的精神贫乏、知识分子社会位置的边缘化等,认为这是"失落了""人文精神"的结果,并把重建知识分子的道德伦理作为克服社会问题的方式。显然,这次论争尽管意识到市场化、消费主义的问题,但并没有获得清晰的话语形态并从政治经济学角度给予阐释。这次论争的意义在于,它显示了 1980 年代知识界所形成的广泛"共识"的破裂;破裂的原因在于,1980 年代知识界那种共享的"现代化"意识形态开始在一部分知识分子那里成为问题。人文精神论争的主要发起者王晓明,曾这样表达他对市场化的疑虑:"再回想八十年代知识界的热烈鼓噪,我实在是感到羞愧。怎么会那样一厢情愿,竟以为世界上只有我们想象的那一种'市场化',一旦实现了这样的'市场化',整个社会就能够逐步获得全面的解放?为什么就想不到,某些垄断和腐败的权力完全可能制造出别样的'市场化',并以此展开更堂皇的欺瞒和更多样的侵吞?"②

也正是这种基于社会现实的思考和对 1980 年代思想的反省,使得一部分中国本土知识分子,开始与成长于欧美(主要是美国)大学、并以新马克思主义作为思想资源重新审视中国问题的海外学者,具有了一种对话的基础。1991 年,留学美国的学者王绍光,在国内发表了

① 韩少功:《我与〈天涯〉》,收入《视界》第 3 辑,第 164—165 页。
② 王晓明:《九十年代与"新意识形态"》,《天涯》2000 年第 6 期。

论文《建立一个强有力的民主国家》。此后，他与访学美国的国内学者胡鞍钢共同发表了《加强中央政府在市场经济转型中的主导作用——关于中国国家能力的研究报告》，并于 1993 年以《中国国家能力报告》为题正式出版中文本。这些文章认为以"放权让利"为思路的中国改革已经走到尽头，必须在批判"市场神话"的基础上，强化国家能力，以增强中央政府在市场社会中的调控能力。① 另一位在中国本土形成影响的学者是崔之元，他对"经济民主"的强调，以及在国际视野中对于 1950—1970 年代思想资源的重新阐发，在思想界造成了较大的反响。这些来自海外的思想，对中国市场化改革的方向和可能的调整策略，以及破除一种以西方现代化作为潜在规范的思路等，都提供了新的视野。

汪晖的《当代中国的思想状况与现代性问题》某种意义上成为一个转折点，表明"新左派"作为一种较为明确的思想倾向和批判立场在中国大陆本土知识界开始浮现出来。一方面，1990 年代初期知识界对现代化、市场化的批判获得了更为清晰的话语形态；另一方面，在关于中国社会现状的衡量和判断方面，对于造成中国社会问题的经济、政治和文化原因的分析，以及如何评价改革与前 30 年社会主义实践的关系等，在知识界开始形成了正面的碰撞和冲突。这些问题构成 1998 年开始明确的"新左派"与"自由派"论战的主要内容。

在这次论争中，被赋予"新左派"称号的是一批更为年轻的学者，诸如韩毓海（北京大学教授）、旷新年（清华大学教授）、孔庆东（北京大学教授）、李宪源（"新语丝"网站站长）、常仁（"强国论坛"站长）、张广天（小剧场剧《切·格瓦拉》的导演）等。他们开始非常明确地把毛泽东时代的思想和文化，尤其是"文革"文化和晚年毛泽东思想，作为一种批判性思想的来源。就资源方面而言，他们显示了更为明确的从本土历史和实践中寻找资源的倾向。也正是这一特点，使他

---

① 王绍光：《左脑的思考》，天津：天津人民出版社，2002 年。

们与汪晖等人形成差别。比如在《当代中国的思想状况与现代性问题》一文中，汪晖所批评的仅仅是新启蒙主义和当代马克思主义忽略了 1950—1970 年代社会主义实践的现代性特征，不同意将其视为"前现代"的"封建主义"；在承认这段历史和文化实践的现代性特征的同时，汪晖认为同样应当对这段历史和文化进行反思。他提出应在破除社会主义与资本主义二元对立框架的基础上，把社会主义历史纳入现代性反思的范围，以此探询制度创新的可能性。崔之元在借重毛泽东的"大民主"历史实践时，也提到这种重新探询历史资源的方式，必须"以二十世纪中国'革命建国'和'改革开放'的丰富经验教训为基础，以西方学界对西方主流现代性的批判反省为借鉴"①。相对而言，1998 年后的青年学者更为正面地将毛泽东思想和前 30 年的社会主义实践作为批判思想的主要资源。也正是这一点，是"新左派"在中国知识界引起激烈争议的原因，一些批评者甚至将其称为"极左"的"僵尸还魂"②。

1999 年，美国轰炸南斯拉夫中国大使馆事件，又进一步引发了中国的民族主义思潮。随着全球化处境中民族身份的凸现，国际政治格局进一步加剧了民族认同。这使得当代中国又出现了一种民族主义的声音。这一脉络也构成了中国"新左派"的独特面向。但正如汪晖所说，当代民族主义思潮，"与其把它看作是全球化的对立物，毋宁把它看作是全球化的副产品"③。这种思潮的出现，与美国在当代世界政治、经济格局中的"帝国"位置所引发的反美情绪有直接关联。限于篇幅，这里不对此做更多介绍。

尽管"新左派"在 1990 年代中国的浮现，始终与其和中国"自由派"的论战及冲突联系在一起，但如果认为"新左派"与"自由派"构成

---

① 崔之元：《毛泽东文革理论的得失与"现代性"的重建》，博客中国（http://www.blogchina.com/new/display/253.html），2002 年。

② 吴稼祥：《新左派，僵尸还魂》，文化研究网（http://www.culstudies.com），2002 年。

③ 汪晖：《当代中国的思想状况与现代性问题》，《文艺争鸣》1998 年第 6 期。

了较为正面的思想冲突和对话,这种描述也并非准确。相当有征候性的是,20 世纪中国最后这场知识界的论战,夹杂着相当多的非学术的和情绪化的因素。这一点可以从被分别划入"新左派"或"自由派"阵营的学者关于对立方的描述看出来。被划入"自由派"的徐友渔在对"新左派"进行综述的文章中,辟专文讨论"新左派"的"文风"问题,而徐友渔本人的论述却也并非"心平气和"。尤有意味的是,知识界两派的冲突最终因 2000 年"长江读书奖"事件而扩散到大众文化媒体之中。"长江读书奖"是香港李嘉诚的长江集团投资、由生活·读书·新知三联书店的《读书》杂志编辑部组织的一次学术奖项。由于《读书》杂志的主编汪晖在这次奖项中获奖,朱学勤、徐友渔等猛烈抨击这是"裁判和球员一起下场抢球"的"学术腐败",由此引起广泛的争议。"中华读书网"为此开办"百位学者谈长江读书奖风波",众多学者参与讨论,话题涉及学术评奖机制、学术规范、学术批评与反批评等。① 尽管这一事件并没有直接形成与"新左派""自由派"论战相关的话题,但大众媒体普遍将这一事件看作两派立场冲突的结果。

值得提及的是,在这一事件中,网络充当了一个相当重要的角色。这一时期出现了众多学术思想网站,比如"思想的境界""世纪中国""新语丝""强国论坛""新呐喊""旌旗网站""天涯""中华读书网"等。这些网站为两种思想倾向的论争提供了较之传统媒体,比如期刊、报纸等更为迅捷,也更为开放的讨论空间。这一方面使得知识界的冲突扩散到大众媒体,另一方面也因为网络传媒本身的特点而显露出两种立场的"火药味"。事实上也可以说,自"长江读书奖"事件之后,"新左派""自由派"在浮现于大众社会的同时,较为直接的思想交锋也已经不再存在。

---

① 这些讨论曾被编为论文集《学术权力与民主:"长江〈读书〉奖"论争备忘》出版(中华读书网编),厦门:鹭江出版社,2000 年。

三　全球化格局与中国改革的方向

"全球化"一词,在 1980 年代的中国语境中具有相当特殊的内涵,它同时可以替换为"中国走向世界""与世界接轨""中国自立于世界民族之林""地球村""人类文明的交汇"等正面含义。这种语义的形成,采取了和五四新文化运动时期相同的话语策略,即把中国(晚清帝国和 1950—1970 年代的社会主义中国)看作是一个"夜郎自大"的封闭帝国,并把中国受到西方帝国主义侵略的历史事实,解释为"落后者要挨打"。这也正是 1980 年代的知识界始终不能摆脱中国与西方、传统与现代二元对立思考框架的原因。1980 年代新启蒙主义所忽略的历史事实是,中国展开的现代化进程,发生于韦伯所谓"被迫展开"的情境下。因此,现代中国一方面是按照西方的方式寻求现代性,另一方面又始终存在着试图克服西方现代性危机和反抗帝国主义的殖民侵略的要求。这也正是汪晖在讨论近现代中国具有"反现代性的现代性"时指涉的含义。新启蒙主义思路忽略的另一历史事实,是 1940 年代后期开始形成的世界资本主义与社会主义两大阵营的冷战格局。它简单地把 1950—1970 年代的社会主义中国对应于"闭关自守"的晚清帝国,将冷战格局形成的封锁理解为"愚昧"的"封闭"心态。这使得 1980 年代的知识界在理解中国的"开放"政策时难以意识到,这种"开放"是朝向全球资本市场的开放,而主导这一全球市场的力量,恰恰是以美国为核心和基地的跨国公司。事实上,这一点只有在 1990 年代的"新左派"视野当中才真正浮现出来。

1990 年代知识界主流对于全球化格局的理解,仍旧普遍带有 1980 年代那种理想化的"世界主义"的大同想象。从跨国公司的主导地位、资本流动的方式以及全球政治格局来讨论全球化的实质,是"新左派"展开批判实践的重要方面。汪晖在《当代中国的思想状况与现代性问题》一文中,把改革开放看作中国加入"全球化的生产和贸易"

的过程;韩德强则从"以贸易自由化、投资自由化和资本流动自由化为核心"的角度来理解全球化,并从竞争和危机理论出发作出预言,这种全球化将"导致世界市场需求萎缩,进而使世界经济全面衰退"①。2000 年之后,诺姆·乔姆斯基(Noam Chomsky)、安德森(Perry Anderson)、皮埃尔·布迪厄(Pierre Bourdieu)等国际知识左派对全球新自由主义批判的理论开始进入中国知识界的视野。乔姆斯基的《新自由主义和全球秩序》(2000)、哈特和奈格里的《帝国——全球化的政治秩序》(2003),以及阿明的"依附"理论、沃勒斯坦的"世界体系"理论等的翻译出版,表明中国"新左派"关于全球化的讨论,开始较为明晰地与对全球新自由主义经济和政治的批判联系在一起。自 1970 年代后期撒切尔和里根政府开始推行的新自由主义政策,"集中表现为清除奉行管制主义的福利国家的残余",在国内要求"放松对企业的管制、公有设施及财产的私有化、限制或削减社会福利计划、减少对公司和投资者的征税";在国际范围内,则提倡"商品、服务、资本、货币(但不包括人员)的跨国自由流动"②,在许多层面上与当代中国自 1978 年以来的社会改革颇为接近。但这次改革主要基于国内对前 30 年社会主义历史实践的反思和自我批判,因而这种改革的市场化、商业化进程和以介入全球资本市场为目标的改革方向,并没有在国际性的视野中得到理解。相反,1980 年代的知识界普遍在要求削弱国家管制的前提下支持市场化,在一种被开除"球籍"的恐惧中渴望加入世界格局。

　　1991 年,是中国知识界在 1980—1990 年代之交震荡后的低迷期,也是部分学者开始寻求在政府之外作为公共空间的"市民社会"理论建构的时期,王绍光发表了《建立一个强有力的民主国家》,强调区分"政府行为"与"国家能力",提出在社会转型期国家行为的干预

---

① 韩德强:《全球化与世界经济大萧条》,《财政研究》2002 年第 6 期。
② [美]大卫·M.科茨:《全球化与新自由主义》,李松玉摘译,收入李其庆主编:《全球化与新自由主义》,第 4 页,桂林:广西师范大学出版社,2003 年。

作用的重要性。崔之元则在他最早发表于中文世界的文章中,强调必须以"经济民主"来制约国有资产再分配过程中的腐败行为。这些来自海外学者的声音,与国内学者所期待的借助市场化削弱国家管制,并将其看作走向"自由"的唯一方式的普遍取向,形成了冲突。这种冲突集中在是通过进一步市场化来削弱政府的控制,还是减缓和调整市场化步伐,在一定程度上正面肯定国家宏观调控的作用。推进和调整市场化进程这一问题,是"新左派"和"自由派"发生冲突的最尖锐焦点。

朱学勤和徐友渔都分别在文章中指责"新左派"不了解中国国情,一方面中国社会的主要问题并不是由资本市场造成的,而仍旧是由于采取了"陈旧"的社会主义计划体制为主体;另一方面,他们认为产生官僚腐败的主要原因是国家权力体制"寄生""扭曲"甚至"压制"了市场机制,是"看得见的脚"踩住了"看不见的手"。[1] 对此,"新左派"认为"自由派"的关键是存在一种"市场神话",即把"市场"看作是一个"自然范畴",或"自发和自然的秩序"。[2] "自由派"是在一种高度抽象和模拟实验的情形下,把市场看作是一种自发地调节、分配社会资源的合理机制,因而无法对资本再分配和资本流动过程,尤其是国际资本格局中国家行为的复杂性做出分析。对于这种将进一步"私有化"看作中国出路的思路,"新左派"认为必须正面清理这其中隐含的国家/市场、计划经济/市场规律的二元对立逻辑。长期从事"三农"问题研究的学者温铁军,以其对中国农村状况的了解,提出彻底私有化并不能解决中国的问题。地少人多的国情,决定了农村的两极分化会导致大量的农民进入城市,而城市并不能完全吸收这些过剩的人口,但集体所有制的农村土地能够保证农民最低限度的生存条件。

---

[1] 朱学勤:《"新左派"与自由主义之争》,徐友渔:《一评 90 年代"新左派":制度创新与国情》《二评 90 年代"新左派":中国的现代性与批判》。收入公羊编《思潮:中国"新左派"及其影响》,北京:中国社会科学出版社,2003 年。

[2] 汪晖:《当代中国的思想状况与现代性问题》;崔之元:《第二次思想解放与经济民主——崔之元博士访谈录》,《经济学消息报》1996 年 10 月 18 日。

他认为："至少农村土地这个中国现在最大的资产还没有条件私有化,只能稳定集体所有制。试验证明,政府不可能对九亿农村人口提供社会保障,所以农村耕地承担了农民的生存保障功能,而国家向村社集体让渡土地所有权的条件是由集体承担对农民的基本保障。"①

国家与市场关系论争的另一焦点在于,"自由派"认为正因为国家干预的存在,导致了中国社会的腐败现象。而"新左派"提出的分析是:中国社会主义改革或国有资产私有化过程中,由于缺乏明确的监督机制,缺乏广大民众的政治参与,所以导致了在国家"寻租"过程中权力和资本的结合。崔之元认为:"现在国有资产流失,像大吃大喝、公款出国等,并不是公有制的问题,不是公有制的体制要求。问题在于缺少公有制的经济民主,缺少监督。"②韩毓海在他的文章中质问道:"当越来越多的人作出捍卫'自由主义'和'市场经济'的姿态时,我们要不要问:现实中的经济状况是什么? 它是怎么运作的? 很多刺心的现象那能叫市场经济吗?"因为实际的情形是:"资本主义在这里加速了权力的集中化,使权力以令人瞠目结舌的速度重新集中起来,其结果是:腐败盛行,贪污合法化,金融投机和生产徘徊不前,人民大众普遍的政治冷漠。"③

正是在这样的意义上,"新左派"提出了"经济民主"和"政治民主"的问题。汪晖分析道:"由于对于毛泽东时代的群众运动的恐惧,许多人对于政治民主的理解主要集中于'形式民主',特别是法律建设方面,从而把'民主'问题局限在上层社会改革方案和专家对法律的修订。不仅忽略了广泛的政治参与乃是民主的必要内容,而且完全无视这种广泛的政治参与和立法过程的积极互动正是现代民主变革的基本特征。"在此,"新左派"和"自由派"试图回答的社会问题,都是如何破除社会专

---

① 温铁军:《中国的人民的现代化》,《天涯》2000 年第 3 期。
② 崔之元:《第二次思想解放与经济民主——崔之元博士访谈录》,《经济学消息报》1996 年 10 月 18 日。
③ 韩毓海:《在"自由主义"姿态的背后》,《天涯》1998 年第 5 期。

制,而形成更为"公正"的社会分配形式。但正如安德森所说,左/右两派在理解问题的根本前提上并不相同——"左翼认为专制产生于缺少大众的民主,而右翼认为计划本身就是专制的起源,因此必须反计划,惟一能够保障民主的就是私人产权"①,因此,中国"新左派"特别强调的是民众实际参与社会管理的程度,这也是他们一再强调"经济民主"和"政治民主"的原因;而"自由派"则反对国家计划管理,认为市场调节是一种能够"自然"地完成资源"公平"分配的机制。

"新左派"在中国大众社会中造成的一个普遍误解,是认为他们在抵制市场化,要求回到国家计划管理。但事实上,如同崔之元所说:"我认为彻底私有化和不改革的公有制这两种思路都是有问题的。"②大体上说,相对于今天的中国"自由派","新左派"所提出的关于中国社会改革方向的主张,属于相对温和而非激进的一种。因为"自由派"要求的是进一步推进自 1978 年以来中国改革的市场化进程,而"新左派"则相应地要求调整中国改革的步伐和方式,采取一些可能的方式来制衡私有化造成的贫富分化和国家调控能力的削弱。因而,不同于"自由派"仅仅在国内语境中将批判对象指向国家体制,要求确定私有财产明确化和法律形式上的"民主","新左派"则希望在更为开阔的历史和现实视野当中,一方面在全球经济、政治格局中批判资本主义市场,一方面也反省中国现代化的历史,以探询一种"偏离资本主义的历史形式而产生的现代社会"③的可能性。在对中国已有的改革政策的态度上,"新左派"所希望做到的仅仅是:避免大幅度地削减福利体制,避免将公共设施和国有财产过快地私有化,并在这些领域要求一定程度的国家调控。正是在这样的意义上,甘阳曾颇为准确地将 1990 年代后的中国"新左派"称为"自由左派",即"他

---

① 汪晖:《新左翼、自由主义与社会主义——P. 安德森访谈》,李陀、陈燕谷主编《视界》第 3 辑,石家庄:河北教育出版社,2002 年。

② 崔之元:《第二次思想解放与经济民主——崔之元博士访谈录》,《经济学消息报》1996 年 10 月 18 日。

③ 汪晖:《当代中国的思想状况与现代性问题》,《文艺争鸣》1998 年第 6 期。

们基本是以当代西方自由主义思想和理论为自己的主要理论参照,而对当代西方保守主义则持比较保留的态度"①。甘阳所谓的"自由主义",指的是"罗斯福以来的美国新政自由主义";而"保守主义"则是"里根以来的美国保守主义",也相当于乔姆斯基、安德森等人所讨论的"新自由主义"。也正是在这个层面上,中国"新左派"构成了一种批判作为全球影响广泛的经济政策和意识形态的"新自由主义"的一翼。

四　革命年代的遗产

正因为中国"新左派"具有这样的全球视野和批判意识,1950—1970 年代的社会主义历史实践和思想实践,开始成为他们批判全球资本主义和阐释全球化格局中的中国问题的一个重要思想资源。人们普遍把 1970 年代后期以来的中国社会的经济增长,视为"改革"的成就,而相应地把 1950—1970 年代(尤其是"文革")看作是中国经济的"萧条期"。这一点,开始受到"新左派"的质疑。1999 年,在中华人民共和国成立 50 周年的时刻,韩德强发表了一篇引起很大争议的文章《五十年、三十年和二十年》②。文章首先引述了印度独立 50 周年之际,发表于《洛杉矶时报》的文章《中国和印度的比较》③,通过比较印度和中国建国 50 年的各项指标,认为中国所取得的成就,是"改革前(1979 年以前)奠基工作的产物,而不是其改革后重定方向的结果"。韩德强进一步论证这种观点,认为中国改革 20 年所取得的成就是 1950—1970 年代完成了工业化所要求的资金积累和国家公共设施建设的结果。他用物理学的"能量守恒"理论来解释后 20 年的改革成果,"改革开放以来焕发的活力,就是把前三十年积累的势能转化为动

---

① 甘阳:《中国自由左派的由来》,《明报》(香港)2000 年 10 月 1、2 日专稿。
② 韩德强:《50 年、30 年和 20 年》,《中国税务》2000 年第 2 期。
③ (《洛杉矶时报》的驻北京记者)罗恩·特姆佩斯特(Rone Tempest):《中国和印度的比较》,《洛杉矶时报》1997 年 8 月 10 日。

能了"。尽管类似的提法仍旧在经济发展的逻辑下描述 1950—1970
年代历史实践的意义，但对于那种以"效率""发展"作为唯一衡量标
准的经济实用主义角度对 1950—1970 年代的简单否定而言，显然已
经有了很大改观。

更多的持"新左派"立场的学者，则是从寻找抵抗资本主义全球化
的另类资源的意义上，希望重新评价 1950—1970 年代的历史遗产。
"文化大革命"和晚年毛泽东思想，是 1980 年代中国改革社会明确否
定的对象，这种评价以历史定论的形式写入了中共中央文件《中国共
产党中央委员会关于建国以来党的若干历史问题的决议》（1981
年），其中明确写道：毛泽东"晚年对许多问题不仅没有能够加以正确
的分析，而且在'文化大革命'中混淆了是非和敌我"[1]。但颇有意味
的是，部分中国"新左派"正是拒绝对晚年毛泽东思想和"文化大革
命"实践作简单的否定，并尝试从中寻找思想资源。崔之元在《毛泽东
文革理论的得失与"现代性"的重建》一文中，提出毛泽东晚年发动的
"文化大革命"和造反运动中，蕴涵着"大民主"——"广大劳动人民的
经济民主和政治民主"——的因素，而这一点，是毛泽东的"政治遗产
中最值得我们重视的部分"[2]。在《鞍钢宪法与后福特主义》[3]一文
中，崔之元进一步认为毛泽东在 1960 年代提出的"鞍钢宪法"即"两
参一改三结合"（干部参加劳动，工人参加管理；改革不合理的规章制
度；工程技术人员、管理者和工人在生产实践和技术革新中相结
合），打破了按照亚当·斯密的分工理论组织的"福特主义"，而显示
出了诸多与"以技术和工人技能的'灵活性'为核心"的"后福特主义"
的特征，包含着"经济民主"的重要因素。这种对于毛泽东时代的社会
实践的重新考察，从中探询可资发掘的思想资源的方式，也正代表了

---

① 中共中央文献研究室编：《三中全会以来重要文献选编》下册，第 815 页，北京：
人民出版社，1982 年。

② 崔之元：《毛泽东文革理论的得失与"现代性"的重建》，博客中国（Blogchina.
com），2002 年 8 月 12 日。

③ 崔之元：《鞍钢宪法与后福特主义》，《读书》1996 年第 3 期。

崔之元所倡导的"制度创新"的思路。

另外的学者则更关注毛泽东对于国家官僚体制的批判,以及寻求打破城/乡、工人/农民、体力劳动/脑力劳动"三大差别"的实践中所蕴涵的平等思想。旷新年的《毛泽东:一份沉重的遗产》[1]是一篇颇为独特的文章。这篇文章以极大的篇幅摘录和引述了关于毛泽东的各种评价文字,并认为造成他这种"用他人的语言来表达我的话语"的困境,正是因为对毛泽东的否定已经成为当代中国不容置喙的知识界常识。他认为对毛泽东的评价事实上构成了一种阶级话语的冲突:"毛泽东在今天的中国被分裂成为完全不同的两幅画像,正像今天的中国被分裂成为官僚、知识权贵和工人、农民两个不同的中国一样。在某种意义上,毛泽东表征着今天中国官僚、知识权贵与工人和农民之间政治、经济利益上的严重分裂和思想、情感上的巨大鸿沟。"他还认为由于毛泽东时代对工农利益的重视,对官僚体制的批判,使得"在某种程度上,它确实反映了这个政权'工农联盟'的性质"。

毛泽东思想及其历史实践中的"反资本主义现代性"的层面,得到中国"新左派"的重视和重新阐发。这种阐发的基点,正在于探询一种不同于资本主义全球化道路的可能性。也就是,当代中国这段与资本主义世界和市场的"脱轨"时期,是否存在抵抗资本逻辑、以非私有化的方式完成现代化道路的可能性。但不同于中国"自由派"所批评的那样,这种重新阐释历史的方式,并不意味着"新左派"试图简单地回到毛泽东时代,毋宁说,他们主要要做的事情,仅仅是拒绝那种简单的"告别革命"的姿态,而将毛泽东时代的历史实践纳入"现代性危机"思考的视野当中。如同戴锦华所说,这意味着"正视作为遗产与债务的当代中国社会主义的历史在现实中所出演的多重角色"[2],以直面转型期的中国社会现实。

---

① 旷新年:《毛泽东:一份沉重的遗产》,今朝风流(http://www.zuopai.com),2010年11月21日。

② 戴锦华:《隐形书写——90年代中国文化研究》,第33页。

五 文艺实践和文化研究

"新左派"的批判思想实践在世纪之交的多个领域展开。形成社会关注焦点的，大多是在政治、经济和思想的领域，就"中国向何处去"这样的大问题进行理论上的思考与探索。但常常被忽略的一个面向，是其在文化领域展开的方式。

2000 年上演的小剧场剧《切·格瓦拉》（黄纪苏编剧，张广天导演），事实上也构成了中国"新左派"实践的一个重要事件。《切·格瓦拉》以 1960 年代第三世界革命浪潮中最具影响力的拉美革命英雄切·格瓦拉作为思想资源，直接讨论当代中国社会"穷人"与"富人"的社会分化问题。这部带有较为明显的"活报剧"风格的实验剧，由于其所启用的思想资源（"红色的 60 年代"作为"世界革命"象征的切·格瓦拉），也由于它涉及当代中国社会的阶级分化问题，更由于它在一个后革命的时代重提革命的口号，所以曾在中国社会激起广泛的争议。这部剧的导演张广天明确提出："我跟革命是有关系的。"①他进而从"民族的文艺复兴"角度对"文化大革命"时期的"样板戏"作出颇为正面的评价。② 真正引起争议的不是张广天等人所采取的文艺形式，而是他们对于 1960 年代遗产的正面处理和大声疾呼。这可以说是把"新左派"的政治立场提升为一种意识形态的政治符号，而缺乏对左翼历史文化资源的反思性视野。这种文艺实践是相当独特的。

在人文研究界，引发越来越多学者关注的一种批判性文化实践方式，是"文化研究"。诞生于 1960—1970 年代英国伯明翰学派的"文化研究"，直到 1990 年代中期才开始在中国知识界产生影响。而"文

---

① 张广天：《张广天在中国人民大学的讲演——由"新左派"与革命谈我的文艺观》，今朝风流（http://www..zuopai.com），2010 年 6 月 8 日。
② 张广天：《江山如画宏图展——从京剧革命看新中国的文化抱负》，《文艺理论与批评》2000 年第 1 期。

化研究"对文化意义生产机制的分析方式,对大众文化形态的直接处理,则为中国人文知识界批判性地探讨当代中国文化现实提供了理论武器和思考路径。

戴锦华这样表述她之所以转向"文化研究"的原因:"如果我仍关心中国文化的现实,我就不能无视大众文化,因为90年代以来,它们无疑比精英文化更为有力地参与着对中国社会的构造过程。简单的拒绝或否定它,就意味着放弃了你对中国社会文化现实的重要部分的关注。"①选择大众文化作为研究对象,并不简单意味着对研究对象的转移,而同时意味着一种研究思路和批判立场的选择。在《大众文化的隐形政治学》②一文中,她集中讨论了城市空间、中产阶级消费时尚、电视连续剧和文学文本等大众文化,以怎样的转换"修辞"方式遮蔽了当代中国社会阶级/阶层分化的现实。在这种批判分析的视野中,她尤为重视对在全球格局中所形成的一种"后冷战时代的冷战式情境"的分析,即简单地在"官方/民间"的二元格局中看待中国问题,而忽视全球市场、跨国资本和国际政治格局在中国社会中扮演的复杂角色。对于1990年代中国的"毛泽东热""怀旧热""第六代电影""民族主义热潮""后现代艺术"等文化现象,她从政治经济学和意识形态话语的意义生产的角度展开分析,从而整体地勾勒出1990年代中国在"国家、跨国资本、中央、地方、企业、个人"等不同利益群体的共同作用下所形成的"文化的'共用空间'"③。可以说,这种文化实践也正是在正面回应全球化处境下的中国现实文化处境这一问题。

另一位文化研究学者王晓明,则意识到1990年代中国社会整体状况的巨大变化,不仅是中国内部地区差异的扩大,而且是"我们这个社会的大半个身子,似乎都已经伸进'全球化'的轨道了"。在这样的

---

① 戴锦华:《犹在镜中——戴锦华访谈录》,第5—6页,北京:知识出版社,1999年。
② 戴锦华:《大众文化的隐形政治学》,《天涯》1999年第2期。
③ 戴锦华:《隐形书写——90年代中国文化研究》,第31页。

现实面前,他认为 1980 年代知识界所形成的批判性思考框架,尤其是那种关于现代化的想象方式,应受到根本性的质疑。在他看来,"文化研究"正好为中国知识分子提供了认识复杂的社会现实的方式:"文化研究在今天具有迫切的意义,并不仅仅是指,一切经济、生态和政治的变化都必然会创造出自己的文化形式,而更是说,如果缺乏对九十年代的文化状况的深入分析,你甚至都很难把握那些经济、生态或政治层面的复杂变化。"他特别关注 1990 年代形成的"新意识形态",比如"新富人"阶层,"它岂止是意味着财富的转移和新的权力结构的形成,分明还意味着一具新的人生偶像的凸现、一套新的生活理想的流行,甚至是一种新的意识形态的笼罩"①。而破解这种"新意识形态",则成为他从事"文化研究"实践的重要方面。②

　　总体而言,"文化研究"作为 1990 年代中国知识界具批判力的分析武器,正在其对意义生产机制的敏锐关注,这使得人们对于"文化"的分析,从 1980 年代那种精英主义的理解(即将"文化"仅仅理解为文学艺术和精英知识界的高雅文化)中摆脱出来,从而转向对大众文化和消费社会中诸种生活、文化形态的考察。大致可以说,对大众文化的关注和政治经济学批判视野的引入,是 1990 年代中国"文化研究"的主要特点和方法论上的变化。这使得人文知识界得以正面触摸并分析全球化格局中的当下中国文化现实。尽管随着其影响的扩大,"文化研究"在中国有着越来越明显的学科化趋势,但无可否认的是,正是这一思路的展开,为中国人文知识界批判地分析资本与文化的关系、探讨全球化处境下中国社会的文化和意识形态特征,提供了重要思路。中国批判性知识分子文化实践的这一面向,具有与 1960年代后欧陆和英美"新左派"知识群体更为切近的亲缘关系。

---

① 王晓明:《九十年代与"新意识形态"》,《天涯》2000 年第 6 期。
② 王晓明主编:《在新意识形态的笼罩下——90 年代的文化和文学分析》,南京:江苏人民出版社,2000 年。

结　语

试图对 1990 年代中国知识界被称为"新左派"的批判思想路径做出总体性描述，是颇为艰难的。一方面，"新左派"仅仅是一种批判性思路，而并不是一种统一的政治立场，更不存在一个统一的知识/政治群体；另一方面，这种批判性思路在不同的领域、不同的层面展开，几乎全面地涉及 1990 年代后当代中国的诸种问题。某种意义上可以说，正是这样一种批判性思路的存在，20、21 世纪之交的中国知识界在总体思想状况和基本格局上，相对于 1980 年代，发生了值得关注的调整和变化。而促成这种调整的根本原因，则源自 1980—1990 年代转型后中国社会状况的变化，也是知识界对全球化格局中中国问题的一种自觉回应。

"新左派"在双重意义上，呈现出全球化对 1990 年代中国的影响：一方面，他们相对于 1980 年代知识界的一个重要变化，是要求把中国问题纳入全球化格局中加以考察，并认为全球化因素并不外在于中国社会，世界格局与全球化本身就是 1990 年代后中国社会的内在构成部分；另一方面，因为他们关注的是全球化格局中的资本流动方式，关注不同资本形态尤其是跨国资本所形成的影响，及其在当代中国社会中扮演的复杂角色，所以，他们并不认为依靠纯粹的市场化和私有化就可以解决当今中国的社会问题。基于这一思路，他们对 1978 年以来市场化的现代化意识形态，尤其是 1980 年代形成的"新启蒙主义"思潮中所蕴涵的二元对立思考框架，诸如中国与西方、传统与现代、社会主义与资本主义、国家与社会、计划经济（国家管理）与市场经济等提出质疑。从这一思路出发，他们希望对 1950—1970 年代社会主义历史实践及其思想作出某种重新评价（而非简单地全盘肯定）。从另一层面来看，中国"新左派"思路的形成，在很大程度上也是知识生产和学术活动全球化的结果。中国"新左派"与世界左翼（或国际左翼）

思想的"接轨"，正因为他们将产生于欧美社会并批判资本主义问题的思想资源，纳入自己的思考视野。这使得他们有可能破除"西方中心主义"，打破那种以西方现代化道路（尤其是美国）来规范中国的发展方向的思考方式。在此基础上，他们也在一种更具批判性的国际化视野中，试图重新评价与资本主义世界体系"脱轨"时期的中国1950—1970 年代社会主义思想与文艺实践的独特意义。

但正如全球左派实践和左翼力量所遭遇的困境，在这样一个"历史终结"的时代，一个市场全球化的时代，中国"新左派"与其说寻找到了一条独特的路径，不如说，他们的出现，仅仅表明的是中国知识界反思资本市场的全球化格局、探询另类中国道路实践的可能性的开端。同时，也因为这一思想路径很大程度地局限于左右之争的框架，其回应中国现实问题的理论资源和批判视野都有自身的欠缺。其引发的极大争议也是这种问题的表现之一。但从反思全球化的角度回顾这一路径的出现与发展变化，无疑是总结当代思想经验时，值得重视和反思的一种重要现象。

中编

思想者

第六章　打开当代文学历史
的三种路径:读洪子诚

　　《洪子诚学术作品精选》(北京大学出版社,2020年)从洪子诚先生的研究成果中精选出21篇文章,力求以简约浓缩的方式呈现他的中国当代文学研究的主要特点。洪子诚涉及的研究领域十分广泛,他进入当代思想、文学、诗歌的研究也有多个角度,包括文学史、精神史和阅读史等几个方面。他也通过编纂各种文学选本和文学史料选,参与当代有关文学经典和文学史叙述的讨论。这本选集以三个专辑的形式,展现他最具代表性和突破性的研究成果,凸显他为当代文学研究提供的重要议题、思路、方法和范畴,也尝试呈现他在不同研究阶段以不同的方式对相关议题做出的思考推进。

一　当代文学研究的三个阶段

　　洪子诚的学术研究与中国当代文学这个学科的建构发展密切相关。中国当代文学作为一个独立专业方向的确立,始于1970年代后期,但作为一个研究领域和对象,则可以说与中国当代文学的发生发展始终是同步推进的。洪子诚既是北京大学中文系当代文学教研室的最早筹建者和主持人之一,也是中国当代文学学科化和学术研究传统确立的核心人物。他在当代中国不同时期完成的研究著作,都代表

了那一时期当代文学研究的高水平。大致可以将其研究实践区分为
四个时期：

第一个时期是 1950—1970 年代。1950 年代中期还在北大本科求
学的时候，洪子诚就参与了第一本中国新诗史《新诗发展概况》的集
体写作，这也成为他在 1993 年初版、2010 年修订完成的《中国当代新
诗史》（与刘登翰合著）的最早雏形。关于这本书的写作过程及其后
续影响，2007 年，由洪子诚策划、组织，联合当年的几位写作者一起回
顾反思，促成了《回顾一次写作——〈新诗发展概况〉的前前后后》①一
书的出版。这是独特年代造就的特殊的学术起点。写作者们都承认当
年写作的"幼稚"和"粗暴"，但也认为正是这次集体写作构成了他们后
来从事学术研究工作的开端。在这个时期，洪子诚还曾是北大学生诗歌
写作中的活跃分子。1961 年留校任教之后，洪子诚主要从事北大文科
写作的教学工作，也曾发表文学批评文章，并参与过学术批判运动。这
个时段所接受的文学教育、形成的文学趣味与作为历史当事人的切身经
验及对其展开的不断自我反思，确立了洪子诚后来学术研究的基础，对
他研究的取向产生了深刻影响。洪子诚学术探索和思考最深入并持续
推进的主要研究对象，正是 1950—1970 年代这个时段的当代文学。这
也从一个侧面显示出研究者与其历史经验之间的复杂关系。

第二个时段是 1980 年代，即从 1977 年洪子诚参与当代文学教研
室的筹建和教学工作开始，到 1991 年《作家的姿态与自我意识》②的
出版。在这个时期，洪子诚的最早学术成果之一是《当代文学概
观》③的写作。《当代文学概观》由当代教研室的五位老师集体写
作，洪子诚负责其中的短篇小说与诗歌部分。这部曾在 1980—1990

---

① 谢冕、孙绍振、刘登翰、孙玉石、殷晋培、洪子诚：《回顾一次写作——〈新诗发展
概况〉的前前后后》，北京：北京大学出版社，2007 年。
② 洪子诚：《作家的姿态与自我意识》，西安：陕西人民教育出版社，1991 年初版；
1998 年修订再版。
③ 张钟、洪子诚、佘树森、赵祖谟、汪景寿：《当代文学概观》，北京：北京大学出版
社，1980 年初版；1986 年修订重版，更名为《当代中国文学概观》。

年代当代文学学科化和教学研究中产生过极大影响的当代文学史教材,虽然大致延续了 1950 年代后期至 1960 年代初期形成的文学史体例,但叙述内容则凸显了 1970、1980 年代之交的"新时期"文学创作,并在评价尺度上明显地偏向"文学性"的思考和筛选原则。这多少也代表了洪子诚在那一时期的基本文学态度。他对"新时期"文学保持着与许多同行一样的关注热情,但也没有放弃对 1950—1970 年代文学的历史研究,而希望用同样的"文学性"尺度来评价两个看似断裂的历史时期。

　　洪子诚第一本独立完成的学术著作,是 1986 年出版的《当代中国文学的艺术问题》。"艺术问题"的凸显,表明他并不简单地将前 30 年的文学视为"政治"的产物,也没有将"新时期"的文学标准绝对化,而力求在反思文学评价标准的基础上,深入当代中国的历史情境来展开学术研究,既对前 30 年的文学史做出重新评价,也对正在展开的"新时期"文学做出历史化的反思。在这个意义上,他在新时期刚刚结束的 1991 年出版《作家的姿态与自我意识》这本书,代表的是他对 1980 年代文学所作的历史化研究工作。这本书对作家"独立精神传统"的强调,无疑带有较为浓郁的新时期印记,但无论对思想内涵还是文学叙事形式的探讨,都是在一种历史化的分析视野中展开的,从而对新时期文学的"感伤气息"、"文化英雄"姿态、"寻根"思潮和"创新"意识等做了深入剖析。这也是学术界最早对新时期文学有深度的反思之作。可以说,《当代中国文学的艺术问题》与《作家姿态与自我意识》这两本书,构成了洪子诚在那一时期针对当代文学两个历史时段一视同仁的评价态度,并由此确立起了他作为一个"文学史研究者"的主体位置。

　　第三个时段是 1990—2002 年,这是洪子诚学术研究的成熟期,也是他成果倍出的创作高峰期。《中国当代文学史》①的完成和出版,是

---

① 洪子诚:《中国当代文学史》,北京:北京大学出版社,1999 年初版,2007 年增订再版。

他这个时期的集大成之作。虽然名为"当代文学史",但这并不仅仅是一部为教学而编写的教材,而综合了教材与学术著作这两者的性质。首先它完全打破了 1950—1980 年代现当代文学史教材的叙述体例,形成了一种将文学体制、作家作品、文学现象与评价体制等统一在一起的新体例。基本思路采取的是"概念清理"的方法,即继续采纳 1950—1960 年代形成的一些基本概念(比如"当代文学""题材""真实"等),但不是以这些概念作为文学史叙述的出发点,而是将概念、范畴的形成过程同样作为文学史叙述的构成部分。将文学体制的形成、文学规范的塑造和作家评价、经典化过程都纳入文学史叙述,呈现出的是一种动态展开的文学史图景,并形成了当代文学"一体化"构建及其崩解这样一条连贯的历史叙述线索。这就将当代文学作家作品的描述史,转变为当代文学规范的生成、建构、冲突及其自我瓦解的反思性探讨,文学史写作因此具有了"史述"的实质性涵义。因而在 1999 年初版本的研讨会上,钱理群先生如此评价道:这部著作的出版,标志着"'当代文学'终于有'史'了"①。这部文学史事实上也成为当代文学界在国内、国际影响最大的史著之一,分别有英文版(2007)、中国台湾版(2008)、日文版(2013)、俄文版(2016)等近十种译本印行。

在《中国当代文学史》之前完成的《中国当代文学概说》②,可以视为前者的学术版,对文学现象和体制形成的分析和概括也更为凝练。1998 年完成的《1956:百花时代》是一部断代史写作,对 1950 年代中期当代文学规范的内部错动和变化做了深入剖析。而在《中国当代文学史》之后完成的《问题与方法——中国当代文学史研究讲稿》(2002),则是洪子诚对当代文学史研究和他在写作过程中遇到的问题,以及可以进一步展开研究的学术议题,做了理论化的反思和探讨。

---

① 钱理群:《读洪子诚〈当代文学史〉后》,《文学评论》2000 年第 1 期。
② 洪子诚:《中国当代文学概说》,香港:青文书屋,1997 年;南宁:广西教育出版社,2000 年。

洪子诚 2002 年从北京大学中文系退休之后,他的学术研究并未停顿,相反进入到另一个学术创作的黄金时期。从 2002 年前后开始,他有较长一段时间主要从事中国新诗的研究、教学、学术组织和选本的编选工作,出版了多方面的成果,包括《中国当代新诗史》的修订再版以及与之相关的《回顾一次写作——〈新诗发展概况〉的前前后后》,著有《学习对诗说话》(2010),主编《在北大课堂读诗》(2010),并有《朦胧诗新编》(与程光炜合编)、《第三代诗新编》(与程光炜合编)、《中国新诗总系(1959—1969)》(谢冕主编,洪子诚分册主编)、《百年新诗选》(上下册)(与奚密等合编)等多个诗歌选本出版,同时也主持《新诗评论》杂志(与谢冕、孙玉石联合主编)、"新诗研究丛书"和"汉园新诗批评文丛"等工作。这些与中国新诗有关的研究成果,与他参与北大中文系于 2004 年成立的北京大学中国新诗研究所的组织工作密切相关,也是他这段时间在学术领域和研究兴趣上集中于诗歌的具体表现。

但最能代表洪子诚这个时期学术成果的,是 2011 年出版的《我的阅读史》(2017 年第二版)、2016 年出版的《材料与注释》、2017 年出版的《读作品记》。这三本新著从不同侧面和角度拓展了当代文学研究新的领域,并提出了值得重视和进一步展开的研究方向。这既是洪子诚前几个阶段当代文学史研究的综合与提升,也是他不断地探索如何把握当代史的多层面向而构建的新的研究路径。《我的阅读史》"以侧重个人的方式、角度"来重新进入当代史(及当代文学史),《材料与注释》"尽可能让材料本身说话",《读作品记》围绕具体文学作品,"侧重延伸、拓展到对当代一些思想、文学问题的讨论",这三部新作探讨的对象主要还是 1950—1970 年代的当代文学,但在方法、思路和研究议题上有全新开拓。

《洪子诚学术作品精选》编选的内容主要侧重在洪子诚第三、第四阶段的学术成果。这是洪子诚最为成熟并在学界影响最大的学术成果,这些成果最能代表他的学术风格和研究个性,并在当代文学研究界有值得进一步推进和拓展的可能性。在研究对象和内容的选择上，全书将问题讨论的主要焦点聚集于 1950—1970 年代的当代文学。在这个意义上，这本"洪子诚学术作品精选"更准确的书名应该是"洪子诚 1950—1970 年代当代文学研究学术作品精选"（当然也包括部分溢出这个时间段的篇目）。这不仅关乎一个特定时期文学史的研究，也关乎洪子诚对"当代文学"这个核心范畴的基本理解方式。

二　文学史：问题与方法

《洪子诚学术作品精选》第一辑选入 10 篇文章，总题为"文学史：问题与方法"。"文学史"在这里包含了对基本研究方法和思路的理解，而研究对象则是"当代文学"这一有着特定时段和内涵界定的历史范畴。在洪子诚的研究中，"当代文学"主要指 1950—1970 年代的中国文学。他认为这是一个需要独立出来加以研究的文学时段，无论在时期特点、组织方式还是文学形态上都形成了独特的规范性内涵。本辑编选的 10 篇文章，力求呈现他从不同侧面对这一"当代文学"加以界定、描述、探讨的最具代表性观点和研究思路。

最早的一篇是 1996 年发表的《关于五十至七十年代的中国文学》，主要讨论这个时段的文学规范如何生成、规范建构者的分歧和冲突以及这一规范确立过程的历史变化，是一种宏观性的历史勾勒与分析。可以说，这是洪子诚第一次就 1950—1970 年代文学提出他富于学术创见的文学史描述。1998 年发表的《"当代文学"的概念》，则对"当代文学"这一概念如何"构造"出来，其内容在当时如何描述和界定，做了一种谱系学式的知识清理。这也是洪子诚先生首次明确以"当代文学"这个范畴取代一般性的"1950—1970 年代中国文学"，强调要采取"概念清理的方法"，即通过对概念的生成、演变过程的清理来呈现文学史实践的内在历史逻辑。将 1950—1970 年代中国文学视为一个独立的文学史时段，并非洪子诚首创。1987 年出版、由朱寨主编的《中国当代文学思潮史》,就提出了这样的看法。洪子诚沿用这个概念,既是为"当代文学"这个专业方向确立合法性,更重要的是将这个文学时段从一般性的"现代文学""新文学"与内涵宽泛的"当代的文学"中独立出来。这种"当代文学"不是一般性的"当前的文学",也不是"新文学"(或"现代文学")的延伸,而形成了与此前的左翼文学、新文学既延续也断裂的复杂关系。因此,本辑选入的第三篇《文学史的断裂与承续》(节选自《问题与方法——中国当代文学史研究讲稿》的一章),主要探讨这种"当代文学"与一般学科意义上的"现代文学"之间的"断裂"发生在哪里,它如何构建、生成自身,在这个确立自身合法性的过程中面临的压力和寻求的参照系。这事实上也是将"当代文学"放在整个 20 世纪中国文学,乃至世界文学、古典文学的参照系中,考察一种新形态的文学如何确立自己的主体性。

接下来的《当代文学的"一体化"》一文,则主要以"一体化"这个基本范畴,而对当代文学的总体特征加以描述。"一体化"也是《中国当代文学史》叙述上编的 1950—1970 年代文学,及其向下编的1980—1990 年代文学转型的一个纲领性概念。本篇文章对其具体内涵做了更明确的界定,强调"一体化"包含了三个层面的理解:首先指"文学的演化过程,或一种文学时期特征的生成方式",而非一种静态特征的归纳;其次指"这一时期的文学生产、组织方式"所形成的"一个高度组织化的文学世界",涵盖了文学机构、媒介、写作、出版、传播、阅读、评价等各个环节;其三,指的是这一时期的"文学形态",即文学作品的题材、主题、风格与艺术方法上的"趋同化"。"一体化"这个范畴在凸显 1950—1970 年代文学的重要特征的同时,也需要在文学史叙述与研究方法上的创新,和对所研究的文学史对象所做的价值判断之间做一些区分。就研究方法而言,侧重文学规范的生成过程及其内在演化,无疑构造出了一种动态展开的全新文学史图景,并通过纳入文学体制的考察,将对有关文学对象(作家、作品、现象等)的研究真正转向对文学实践的整体性过程的研究。这种文学的"谱系学"

"社会学"研究极大地拓展了当代文学史研究的视野和边界。但从对研究对象的价值判断层面而言，"一体化"这一范畴无疑更多地被洪子诚用来描述 1950—1970 年代文学的主要特点，同时也潜在地将1980 年代的新时期文学视为一种"多样化""多元化"的文学时段。这种潜含的价值判断立场，具体表现在文学史叙述上，则是文学体制的探讨在《中国当代文学史》的下编中稍有减弱。基于这样的考虑，洪子诚 2007 年在《中国当代文学史》的增订版中对下编，特别是 1970—1980 年代之交的文学转型过程做了较大幅度的修改。

关于"一体化"作为研究方法与价值判断之间的区分，洪子诚特别强调的是，这个概念不是一种外在的附加的评价，而是文学实践呈现出来的整体趋向。同时，使用这个概念也不意味着掩盖或否定"当代文学"时期存在着多种冲突性文学力量及其复杂的演化关系。相反应该说，探讨并反思这种"一体化"为何、如何生成的内在思想诉求，特别是其"纯粹化"（过度追求"纯洁性""简化"）的思维取向，构成了洪子诚的一个基本问题意识。在这种"一体化"的趋向和格局中，存在着哪些互相冲突的文学力量与因素，有哪些对这一趋向和格局构成悲剧性挑战的文学实践，文学规范在构建自身时借助的思想资源、经典序列以及主导性规范的内在变异过程等，是洪子诚相关研究的重点。本书第一辑后六篇文章的选择，也力图呈现他在这方面的具体思考。《左翼文学与"现代派"》是对 1950—1970 年代文学规范建构过程中遭受到激烈排斥的"现代派"思想资源的考察；《当代的"文学经典"问题》侧重对文学经典的筛选、制作和构建的探讨；《革命样板戏：内部的困境》探讨"文革"时期文艺激进派在构造更"纯粹"的当代文学实践时面临的文本内外的矛盾；《"当代"批评家的道德问题》则从批评家主体的角度，讨论在"真诚"问题上的权力构建；《相关性问题：当代文学与俄苏文学》则以俄苏文学为参照，返观中国当代文学在如何理解"世界""现实"和"纯洁性"问题上的异与同；《"组织部"里的当代文学问题》则从一部重要作品的讨论提出普遍性的当代文学问题。这六篇文章分别拓展出了当代文学研究的多种新视角和新思路,从不同的侧面和方向推进并深化关于"当代文学"的研究与探讨。

三　经典与阅读史

第一辑选入的都是严谨规范的学术论文(包含部分讲课稿),是洪子诚在对大量文学史料进行梳理、概括和分析的基础上,提炼出带有宏观描述与判断性质的史论文章。这种史论因为有坚实的史料和严谨的分析作为基础,所以显出某种"客观"的样貌,而常常让读者意识不到其具有的"叙事"性质。事实上,无论多么贴近历史对象的学术研究,都包含了研究者的主体性介入。史料掌握是否全面和丰富、材料的筛选与判断、从多种材料中辨析和提炼出观点的能力,特别是研究者组织观点时的基本叙述方式等,这些都显示出学术研究工作并不像其表面那样具有"客观性",而更应被视为研究者主观能动性的体现。不过,学术研究的严谨、缜密和"公共性"要求本身,则希望尽量地隐藏和抹去研究者的主观性,而呈现"历史的本来面貌"。固然,"本来面貌"是不可能完全靠近的,但不断地趋近这个"本来面貌",却是学术工作的基本要求。洪子诚的文学史研究,正是以其史料掌握的丰富深入,对历史研究对象的深刻体认,文字表述的严谨和客观性,而确立起他的学术风格和研究地位的,可以说真正做到了"无一字无出处"。但学术研究(特别是文学研究)离开充沛的个人性体认和研究者的主观理解,显然无法真正进行。关键在于,在规范性的学术论文写作中,这种以叙事性表现出来的"个人风格",必须要"通过材料来说话",从而掩盖或压抑了论文作者某些无法纳入其中的复杂体认。

正是从这样的角度,第二辑"阅读与阅读史"选入的八篇文章,呈现出的是与第一辑看似风格迥异的思路与方法。这些文章都出自洪子诚的《我的阅读史》与《读作品记》两部著作,对"阅读"问题的凸显和自觉,开启了一种不同于"文学史研究"的进入历史并思考历史、提出问题的方法。在《我的阅读史》一书中,洪子诚这样写道:"以前,不管是上课,还是确定研究课题,注重的是对象的性质、价值。这回,或许可以将重点略略转移到写作者自身的问题上来,更多地从自己的感受、经验上来选择题材和方法。"①从研究"对象"向"写作者"的转移,表面上看起来是凸显了"个人"的主观性甚至随意性,但因为这个"个人"是有着充分历史自觉和自我反思能力的写作者,所以这里的"个人"与"历史"并不构成一种二元对立的关系,而是从文学研究者的阐释与接受层面呈现出了历史建构过程的细致肌理和"褶皱",并打开了新的研究视野和阐释空间。

"阅读"可以说是每个文学研究者学术工作的起点,并塑造了一个研究者(写作者)的基本文学教养与审美趣味。但有关文学阅读的学术性研究却并不多见。在第二辑选入的文章中,洪子诚在多处都毫不避讳地写到了他在不同时期阅读文学经典的个人体验。比如 1960 年代初期他为何热衷于阅读契诃夫,1980 年代初期读到加缪《鼠疫》时的感受,特别是在 1958 年、1986 年、1987 年、1994 年、1998 年、2002年这六个时间节点上如何理解和体认帕斯捷尔纳克的《日瓦戈医生》等。这些个人性阅读经验的直接表达在文学经典的阐释与接受研究史上,无疑提供了极为鲜活的感性材料,为人们了解一个时期文学阅读的情感结构和经典谱系提供了直观的例证。但同时,洪子诚在讲述他个人的("我的")阅读经验时,是具有充分的"历史"意识的。这既是他在不同时期、不同情境中对同一部作品(同一个作家)展开的、有差异性的阅读经验所形成的历史("阅读史"),也是对他作为阅读者个人经验的有限性和历史性的充分自觉与反思:他从不将自己的阅读感受视为独一无二的"天才"性体认,而总是自觉地将个人放在时代的历史语境中进行"自我对象化"的审视。由此而形成的一种行文表述上的有趣症候,正如他在《"怀疑"的智慧与文体》一文中表现的那

---

① 洪子诚:《我的阅读史》,第 4 页,北京:北京大学出版社,2017 年。

样，对自己阅读经验的表达常常在"我"和"你"之间转换。这既是一种自我经验的描述，也是一种对自我经验的对象化反思。因而，以"一个人"的方式呈现出来的阅读史，实则也是"一个时代""一代人"的阅读史。

当然，在第二辑选入的文章中，并不都侧重凸显洪子诚"个人性"的阅读史经验。除了前四篇凸显了"我的"两字之外，后面的四篇文章主要讨论的实则是"关于文学研究的研究"这种专业性阅读经验。某种意义上，对文学作品的评价、研究工作本身也是一种"阅读"，可以纳入"接受研究"这个领域。但人们对于文学的"接受研究"往往形成了某些定型化的理解，比较侧重于社会学式的数据统计分析，而对经典作家作品的评价史、阐释史和接受史的讨论并不那么深入。可以说，第二辑的八篇文章都可以纳入到这个领域的讨论中来。如果说前四篇"我的阅读史"是以洪子诚的个人阅读经验为线索展开分析的话，那么后四篇则更侧重于对重要作品的阐释和接受，同时关注作品的叙事自身为一个时期的阐释提供的文本依据（比如《爸爸爸》的修订内容、《绿化树》的文本结构、茨维塔耶娃的诗歌翻译等）。从"阅读"这个角度，把有关经典作家作品的讨论，从一种固定的审美（专业）评价标准和框架中解放出来，而放置在一种"阅读史"的脉络中呈现出不同时期、不同情境中评价、阐释、接受的变异性，这事实上延续了洪子诚在文学史研究中对"文学体制"的关注，并通过将讨论焦点集中于作家作品之上，而提出了一种新的研究思路甚或领域。这同时也以文学经典为轴心，勾画出了另一种文学史图景。

第二辑以经典作家作品为对象展开的阅读史分析，与第一辑严谨、周密的文学史研究文章相比，显然更具可读性。这不仅因为个人经验的带入增加了历史描述的细部体认和情感色彩，同时也因为聚焦于经典的讨论，实则提供了一种更具普遍性（不局限于特定专业领域）的写作方式与接受方式。从接受者这个侧面而言，作为"阅读者"的洪子诚，与一般文学爱好者、普通读者，围绕着对经典的体认，具有了更多可以分享的共鸣经验。从研究者这个侧面而言，这种聚焦于经典的阅读经验讨论，实则也是对其文学素养和趣味所作的一种知识谱系学意义上的自我清理。洪子诚曾写到，"阅读史"谈及的本来应该是"感触最深、最影响人生道路的那些书籍"，但这本书"其实不全是"。① 所谓"不全是"，从行文中可以看出，有些篇目比如契诃夫小说、《鼠疫》《日瓦戈医生》、巴金、茨维塔耶娃，可能更多地属于与他个人的趣味密切相关的"爱好式阅读"序列，而有关《爸爸爸》《绿化树》《见证》的讨论，则相对地属于与专业研究相关的"研究式阅读"。不过，即便是后者的选择，也肯定与洪子诚作为研究者在阅读趣味上有亲近关系。因此，从所讨论的对象上，可以大致窥见洪子诚的阅读趣味和审美偏向。在关于《鼠疫》的讨论中，洪子诚曾提及以赛亚·伯林区分的"法国传统"与"俄国传统"，而他自己可能更多是属于"俄国传统"的。这里收入的八篇文章中，有四篇讨论的是俄国作家作品（关于《见证》与肖斯塔科维奇的讨论，则与洪子诚的音乐爱好有关），加缪的《鼠疫》也不属于典型的"法国传统"，而与注重思想性的"俄国传统"相关。

对俄苏文学的偏好与阅读，与洪子诚个人的文学素养与审美趣味紧密相关，但这种个人审美偏向实则是深植于 1950—1970 年代中苏关系史和文学史中的。这个时期俄苏文学与中国当代文学的密切关系，洪子诚在第一辑中的《相关性问题：当代文学与俄苏文学》以及《文学史的断裂与承续》中都有学术性讨论。在有关"阅读史"的讨论中，洪子诚基于个人的阅读经验和中国作家评论家的阐释接受，实则更提出了"中国当代文学中的世界文学"这一全新的议题。因此，"当代的契诃夫图像"、六次阅读《日瓦戈医生》（或相关文本）、"当代诗中的茨维塔耶娃"，并不是一般所说的"影响研究"，而是洪子诚提出的一种新思路即"相关性研究"。与基于"平行比较的'相似'"不同，

---

① 洪子诚：《我的阅读史》，第 5 页。

"相关性"这一范畴"增加了某些直接关联的成分,但这种关联又不一定能落实到寻找'有迹可循'的依据",由此出发可以形成的一种研究方法就是,"意识形态、社会制度在某一时期'近似'的国家,在处理若干重要的文学问题上,有着怎样的相似或不尽相同的方式,有怎样的思想情感逻辑"①。第二辑关于俄苏作家作品的阅读史讨论,也可以视为这种"相关性研究"的具体实践。如果说这种"相关性研究",是基于不同国别与区域的历史经验,那么对当代文学同一作品的不同实践、情境的阅读,则可以视为另一种基于不同情境、时代经验的相关性问题探讨。

四　材料注释中的历史观

第三辑中作为存目收入的三篇文章都出自《材料与注释》一书。如书名所示,这里关注的对象是 1950—1970 年代当代文学的"材料"。材料一贯被视为学术研究的依据和基础,但洪子诚第一次让材料本身成为了文学史研究的"主角"。不过,这并不是一般意义上"史料"的汇集和整理,也不是一本"史料选",而是一种探索材料、文学史叙述、研究者的位置这三者关系的全新的研究方法。洪子诚对此有明确的说明:这是在"尝试以材料编排为主要方式的文学史叙述的可能性",具体方法是"尽可能让材料本身说话,围绕某一时间、问题,提取不同人,和同一个人在不同时间、情境下的叙述,让它们形成参照、对话的关系,以展现'历史'的多面性和复杂性"②。如果说本书第一辑是围绕"当代文学"这一研究对象而完成的文学史论述,第二辑是围绕"研究者"的阅读经验而展开的相关性问题研究,那么第三辑则是围绕"材料"做出的一种新的文学史写作实践的探索。

---

① 洪子诚:《相关性问题:当代文学与俄苏文学》,《中国现代文学研究丛刊》2016年第 2 期。

② 洪子诚:《材料与注释》,第 2 页,北京大学出版社,2016 年。

研究者对材料的处理,正如研究者对其阅读经验的处理,常常是充分组织化和叙事性的。研究者将材料视为其组织观点和展开历史叙述时的"依据",呈现在读者面前的材料是经研究者编织过的材料,人们关注的是由此得出的观点和结论。而对材料的组织过程,那些不符合研究者观点和结论的不同材料(或同一材料的另外部分),特别是围绕同一事件或对象的不同人、在不同时间与情境下的矛盾性叙述,则无法在文学史研究中呈现出来。洪子诚是当代文学界最早关注史料建设的研究者,他编选的《中国当代文学史料选(1948—1975)》《二十世纪中国小说理论资料(第五卷)1949—1976》①,以及为配合《中国当代文学史》的教学而编选的《中国当代文学史料选》(上下卷)等,都是研究界引用率很高的史料选本。但他从来不是在一般收集整理的意义上重视史料学问题,而强调在尽可能全面地掌握原始史料的基础上,呈现材料本身的复杂内涵,关注研究者对材料的甄别能力,以及对文学史叙述的限度和边界的反思。《材料与注释》可以说代表了他对这一问题的最新思考。

洪子诚对材料的注释与编排,实则是尝试构建一种"自反性"的文学史叙述。正如一般电影拍摄从来都是隐藏摄像机镜头,而先锋电影则主动暴露摄像机镜头的存在,洪子诚"隐藏"起了他自己而"暴露"出材料的在场,他自己也从一个历史叙述者,降低为一个材料的说明者和编排者。当代文学史上的重要会议或事件、人物的历史轮廓与面貌,是由不同人在不同时间、情境下的叙述材料的编排,以及洪子诚的注释说明来呈现的。这些材料之间构成了明显的或互证或互否的复杂关系,但历史"原貌"的丰富性却因此得到了前所未有的清晰呈现。这里依然是以研究对象为中心的,只是历史对象的面貌不是通过研究者的叙述,而是通过尽可能丰富且复杂的材料共同呈现出来。特别

---

① 谢冕、洪子诚主编:《中国当代文学史料选:1946—1975》,北京:北京大学出版社,1995 年;洪子诚编:《二十世纪中国小说理论资料(第五卷)1949—1976》,北京:北京大学出版社,1997 年。

是，这些文章启用了一批特殊的材料，即"文革"期间翻印流传的"认罪书"、交代与检讨材料。这些材料一般不被视为文学史研究的合法材料。洪子诚一方面强调这些材料有其历史限制，一方面也通过对材料所叙述内容与其他材料的参照，证实这些材料关于历史叙述的某种可信度。三篇文章论及的是在 1950—1970 年代文学史上产生过重要影响的会议和人物，一般的文学史叙述已经形成的定论，实则建立在事件当时与 1970—1980 年代转型后公开发表的文件或史料的基础上。这两个时段有着内在的自洽性，因而叙述者会有意无意地回避与其历史意识不相吻合的经验。在这意义上，正是"文革"时期受批判者所留下的"特殊"材料，可以与其构成直接参照，从而显现出那些被遮蔽的历史面貌。同时，在编排材料时，洪子诚找到了尽可能多的叙述者，他们在不同时间、情境下的叙述，这事实上也最大限度地呈现出历史的复杂"原貌"。

可以说，在这样的文学史叙述中，研究者的主体位置不再是"讲故事"，而是通过材料的编排、以"搬演"的方式呈现出事件的基本轮廓和不同侧面，不同材料提供的"众声喧哗"也不再被统一到一个声部的叙事中。这看似是洪子诚作为文学史研究者的"后撤"，实则为其作为研究主体寻找到了一种更为从容自如而又具有极大包容性的叙述位置。首先是他从诸多材料中整理出的事件的基本轮廓，其次是对涉及事件不同环节的各种材料的编排，再次是作为说明者对事件的介绍和评价，这三个层面的结合，使他居于历史事件观察的制高点。一般的历史当事人，往往只能从某一位置看到历史事件的某一侧面，研究者唯有占据多个位置多个视点的当事人材料，才有可能超越历史限制而获得某种"全局性"眼光与视角。洪子诚在这里提供的，是一种既看到"全局"又超越于任何局限性位置（或立场）的观察历史的方式。这是一种关于历史的"复眼式"叙述方式，它最终统一于洪子诚作为研究者的史识、视野和历史意识。因此也可以说，这是洪子诚当代文学史研究多年思考累积的一种举重若轻的集成式展示。

第七章　当代文学的自我
批判与超越:读李陀

一　"80 年代人"与 40 年

如果说 2018 年《无名指》①的出版,是李陀以小说的方式对当下中国现实做出的回应,那么稍早出版的论文集《雪崩何处》②,则可说是他对自己多年文学批评实践的一次回顾和总结。《无名指》单行本的出版,距离李陀 1978 年以《愿你听到这支歌》获得首届全国优秀短篇小说奖,刚好 40 年。对于许多年轻学人而言,他是一个从文学史里出走并再度回归的历史人物。40 年,近半个世纪的时间长度,给人以足够的心理冲击,也使人们获得一个历史性契机来反思当代文学的来路及其未来走向。

以李陀为个案讨论当代中国文学 40 年的历史变迁,有其独特的典范性。李陀既是作家,也是批评家、编辑和文学活动家,诸种身份有机地统一在他身上,使他始终活跃于当代文艺实践的现场和前沿。从新时期文学开端到 1980 年代的"文学革命",再到 1990 年代的思想论争直至 21 世纪的文学与思想实践,李陀一直是当代文化思想场域中

---

① 李陀:《无名指》,初刊于《收获》杂志 2017 年长篇专号(夏卷),中信出版社 2018 年 8 月出版单行本。

② 李陀:《雪崩何处》,北京:中信出版社,2015 年。

的亲历者和重要人物。可以说,他本身的经历就是一部微型的当代文学史。当代中国一个独特的社会现象是,1980 年代出场的一代人或两代人(包括文学、电影、思想等诸领域)长期占据着文化场域的主导位置,即便人们不断地呼唤着"代际"更替,自 1990 年代开始,发明了"70 后""80 后"乃至"90 后""00 后"等诸多代际说法,但"80 年代人"在许多场合仍是当代中国文化场中的"主角"。这也从一个侧面显示出当代中国社会文化的某一特性,表明 1980 年代构造的话语形态和知识体制有其强大力量,足以覆盖当代中国 40 年的历史。李陀无疑是 1980 年代出场的风云人物之一,圈内"陀爷"这一同时带有辈份和话份的称呼,显示的也是他在文学界的分量。

不过,1980 年代文化与知识群体的这种生命力并非一直是稳定的,最大的挑战源自 1980—1990 年代之交的历史断裂。1990 年后,宣告"新时期的终结"和"后新时期"的来临,曾一度成为文化界的重要话题。而研究界将"新时期文学""历史化"的努力则更强调 1990 年代以来的社会变化使得新时期主流话语已无法回应当下的现实问题。1980 年代文学和作家似乎已真的进入了"文学史"。正是在这一意义上,李陀的《无名指》和《雪崩何处》的出版,使得 1980 年代文学史与当下文学实践之间发生了独特的互动关系,已进入历史的问题、对象再次与今天发生了关联。李陀的小说实践和批评实践因此既是历史当事人的检省,是与几已定型的学院派文学史知识的一次历史性对话,同时也是基于新的当代意识和思想视野而对当代文学的重新定位。他在《雪崩何处》的前言中明确表达了这样一种意识:"回顾自己过去写过的文字……借这机会观察一下自己,不只是文章的好坏对错,还有思想的变化和发展,特别是,走过什么岔路,经历什么曲折,在什么地方撞墙,在什么地方迷途知返,又从哪个路口停了下来,耐心地为自己画出一个新的地图,然后再出发,再探索……"①这幅地图不仅

---

① 李陀:《雪崩何处》,"写在前边的话",第 IX 页。

是李陀个人的，因其在文学界的特殊地位，可以说这也是对当代文学40 年道路的一次自觉而有意义的回顾与反省。

《雪崩何处》收录了李陀从 1980 年代到 21 世纪写作的近 20 篇评论文章，依时序分六部分。从篇目的编排和筛选上看，李陀试图描画自己的文学批评道路这一意图是清晰的。其中最值得关注的是"两个李陀"的形象。这不仅指李陀借以展开文学批评实践的话语方式、理论资源和思想立场发生了极大的分裂性变化，同时也指他在回顾历史时清醒而不无痛苦的自我意识。在说明"80 年代的五篇文章"时，他写道："和很多人一样，回想一下我思想上的转变，1989 年是个转折点，特别是九十年代前后的十多年，思想波动很大，那之前和那之后，差不多的确有两个李陀。"①这种转变并不是批评家的主动选择，很大程度上是多种因素导致的被动反应。在论及自己为何在 1990年代转向大众文化研究时，李陀这样写："只不过短短的几年，消费主义文化就像洪水泛滥一样席卷全国，把我用一生时间来熟悉、认可的一切，文学艺术、价值规范、道德观念、生活方式、行为准则、风土人情，都一下子冲得七零八落，这给我带来的震撼，用目瞪口呆都绝不足以形容。"②面对这种"精神破产"的废墟和窘境，李陀选择的是"抵抗"，而"抵抗"的方式则是调整自己的写作方向和批评路径，直面大众文化去研究它、批判它并力图突破消费主义意识形态的迷障。这里的"抵抗"很有"兵来将挡，水来土掩"的意思。面对现实环境的巨大改变，原先熟悉的一切精神资源都已被摧毁，但唯一没有改变的是批评家的精神状态，即直面现实并积极寻找介入的方式。这也决定了1990 年代之后的李陀，不再是 1980 年代的李陀。在 1980 年代，他谈论的是文学的"语言"和"形式"，寻求的是冲决既有文学体制束缚的"文学革命"；而 1990 年代之后，他谈的是"现实"和"批判"，关心的是"今天的文学艺术怎么才能和今天的现实生活发生连结"。《雪崩何

---

① 李陀：《雪崩何处》，第 54 页。
② 李陀：《雪崩何处》，第 194 页。

处》的第六部分收录的是李陀 1990 年代后写作的"三篇评论，一篇序言"，他这样评价道："如果拿这几篇文章和八十年代写的那些文章相比，确实变化很大，确实前后不统一，差不多可以说是有两个李陀。"但他旋即用"非常李陀的方式"反问道："可是，中国这三十年发生这么大的变化，一个人能不变吗？不变有什么好？变一变有什么不好？"①

李陀对"变"这一问题的敏感，很大程度源自他作为文学圈前沿的"风向标"式人物经常面临的诘难："李陀又变了"，其隐含的语义是"李陀前后不统一，自相矛盾"。但与那种不断追逐文坛新时尚的变色龙式人物不同，李陀从 1980 年代到 1990 年代后的转变，并不是一种投机主义的取巧，而是基于自我反思与自我否定而对新的时代和现实做出的批判性回应。因此，值得尊重的，正是他在痛苦的自我撕裂中顽强地探寻介入现实路径的自我批判勇气。这份勇气，或许才是真正的"80 年代精神"。1980 年代曾有的许多具体观点、话题、思路和理论资源可能改变了，但没有改变的是那种积极与现实保持紧张的对话关系，努力介入现实的批判精神。在这一点上，可以说李陀并没有变。

李陀这一姿态与立场在"80 年代人"中并不是普遍的，毋宁说，这是李陀超越其 1980 年代意识之后的自觉选择。《雪崩何处》第一部分收入了他与吴亮争论的"九个帖子"，内容涉及是否需要反省 1980 年代的"纯文学"观念，如何看待文学在 1990 年代的现状和功能等。同为 1980 年代文学革命呐喊并积极参与其中的亲历者，李陀与吴亮在这些问题上的争论，彰显的是文学界在 1990 年代发生的内在分化。标志着李陀 1990 年代文学立场转向的，是他的《漫说"纯文学"》②一文，但李陀并没有在《雪崩何处》中选入这篇文章，而将他与吴亮在"小众菜园上"你来我往、不无激烈交锋的几个帖子选入，显示的是他如何看待这种分化的一种姿态。在第五部分"关于九十年代的大分裂"中，李陀更多地涉及对知识界"新左派"和"（新）自由派"之争的

---

① 李陀：《雪崩何处》，第 256 页。
② 李陀、李静：《漫说"纯文学"——李陀访谈录》，《上海文学》2001 年第 3 期。

看法。"大分裂"的不可避免,源自 1990 年代以后中国社会乃至全球格局发生的大不同于 1980 年代的变化。如何回应这种变化,是视而不见,是固守旧路,还是积极寻找回应现实的路径,在李陀看来才是真正的问题。而种种回应路径之间立场和观点的分歧与争论,关键不在"输赢","重要的是争论双方有没有各自获益,有没有发展知识"。他由此感叹道:"设想一下,如果当年不是那么'乱打一锅粥',也许二十一世纪中国知识界的局面会是另一个样子吧?"[1]可以说,选入与吴亮的论战小帖子,既是对同为文学热爱者的同道友谊的纪念,也是一种善意和良性地看待争论的方式。在这样的"论战"中,李陀并不隐瞒他的态度和立场,相反,他希望双方在论辩过程中完善自己的知识与思想理路,并以各自不同的方式深化当代中国的文学与思想实践。可以说,他在 1990 年代以后的文学批评实践,特别是《无名指》的创作实践,正是他回应现实路径的具体推进。

二 "破旧立新"的文学革命

"两个李陀"看似发生了巨变,但其内在理路却是一种基于自我批判的主体重构。自我批判不是简单的否定,某种意义上是"否定之否定"的辩证推进,其中包含了一种对历史与自我的自觉反思。从这样的角度,值得对"80 年代的李陀"与"90 年代之后的李陀"做一种超越其主观限定的历史分析,借此或许能以一种新的当代性视角重新勾画当代文学展开的内在脉络。

《雪崩何处》中的第二部分"八十年代的五篇文章"和第三部分"从哪里开始转向",可以视为 1980 年代李陀的代表性思路和成果。这些文章既是李陀基于新时期文学实践的现场体验而提出的引导性建议和评价,也是他自觉地以批评家意识所勾画的文学史图景。李陀

---

[1]　李陀:《雪崩何处》,第 226 页。

明确地区分了"批评家"不同于"研究者"的功能。在关于"伪现代派"论争的文章中，他不满于黄子平"冷静得近乎冷漠的客观主义态度"而提出这样的看法："文学目前正站在一个陌生的十字路口，我想文学批评这时候有责任、也有兴趣指一指路：向北？向南？向西？还是向东？"①这种为文学发展扮演"指路人"的角色，无疑才是李陀心目中理想的文学批评，他自己的文学批评实践也正是在这样的意识下展开的。因此，阅读李陀的文章会有这样的感受：他的特长并不表现在论述思路的严密，而在其提出的问题和评价的方式。与其说他在"论证"什么，不如说他在"倡导"什么。这也使他的文章不同于一般的文学评论或文学研究，而力图更直接地介入文学现场并影响其走向。在1980年代的语境中，这种影响力能真正发挥作用，其一是通过他基于审美品鉴和文学知识而重新勾画文学史图景的能力，其二则是以文学编辑和文学活动家身份发挥的组织能力。如果说1950—1970年代文学的规划主要通过自上而下的文艺政策和批评体制的引导和组织，那么1980年代则出现了官方引导、批评家实践和学院研究的三元格局。一则是既有的文艺体制仍在很大程度上主导着文学生产，另一则是学科体制的完善和学院派研究在文学实践中发挥越来越大的作用，而李陀力图在这二者之外，通过与文学创作界的直接互动并借助文艺刊物的组织来形成一种特殊的影响力。这种往往以"小团体""小圈子"形式展开的文学活动，在1980年代有着极大的吸引力。李陀在《1985》一文中回顾1980年代文学时，提及当时知识界存在着"难以计数的狂热地思考着的小团体、'小圈子'"，它们"在'社会主义中国'的固有结构中形成无数缝隙、裂纹的时候……实际上已经成为某种'公共空间'的雏形"，李陀并预期其会"在未来的发展中渐渐获得更加稳定的形式，并在中国的未来发展中发挥更大的作用"。② 1980—1990年代之交的历史断裂，也是这些"小团体、小圈子"崩解和消散的时期。如

---

① 李陀：《也谈"伪现代派"及其批评》，收入《雪崩何处》，第85页。
② 李陀：《1985》，收入《雪崩何处》，第91页。

果我们并不以"国家"与"社会"的简单二元对立来看待这种文学实践活动,而将其视为文学与社会发生关联的具体形式,显然可以更深入地理解其历史意味。

"80 年代的李陀"有着强烈的"文学革命"意识,"破旧立新"是其明确诉求。在为 1985 年新作家群出现而欢呼时,他激动地写道:"我们面临的小说世界正处于一场大变革所必不可免的混乱之中……这是一场令人兴奋的乱。因为在这场有时让人昏头昏脑的混乱中,我们似乎已经隐隐看到新秩序的轮廓。"①所谓"旧"指的是形成于 1940—1970 年代并在新时期已显得僵化的话语体制,李陀借助福柯理论发明了一个独特的说法即"毛文体",称其为涵盖了语言、文体和话语机制的整一体。他将 1980 年代所有不同于这一文体的叙事形式、文学意象、叙述语言视为"新"文学出现的标志。基于此,他认为新时期文学的真正起点并不是 1970—1980 年代之交的伤痕文学,那被视为仍旧是"工农兵文艺"的延续。在他的"文学革命"视野中,1985 年出现的寻根作家、1987 年出现的先锋作家和作为其"先行者"的汪曾祺被赋予了重要地位。由此,李陀不仅勾勒出另一种新时期文学图景,更从语言这一维度重构了五四以来现代中国的文学谱系。"雪崩何处"这一带有惊悚意味的意象,正是要突出语言如何改变人们的思维和看待世界的方式的巨大效应——"文学作品通过语言层面的种种运作,来影响、改变人们的言语行为中的词语系统和语义系统,并进一步影响、改变人们的思考方式,乃至改变深层心理的可能性。"②从这一角度,他评价汪曾祺作为"先行者、头雁"的重要地位在于他写出了"不一样的小说",在于他打破旧文体的限制而以"白话"为"文"的创作探索。他对 1985 年新作家群的高度评价,正因为他们塑造了新的"意象"。而对余华们的肯定,则在其颠覆了"长期形成的,几乎是人人都已习惯的小说—读者之间相互作用方式,并从这种颠覆中使他的

---

① 李陀:《意象的激流》,收入《雪崩何处》,第 60 页。
② 李陀:《雪崩何处》,收入《雪崩何处》,第 108 页。

写作行为获得更深一层的意义"。①

　　所谓"更深一层的意义"在于新作家们破坏并瓦解了已经僵化的既有话语体制，在"语言的解放"中创造出一种新的文学。但是，在李陀当时的理解中，这种"文学革命"的鼓吹和召唤显然存在偏颇之处。其一是夸大了语言的作用，而无视语言与权力之间相辅相成的关系。他一方面将旧文学体制视为福柯意义上的语言—权力机制，另一方面却对新时期"语言的解放"构建出的现实意义秩序视而不见。更重要的是，他在"新"与"旧"的二元对立格局中理解文学创新与既有文学体制的关系，将"文学革命"视为旧文体的对立面，并刻意从旧文体之"外"去寻求创新资源。事实上，不像其表面的分裂，正因为将文学创新仅仅理解为与"旧"的对立，"新"与"旧"互为一体的关系反而更紧密了，可以说没有对"旧"的对抗就无所谓"新"的存在。同时，由于过度强调语言的自足性，文学与"现实"的真实关系却被遮蔽——"这种写作态度基本上否定了语言是可以'反映'现实的透明媒介这种语言观，认为所谓'真实'只是某种符号编码所赋予事物的一定秩序，从而把反抗既成语言规范和接受模式，并创造新的语言来为自己或为他人寻找新的意义，当作文学的首要使命。"②如果说语言成为颠覆既有意义秩序的起点，那么新的语言实践造就了文学与现实的何种关系，却完全在这种"文学革命"的视野之外。由此，"新"无非是"旧"的对立面，"文学革命"仅仅依靠其所反叛的对象来界定自己。李陀曾以"昔日顽童今何在"为题名③，批评欢呼 1985 年变革的批评家无视 1987 年"文学革命"的继续推进，所谓"顽童""戏仿"无非正是既有文学秩序内部的"造反"，而真正的问题却是文学如何塑造新的社会现实。

　　告别这种"文学革命"思路的"转向"，始于李陀对 1940—1970 年代形成的文学话语做出的重新评价。《雪崩何处》第三部分收入他在

---

① 李陀：《阅读的颠覆——论余华的小说创作》，收入《雪崩何处》，第 62 页。
② 李陀：《现代汉语与当代文学》，收入《雪崩何处》，第 126 页。
③ 李陀：《昔日顽童今何在》，收入《雪崩何处》，第 68—71 页。

1990 年代从现代汉语与文学写作的关系角度"重写文学史"的四篇文章。他名之为"从哪里开始转向"。与 1980 年代简单地将其作为"破坏"对象不同，这些文章尝试对旧文体展开历史化的清理工作。尤其是《丁玲不简单》一文，不再简单地在压迫与反抗的二元对立思路上探讨当代文学体制与作家的关系，而力图呈现出两者更复杂的互动关联。一方面，革命话语不再单纯是一种压抑性力量，它作为一种"中国式的现代性话语"所具有的竞争力和吸引力是知识分子接纳这一话语的前提，另一方面，知识分子也自觉地参与了这一话语的历史建构过程，而不是单纯被收编或压抑的对象。由此，他开始思考这样的问题："以压迫/反抗这类模式去解释当代中国的人和历史，只能是管窥蠡测，难有什么大意思……首先要考虑如何找到或创出一套新的语言，以使我们的思考复杂化，而不是相反。"①不过，由于将"毛文体"这一话语视为一种总体性存在，李陀关于其现代性的双重性分析尚停留于较为简单的评价阶段，而没有深入分析具体的话语实践过程中诸要素的展开方式；同时，"新时期文学"仍被视为在旧文体的"外部"展开的革命，而没有对两者的辩证历史关系做出分析。这其中的关键在于，打破压迫与反抗的二元对立结构，呈现更为复杂化的历史记忆，同样需要自我批判的深度。因此，与其说这种"转向"真正深入到了 20 世纪革命与文学实践的内在逻辑中重构文学与现实的关系，不如说如何看待中国革命话语的历史存在仍旧是李陀的某种难题。

三 自我批判与重构现实

真正的变化来自中国社会现实的冲击。1990 年代初期知识群体"精神破产"的痛苦体验，源自一种外在的强力"裸露"出纯文学革命的限度。这也是李陀的真正转型。他在 2001 年发表的《漫说"纯文

---

① 李陀：《丁玲不简单——革命时期知识分子在话语生产中的复杂角色》，收入《雪崩何处》，第 154 页。

学"》一文对1990年代文学界提出的批评，无疑更是对自己曾持有的文学观的一种自我批判。文学与现实的关系、文学如何探寻新的方式来介入现实，这些问题开始成为他明确的意识。"现实"是"90年代后的李陀"的关键词。如果说"80年代的李陀"始终在一个特定的"文学场"内部展开批评实践的话，那么那个"场"自身的破裂，使李陀获得了广阔得多的视野：他开始尝试进行大众文化研究、介入思想界论争，同时批评实践更多地从文学扩大到话剧、美术等艺术领域。

有意味的是，也正是在这个过程中，李陀再次开始小说创作。《无名指》正是这种实践的产物。还在2001年倡导大众文化研究时，李陀在一次访谈中就谈到：从1980年代中期开始，由于意识到自己"知识地图"的"老旧"，而开始了一个重新学习的阶段，"我逐渐发现当代世界知识的变革比我想象中的图景还要复杂得多。正是这种复杂性，使我对了解国外当代知识产生了更浓厚的兴趣，以至于后来完全放弃了我从小就向往的小说写作"，接着他说道，"近几年我常为这个后悔，觉得还是写小说更有意思"。① 李陀由小说而理论、再从理论而小说的这个过程，不仅是作家基于自我判断而做出的选择，同时也可说与文学在社会场域中地位的变化有着历史的关联。

如果说1980年代文学场和知识界的活跃，使得李陀放弃小说创作而更多地从事文学批评和文学组织活动，那么应该说，他之重新回归小说创作也正因为这个"场"和"界"的破裂与重组。一方面，1980年代存在着似乎约定俗成的"文学场"和"知识界"，这是在"'社会主义中国'的固有结构"中形成的"无数裂缝、裂纹"所塑造的特定社会场域和人群聚落。这种"场域"因1980—1990年代之交的巨变而瓦解和消散。另一方面，1990年代知识界的"分化"与"分裂"，同时也是中国市场社会的成型、学院体制的扩张和知识群体的重组过程。1990年代真正活跃的，并非1980年代形成的"知识界"，这个"界"已被市

---

① 李陀：《失控与无名的文化现实——江苏人民出版社杨建平访谈》，收入《雪崩何处》，第211页。

场社会和学院体制重新组织和构造，分化在所难免。但分化之后并没有形成另一个统一的"知识界"，而是在新的社会结构关系中重新被组织的文化与知识生产机制及其从业者。知识主体日益被生产机制分割，但正是这种区隔化、专业化的社会格局，也开始召唤一种新的整合性叙事的出现。如果说电影、电视剧、畅销书、流行文化、网络与自媒体读物等大众文化包揽了大众社会主流意识形态生产的功能，那么，正是在这个格局中不再处于中心位置的文学，特别是其中叙事性最强的小说，仍具有生产整合性叙事的可能性。可以说，21 世纪是中国文化一个"叙事"而非"思想"占据主导位置的时代。在整合性的叙事与区隔化的社会空间之间，小说或许成为知识群体跨越学院和市场边界的重要媒介，也是与资本市场关系最不密切的一种媒介（相对于被纳入"文化产业"的影视制作而言）。虽然，小说的影响在大众文化市场中也许相对微弱，但它却成了知识群体向社会发出声音的重要途径。这是新的文学之"场"和知识之"界"的形成，也必然要求文学重新建立它和现实的新的关联方式。

重构文学与社会现实的关系，是 1990 年代后李陀关注的核心问题。这是在对 1980 年代文学观进行自我批判的基础上展开的重构，因此，这里的"现实"这一能指有着多重意涵，既涉及文学观的调整，也涉及具体写作方式上的探索。

其一是在"纯文学"批判这一话题下对形式与内容关系的新理解。与 1980 年代侧重从语言和形式角度倡导"文学革命"不同，1990 年代后李陀更关心的是"今天的文学艺术怎么才能和今天的现实生活发生连结"。文学不再被视为自我指涉的语言秩序，而需要与现实生活直接互动。在这一意义上，他批评 1990 年代的"个人化写作"（以及后来的"私人化写作"），而倡导文学介入思想性话题的能力。不过这种讨论仍旧更多地从分析"具体地解决了什么观念的、形式的和技术的问题"入手。他在评价孟京辉的先锋话剧《一个无政府主义者的意外死亡》时，关注的是其中的"粗俗"因素如何成为"在新的历史条件下，创造一种与这新形势相适应的新戏剧的努力"①；在评价格非的小说《戒指花》时，他批评那种"超越时间、空间和历史的'三不粘'式实验小说"，而探究"内心叙事技巧"这一先锋叙事手法如何可以"放到一个更大的社会背景里去凸现和演绎"②；在评价徐冰的大型装置作品《凤凰》时，他肯定徐冰在现代主义艺术体制内部做出的反叛，倡导"要把艺术变得重新和社会问题发生关系，不但要把艺术重新放到活生生的日常生活中来，而且要介入社会变革和政治生活"③……从这些评论可以看出，李陀并没有放弃对文艺形式经营的技艺要求，可以说，他认为这是一个作家（或艺术家）的基本功和值得被评价的前提。他这样写道："我一直认为文学写作首先是个'手艺活儿'，一件作品，应该也是一件工艺品，也就是说，作品过眼的时候，其中的'工艺'含量是第一判断，是评价的头一道关口。"④从这种美学趣味来看，李陀仍旧是一个对文学叙事形式要求相当高的"精英主义"者。这也意味着，一部作品即便在内容和主题上表现出了足够的"现实性"，但如果在叙事技艺上粗糙或随意，在李陀看来它就仍是不合格的。这或许也可以解释《雪崩何处》第六部分选入的"三篇评论"评价的对象，都是"先锋派"作品。在这一意义上，关于《无名指》的阐释，他倡导一种"精致阅读"⑤也基于同样的逻辑。

　　与此相关的第二点，是他对西方现代派艺术体制的批判和对文艺写作对象及问题之"中国性"的强调。1980 年代文学界对西方现代派的迷恋以及由此形成的现代主义文学崇拜，构成了新时期文学革命的

---

　　① 李陀：《一只色彩斑斓的牛虻——喜剧〈一个无政府主义者的意外死亡〉观后》，收入《雪崩何处》，第 261 页。

　　② 李陀：《腐烂的焦虑——评格非短篇小说〈戒指花〉》，收入《雪崩何处》，第 273 页。

　　③ 李陀：《徐冰，现代主义的叛徒——评大型装置作品〈凤凰〉》，收入《雪崩何处》，第 285 页。

　　④ 李陀：《腐烂的焦虑——评格非短篇小说〈戒指花〉》，收入《雪崩何处》，第 267 页。

　　⑤ 李陀、毛尖：《一次文化逆袭——对谈〈无名指〉》，《南方文坛》2018 年第 5 期。

内在动力与主要资源。由于小说《自由落体》《七奶奶》等的创作，关于现代主义小说问题的讨论以及电影语言现代化的倡导等，使得人们常常将李陀视为 1980 年代文坛现代派思潮的始作俑者之一。这也成为他在 1990 年代后反复申辩的话题之一。事实上，即便在 1980 年代初期被戏称为"四只小风筝"时，李陀也并非一个不加选择地倡导现代派的人，他那时就力图辨析现代主义小说与西方现代派的差别，以及在何种意义上现代派的技巧具有可借鉴性。① 1990 年代之后，李陀的态度更为明确，更多谈论的是要从西方现代派思潮及现代主义文艺的封闭体制中摆脱出来，侧重从中国性和现实生活的层面突破其限制。他对孟京辉、格非和徐冰的肯定都涉及了这一面向。如果要准确地表达李陀的态度和立场，或许接近于彼得·比格尔的"先锋派"概念："依照彼得·比格尔的批评，与现代主义的去政治化的精英主义倾向相反，那个时候的先锋派艺术家，由于追求让艺术接近和介入现实生活，试图让艺术成为变革现实的某种动力，无论其理论，还是其作品，都把矛头直指体制和秩序，所以，它和去政治化的艺术倾向正好是针锋相对的，是真正先锋的。"②中国当代文学与西方现代派或现代主义文艺纠缠不清的紧密关系，是 1980 年代那种从既有文学知识体制之"外"去寻找创新资源，并将西方现代派思潮视为创新规范的基本取向导致的历史后果。到 1980 年代后期，这几乎已成了文学家的新常识，进而形成了以"先进的现代主义"对抗"落后的现实主义"的二元对立思维框架。其中的关键问题不在现代派本身如何，而在衡量文学好坏的标准应当从那种形式主义和虚假的"世界主义"想象中摆脱出来，以中国现实及其问题作为思考依据。这或许正是李陀反复批判西方现代派迷信的初衷所在。

不过值得讨论的是，在小说《无名指》及其自我阐释中，"回到 19

---

① 李陀：《也谈"伪现代派"及其批评》，收入《雪崩何处》，第 72—85 页。
② 李陀：《徐冰，现代主义的叛徒——评大型装置作品〈凤凰〉》，收入《雪崩何处》，第 281—282 页。

世纪的现实主义"似乎成了李陀另一个明确诉求。他开始谈论"经验""人物"和"日常生活"，甚而说要处处与现代主义"反着来"，将这部小说的创作视为"反现代主义宣言"①。这固然是他认为"急迫的文学问题应以尖锐的方式提出来"以期引起注意的表达策略，但更包含了他对何谓现实主义的重新思考。这也是李陀谈论"现实"这一能指时第三点值得注意的地方。"现实主义的回归"几已成为近年文艺界讨论的热门话题。但是，对文艺介入现实的强调并不简单地等同于回归现实主义，这其中存在着创作诉求和创作方法的差别。从创作诉求而言，人们对文学（也包括影视、话剧等艺术门类）的不满源自他们无法在其中看到对经验性现实问题的深刻叙事，由此而强调重构文艺与现实的关系。但从创作方法而言，现实主义区别于浪漫主义、现代主义或（后）现代主义的地方，在于它虽然以"真实性"作为创作原则，但其所呈现的仍是一套"拟真性"的文学叙事程式。其中，"经验""人物"和"日常生活"并非自明的存在，而是文学叙事程式组织的结果。人们无法从中获得现实感的原因，在于无法从其叙事中获得意识形态的共鸣。从这一角度而言，作为一种创作方法的现实主义，并不存在一套已经定型的书写模板，无论"回到19世纪"还是"回到中国传统经典的现实主义"都不足以解决问题。事实上，诸多被称为现代主义的创作手法（比如意识流、荒诞、变形等），正是在追求"更深刻的真实性"这一诉求下形成的。在这一意义上，现代主义也并不是现实主义的对立面。

真正关键的问题或许在，"拟真性"叙事成规背后需要提供一套特定历史语境中可以共享的意识形态，或从批判性角度来说，需要提供一套高度整合性的关于现实生活的理论性阐释。从这一角度而言，"总体性"再度成为文学界关注的问题。这一显然源自马克思主义理论脉络特别是卢卡奇意义上的范畴，曾被视为社会主义革命中"黑格

---

① 李陀：《回到19世纪，彻底摆脱现代主义》，凤凰文化（http://culture. ifeng. com），2017年7月30日。

尔的幽灵"而加以排斥，认为正是这种"总体性"追求导致了诸多压抑性的宏大叙事，而使后现代主义的"个人化""碎片化"诉求大行其道。但从卢卡奇在《历史与阶级意识》中的阐述来看，"总体性"本身并非一种客观现实，而是政治主体"不仅把真实的东西或真理理解和表述为实体，而且同样理解和表述为主体"的理论与实践的统一①。在与卢卡奇针锋相对的讨论中，阿尔都塞更强调了"整体性"这个概念，认为马克思主义理论的整合性并不表现为本质主义的"表现因果律"，而是存在于文化、政治、经济等内在多元性之间的"结构因果律"。"整体性"内部表现为结构性的内部差异，并以"多元决定"的形态与经济基础发生关联。② 这些理论上的辨析与现实主义问题并非不相关。某种意义上可以说，只要谈论文艺与现实的关系以及如何重构现实主义，就无法不以某种方式回到马克思主义理论的基本问题。归根结底，唯有马克思主义才真正关注文学与文化的唯物主义基础，并由此与形式主义、也与庸俗社会学区分开来。

　　无论李陀是否有明确意识，当"现实"成为他关注的首要问题时，他都在某种意义上向文化唯物主义或宽泛意义上的马克思主义理论回归。由此来看，他对小资问题的关注和重视也并非偶然。在 2012 年为北岛的小说《波动》重版所作的序言中，李陀集中阐释了小资群体在当代中国的历史脉络，并将其与 1990 年代以来中国社会的"文化领导权"问题联系起来，称之为今天中国社会的"新人"③。这种阶级维度的话语分析是独特的。在 21 世纪的文学界，人们更多谈论的是"底层"问题；在社会科学界，"中产阶级"是另一表述；而在电影与电视剧等大众文化媒介中，中产阶级社会的自我表述虽难以确立，但以

---

　　① ［匈］卢卡奇：《历史与阶级意识——关于马克思主义辩证法的研究》，第 91 页，杜章智、任立、燕宏远译，北京：商务印书馆，1992 年。

　　② ［法］路易·阿尔都塞：《保卫马克思》，第 80—92、198—201 页，顾良译，北京：商务印书馆，2010 年。

　　③ 李陀：《〈波动〉序言——新小资与文化领导权的转移》，收入《雪崩何处》，第 305—308 页。

家庭伦理为主的日常生活叙事却无疑正是中产阶级群体生态的集中展示。阶级话语并非不存在，只是已经丧失了其曾在 20 世纪革命话语中具有的批判力和阐释力。李陀从"文化领导权"角度对小资所作的社会和历史分析，提出的无疑是一个新问题。可以说，《无名指》也是一部力图从"内心景观"和社会关系维度将以主人公杨博奇为代表的小资群体"放到一个更大的社会背景里去凸现和演绎"的小说。这需要对中国社会有更为整体性的认知，并在对政治主体的阶级意识的塑造中勾画一种可能的未来。尽管不能说《无名指》完美地实践了这一诉求，但这无疑是李陀反复提及"现实"问题的意图与企望。

如同他在 40 年文学实践中经常做的那样，李陀的重要性或许不在解答了什么问题，而是发现和提出了什么问题。正是这些问题，某种程度上影响甚至改变着当代文学的格局。因此，这里以李陀为个案对当代文学 40 年所作的简单梳理与检省，并非针对李陀个人，而是向不倦地摸索着前行的前辈表达的一份敬意，也是从他所描画的思想地图中获得的一种历史启示。

第八章 "没有屋顶的房间"：读戴锦华

在当代思想文化研究界，戴锦华一直是一个难于界说的研究者。难于界说首先在于她的研究领域。在 1980 年代，她主要是作为一个电影研究者，从事有关中国与世界电影的批评、历史与理论研究。她为文学批评界所瞩目，始于 1989 年发表于《北京文学》的精彩评论文章：《裂谷的另一侧畔——初读余华》，以及她与孟悦合作的论著《浮出历史地表——现代妇女文学研究》①。娴熟的西方理论功底，融汇了理论洞见、敏锐的历史洞察力和艺术感受力的文本细读，以及华丽、繁复而不无晦涩的文风，使人们对她的理解界于赞叹与隔膜之间。

一 越界的思想者

1990 年代，戴锦华的研究工作同时在三个领域展开：电影研究、女性写作研究和文化研究。戴锦华一直喜欢称自己是一个电影研究者，认为电影才是她真正的专业。而她在电影人中的声誉也远远高出她在文学批评界的影响。她的"电影人"出身、电影理论素养以及对世界、中国电影文化的熟谙，使她在把握、评价当代中国文化时，有着不为纯粹文化（文学）研究者所具有的思想视野和理论储备。在女性文

---

① 孟悦、戴锦华：《浮出历史地表——现代妇女文学研究》，郑州：河南人民出版社，1989 年。

学研究领域,继《浮出历史地表》之后,她发表了一系列评论新时期以来女作家的文章,包括《"世纪"的终结:重读张洁》《真淳者的质询——重读铁凝》《池莉:神圣的烦恼人生》等。① 她在《奇遇与突围——九十年代女性文化与女性写作》《涉渡之筏:由父子场景到性别场景》《重写女性——八九十年代的性别写作与文化空间》等论文中,则对当代中国女性写作和女性文化作了富于洞见的宏观阐述。这些成果使她成为女性文学研究领域的代表性学者。但近 10 年来,戴锦华真正关注并倾注了相当心血和精力的,则是"文化研究"。她在多种场合和多篇文章中都谈及,"文化研究"是她经历了 1980—1990 年代文化断裂和精神危机之后,走出"知识破产",回应现实挑战的产物。在她这里,"文化研究"不是宽泛意义上的研究当代文化,而是具有明确的批判立场,在英国伯明翰学派、当代法国激进理论和德国批判理论等西方马克思主义(也包括经典马克思主义)文化理论脉络上所作的大众文化研究。她考察了 1990 年代文化风景线上诸多引人注目的文化现象,诸如"毛泽东热"和"知青文化热"、都市"怀旧潮"、流行书系中的"留学生文学"、由《中国可以说不》引发的民族主义浪潮、以"现场艺术"为主体的"后现代"文化等,都进入她的研究视野,并构成她分析的主要对象。她的这一系列研究论文已结集为《隐形书写——90 年代中国文化研究》出版。②

研究领域的广泛,使她常常在学术界的学科分类中处于尴尬位置,甚至被目为"越轨",因为她涉足的是文学、电影、批评理论、社会学、思想史,甚至历史学、政治学等多个学科的内容。但与其说这是一种学科越界或越轨,不如说是一种拓展。从 1980 年代到 1990 年代,她的研究关注的核心,始终是文学、电影和文化等的具体"文本"。

---

① 她的这一系列女作家论结集为《涉渡之舟:新时期中国女性写作和女性文化》出版,书中论及张洁、戴厚英、宗璞、张抗抗等 13 位女作家(本章写作时,《涉渡之舟》尚未出版。2002 年曾由陕西人民教育出版社出版,2007 年改由北京大学出版社出版)。

② 戴锦华:《隐形书写——90 年代中国文化研究》,南京:江苏人民出版社,1999 年。

她擅长在相对宏观的语境分析和微观的文本细读之间找到结合点，通过社会寓言式的文化读解和意识形态分析，将具体文本表达的内容视为社会文化或意识形态的"症候"，从而对宏观的历史语境、复杂的文化现象做出描述和分析。她所处理的，不再是单纯的作品本身，而是从作品到达更为内在也可以说更为宏大的社会文化逻辑，分析这些作品、文化现象得以产生、传播和被接受的历史语境和文化机制，以及支配作品形成、接受过程中不被意识但真切存在的文化"游戏规则"，或者说社会权力机制。因而，她的研究从来没有囿于某一学科的某一专题，而是瞩目于跨学科的社会"话语"分析，尝试在更大的文化视野，在更深的理论层面，完善人文研究的社会批判功能。

二 跨越"语言学转型"

事实上，理解戴锦华的这种研究特点，需要对"语言学转型"有足够的了解和重视。自 1960 年代西方结构主义和符号学理论出现以来，对一系列文化常识和学科前提的追问与质疑，构成了 20 世纪人文学科理论的重大转折。从索绪尔的语言学所"发现"的意义构成方式（即从语言符号的结构性差异上确定意义）出发，列维-斯特劳斯、罗兰·巴特、拉康、阿尔都塞、德里达、福柯等西方理论家将索绪尔的语言学阐释运用于人类学、文学批评、精神分析和意识形态批评等领域，从而使 20 世纪人文学科呈现出迥异于 19 世纪研究的特征。当然，类似的描述显然是简单化了的，但"语言学转型"却是 20 世纪人文学科研究（如果不能泛泛地将社会科学包括进来的话）的主要特征所在，这使它区别于 19 世纪的实证主义研究。正如一本介绍人文学科与社会科学这一转型的理论书籍阐述的那样："过去，尤其是社会科学当中，人们以为自己学科的研究目的在于用抽象、有普遍性意义的理论框架来指导自己的经验研究，并依此来界说学术研究的宗旨。现在,这种观点正在受到根本性的挑战。"①"语言学转型"的基本观点大致可以描述为:将"语言"(包括宽泛意义上的"文化")看作是一切社会存在的根本,而社会存在则是由语言/文化规则构成的文化整体。因而任何一个具体的文本、一种社会文化现象,都不再是归纳法或演绎法意义上的个别"素材",而是社会文化结构之中一个具体而微的意义网节点。也正是在这样的意义上,寓言式读解或意识形态征候阅读才成为可能,从而弥合了 19 世纪主流学术范式中必然存在的那种个别与普遍、现象与本质之间的二元对立式分裂。

这一"语言学转型"同样在 1980 年代的中国学界发生。有论者说,1986—1987 年结构主义理论在中国登陆,构成对一代学者的挑战,成为突破 1980 年代中国大陆学术主流的准社会学式文化文学批评的契机和路径。但有意味的是,直到现在,这一转型也并未成为中国大陆学术的"主流",它在多种场合仍然被看作是一些西化年轻批评者"操练"西方理论的产物。当然,这里描述"语言学转型"的发生,并不是要指出这才是当代学术的"正路",这没有必要也没有可能。因为在人文学科研究中,从来只存在新与旧的范式交错变迁,而不存在新旧范式的"进化论"式的更替。这里所谈论的"语言学转型",更主要是将其看作理解或进入戴锦华研究思路的切入点。

事实上,这也构成戴锦华风格的前提所在。她是 1980 年代中期成功地跨越这一转型挑战的年轻研究者之一。她在随笔或访谈录中也多次谈到这次"语言学转型"对自己学术研究的意义。非常有意思的是,她不是在正规学院训练中经历这一转型,而是在近乎盲目的广泛阅读,在电影研究这一 1980 年代处于"先锋"位置的专业领域的教学和批评实践过程中完成的。是在"偶然和幸运"中,读到布洛克曼的《结构主义:莫斯科—布拉格—巴黎》,读到克利斯蒂安·麦茨的《电影语言》英译本之后,发现"这种研究方法和我们所熟悉的 19 世纪西

①　[美]乔治·E. 马尔库斯、M·J. 费彻尔:《作为文化批评的人类学:一个人文学科的实验时代》,王铭铭、蓝达居译,第 23 页,北京:生活·读书·新知三联书店,1998 年。

方的研究思路有多大的不同"，从而深入阅读和研究，将其视为"新的理论和学术话语"资源并从当时的"正统批评规范的玻璃罩""贫乏而权威的思维范式"中逃脱出来。①

无疑，寻找"新的理论和话语"资源，是 1980 年代学界学术创新极为强烈的内在动力，它裹挟在"电影与文学离婚""回到文学自身"等口号和文化诉求之中，并表现为"文学批评年"以及多种理论翻新的文化表象。戴锦华对西方理论的"迷恋"，使她在自觉不自觉之间完成了真正意义上的"语言学转型"，并"对'语言学转型'后的文化、电影理论基本上可以掌握并且能够比较自如地运用"②。这事实上也是 1980 年代学术创新诉求在她身上的具体表现。有许多偶然和个人的因素，使戴锦华成为这一学术革新过程中的佼佼者。因而，这一学术转型在她身上表现得更为明显。在她的批评文章中，充满着比比皆是的或"硬译"或纯熟的西方理论术语，要想完全读"懂"她当时的文章，需要一定的西方理论素养，才能在复杂的潜文本或互文本的理论脉络上把握她所表述的繁复内涵。

当然，读过戴锦华的文章或论著的人都能感受到，她的文章又绝不是简单的理论搬演。真切的充满血肉感的体验，敏锐的艺术感受力，精彩的文本细读和语境分析，使得不完全理解她理论背景的人，同样可以感受到其中所具有的现实和历史的洞察力，感受到那种因为理论的洞见而变得更为锐利的文本穿透力，并在似懂非懂之间会心于她对现实的关注和批判。这甚至构成了一种"戴锦华式"的文风："华丽的字词、密集的意象、比比皆是的硬译西方理论术语。"③不仅如此，还有形象的隐喻以及隐喻带来的概括力和提炼能力，比如"镜""镜城"，比如"突围""逃脱中的落网""涉渡之舟"，和以隐喻的方式经由

① 参阅《犹在镜中——戴锦华访谈录》，第 4—5 页，北京：知识出版社，1999 年；《没有屋顶的房间》，收入《拼图游戏》，济南：泰山出版社，1999 年。
② 戴锦华：《犹在镜中——戴锦华访谈录》，第 5 页。
③ 戴锦华：《没有屋顶的房间》，收入《拼图游戏》，第 17 页。

文本细读达到对社会文化的寓言式分析，以及绵密的思辨、自相缠绕而又能够极大地穷尽涵义复杂性的理论辨析。这样一种繁复的文风，也可以说正是 1980 年代文化进军赋予她的"财产"。

戴锦华以对西方理论的深入挖掘、阐释和批判性实践，参与着 1980 年代学术创新的实践；同时，西方理论赋予她的理论洞见和文化资源，又使她得以成功地逃离主流文化的"规范"。她以一种"异样"的、"陌生"的表述方式呈现着当时尚被视为某种禁忌的社会、文化现实。这种表述风格所负载的知识谱系和理论资源的陌生，以及叙述方式的隐喻化，使得戴锦华能够与当时的主流表述惯例和表述语句间隔开来，也使得读者们尽管对其中的批判意味心领神会，但却无从下手，无从辨识。或许可以说，她以一种新的游戏规则，一种高难度的繁复的理论和语词的"表演"，极为机敏而狡黠地完成了对 1980 年代意识形态主流的批判。

三　敏锐的现实感和历史感

1980 年代的这次"语言学转型"构成了戴锦华的理论出身和知识储备，进而奠定了她此后主要研究的底色和知识谱系，但这并不能涵盖她作为一个极有特色和个性的当代文化研究者的品格。事实上，阅读戴锦华的文章，听她讲课或接触她本人，被她打动的，往往首先不是或不全是她的"知识"或"理论"，而是一种能够真切地感受到的真挚与热忱，一种对社会现实的强烈关注和对现实问题的敏锐洞察力。说得更准确一点，是一种"知识分子"的机敏、活力和真诚，而不是或不全是"学者"的博识、冷静和严谨。驱动她去不断地进行学术谱系和方法上的更新，不断地拓展自己的研究领域的动力，也不是或不全是拥有更多的"知识"，积累更多的"学术资本"，而是一份对现实的敏感，并尝试通过学术研究介入现实的人文知识分子的使命感和人文情怀。在戴锦华的研究论文和学术随笔中，出现频率比较高的词汇是

"历史""现实"，是"回应现实的挑战""介入现实"，是"批判立场"、"揭示"或"拆解""权力游戏和压抑机制的秘诀"。她自己也曾多次表述，她的一个难以改变的"习性"，是"对学术自身的热恋，难以超过对中国社会现实的关注，难以为学术自身的纯正，割舍自己作为当代人的生命体验"。① 这正是塑造了她的学术研究魅力的主要因素之一。她往往能够将真切的个人生命体验或艺术感受，转换为"学术资源"，能够在个人经历（经验）和历史（文化）判断之间形成一种富于活力的互动关系。她所具有的这种历史和现实的敏感，使她区别于许多文化（文学、艺术）研究者，而构成她的基本品质与研究风格。

在我"读解戴锦华"的过程中，这也是难于真切地体认和感受但同时深感敬佩的一点。作为"70 年代出生"人中的一个，作为"文革"后接受学校教育、并在学院中按部就班地进入专业研究的年幼于戴锦华的人中的一个，我常常会感到"专业"与"现实"、"个人"与"历史"之间存在着巨大的鸿沟。这种距离感在专业研究上的表现，则是一种职业化的冷漠，一种学院和社会之间的"天然"间隔。但因现实敏感而来的学术上的活力和血肉感，无疑是一个优秀的人文知识分子的难得品格。

戴锦华本人对于她身上所具有的这种历史感或者说现实感，有着清醒的自觉，并把这种品格视为她的同代人和比她更年长的一代或几代人的特质——"一如我的年长者和同代人，我们的个人生活总是颇为曲折地纠缠于历史，尽管不时有着近于荒唐或自作多情的形式"②。或许可以说，这种历史感也是当代中国历史造就的独特产物之一。个人的生活，尽管曲折但却真实地连接着社会变动，并为一个时段或时代的生存方式、文化逻辑和文化资源所造就。这或许也是"代"这个范畴能够成为 1980 年代以来当代文化界乐此不疲的话题，以及不无有效性的文化分析框架的原因。在戴锦华这里，她所谓的"同代人"，不

---

① 戴锦华：《去而复归》，收入《拼图游戏》，第 41 页。
② 戴锦华：《去而复归》，收入《拼图游戏》，第 37 页。

是"复出的一代"，也不是"知青一代"，当然更不是"晚生代"或"晚晚生代"，而是"似乎悄然失落在众多大叙事的缝隙之间的'一代人'"①。在不多的场合，被具体地表述为王安忆命名的"69届初中生"。戴锦华在分析王安忆的创作时指出，作为"69届初中生"的王安忆具有一种对"理想、理想主义、'古典浪漫主义'"的匮乏感，这种因为"历史的边缘体验"而来的匮乏感，同时成为一种"重要的而基本的必需"，成为始终在寻觅、渴求的"精神家园（或许不如说是一种关于'终极关怀'的必需的能指）"。②如果不惮于对戴锦华作"文本化"同时也是简单化的阐释的话，那么这种被指认为是王安忆的基本诉求，在戴锦华这里也同样存在。这既是作为当代文化研究者的一种自觉的历史定位（"我、我们必然携带着我们时代的矛盾，囿于时代的疆界"③），同时也可以看作一种承袭自当代中国历史的真挚品格。正是对"真实"，对"理想"，对被1980年代文化进军无穷放大的"理想主义"精英品格的追求，让她不能也不甘于将自己的研究，仅仅看作"宁静书斋"中的学术或智性的游戏，而必须将自己"置身于历史之中"。

当然，作为一个"理论人"，作为一个学术研究者，戴锦华这种对现实和历史的敏感，更为重要的是源自她对"文化"的理论认知和对自己"文化角色"（理论立场、"身份"）的判定。"语言学转型"的文化理论素养，使她可能以一种结构主义的方法来看待社会文化，也看待自身的生命体验。"文化和语言秩序是一切统治秩序的基础"，而且这种文化秩序、文化规则不仅表现在文学、电影或大众文化等文化成品之中，同时也深刻地内在化为一个时代的社会生存方式。因而，不仅文化成品可以通过"结构作者论"，通过社会寓言或意识形态症候阅读的方式分析支配这一切产生的文化规则和权力机制，而且也可以思考

---

① 戴锦华:《犹在镜中》，收入《拼图游戏》，第1页。

② 参阅戴锦华:《涉渡之舟——新时期中国女性写作与女性文化》第七章"王安忆：一册安妮·弗兰克的日记"。

③ 戴锦华:《去而复归》，收入《拼图游戏》，第41页。

社会生存方式（包括每一个个体在内）如何被这种文化规则和权力机制所渗透。个人的经验或许是独特的，但在每一种不言自明的常识背后，在每一种被内在化为"无意识"的文化或道德的规约和自我意识之中，都存在文化权力的"规训"。在谈到她个人的生命体验与女性主义理论及立场的关系时，戴锦华不无感慨地说道："对于我们来说，在反抗男权社会文化之先，我们首先要反对的是自己心里的父权的阴影、男权的栅栏"，并且说："作为一个女人的幸运还在于，你的确可能将自己的生命经验作为自己宝贵的文化资源。"①这种将生命经验转化为文化资源的自觉和机敏，构成了戴锦华敏锐地触摸现实，并从个人体验达到"历史感"的源泉，也构成了她的学术研究常常使人感受到那种真切的血肉相连之感的（是她的，常常也是"我们"——女人、当代人的）魅力所在。

但是，谈"现实感"和"历史感"，对戴锦华来说，远不止于承袭自当代中国历史的文化品格，或将个人的生命体验（包括艺术感受和文化趣味）转化为学术内容，尽管这也是她的主要研究特色之一。更重要的是她对"人文知识分子"角色和身份，以及社会功能和文化使命的理解。事实上，无论在 1980 年代还是 1990 年代，她都保持着强烈的介入现实的态度和立场。通过写作，通过揭示诸多内在于文化文本和文化现象中的游戏规则，来介入现实，从而以反省现代性话语的方式参与当代中国现代化进程，这被她视为自己工作的意义和全部目的。也可以说，她是当代学界少有的对何谓"人文知识分子"保持着清醒的意识，并持续思考如何实践人文知识分子的社会功能的学者之一。对她来说，做一个人文知识分子，不仅仅是"以写作为生"，不仅仅是"在纸页之间，在字句之间"经历着"镜城春秋"，同时还意味着一种责任和一份使命感。

1990 年代中国文化界完成的"工程"之一，便是对 1980 年代形成

---

① 戴锦华：《犹在镜中——戴锦华访谈录》，第 188 页。

的"知识分子""文化英雄"意识的批判，是对"启蒙情结"的解构或消解。作为一种"副产品"或必然的结果，便是"责任""使命感"成为不再庄严甚或值得耻笑的意识和词汇。也许，当我使用"责任""使命感"这种字样来描述戴锦华，就把她拉入了某种尴尬处境之中。也许应当说，值得反省的不是人文知识分子保持对现实和社会介入的积极态度，不是责任感和使命感本身，而是1980年代知识界的责任感和使命感中蕴涵的某种特定方式和内涵。在经历了1980年代至1990年代之交的社会文化转型之后，戴锦华所做的主要工作之一是对"80年代"的反省。她在对1980年代精英主义姿态的反省和批判中，再一次重申了作为一个人文知识分子所必需的精英文化立场。她对1980年代精英主义的批判是有明确的针对性的，"'80年代的精英主义'不等于'精英文化'。必须从80年代精英主义文化实践中剔除的盲目的启蒙主义，或曰不加批判反省的现代性话语系统，一是廉价的人道主义，一是知识分子的中心感和自恋"[①]。而她在1990年代谈论精英文化立场和人文知识分子的社会功能时，正是在1980—1990年代的社会文化转型，同时也是她个人的另一次学术转型之后，基于对1980年代（同时也是针对她自己）的深刻反省，而对身为人文知识分子的可能性（包含了介入现实的方式和限度）所作的重新确认。

四　登临新的学术平台

如果说1980年代经历"语言学转型"，构成戴锦华学术生涯的一个重要段落的话，那么1980—1990年代之交的社会变迁，则使她在经历了痛苦的反省和一系列理论立场、研究视点、视域的变化调整之后，进入到了更为成熟的另一个学术段落。

1980—1990年代之交的历史变动，使得"80年代"和"90年代"常

① 戴锦华：《犹在镜中——戴锦华访谈录》，第85页。

常被看作两个具有不同文化组织方式和文化形态格局的时期。这一社会、文化的"断裂"在 1990 年代前期是一个经常被讨论的问题,甚至成为划分文化、文学以及学术的界标和分水岭。但在戴锦华这里,却不仅仅是一种宏观、抽象的社会学、历史学的社会文化分期,而关联着她个人的被称为"创痛"的深刻体验。无疑,这里所谓的"个人"并不是特殊的个人经历,而是社会历史的变动在一个敏感的人文知识分子那里的体验和反馈。事实上,当我多次阅读她谈及这次转型的随笔和论文时,都有一种感动。这种感动不是因为从她的描述中读出了某种共鸣(对于没有亲身参与 1980 年代文化构造的我们/年幼者来说,1980—1990 年代的转型并不是一次那么真切的历史变动),而是感动于她卷入历史或感知历史的深度。其中有一种作为非同代人和非亲历者所不能切身感知的幻灭、刻骨铭心的伤痛和绝望,我有时会惊讶于这种伤痛的深度。那是一种真正意义上的崩溃和"死亡",一种坍塌感。其中夹杂着种种不能明晰说出的暧昧复杂的感受,这种感受源自混杂的个人经历,源自高空体验中已经化为碎片的愿望和梦想,以及突兀而刺目地呈现于现实之中的寂寞和冷清。或许,更可怕的是,在一个由大众文化充当主角并被无所不在的消费主义逻辑支配的"新现实"面前,那种无从辨识、难以适应的无力感。

应该说,1980 年代的精英知识群体共同经历了这样一次"知识的破产"和精神危机。而且某种意义上说,戴锦华在 1980 年代形成的理论资源仍不失为学院机制中一种值得夸耀的"文化资本",但是这场社会变动在她这里显得格外严重。这固然关联着她所处的独特环境(志同道合的电影理论群体的"溃散","电影圈"捷足先登于市场和染指大众传媒的便利,使其中弥漫的拜金主义更甚于其他人文学科领域),关联着 1980 年代形成的理论、思想资源在阐释新的现实时的无效,但或许更重要的,是她因对现实的敏感,因介入现实的使命感而促成的学术自我更生能力或品质所造成的。不是退回书斋,放弃对现实的关注,不是选择沉默甚或放弃学术研究,也不是漠然认可现实而固守于已有的学术研究模式,而是承受着"知识破产"的巨大焦虑,并在这种精神危机中艰难地寻找突破和发展的可能性。或许可以用"爱之深恨之切"来形容她在这次经历中表现出的对学术研究的态度。写作,以实践一个人文知识分子的社会功能,对她来说,不是或不仅仅是一种职业的选择,而是一种生存方式,关联着她的精神世界、生命体验和心理诉求。正因为此,社会变动(尤其当这种社会变动密切地联系着知识群体的震惊体验和随即而来的分化时)在她这里,就主要不是表现为外在的震动或物质生存的艰难酸楚,而是内在性的精神摧毁和打击。从1990年到1994年的这段时间,戴锦华基本上处于沉默、重新阅读和反省既有知识体系的阶段。这不是停滞,而是一次调整,一次新的学术更新的准备期。

正如前面已经介绍(不如说"描述")的,自1990年代以来,戴锦华的研究工作同时在电影研究、女性写作和女性文化研究、文化研究这三个领域展开。一方面,她继续着1980年代就已经开始并形成了学术个性的电影和女性文化研究;另一方面,她拓展了一个新的研究领域,即对当代中国大众文化(包括广告、电视连续剧或肥皂剧、电影与电影文化、畅销书、流行音乐、重要社会文化现象等)的研究。

介入大众文化研究,是她反省1980年代精英主义的结果,也是基于她对1990年代中国文化的判断。她认为,1990年代以来,大众文化无疑"比精英文化更为有力地参与着对中国社会的构造过程"[1],"'大众'文化不但成了日常生活化的意识形态的构造者和主要承担者,而且还气势汹汹地要求在渐趋分裂并多元的社会主流文化中占有一席显位"[2]。因而,"如果我仍关心中国文化的现实,我就不能无视大众文化"[3]。但是,关注大众文化,并不意味着为大众文化高声叫好,将其视为中国"世俗化""民主化"或中国与世界"后现代文化"

---

① 戴锦华:《犹在镜中——戴锦华访谈录》,第6页。
② 戴锦华:《隐形书写——90年代中国文化研究》,第3页。
③ 戴锦华:《犹在镜中——戴锦华访谈录》,第5—6页。

"接轨"的表现。她摈弃了"80 年代精英主义"式的把大众文化视为"垃圾""低级文化"而不屑一顾的态度，也警惕着从某种简单的理论或文化立场出发，参与构造大众文化的合法地位。她所做的工作仍是一种批判，是在描述多种大众文化(现象)的构造过程中，完成对大众文化文本或现象中蕴涵的种种主流意识形态的批判。

在繁复的文化现象和批判立场之间，她表现出了一种少有的机敏。她强调的"批判立场"，并不具有某种确定的意识形态内涵，而是始终能够对主流文化，对构成种种压抑的权力机制所采取的批判态度。在多篇文章中，她一直在强调的一点是，1990 年代中国文化是被多个权力机制参与构造的"文化共用空间"或"镜城"："有昔日主流意识形态的，有跨国资本的，有市场、大众文化的，也有自恋的精英主义文化的"①，而大众文化(也包括文学、电影以及"后现代"艺术)在其中有着"多元文化定位和繁复的社会功能"②。因而，当人们在指认一种文化现象表现出的批判性时，也必须同时警惕这种文化现象中蕴涵的另一种压抑性。比如，在指出大众文化或大众传媒相对于"权力媒介"所具有的"民间"作用时，也必须同时看到大众传媒本身具有的"媒介的权力"；比如，看到《中国可以说不》引发的民族主义潮汐中蕴涵的民族情绪时，也必须同时意识到这种情绪与 1980 年代形成的"中国走向世界"意识中包含的关于"家"与"国"，关于"世界"与"中国"建构之间的深刻关联……对戴锦华来说，关注种种大众文化现象，也就是在对繁复的文化现象的辨认和剖析之中，在对近现代以来中国的思想理论资源的反省中，揭示、拆解文化权力游戏的秘密，并表达一份对被压抑的弱势群体(社会阶级重组过程中的无名大众、男权文化中的女性、全球化进程中的"中国"等)的关注和关怀。

显然，在 1990 年代的研究工作中，戴锦华格外突出的是一种批判

---

① 参阅《犹在镜中——戴锦华访谈录》的第 85 页，《隐形书写——90 年代中国文化研究》的第 31、41 页，《没有屋顶的房间》(《拼图游戏》，第 14—17 页)等。

② 戴锦华：《隐形书写——90 年代中国文化研究》，第 3 页。

立场,一种知识分子的身份意识。这种理论立场和身份意识的获得无疑联系着她对 1980 年代的理论、思想资源的反省。如果说,在 1980 年代完成的是宽泛意义上的"语言学转型",是将"语言"视为社会文化整体的根本和基础,那么 1990 年代的戴锦华则更关注的是种种语言、文化秩序中的权力关系。如同英国批评家特里·伊格尔顿所说的:"凡是有语言的地方也总有权力;而且我特别感兴趣的正是语言(或含义)形式和权力形式(不仅指社会阶级之间的权力关系,而且指种族、性别和个人之间的权力关系)之间的那种多重关系。"①对戴锦华来说,这一转变固然联系着她对福柯思想的喜爱和深刻认同②,更主要的是联系着她对 1980 年代(也是她自己)的深入反省。在 1980 年代,她曾经有着很纯粹的专业态度,认为可以"把现实放进括号中";而她对西方理论的迷恋,也是因为她把西方理论看作能够超越历史语境,超越中国与西方、历时与共时差异的"纯净"理论资源。但 1990 年代的中国社会现实使她意识到,任何一个文本或一种理论都处在复杂的社会历史语境之中,并与社会历史语境有着复杂的互动关系。因而,她首先在研究方法上放弃了 1980 年代那种认为可以通过对"封闭的文本"的读解,或依靠抽象的"审美意识""纯粹理论"阐述来完成文化文本分析的方式,而尽力把文本"放入具体的历史情境中来,放入具体的政治、经济和文化语境中来"③,关注文本和历史语境的互动关系。同时,她对自己对待西方理论的态度,对自己在阐释女作家文本时的性别立场,对 1980 年代重写历史的方式作了进一步的反省和思考。这反省和思考的结果,便是使她获得了更为开阔的文化理论视野,和更为明确的历史和自我的定位。

某种程度上可以说,1994—1995 年的美国之行帮助戴锦华完成了

---

①　[英]特里·伊格尔顿:《当代西方文学理论》,第 10—11 页,王逢振译,北京:中国社会科学出版社,1988 年。

②　戴锦华:《犹在镜中——戴锦华访谈录》,第 12—13 页。

③　戴锦华:《犹在镜中——戴锦华访谈录》,第 6 页。

这一"超越"。正如 1983 年的美国之行使作家王安忆获得了一种从
"世界文化语境"中观照自己（民族）的视野，"初步为自己的生存与写
作建设了一个国际背景"①，戴锦华在美国这一"一度深刻迷恋、至今
仍作为我主要思想资源的 20 世纪西方理论的原发地之一"重读和重
新体验这些理论，则使她意识到"割断这些理论产生的历史与现实语
境，将其绝对化、甚至神圣化，所包含的误区与危险"。同时真切的异
国生活，也使她"第一次用自己身心体会到了背后与体内的'中国'。
以新的目光尝试审视自己的'中国经验'与中国身份"②。对自身的生
存环境、理论与思想资源的重新定位，使戴锦华意识到被"80 年代"和
"中国"的文化视野所遮蔽的内容，从而使她登临国际文化理论的平
台，获得了一种能够既超越 1980 年代文化意识，也超越中国大陆文化
语境的开阔视野。这种拓展和重新定位，使她有着更为敏锐和明确的
意识来观照 1990 年代中国的现实，也返身关注被 1980 年代"重写历
史"的文化进军所遮蔽的当代中国的历史内容，检讨着也反省着"用
尚鲜的血迹，宽恕已成黑紫的旧痕"③的 1980 年代式的历史态度和文
化理念。

　　这一切，构成了戴锦华 1990 年代学术研究的理论立场、研究视域
及基本方法。

五　"没有屋顶的房间"

　　戴锦华曾经用"没有屋顶的房间"来描述自己的写作和写作态度。
如果我希望用某种"核心意象"来贯穿她的研究，或许这是一个很好
的概括。没有"屋顶"，是因为她从来没有用专业界限，用学者的精确

---

①　参阅《涉渡之舟——新时期中国女性写作与女性文化》第七章"王安忆：一册安
妮·弗兰克的日记"中的"世界语境与'寻根'"。
②　戴锦华：《涉渡之舟——新时期中国女性写作与女性文化》，"后记"。
③　戴锦华：《犹在镜中》，收入《拼图游戏》，第 8 页。

和冷静，来隔开现实，掩饰、回避或无视作为一个当代人、当代中国文化研究者的复杂生命体验和社会文化经验。而有着四壁的"房间"，则意味着某种与现实之间的间隔和距离，这使她远远超出"文化新闻工作者"的水准，而具有学术素养和理论深度来完成对现实的穿透和洞察，使她身在现实之中却窥见现实的谜底并超出现实之外。也许可以说，"没有屋顶的房间"意味着做一个"人文知识分子"的最大可能性：在书斋之内，同时规避着"宁静书斋"的隔绝；介入现实，同时是以一种独特的方式参与着现实的构造。

戴锦华的不"安分"之处在于，"书中岁月"，"在纸页之间，在字句之间"经历的学者生涯，从来没有、也不能全部释放她那份对"真实"、对"现实"的热忱。她在感受并实践着一个人文知识分子的全部可能性的同时，也深刻地困惑于这一身份和角色的限度。因而，她格外喜欢"镜""镜城"这一意象。这不仅仅是她在多篇理论文章中对于源自阿尔都塞、拉康理论的关于个人与世界想象关系的洞见，同时也是对她自己生存方式的某种自比。那是一种身在语言迷宫和话语镜城中的晕眩、迷惑和左冲右突。"每一代人，从镜城中突围，在镜城中失陷。悲哀不在于记忆与遗忘，不在于真实与谎言，而在于一次次的窥破之后，所拥有的仍是一份镜城春秋。"①这种悲哀和晕眩感或许是一个成熟的研究者对人文知识分子限度的独特表述，也或许是当代中国人文知识分子这一职业所划定的"宿命"。但是，意识到镜像的存在，"尝试破镜而出"，是使这份职业获得它的价值和意义的必要内驱力和前提。也许，这也是理解戴锦华全部研究的核心所在。

---

① 戴锦华：《犹在镜中》，收入《拼图游戏》，第6页。

第九章 危机意识与知识分子主体的重建:读王晓明

经历 1980—1990 年代之交的社会转型,1990 年代中国社会相对于 1980 年代而言,发生了巨大的变化。如何判断、描述并分析这一转变,构成了一段时期内当代中国思想界关注的核心问题。王晓明发表于 2000 年的《九十年代与"新意识形态"》,可以说是思想界回应这一问题的代表性文章之一。

在不同的观照视野和问题脉络中,《九十年代与"新意识形态"》一文都有其重要位置。如果立足于当下而回溯历史的话,可以说这篇论文开启了"文化研究"的重要路径之一。文章从中国本土的历史与现实语境出发,在"在地化"的问题意识和研究思路的推动下,不期然地呼应于"文化研究"这一全球性的批判思想路径,从而拓展出了人文知识分子批判性地介入中国社会变动的新方式。或许因为此,这篇论文的海外版标题后来更名为"文化研究宣言"。如果将 1990 年代乃至更早时段中国大陆人文知识界的思潮史纳入观察视野的话,可以看出,这篇论文事实上又构成了对 1990 年代前期"人文精神"讨论的延续与发展。论文的作者王晓明既是 1993—1995 年间"人文精神"论争的主要发起者和推动者,也是这一大讨论的主要整理者和总结者。他在讨论中发表了诸多文章,于 1995 年编选了整理论争的论文集《人文精神寻思录》,并在此后持续展开针对"人文精神"讨论的反思等,这

些都使得他有资格成为倡导"人文精神"的核心人物。从《九十年代
与"新意识形态"》中，仍可看出其与"人文精神"的内在延续关系。这
种延续性主要表现在对当代中国人文知识分子作为"批判主体"的强
烈诉求和持续实践。但这篇文章的意义却不止于此。如果说"人文精
神"的倡导曾被认为是"知识分子的自救行为"[1]，而"人文精神"讨论
显示出了这一批判思路的"认同困境"的话，那么正是在《九十年代与
"新意识形态"》中，一种被称为"文化研究"的新的批判思路，被王晓
明正面提出。作者在对身处的社会现实的观察中，确立起他关于"时
代"的认知，进而提出了人文知识分子确立其主体位置与实践方式的
新构想。

一　1990 年代中国的危机意识

《九十年代与"新意识形态"》首先提出的是 1990 年代中国社会
所处的危机状态。文章认为经历二十多年的改革历程，"中国"的整一
性和同质性已经瓦解，而表现出越来越醒目的地区差异。这事实上显
现出的是全方位的社会差异，"不仅是经济的、生态的，更是文化的，甚
至政治的"。在诸般差异中，王晓明特别提出的是社会阶层的巨大变
动，尤其是"新富人"的出现。在他看来，正是在这一阶层身上，"汇聚
着 90 年代中国的最重要的秘密，一旦破解了这些秘密，也许就能准确
地掌握住最近二十年社会变迁的基本线索"。这个"秘密"便是，"新
富人"阶层的出现正是当代中国社会改革过程中"资本"与"权力"密
切媾和的结果。但这一情形不仅没有在 1980 年代中后期以来成为社
会文化主流的"现代化"叙事中得到解释，相反，正是"现代化"叙事成
了掩盖"财富的转移和新的权力结构的形成"真相的遮羞布和幻觉
术。真实的情形是，二十多年的"改革"并不是一个统一的进程。

---

① 王晓明：《人文精神寻思录》，"编后记"，上海：文汇出版社，1996 年。

1990 年代初期发动的乃是新一轮改革，它并不是 1980 年代经济改革的自然延续，也与"思想解放运动"开启的政治和文化改革有很大的不同。如果说 1980 年代的改革是多种社会力量汇聚的结果的话，那么，到了 1990 年代的新改革，那种从精神、文化和政治方面期盼或质疑改革的"公众热情"已经涣散了，而中国社会则开始滑入"以'效益'为基本曲线的'发展'轨道"。与此同时，全球化的压力也从不同的层面加剧了这种社会变化的趋向。这种状况导致中国社会可能趋向一种阴暗的前景——"不只是工厂倒闭、失业人口增加，更是教育败坏、生态恶化，是一部分执法机构的逐渐流氓化、社会信用体系日趋瓦解，是道德水准的普遍下降……一旦这些因素汇聚起来、交叉感染，社会整体性的破产也就为期不远了"。

王晓明用了一个寓言故事表达他对 1990 年代中国社会的整体感受：这是一个不同的变化趋势交织存在的社会，仿佛克雷洛夫所讲述的那辆被天鹅、梭子鱼和兔子同时拉向不同方向的车辆。这些不同的变化趋势，既表现在由"新富人"阶层的出现和老百姓的贫困化间的对比所显现的社会阶层的两极分化，也表现在外部的全球化与内部的现代化的张力与拉扯，更表现在地区间经济的不平衡发展。正是这些力量的消长、交汇与冲突，在左右着中国社会变化的方向。但一切尚处在不确定中。文章由此而想起鲁迅曾经描述过的"大时代"——"如医学上的所谓'极期'一般，是生死的分歧，能一直得到死亡，也能由此至于恢复"。

显然，《九十年代与"新意识形态"》关于 1990 年代中国社会现状的悲观判断和描述，着眼点在这大危机的时代获救或恢复的可能性。而希望或希望的可能性之一，则来自知识分子以"文化研究"的方式展开的社会批判工作。

从文本表述来看，《九十年代与"新意识形态"》在从对 1990 年代中国社会的判断，转向对知识分子批判工作的讨论时，并没有多少过渡，似乎显得较为突兀。不过，这却恰是理解这篇文章的关键所在。

文章的写作者始终是怀着身为"知识分子"的强烈责任感,而观察、思考和评判 1990 年代中国社会现实的。这也使得文章关于 1990 年代的描述,不同于一般社会科学研究者的研究报告,而表现出人文学者特有的经验内涵、情感体认和思想热度。看到中国社会存在的问题,尤其是如何诊断并描述这些问题,一直被看作对"当代知识分子的理解力和想象力"的"挑战"。可以说,文章关于 1990 年代中国社会的描述和判断,从来就没有离开过"知识分子"这一主体位置和观察视角。这一点,参照于王晓明提倡"人文精神"的方式或许更明显。王晓明曾将"人文精神"的提出,概括为针对"我们今天置身的文化现实"的不满和危机意识,而这种危机的主要表征和造成危机的内在原因,乃是因为"当代知识分子"丧失了"对个人、人类和世界的存在意义的把握",既没有基本的信仰和认同,也丧失学术语言去把握现实。[①] 不过,"人文精神"倡导的现实批判也仅止于此,它只是表达了一种"不满"的态度,而缺乏分析现实的语言。与之相比,《九十年代与"新意识形态"》则更进了一层,它对 1990 年代中国社会的判断和分析,事实上被视为人文知识分子走出"学术失语"而重建批判主体的一个实践性标志。正是这种对"1990 年代"与"中国"的整体描述与判断,显示出了知识分子批判活力的复苏。在此前提之下,以"文化研究"的方式对 1990 年代的"新意识形态"展开批判,被构想为其介入社会现实的新路径。

二　"文化研究"与知识分子的主体重建

"文化"与"意识形态"是这种批判路径的两个关键词。对于"文化"与"文化研究",文章没有直接引入作为一种全球批判思想的"文化研究"的理论谱系来做说明,而是从"文化"在社会结构中承担的功

---

① 王晓明:《回顾与反省:关于"人文精神"论争》,收入《思想与文学之间》,北京:人民文学出版社,2004 年。

能角度，对其展开了某种接近于文化研究的分析。在具体的描述中，文章用"文化的笼子"来比喻个体与环境间的关系，即"文化"被理解为个体观察和表达其实际境遇的思想观念及语汇，而这套观念与语汇同时又受制于环境。显然，这种阐释带有颇为浓郁的德国法兰克福学派思想的特点，后者正是以"社会水泥"来比喻大众文化在现代社会中的影响。但文章对"文化"的理解并没有仅仅停留在这个层次上。它进一步提出，在我们这个"传媒时代"，用"文化"来表达"虚构"与"真实"之间的关系远远不足以描述社会的真实状况，事实上，虚拟的文化不仅构成组织社会的基本原则，同时也成为社会生活的基本内容。正是在这一层面上，"文化"具有了重要得多的意义。它不再仅仅是经典马克思主义理论脉络中建立在"经济基础"之上的"上层建筑"，或韦伯理论意义上与"政治""经济"相匹配的"文化"，而成为塑造社会的核心力量——"并不仅仅是指，一切经济、生态和政治的变化都必然会创造出自己的文化形式，而更是说，如果缺乏对 90 年代的文化状况的深入分析，你甚至都很难把握那些经济、生态或政治的复杂变化"。由此，"文化研究"的主要工作被界定为："从 90 年代的社会文化——尤其是东南沿海和大中城市里的流行文化——入手，去感知、描述和分析当下的中国社会，甚至进而去理解和把握这社会的特质和前景。"

如果说因为"文化"在当代中国社会中扮演的重要角色，而使它成了批判性人文知识分子"感知、描述和分析"中国社会的基本媒介的话，那么值得进一步追问的是：由于 1990 年代的中国社会正像克雷洛夫寓言中的那辆车子，是被不同力量和变化趋向所撕扯的，也就是说存在着不同的意义系统，其"文化"也并不是同质的，那么，在什么意义上，"东南沿海和大中城市里的流行文化"值得特别的关注？文章因此而引入了另一个关键词——"新意识形态"。这被理解为占据社会主导形态的一种主流观念，即"作为 90 年代中国——至少是城市——社会里最流行、也最具影响力的'思想'，它事实上已经构成主导今日社会一般生活的一种新的'意识形态'了"。在《九十年代与"新意识形态"》的海外版中,王晓明在注释中说明了他关于"意识形态"的理解,"大体是依照 H. 马尔库塞所论述的意义而使用的,即指一种与'真实'并不'相符'、但能在一定程度上系统地阐释历史、社会现实和未来、生活的意义和趣味等等、且为社会的多数人所不同程度地接受的思想观念"①。显然,这里对"意识形态"的理解强调的是其想象性或幻觉性,即"与'真实'并不'相符'",和社会实践性,即"为社会的多数人所不同程度地接受"。王晓明在文章中详细地描述了在 1990 年代中国社会弥散的"新意识形态"的诸般特征:它所制造的"共同富裕"的幻觉,它的廉价乐观,它的迎合市场逻辑与权势需要的实用主义逻辑,它的避免与权力正面冲撞的犬儒主义思维等。王晓明这样写道:"说实话,我不知道究竟该如何称呼这新的'思想',它其实很难称得上是一种'思想',不过是一堆似是而非的论断的混合。"但它却在 1990 年代中国社会成为指导人们生活实践的主流意识。"意识形态"与"思想"的最大差别在于,它以绝对"自然"的因而是神秘化的方式掩盖着社会中权力运作的轨迹,并被实践者信奉为"常识"或"真理"。

对这种"新意识形态"展开集中批判,并揭示其意义运作的方式与轨迹,便成为《九十年代与"新意识形态"》规划人文知识分子批判工作的主要内容。文章勾勒出了这一批判工作的四个重要面向:正面揭露与批判"新意识形态",跨越学科与专业的限制而直接回应现实问题,批判二元对立思维,最后也是最重要的是"创造新文化"。这四个面向,就文章的内在理路而言,是彼此关联和步步推进的。值得分析的是,这种关联性事实上建立在"知识分子"这一批判主体的视点之上。这也决定了文章所构想的"文化研究"的特性及其批判的视界。

王晓明提出,对"新意识形态"的批判,也应包含对知识界近 20 年历史的"清理和反省",尤其需要"着力清理'新意识形态'与 80、90 年

---

① 王晓明:《濒临"大时代"的中国:文化研究宣言》,收入《歧路中国:当代中国顶尖知识分子探索歧路中的中国》,台北:联经出版事业公司,2004 年。

代中国知识界的思想活动的复杂关系",因为这将有助于"打破90年代知识界种种自暴自弃的错觉,激励知识分子的社会责任感和奋斗精神"。可以说,这种对"新意识形态"的批判首先指向的是知识群体自身。正是这一自我批判,将使知识人从"新意识形态"中"跳出来",而获得批判性的社会历史视野。关于意识形态这一理论范畴,法国批判理论家路易·阿尔都塞曾这样描述:"意识形态从不会说:'我是意识形态'。必须走出意识形态,进入科学知识,才有可能说:我就在意识形态内部(这是相当罕见的情况);或者说:我曾经在意识形态内部(这是一般的情况)。"①也就是说,展开意识形态批判的前提在于,批判者必须站到意识形态的"外部"。在王晓明看来,自觉地辨析和清理"新意识形态"与当代思想界活动的关系,构成了知识分子走出"新意识形态"的方式。

尽管文章并没有直接说明,怎样的历史条件使得知识分子站到"新意识形态"的"外部"成为可能,但是它对"现代化"叙事与知识群体关系的反省却在很大程度上提供了理解这一问题的线索。文章描述说,从1980年代中期开始,"现代化"叙事成为人们尤其是知识群体理解改革的基本方式,因此"改革"总是与"市场经济""现代化""欧美化"等直接联系在一起。正是1980—1990年代之交的社会变动,尤其是1990年代的新一轮改革所造就的"新富人"阶层,揭破了这一叙事的幻觉效果。"新富人"作为1980—1990年代改革进程导致社会阶层变异的结果,为知识分子跳到"新意识形态"及其代表的社会体系的"外部"提供了可能性。或许可以这样概括说,正是1990年代以来中国社会的"危机",尤其是对于这"危机"状态的把握和描述,和在此前提下展开的自我批判,构成了知识分子重建其批判主体的历史条件。因为对"危机"的认知,使得"新意识形态"首先在知识分子这里成为其"外部"。

---

① [法]路易·阿尔都塞:《意识形态和意识形态国家机器》,陈越编译,收入《哲学与政治:阿尔都塞读本》,第365页,长春:吉林人民出版社,2003年。

　　从这样的批判性逻辑关系上，以"文化研究"的方式展开对中国问题的批判，构成了重建知识分子主体性的实践路径；更进一层，这同时也是知识群体对濒临"大时代"的中国社会的一种拯救方式。打破学科界限并超越学科意识，打破既有的思维定势，以"文化研究"的方式创造性地回应现实问题，在文章的描述中，不仅是批判"新意识形态"的需要，更是塑造知识分子批判主体的途径——"它更愿意实践一种开放的学术理念，一种植根于知识分子对当代生活的敏感和责任心的批判意识，一种怀疑、反省、总是要追根问底的思想品质，一种善于由正面直抵背后、从看起来无关的事物间发现联系的洞察能力，一种眼界开阔、不拘'家法'、富于活泼的想象力和创造力的分析姿态。"

　　或许这里值得讨论一下王晓明的阐述中所理解的"知识分子"的具体内涵。在《九十年代与"新意识形态"》一文中，"知识分子"显然主要不是一个社会学概念，而更是一个功能性概念。其涵义或许接近于英国理论家鲍曼对"知识分子"内涵的界定。鲍曼认为"知识分子"一词表达的乃是一种"意向性"，它是一声"战斗的号召"，也是一种"广泛而开放的邀请"——"超越对自身所属专业或所属艺术门类的局部性关怀，参与到对真理（truth）、判断（judgement）和时代之趣味（taste）等这样一些全球性问题的探讨中来。是否决定参与到这种特定的实践模式中，永远是判断'知识分子'与'非知识分子'的尺度"①。可以说，《九十年代与"新意识形态"》关于"文化研究"的构想，事实上也带有强烈的"邀请"性质，其着意的乃是实践知识分子主体的批判性。文章所提到的学术理念、批判意识、思想品质、洞察能力和分析姿态，或许正构成"人文精神"的核心内涵。在直面"新意识形态"的战斗中，这些品质首先要求在知识分子身上重新汇合起来。因此，不奇怪的是，"文化研究"的批判基点，最终落脚于批判主体的人格、情怀、视界与创造力——"在这峻急的神色背后，却一定腾涌着对

①　[英]鲍曼（Bauman, Z）：《立法者与阐释者：论现代性、后现代性与知识分子》，"导论"，洪涛译，上海：上海人民出版社，2000年。

诗意和美的感动，跳动着一颗充满生气和爱意的心灵"。因此，正是作为批判者的知识分子，构成了充满危机的 1990 年代中国社会的新的"立法者"，他需要"发现真正的创造性、多样性、深度和美"，从而去创造一个新世界。这种创造是一种双重的拯救——"岂止是那些被发现的东西才具有建设性？这发现和阐释的过程本身，就是社会自我拯救、创造优异文化的一种方式，也是文化研究者自我更新、培育精神底蕴的一种方式。"也就是说，这不仅是重建知识分子主体的过程，同时也是中国社会走出"大时代"危机的希望所在。

正是从这样的思路出发，在文章结束的时候，王晓明描画了一幅文化搏斗的图景——"在几无退路的绝境里，积聚全力，一点一点地激活和创造优异的文化，一寸一寸地去击退弥漫的庸俗、粗陋甚至黑暗。"这使我们联想到鲁迅的"精神界战士"，也更清晰地意识到这一批判主体与启蒙文化之间的亲缘关联。

三 批判的可能与限度

《九十年代与"新意识形态"》围绕着 1990 年代中国社会的现实状况与知识分子的主体性重建诉求，高屋建瓴地勾画出了一种新的批判路径。如果说"人文精神"认同危机显现的是中国人文知识群体回应社会现实的能力和方式的"危机"的话，那么这种在广阔的历史与视野中对人文知识分子批判功能的重构，无论如何评价都不过分。事实上，当下中国知识群体中最有活力也最具批判性的声音之一，也正是由此发展而来。不过，在这篇文章写作后的近 10 年时间中，一方面是中国社会状况与 1990 年代相比已经发生了变化，另一方面则因为知识群体文化实践的深入，使我们可能比文章写作的当年，看到更多的历史内容。

在一种重读的历史视野中，《九十年代与"新意识形态"》最突出特征或许在于，它以一种极富创造性的方式，重新激活了启蒙文化。

在 1990 年代以来一片以"反思""质疑"为名而对 20 世纪启蒙文化与思想的否定声中，它重新焕发出了启蒙实践的真正活力。如果说"文化研究"始终是"全球性"与"在地性"间的互动的话，那么应当说，这种对启蒙的"再传统化"恰恰是一种在中国本土历史与文化脉络中生长出来的批判路径。它没有依照西方时髦理论而调整自己的研究方向，从而掉入西方理论崇拜的窠臼，因此而破解了一种文化进化论的思维模式。它将中国知识分子批判主体的重建，确立在自我批判的基础上。这意味着从那种自恋式的道德批判中摆脱出来，纳入广阔的社会学乃至人类学的历史视野，在整体的社会结构关系中探讨文化、思想与知识分子批判工作的位置。

　　不过如果苛求一点的话，也可以说这种对知识分子的自我批判，进行得不够彻底。如果说文章对"新富人"与"成功人士"的批判，是在整体性的社会结构关系中展开的，因而揭示出了这一特定阶层及其文化符号所形成的历史语境的话，同样的社会学批判却并没有落实在对"知识分子"及其批判思想的分析上。这事实上便赋予了人文知识分子在对"新意识形态"展开批判时某种"先天"的优越地位，从而不得不将批判思想的源头指认为"充满生气和爱意的心灵"，而不是那种真正在社会结构关系中发生并存在的新的社会力量。由"美""诗意""爱情""哲学""良心""尊严感"等语汇来标示与"新意识形态"相抗衡的思想资源，事实上显示的是这种批判思想与 1980 年代后期影响甚广的德国浪漫派哲学与美学之间的亲缘关系，而并没有真正地在社会实践的层面展开历史性的自我批判。当它们被作为批判"商业广告、娱乐杂志、流行歌曲、肥皂剧……乃至橱窗设计和公共装潢"的出发点时，恐怕遭遇的尴尬会更强烈，因为正是这些语词同样也构成了市场意识形态自认为的主题词。这里或许有两个层次的问题。首先，它没有对作为批判主体的知识分子自身展开社会学考察，这使得这一主体确立的基点处在批判视野之外。其次，它没有对知识分子借以"自我更新"并使得中国社会"自我拯救"的社会文化力量,做出历史化的描述,而含糊地将其指认为一种类观念的力量。因此这种对 1990 年代中国社会与文化的批判,某种程度上仍旧被封闭在知识分子群体的主观视野之内。

事实上,这并不是这一篇文章的问题。汪晖在反省"人文精神"讨论时提出,"我的问题不是什么是人文精神或人文主义,而是为什么是人文精神或人文主义"[1];台湾学者赵刚在解读汪晖的《当代中国的思想状况与现代性问题》时,提出的问题则是,"如果一个批判的社会理论封闭了对'社会的'(the social)和'公共的'(the public)可能性的讨论,那么这个批判的社会理论的实践空间在哪里?"[2]可以说,他们事实上是在以不同的方式提出类似的问题。这是处于 1990 年代的历史情境中的当代中国(大陆)批判知识分子共同面对的问题。而《九十年代与"新意识形态"》对社会状况与知识分子批判工作的紧张思考和深入表达,则使它成为人文知识群体重建其主体性的标志性文章。这篇文章的存在构成了我们观察、理解和把握当代中国思想进展的重要依据。如果这同时也是我们借以感受、体认并深入到一种当代思想批判性传统的路标的话,那么这篇文章将有着更为深远的意义和价值。

---

① 汪晖:《人文话语与中国的现代性问题》,收入《身份认同与公共文化》,陈清侨主编,香港:牛津大学出版社,1997 年。

② 赵刚:《如今,批判还可能吗?——与汪晖商榷一个批判的现代主义计划及其问题》,《台湾社会研究季刊》2000 年 3 月第 37 期。

第十章　以鲁迅为原理:读钱理群

　　钱理群先生的《鲁迅与当代中国》一书收录的内容,"基本上都写在 2002 年退休以后,大都是演讲稿和序言"①。本书是钱理群有关鲁迅思想、文学的最新观点和看法,其表达形式,则非纯粹学院的学术研究,而是一种"把鲁迅精神资源转化为社会、教育资源"的实践形态。这也决定了本书的独特意义。

　　这是钱理群在长期鲁迅研究基础上面对 21 世纪中国发言,直接回应当下中国社会文化问题和中国人精神诉求的产物。"演讲稿和序言"的形式,使本书提出的观点都具有很强的对话性、可传播性和普及性特点。在这种实践格局中,"鲁迅"作为一个谈论对象最富活力的地方,是其与当代中国人对话、沟通、交流的有效性和普遍性。本书的对话对象不限于鲁迅研究者,而更多地涉及学术界以外的人群,比如中小学学生、中小学教师、青年志愿者、大学生、宝钢工人与干部乃至医学界、媒体人等;同时还有地域范围的扩大,不限于中国大陆学界,还包括中国台湾、韩国、印度等国家和地区的大学生与研究者。钱理群说,"这都是自觉地开拓一个当代中国人与鲁迅交流的广阔空间"②。

　　对话对象的扩展,也意味着谈论和理解鲁迅方式的变化。本书提出的新鲁迅观,最重要的如"具有原创性与民族精神源泉性的思想家、

① 钱理群:《鲁迅与当代中国》,"后记",北京:北京大学出版社,2017 年。
② 钱理群:《鲁迅与当代中国》,"后记"。

文学家""集中了 20 世纪中国经验"，特别是"左翼鲁迅"等观点，都是基于 21 世纪中国问题与情境而对鲁迅所做的新阐释，与钱理群之前的鲁迅研究相比，既有连续性，也有很多变化。钱理群鲁迅研究的成名作也是代表作，是 1988 年出版的《心灵的探寻》，这部著作与他1990 年代的《周作人论》（1991）、《丰富的痛苦——堂吉诃德与哈姆雷特的东移》（1993）、《大小舞台之间——曹禺戏剧新论》（1994）等，主要是面对学术界就"知识分子"这一问题的探讨和研究。2002年退休前后，钱理群将更多的精力转向鲁迅，他在《鲁迅与当代中国》"后记"中提及的十多本鲁迅研究专著与论文集，大多完成于这一时期。这些著作大都以讲稿的形态出版，与同时期另外一项重要工作，即编选"供不同年龄读者阅读的鲁迅作品选本"一起，显示出他阐释鲁迅的方式与诉求有较明显变化。对此钱理群是十分自觉的。他将这种转变看作"冲出学院的藩篱"、实践"精神界战士"的行动方式，力求由此"介入思想、文化、教育改革的实践，对社会发出自己的独立的既有批判性、又有建设性的声音"[1]。可以说，这也是钱理群的鲁迅研究一个极其突出的特点：他是鲁迅研究界（也包括中国现当代文学研究界）拥有最广泛社会声誉的学者，其影响不限于学院和学界，而代表了一种真正具有"公共性"意义的知识分子实践路径。

这一从学院到社会、从学界到普通民众的对话与转化过程，特别是其阐释鲁迅的具体方式，包含了钱理群的鲁迅研究及其自我主体实践的一个"原理性"内核。从根本上，这个"内核"也是当下中国知识分子面临的核心问题：如果说鲁迅时代知识分子的启蒙与批判实践，都内在地包含了一种不均等的阶层区隔与自上而下展开的权力结构，那么，在普遍现代化的今天，超越知识阶级的限定而又坚持启蒙的实践是可能的吗？身为知识分子，如何批判，怎样启蒙？

---

① 钱理群：《我为何、如何研究鲁迅——2017 年 5 月 29 日在北京大学人文社会科学研究院"鲁迅与当代中国"学术论坛上的讲话》，《文艺争鸣》2017 年第 10 期。

一 实践性的"鲁迅原理"

"原理"一说，借鉴自日本学者竹内好对鲁迅的阐释。竹内好说："我所关心的不是鲁迅怎样变，而是怎样地不变"，即一个"生命的、原理的鲁迅"，并且他这样写道："任何人在他的一生当中，都会以某种方式遇到某个决定性时机，这个时机形成在他终生都绕不出去的一根回归轴上，各种要素不再以作为要素的形式发挥机能。"①在钱理群这里，也存在着某种"生命的、原理的""回归轴"，这既是源自鲁迅的、也更是钱理群借助鲁迅阐释而获得的属于他自己生命实践的基本方式。这种"原理性"要素，既表现在钱理群从 1950—1960 年代持续迄今阅读与研究鲁迅的不息热情中，也表现在钱理群面对学界以外的普通民众，向他们讲述既属于鲁迅也属于自己、可以推而广之的普遍性内涵中。

在 2017 年 5 月北京大学人文社会科学研究院的演讲《我为何、如何研究鲁迅》中，钱理群回顾了自己阅读、研究鲁迅的历程。从 1950—1960 年代民族主义与毛泽东思想统摄下的鲁迅，到 1980 年代作为启蒙者的鲁迅，再到 1990 年代后作为左翼知识分子的鲁迅，钱理群对鲁迅的理解及阐释重点是在明显地发生着阶段性变化的。这种变化，既源于研究者所处"时代精神"的变化，也源自研究者"带着自身的生命发展中的问题，去感应研究对象，寻求生命的共振、共鸣"。他将自己这些不同阶段的研究归纳为"八个侧面"的"鲁迅面面观"②，并用了这样一个比喻：鲁迅就像一个"神奇的公园"，而他仿佛一个在其中探索并记录的"游人"，"最后汇集成美轮美奂的相册，就

① ［日］竹内好：《近代的超克》，第 39、45—46 页，李冬木等译，北京：生活·读书·新知三联书店，2005 年。

② 钱理群：《我为何、如何研究鲁迅——2017 年 5 月 29 日在北京大学人文社会科学研究院"鲁迅与当代中国"学术论坛上的讲话》，《文艺争鸣》2017 年第 10 期。

展现了公园风景的面面观"。事实上,这种空间性比喻可能忽略的,是钱理群的鲁迅研究中的"统一性"要素,也就是那存在于无论是民族主义者鲁迅、启蒙者鲁迅还是左翼知识分子鲁迅的阐释实践中的一贯内涵。这种一贯性不仅显示出钱理群借助鲁迅阐释而形成的与当代中国的独特历史关系,也是钱理群之为钱理群的主体性生命内涵。

在评价王富仁的鲁迅研究时,钱理群曾提出"生命学派"这一说法:融入了研究者强烈的生命体验,并在"研究者与研究对象以及研究成果的接受者读者之间"存在着"生命的交融"①。"生命"一词显示出这种学术研究不仅是一种知识的操作和思辨,同时还是塑造和实践自我的一种方式。固然,学术研究如何处理研究对象与研究者的关系,即到底是"六经注我"还是"我注六经",可以做许多辨析,这里的关键是研究者主体性的介入方式,即学术研究的推进同时也是研究者个人生命的实践过程,"知识"与"主体"之间构成了彼此塑造的关系。这同时也形成了钱理群与鲁迅之间的一种创造性关联方式。鲁迅作为"经典"本身的丰富性内涵所提供的仅是客观条件,更重要的是钱理群作为阐释者的主体性内涵的呈现。汪晖曾颠倒"经典"与"传、注"的关系这样说:"不是经典产生传、注,而是传、注创造经典。这是一种经典文本的系谱学观点。"②同样可以说,不是鲁迅经典形成了钱理群,而是钱理群(以及其他阐释者)创造了鲁迅的经典地位。这其中,重要的是钱理群的创造性阐释,这也是他的自我主体性实践的关键所在。

钱理群的鲁迅研究,若从他 1950 年代开始阅读鲁迅著作算起,迄今已有近 70 年,他也出版了为数众多、影响广泛的鲁迅研究著作。值得一问的是,使他这么多年坚持阅读和研究鲁迅的动力到底是什么呢?钱理群著述之丰厚和多产,在学界是有目共睹的,年轻学人经常

---

① 钱理群:《"知我者"走了,我还活着——悼念富仁》,《文艺争鸣》2017 年第 7 期。

② 汪晖:《声之善恶:鲁迅〈破恶声论〉〈呐喊·自序〉讲稿》,第 4 页,北京:生活·读书·新知三联书店,2013 年。

开的玩笑是：我们阅读的速度赶不上钱老师写作的速度。如此高产的写作和持续思考的内在动力，我认为不在某种具体的观念，而在钱理群与当代中国历史形成的独特关系模式。

钱理群鲁迅研究的一个重要特点是突出的"时代性"。他在1950—1960年代、1980年代、1990年代后三个阶段的鲁迅研究，都与那个时期的主流时代精神发生了密切的交互关系，"革命""启蒙""左翼"或"批判"构成了其间的三个关键词。关于1950—1960年代革命范式的鲁迅研究，钱理群将其概括为"强烈的民族主义情绪"和"毛泽东的鲁迅观的影响"；关于1980年代的启蒙范式，他称之为"'个人'、'民族'、'人类'统一"和"以'个人精神自由'为中心的'立人'思想"，而1990年代的鲁迅观，其核心则在"社会的，阶级的，左翼知识分子的鲁迅"和"鲁迅左翼"传统。① 从表面上看，这些鲁迅观是在发生着剧烈变化的，但无论在哪个时期，钱理群的鲁迅研究都一方面与时代精神进行着直接的对话关系，另一方面，从这些变化的鲁迅形象中，我们又能清晰地读出明显的"钱理群风格"。或许，真正值得关注的，并不是钱理群的变化，而是支配着这种变化的某种带有"原理性"的不变因素。正是这种因素，决定了钱理群必然随着时代语境的变化和相应的精神诉求而做出不同的鲁迅解读，是他能超越当代中国的每个具体阶段而始终"卷入"时代精神的缘由，同时也是他在变化的表象下保持自己独特性的根源所在。

竹内好曾说，鲁迅度过的18年文坛生活，代表了"近代文学的全史"。中国近代文学经历了从文学革命、革命文学到民族主义文学的三个阶段，"每个时期都有一大批先觉者在混沌的内部斗争之后纷纷落伍……从'文学革命'之前一直存活到最后的，只剩下鲁迅一个人"。竹内好的问题是："他为什么获得了如此长的生命？"无论在哪个时期，鲁迅都并不是"先觉者"，"鲁迅的做法是这样的：他不退

---

① 钱理群：《我为何、如何研究鲁迅——2017年5月29日在北京大学人文社会科学研究院"鲁迅与当代中国"学术论坛上的讲话》，《文艺争鸣》2017年第10期。

让，也不追从。首先让自己和新时代对阵，以'挣扎'来涤荡自己，涤荡之后，再把自己从里面拉将出来"。在另一处则说："他通过论争在中国文学中选择出了自己，而他自身又以此而成为中国近代文学的传统。鲁迅和中国文学既互处对立的两极，同时又媒介于'挣扎'而整合为一体。"①

钱理群的鲁迅研究的三个阶段与当代中国的历史也形成了类似的关系模式。他的鲁迅研究可以说涵盖了当代中国不同时期的时代精神内涵，但在每个时期，钱理群都不是"先觉者"。1950—1960 年代不说，在 1980 年代，当文学界同行们已经在高歌猛进展开"新启蒙"时，他却意识到自己的"历史包袱也特别重"，"在摆脱二十世纪五六十年代形成的鲁迅研究模式的束缚方面，我需要付出更大的努力和代价"②。正是自觉地意识到身上背负的"历史包袱"，因此他对自己的学术研究有着明确的"一系列的理论设计，研究重点、突破口和研究方法的设计"。这种"自觉性"使他既能与 1980 年代的"新启蒙"思潮发生直接对话，同时又并不完全限制在主流启蒙话语里。1990 年代后同样如此。中国社会的变化使他意识到自己在 1980 年代学术思考和研究的"缺陷"，但同时，面对着知识界的"自由主义"与"新左派"论争，他又难以完全认同。他开始思考这样的问题："面对 20 世纪 90 年代以后中国社会的历史性巨变，越来越尖锐与复杂的中国问题，面对中国知识分子的分化，我应该确立怎样的基本立场？我要做一个怎样的知识分子？"他说，这个问题"曾经一度让我寝食难安"③。或许，这也正是竹内好所说的鲁迅意义上的"挣扎"。"挣扎"的涵义并非完全是被动性的，一方面清楚地知道自己不要什么、不认同什么，同时也有强烈的意愿和意志坚持让自己"卷入"其中，由此在与"时代"的对话

① ［日］竹内好：《近代的超克》，第 10—14 页，李冬木等译。
② 钱理群：《我为何、如何研究鲁迅——2017 年 5 月 29 日在北京大学人文社会科学研究院"鲁迅与当代中国"学术论坛上的讲话》，《文艺争鸣》2017 年第 10 期。
③ 钱理群：《我为何、如何研究鲁迅——2017 年 5 月 29 日在北京大学人文社会科学研究院"鲁迅与当代中国"学术论坛上的讲话》，《文艺争鸣》2017 年第 10 期。

性关系中"选择"出自己。这是竹内好所阐释的鲁迅方式，也可以说是钱理群的方式。那种不得不"卷入"时代的内在动力是什么？又是如何形成的呢？

竹内好认为决定着鲁迅近乎宿命般地将自己"卷入"中国文坛的动力，是作为"文学家"的鲁迅，"是他内心存在的本质的矛盾"。参照这个"生命的、原理的鲁迅"，启蒙者鲁迅仅仅是一种"表象"。这种"本质性"的鲁迅思想，形成于新文化运动之前鲁迅居住于北京的时段，竹内好以佛教哲学用语"回心"来命名。汪晖在关于鲁迅思想形成的解读中，则更为历史化地将这种坚持和执著解释为"忠诚"，对辛亥革命激起的、曾经有过的"梦"的忠诚。① 与此相似，如果要追溯钱理群思想的形成，可以说并非 1980 年代他步入学术界的时期，而是此前的 1950—1960 年代。在 1980 年代的新生代学人中，钱理群是一个特异的存在：他事实上并非"知青一代"，而属于更年长的"右派一代"。他是 1950 年代的大学生、1960 年代的基层社会知识分子和"文革"时期的"造反派"、民间知识分子，在步入北大之前，他的思想和基本气质已经形成。他常被人称为"理想主义者"，但这种"理想主义"的实质内涵并非 1980 年代的启蒙主义，而是毛泽东时代的革命气质。在最近的一次访谈中，他说："我最后发现自己的内在气质都是革命带来的"，"我们对中国革命是抽象肯定、具体否定，具体是有质疑的，但是内在精神的东西实际上我们继承了，比如理想主义、对真理的追求、对底层的关怀。现在大家看重的我的气质的很多东西其实是革命带来的，是革命加鲁迅"。② 这或许是一种更切近钱理群精神气质的判断。这种革命气质的"本质"，在于对"现状"的否定性姿态以及始终保留的、朝向未来开放的理想主义视野。如果不惮于做一种简单化的描述，我认为这样一种内在气质，正是钱理群之为钱理群的"生命的、原

① 汪晖：《声之善恶：鲁迅的〈破恶声论〉〈呐喊·自序〉讲稿》，第 146—147 页。
② 徐鹏远专访：《从未停歇过的钱理群，如今有了廉颇老矣之感》，凤凰文化（http://culture.ifeng.com），2017 年 7 月 27 日。

理的"要素。而鲁迅作为一种自我实践的思想资源所注入的，如他自己所说，是一种"反抗绝望"的精神。[1] 这也使得"革命"从毛泽东时代现实的社会改造实践，转化为一种"本体论"式的精神气质，由此，"革命"与"反抗绝望"共同构成了批判性实践的动力与源泉。

可以说，钱理群的"鲁迅原理"始终是在毛泽东时代革命文化底色这个基地上展开的。鲁迅文学形成于辛亥革命失败后的深刻"寂寞"之中，因此其"反抗绝望"的生命哲学带有浓郁的黑暗底色，与之不同的是，钱理群的革命气质形成于 1950—1960 年代中国社会主义历史实践中，带有明显的亮色。因此，他的鲁迅研究既由于历史处境的不同也由于自身个性的不同，构成了对鲁迅思想与文学的独特阐发。钱理群研究鲁迅的方式，并非将其处理为一个已完成的历史对象，而是将其视为一个"活的思想库"，并经由自己的理解、实践转化为当代中国的思想资源。偏重于鲁迅"思想"的一面，使得钱理群与侧重从"文学家"这个面向展开的鲁迅研究并不相同；而同时，这种思想的研究又不同于纯粹的思想史研究。钱理群有一个更准确的说法，叫"知识分子的精神史"，他更偏重探索思想主体的精神构成及其行为方式，进而将其转化为自我实践的依据。"生命学派"的确切涵义也缘于此。

从这样的研究谱系来看，《鲁迅与当代中国》是基于钱理群的"鲁迅原理"所做的一种新的历史实践。其实践内容和方式，既涉及对知识分子作为实践主体的重构，也涉及超越知识阶级限定、面向普通国民的"启蒙"实践的重新理解。

二 批判的法则："真的知识阶级"与左翼鲁迅

《鲁迅与当代中国》中的一个核心概念是"真的知识阶级"。书中有多篇文章论及这一主题，如《"真的知识阶级"：鲁迅的历史选择》

---

[1] 徐鹏远专访：《从未停歇过的钱理群，如今有了廉颇老矣之感》，凤凰文化（http://culture.ifeng.com），2017 年 7 月 27 日。

（2001）、《和青年志愿者谈鲁迅》（2006）、《在台湾讲鲁迅》（2009）、《陈映真和"鲁迅左翼"传统》（2009），并提出了四条"纲领性"的原则，即永远批判体制化的权力、永远站在平民一边、对实践与行动的强调、无情的自我解剖和自我批判。这既是钱理群对鲁迅的重新理解，是他参与21世纪中国思想文化实践时的基本准则，也可以说是他对21世纪中国知识分子主体所做的某种"还原"式界定。在这种界定中，"批判"是其基本法则。

　　这首先源自钱理群对鲁迅的重新理解。在中国现代思想文化史上，如何界定鲁迅的形象和位置，从鲁迅去世开始一直有一种神圣化的趋向。鲁迅被视为"圣人"，是"最伟大的革命家、思想家、文学家"，直到1980年代的"新启蒙"思潮中，他仍被视为新文化运动的"主将"。鲁迅地位的经典化与这种定型化也是意识形态化的阐释紧密相关。钱理群首先提出的，是鲁迅的"三个不是"：不是新文化运动的"主将"，不是左翼文坛的"盟主"，也不是青年人的"导师"。李零的《论语》研究以"去圣乃得真孔子"为题[①]，可以说，钱理群对鲁迅之"不是"的辨析，也是一个"去圣"的过程。将鲁迅从几乎不言自明的意识形态话语桎梏中"解放"出来，可以说是一种历史的"还原"，但这也并非如1980年代"新启蒙"话语那样，将鲁迅还原成一般意义上的普通"个人"。这里的三个"不是"并非简单的否定，而是要确认鲁迅的独特位置，阐明他作为一种"矛盾结构"的独特精神主体。其突出特征在于，鲁迅既是中国现代文化（包括启蒙主义文化和社会主义文化）的"建构者"，也是其"解构者"，他对主流观念采取了极其复杂、缠绕的处理方式："他既有吸取，以至坚持，又不断质疑，揭示其负面，及时发出警戒。这样的既肯定又否定，在认同与质疑的往返、旋进中将自己的思考逐渐推向深入，将自己的价值判断充分地复杂化，相对

---

　　① 李零：《去圣乃得真孔子：〈论语〉纵横谈》，北京：生活·读书·新知三联书店，2008年。

化，可以说是鲁迅所独有的思维方式。"①由此，鲁迅的位置似乎从"中心"被移置到"边缘"——"鲁迅在整个现代中国思想文化体系、话语结构中，始终处于边缘地位，始终是少数和异数"。但正是这样的鲁迅有着无可取代的独特价值——"他不接受任何收编，他也从不试图收编我们；相反，他期待并帮助我们成长为一个有思想自由、独立创造的人"②。钱理群称之为"永远的批判者"。

对鲁迅形象的这一新解读，基于钱理群对"最后十年的鲁迅"、左翼时期鲁迅的关注和重视。钱理群 1980—1990 年代的鲁迅研究更关注的是新文化运动时期的鲁迅，将目光转向晚期的左翼鲁迅，是他对 1990 年代后中国"时代精神"的体认方式。在《我为何、如何研究鲁迅》一文中，他谈到 1990 年代中国社会的变化与知识界的分化对他思想的触动，并由此重新回到鲁迅那里寻求精神资源的过程。其中值得注意的，一是他对自己 1980 年代研究的反省，并将关注的目光从"个人""人类"的鲁迅转移到"社会的阶级的"鲁迅。这也意味着他对自己 1980 年代研究中启蒙主义思想的局限及其遮蔽性的自觉反思。钱理群发现了鲁迅"对启蒙主义话语与实践的复杂态度"，他不是一个简单的"启蒙主义者"，而是"在坚持中质疑，又在质疑中坚持"③。更确切地说，是并不将"启蒙"仅仅理解为对"个人""自由""科学"等这些概念的偏执，而更注重的是"批判对于人的一切物质、精神的奴役"这一根本性的"立人"原则。④ 从形式主义的概念中摆脱出来，在实质性的社会权力关系中来理解"启蒙"的真意，这既是钱理群反省自己 1980 年代研究的方式，也是他在《鲁迅与当代中国》中强调鲁迅"批判"立场的出发点。钱理群转向左翼鲁迅的第二个值得注意的关节点，是他对 1990 年代后期中国知识界"自由主义"与"新左派"论战的

---

① 钱理群：《鲁迅与中国现代文化》，收入《鲁迅与当代中国》，第 33 页。
② 钱理群：《我们为什么需要鲁迅》，收入《鲁迅与当代中国》，第 5、8 页。
③ 钱理群：《鲁迅与中国现代文化》，收入《鲁迅与当代中国》，第 20—21 页。
④ 钱理群：《在台湾讲鲁迅》，收入《鲁迅与当代中国》，第 169 页。

态度。他这样写道："我对这两派的主张与追求，都在某些方面有所同情与理解，又在另一些方面有所保留与质疑。我思考得更多的，是我自己的选择。"①"自由主义"（更确切的说法是"新自由主义"）与"新左派"都源于对当代中国社会问题的发露和批判，但对"问题"的指认方式却并不相同。简单地说，"新自由主义"更偏重的是当代中国社会主义实践中遗留和出现的问题，而"新左派"则更倾向于批判当代中国社会现代化、市场化过程所带来的新问题。钱理群一方面意识到两派所提出的问题都具一定的合理性，另一方面又意识到两派的回应方式都存在局限，他思考的是一种"超越左右"的更彻底的批判方式。这也就可以理解，他在《"真的知识界"：鲁迅的历史选择》中概括出左翼鲁迅批判的三个指向：传统文化的"本体偏枯"、西方都市现代文化的"外来新役"，同时还有革命组织及其运动过程中形成的新的"奴役"。他要如同鲁迅那样"横站"在同时批判传统、现代、革命的独特位置上。

　　正是在这样的历史关系和自我参照中，钱理群确定了他理想中的主体性批判位置。这样一种主体诉求显然是指向"知识分子"群体的。与在同中小学生、工人等社会群体交流时侧重谈论"立人"思想不同，钱理群谈论"真的知识阶级"的场合所面对的都是青年志愿者、大学生和学者，从中可以看出他对"知识分子"有着特殊的界定和理解。鲁迅在 1927 年所做的两场演讲《关于知识阶级》《文艺与政治的歧途》，被钱理群认为是理解左翼鲁迅思想最重要的两篇文章，他关于"真的知识阶级"的界定基本上是从这两篇文章中引申出来的。正如鲁迅的独特构词法，"真的知识阶级"与"假的，冒充的知识阶级"相对（其他还有"真的革命者""真的猛士"等说法），要强调的是一种与其字面含义相匹配的实质性内涵。真假知识阶级的共同之处，在于他们都有知识、受过一定教育，同时也被社会视为某一特定社会阶层。成

---

① 钱理群：《我为何、如何研究鲁迅——2017 年 5 月 29 日在北京大学人文社会科学研究院"鲁迅与当代中国"学术论坛上的讲话》，《文艺争鸣》2017 年第 10 期。

为"真的知识阶级"的实质性因素，不在其外在的条件，而在其作为批判主体的自我要求。在这一意义上，"真的知识阶级"与其说是一个社会学的概念，毋宁说是一个批判性的功能概念，是批判主体的自我要求和自我实践。其关键不仅在"知识"与"主体"之间的关系，同时还在"知识""主体"与"权力"之间的关系。这也就必须追问"批判到底是什么"这一核心问题。

四条原则的第一条是"永远不满足现状"，因而是"永远的批判者"，并因此永远处在边缘位置。这里谈论的是"真的知识阶级"与权力体制的关系，并特别明确其"党派外、体制外"的特点。钱理群因此区分了"鲁迅左翼"和"党的左翼"，一方面左翼批判知识分子存在着与政党政治之间的合作，另一方面也要强调其最终的独立性，将"真的知识阶级"视为一个独立于任何权力体制之外的社会群体。但暧昧不明之处在于，"批判"对于确立知识阶级的主体性而言，是一种与权力体制始终处在对抗、反对的否定性二元关系，还是一种对于权力体制的"批判态度"？对于前者而言，意味着"真的知识阶级"永远都在权力体制的"外面"；而对于后者而言，"真的知识阶级"即便在权力体制里面，其态度上的主体性也决定了他并不会完全服从权力等级的秩序要求。

1927 年鲁迅发表《关于知识阶级》《文艺与政治的歧途》的时期，也正是中国知识界关于"知识阶级"（当时称"智识阶级"）作为一个社会群体的特性争论最激烈的时期。正如鲁迅在文中提及，"知识阶级"一词最早由俄国盲诗人爱罗先珂引入中国，这一概念与英文中的 intelligenty（当时译为"印贴利更追亚"）属同一词源，"于十九世纪六十年代出现于俄国，指的是一群受过良好教育、爱批判现状的自觉的精英"[1]。1927 年国民革命的浪潮中，"知识阶级"一词经历了急剧的左倾化过程，在北伐宣传队伍中，出现了"打倒智识阶级"的口

---

[1] ［美］A. W. 古尔德纳（Gouldner, A. W.）：《新阶级与知识分子的未来》，第 61 页，杜维真、罗永生、黄蕙瑜译，李阳校，北京：人民文学出版社，2001 年。

号,由此出现了一种更进步的译法"知识分子":"今后可以生存的知识分子一定是劳动化,民众化,没有什么臭架子可摆的!"①纳入这样的历史语境及参照文献,可以看出鲁迅对知识阶级的讨论也受到时代环境的影响。

但在一个关键点上,鲁迅与当时左翼的主流看法并不相同。当时左翼的主流看法是强调知识分子的自我改造,以实现最终的工农化。冯雪峰如此描写那一时代知识分子的矛盾性和可能的两种角色,其一是"毫无痛惜地弃去个人主义的立场,投入社会主义",另一是"他也承受革命,向往革命,但他同时又反顾旧的,依恋旧的;而他又怀疑自己的反顾和依恋,也怀疑自己的承受与向往,结局他徘徊着,苦痛着"。对此,冯雪峰的态度是相对宽容的,认为应该"让他们尽量地在艺术上表现他们内心生活的冲突的苦痛,在历史上留一种过渡时的两种思想的交接的艺术的痕迹"②,但他也强调知识分子仅仅是一种"过渡性"存在。成仿吾代表的则是一种粗暴得多也普遍得多的态度:"克服自己的小资产阶级的根性,把你的背对向那将被奥伏赫变(扬弃——引者注)的阶级,开步走","谁也不许站在中间。你到这边来;或者到那边去!"③鲁迅的态度与此二者都不同。他既强调了"真的知识阶级"应当站在"平民"的一边,不能变成"贵族化"的"特别的阶级",但同时他也并不认为知识阶级应当完全消失到"工农"中去。他提出的一条"最稳当"的道路是:"我从来不叫人去牺牲,但也不要再爬进象牙之塔和知识阶级里去。"④这意味着,鲁迅认为"知识阶级"不应消失在政党政治实践中,当然也不应消失在国家权力体制("指挥刀")及专业体制("象牙塔")中,而应始终作为一个特殊群体存在下去,其真正的

①　[美]舒衡哲:《中国启蒙运动——知识分子与"五四"遗产》,第221页,刘京健译,北京:新星出版社,2007年。

②　冯雪峰:《革命与智识阶级》,《无轨列车》1928年第2期。

③　成仿吾:《从文学革命到革命文学》,《创造月刊》第1卷第9期(1927年)。

④　鲁迅:《关于知识阶级》,第223—231页,《鲁迅全集》第8卷,北京:人民文学出版社,2005年。

职能是"预备着将来的牺牲"，因而他们将"永远不满""永远痛苦""看到的永远是缺点"。

鲁迅界定"真的知识阶级"的 1920 年代后期与钱理群重新思考知识分子位置的 1990 年代后期的中国，有许多历史关联性，但也发生了极大的变化，这其中最重要的是 20 世纪中国社会主义革命实践的复杂经验作为一种"遗产与债务"的现实存在。钱理群强调"真的知识阶级"要永远站在"平民"一边，要注重"实践与行动"，都与鲁迅身处的 1920 年代知识群体的左翼化密切相关，而关于"永远批判""永远站在体制外"，则纳入了钱理群自身的理解。福柯将"批判"界定为与"治理"的关系，所谓"批判"指的是"如何不愿被这样治理"的艺术，而不是也不存在永远"不被治理"的状况①。也就是说，批判总是针对具体的"治理"体制而言的，它永远在体制的内部并针对体制而展开，而不意味着不进入体制，关键是如何指认体制的性质。在这一点上，一个有意味的例子，是钱理群用"鲁迅左翼"传统来阐释台湾作家陈映真时，忽略了陈映真在 1990 年代后的政党政治实践。②

或许，正是在这些地方，显示出钱理群对"实践与行动"理解的偏向及其自我实践的独特方式。他将"真的知识阶级"与"精神界战士"联系起来，强调的是其实践与行动在"精神、思想"领域内展开的特性。他所采取的具体实践方式，是努力介入"国民教育"，而其基本原则则在鲁迅的"立人"思想。

三 "立人"的法则：国民教育与启蒙者鲁迅

《鲁迅与当代中国》对鲁迅的阐释及其接受预期，可以说主要在国

---

① ［法］米歇尔·福柯：《什么是批判？自我的文化：福柯的两次演讲及问答录》，第 8—9 页，潘培庆译，重庆：重庆大学出版社，2017 年。

② 钱理群：《陈映真和"鲁迅左翼"传统——2009 年在"陈映真：思想与文学"学术会议发言》，收入《鲁迅与当代中国》，第 202—217 页。

民教育这一层面上展开。其接受对象主要是不同职业领域、不同年龄层次以及不同地域范围的普通大众，尤其关注"青年"这一群体。研究视野、诉求与实践不局限于学院，可以说是钱理群的一贯特点。他称自己的研究是"意在做沟通'鲁迅'与'当代中国'的桥梁"。这是钱理群自其学术生涯的开端即自觉秉持的意识。他说："我在 20 世纪 80 年代进入学术界时，就已经赋予自己一个'做沟通鲁迅与当代青年的桥梁'的历史定位，一直坚守到现在，而且恐怕要坚守到生命的结束。这已经成了我的历史使命与宿命。"①就具体接受对象而言，他在 1980—1990 年代更侧重的是"青年学生"这一群体。《鲁迅与当代中国》的第二辑"鲁迅与当代青年的相遇"，钱理群辑录、整理了中国大陆 60 后、70 后、80 后、90 后等四代学生和台湾 90 后学生对于鲁迅的感受，也正是这种"桥梁"实践的具体体现。从 2002 年退休之后，钱理群讲授鲁迅的对象更为广泛，不仅是高等学院的大学生，也包括初级教育中的中小学生；不仅是教育体制中的教学实践，也面向社会不同职业领域的人群。这可以说是钱理群在更广阔意义上展开的国民教育实践，其中包含了他对鲁迅启蒙思想的基本认知。

启蒙问题自五四新文化运动提出后，就成为 20 世纪中国的核心议题。但正如李泽厚在《启蒙与救亡的双重变奏》②这一影响深远的文章中的表述，启蒙常被视为与"人道主义""人性"等知识密切相关的个人议题，其实践内容则是如何将 16 世纪以来的西方人道主义知识和理念转化到中国。启蒙作为一种文化实践，不仅与国家民族的救亡活动彼此冲突，而且呈现为阶级性（如知识分子与农民）的区隔与矛盾。福柯认为，自康德 18 世纪提出"何谓启蒙"这一现代哲学的根本问题以来，人们对启蒙的考察总是从"认识方面"提出的，而忽略了

---

① 钱理群：《我为何、如何研究鲁迅——2017 年 5 月 29 日在北京大学人文社会科学研究院"鲁迅与当代中国"学术论坛上的讲话》，《文艺争鸣》2017 年第 10 期。

② 李泽厚：《启蒙与救亡的双重变奏》，初刊于《走向未来》杂志 1986 年创刊号，收入《中国现代思想史论》，北京：东方出版社，1987 年。此文在 1980 年代以来的中国思想界产生了重要影响。

对"权力问题"的考察，由此导致了"启蒙问题的对应物和反面：理性化如何导致权力的狂热"。在福柯看来，"关键并不在于描述什么是知识，什么是权力，一方如何压制另一方，或者另一方如何滥用一方，而在于描述知识—权力的连接网，此连接网可使人把握是什么构成了某一体系的可接受性"①。简言之，启蒙关涉的并非一种"知识"（如人道主义知识）或这种知识的正误，而是知识与权力的关系。这也是从五四新文化运动到 1980 年代的"新启蒙"思潮，中国知识界在谈论启蒙问题常忽略的面向。可以说，知识分子这一社会群体的形成，即源自一种上下不均等的权力结构。在中国古典社会中，"士大夫"（也称"士""士绅"）是沟通上层皇权和下层乡村社会的中介物，他们独占规范性知识的书写权和阐释权，因此成为社会上的特权阶级，扮演着"国师""师儒"的角色②。晚清与五四时期形成的现代知识群体，虽然摆脱了传统士绅阶级的命运而成为专业化领域的新阶级，但一方面中国社会内部仍旧存在着城市与乡村、东部发达地区和西部内陆地区，特别是知识阶层与农民之间的等级与区隔，另一方面中国社会与西方现代社会之间也存在着极大的落差。这种在中国社会及其置身的现代世界体系中存在的上下结构性落差，使得知识分子展开的启蒙运动实际上内在地依赖这种等级结构所造就的权力关系，即启蒙者与被启蒙者、知识分子与民众、代言者与被代言者等。在这样一种权力结构关系中，"启蒙"的问题被转化为一种作为"真理"的知识问题，而忽略了在知识、权力与主体关系间形成的一种实质性"批判态度"。

鲁迅的启蒙思想不同于 20 世纪主流思想。对启蒙问题中包含的权力关系的反省，正是鲁迅所说"迷信可存，伪士当去"的"立人"思想的实质。汪晖在对《破恶声论》的解读中认为，鲁迅是"一个反启蒙主义的启蒙者、一个反世界主义的国际主义者、一个反民族主义却捍卫

---

① ［法］米歇尔·福柯：《什么是批判？自我的文化：福柯的两次演讲及问答录》，潘培庆译，第 21、26—30 页。

② 费孝通、吴晗：《皇权与绅权》，长沙：岳麓书社，2012 年。

民族文化的人物，一个'反现代的现代人物'"。而且，"这些悖论式的表达不是标新立异的修辞，它们显示的是鲁迅的基本态度：自由平等、扶弱抑强和久远的传统是人之为人的基础和前提，为了捍卫其价值，就必须拒绝将这些价值纳入现代权力关系的图谱中"，这也正是鲁迅对于"'什么是启蒙'这一问题的独特追问"①。钱理群的理解思路与此相近。他阐述鲁迅在现代中国的独特位置，强调他的"三个不是"及其作为一种"矛盾结构"的存在时，反复强调鲁迅"执着现在，执着地上"的精神，称他是"真正立足于中国本土现实的变革，以解决现在中国问题为自己思考的出发点与归宿的思想家、文学家"②。这里表达的，也是鲁迅对知识与权力关系的敏感、对形式主义的"伪士"的拒绝和对"真信"的坚守。这也可以说是钱理群关于启蒙问题的基本态度。他由此塑造了不同于 1980 年代的另一个"启蒙者鲁迅"的形象。

钱理群在《鲁迅与当代中国》中的鲁迅阐释实践，建立在对 1980 年代（也是五四时期）"启蒙结构"的内在反省基础上，即如何既反省启蒙的权力结构又坚持启蒙实践。这可以说是对他对 1980 年代鲁迅研究中启蒙思想的"否定之否定"。1980 年代的启蒙主义思想局限于知识分子主体，谈论极远的"人类"或极近的"个人"，却忽略了"社会的阶级的"的存在。在这一意义上，钱理群 1990 年代后对"左翼鲁迅"的关注，不是对"启蒙者鲁迅"的简单否定，而是启蒙的实质性内涵的进一步扩大。他由此跨出学院体制、知识群体的阶层限制而面向普遍的社会、教育问题，意在打破知识体制和专业化体制的等级化限制，进入更广泛意义上的国民教育这一公共场域。但在这一转化过程中，他作为阐释者的位置又如何理解，是否仍旧是那个拥有知识的特权者呢？钱理群在关于鲁迅形象的界定中，特别要说，鲁迅不是"导师"，不是那种自以为掌握了"真理"，可以指导青年人生道路的人。钱理群与学生、工人、志愿者等交流的方式，也力避"导师"这一名

①　汪晖：《声之善恶：鲁迅〈破恶声论〉〈呐喊·自序〉讲稿》，第 88—89 页。
②　钱理群：《鲁迅与中国现代文化》，收入《鲁迅与当代中国》，第 34—35 页。

目,力图做到的正是鲁迅那样的"绝不试图'收编'我们,他只是要逼我们独立思考"。在他看来,"这才是真正的启蒙主义,我们今天也还需要这样的鲁迅式的启蒙主义"①。他真正关心的,不是听者是否接受了他关于鲁迅的学术观点,是否因此学会了"学术"的思维方式,而是人们从鲁迅作品里读到了什么、感受到了什么、理解到了什么,最终将这种阅读和理解引导到他们对自己生命、生存意义的自觉意识。这既是他对启蒙所隐含的权力结构的自觉反省和规避,也是他对于鲁迅立人思想的具体实践。

将鲁迅思想与文学推向更为普遍的社会群体,事实上也是一个在经典教育意义上将鲁迅重新"经典化"的过程。这里也有钱理群所直接针对的当代中国历史语境。从 1990 年代开始,中国社会开始了一种将鲁迅"去经典化"的趋向。这在文化界表现为对"五四""启蒙""革命"等现代性思想的批判和否定,"在九十年代的中国文坛学界,轮番走过各式各样的'主义'的鼓吹者,而且几乎是毫无例外地要以'批判鲁迅'为自己开路"②;而在教育界则表现为要将鲁迅从中小学课本中"驱逐出去"的呼声。钱理群之讲鲁迅,不仅因为他"从来不为批判者的高论、喧嚣所动",而且还带有针锋相对的"恶作剧式的快感"。③ 这并非"偏执",而是基于他对鲁迅思想的独特理解,并结合 21世纪中国的时代处境做了新的阐释。其中的核心观点,一是重新阐释鲁迅的"立人"思想与国民性理论,另一是在新的视野中重构鲁迅作为"经典"的意义。

学界对鲁迅启蒙思想的阐释,往往被分离为"立人"与"国民性"这两个看似彼此抵牾的思考脉络。鲁迅在其早期作品如《破恶声论》《文化偏至论》中确立了"立人"思想,而他五四时期则主要表现为对

---

① 钱理群:《漫说"鲁迅'五四'"》,收入《鲁迅与当代中国》,第 517 页。

② 钱理群:《"东亚鲁迅"的意义——对韩国学者刘世钟教授〈鲁迅和韩龙云革命的现在价值〉一文的响应》,收入《鲁迅与当代中国》,第 55 页。

③ 钱理群:《鲁迅与当代中国》,第 527—528 页。

"国民劣根性"的批判实践。前者意味着启蒙目标的正面确立,而后者则意味着对国民性的否定性批判。对许多人而言,鲁迅更像是一个激烈地批判国民性、批判传统负面价值的作家。在 1990 年代以来的"传统文化热"、大学教育改革注重国民素养的"通识教育"实践中,鲁迅的思想价值也因此受到更多的质疑。这些质疑源自这样的逻辑:如果说鲁迅主要是一个从否定性意义上思考国民性的作家,那么他在今天如何能成为国民教育的经典呢?

汪晖在重读《阿 Q 正传》这一被视为"画出沉默的国民的魂灵"的典范之作时,对定型化的国民性阐释理论提出了不同看法。"与大多数批评家将重心放在总结阿 Q 的精神胜利法上不同,我的分析集中在精神胜利法的偶尔的失效,重点提出阿 Q 人生中的、内在于他的性格和命运的六个瞬间",由此,汪晖提出了鲁迅的"生命主义"政治和"向下启蒙"的思想。他提出这一解读的动因在于,"如果没有对于这些瞬间的解释,《阿 Q 正传》的基调就纯为负面的,也可以说是彻头彻尾的虚无主义……但若果真如此,阿 Q 的革命也就成为无从解释的神秘事件了"。① 汪晖的新解读与钱理群讲鲁迅有着同样的动机和诉求,即在学界到处要将鲁迅"去经典化"的呼声中,通过重新阐释鲁迅而重构其经典地位。不过,与汪晖侧重于经典文本解读不同,钱理群更着力于阐释角度和阐释框架的调整,并将鲁迅的"立人"思想放在中心位置。

钱理群在《和宝钢人谈鲁迅》这篇长文中颇为系统地阐释了鲁迅的"立人"思想及其在今天中国的意义。他首先提出了当下中国面临的时代性问题:"一个独立的,统一的,经济高速发展,基本解决了人民温饱问题的东方大国,将向何处去?"这就在"现代化"这一 20 世纪中国核心议题的基础上将鲁迅时代与当代中国联系起来。他所谓"四大重建",其核心是"要创造一种最适合中国国情的,能够让每一个中国

---

① 汪晖:《阿 Q 生命中的六个瞬间》,第 31—32 页,上海:华东师范大学出版社,2014 年。

人过上幸福生活的，为中国老百姓所能接受并欢迎的新的制度、新的文化、新的价值观和新的生活方式"。这也是"立人"在新时代的重要意义。"立人"思想的三个核心概念被概括为"个人""精神""自由"，而其基本目标则是鲁迅所说的"幸福的度日，合理的做人"。这里提出的"立人"思想，正如同"批判"法则，也是钱理群综合鲁迅思想提出的基本原则。其特点之一，是在民族国家现代化的历史视野中确立鲁迅的当代意义，另一则是并不将"立人"仅仅视为个人主义的诉求，而试图在"民族"与"个人"、公共性与私人性之间达成一种平衡关系，他称之为"想大问题，做小事情"。

关于理性的"公共使用"和"私下使用"是启蒙问题经常涉及的话题。与人们的一般理解（即私下里自由思考而在公共使用中服从）相反，康德做了完全不同的界定——"理性在其公共使用中是自由的，在其私人运用中应是屈从的"，福柯将之概括为"惟命是从，但你可以尽情推理"①。这也正如"想大问题，做小事情"与一般人所理解的理性与自由关系的不同。就一般而言，启蒙强调的是"个人"，是"做小事情"的个人自由，而"大问题"往往是对个人的压抑。这也是"启蒙与救亡的双重变奏"的逻辑即个人与群体、私人与公共的二元对立。但鲁迅将"立人"作为民族现代化的根本内容时，是将其作为一个政治问题来看待的，其内在逻辑更吻合这样的表述："公共地、自由地使用自主的理性将是对唯命是从的最好保障，其条件是，那个人们必须对其听命的政治原则自身应符合普遍的理性。"②在此，"立人"不是滑向绝对个人主义的诉求，也不是与民族国家公共性对抗，而是两者的辩证统一。钱理群所阐释的"立人"思想总是包含着这样的两面：其一是通过阅读鲁迅而唤起的个人对自我生命的"自觉"意识。他所摘录和整理的青年学生的作业，都突出了个人的感受以及对自己生命经验的

① ［法］米歇尔·福柯：《何为启蒙》，收入《福柯集》，第 528—543 页，杜小真编选，上海：上海远东出版社，1998 年。

② ［法］米歇尔·福柯：《何为启蒙》，收入《福柯集》，第 532 页。

反省意识。这个"自觉"的时刻正是鲁迅思想的价值所在。另一方面则是私人性与公共性的统一。他不否认个人欲望、个人诉求的意义，也不因此将集体或民族国家视为其反面，而力图构造出两者在更高层面上的一致性。可以说，"批判"与"启蒙"最终统一于"立人"这一根本目标。

这一"立人"思想原则，也使钱理群谈论作为经典的鲁迅的方式发生了变化。可以说，他是在中华民族这一整体性视野中来看待鲁迅的，因此，提出了鲁迅是"具有原创性与民族精神源泉性的思想家、文学家"的说法，认为其地位可以与古代的孔子、现代的胡适放在同一位置上。针对学界和思想界"扬孔（子）贬鲁（迅）""扬胡（适）抑鲁（迅）"的风尚，钱理群反对那种"你死我活，非此即彼，一个打倒一个，一个吃掉一个"①的做法，而是强调"从孔子到鲁迅，实际上是构成了一个传统的。我们民族，好不容易有了一个孔子，有一个鲁迅，这都是民族文化的精华，宝贵遗产，理应是我们民族的骄傲"②。在这样的整体性民族文化视野中，鲁迅的"经典"意义得以重构，并且与其他经典作家构成了某种平行关系。这也可以看作钱理群对 1990 年代后期以来中国社会、教育体制倡导的经典阅读、通识教育的一种回应方式。他肯定经典是"时代、民族文化的结晶"，"要用人类、民族文明中最美好的精神食粮来滋养我们的下一代"③，在这个意义上，古代的孔子和现代的鲁迅、胡适是同等重要的。但同时，他还是批判一般经典教育、通识教育可能忽略了"现代传统"，因此他更重视的，是"作为 20 世纪有机经验的鲁迅"这一面向。这里值得注意的是，如果说在鲁迅的时代，启蒙问题首先是对中国传统文化的激烈批判，那么在今天的中国，如何重构传统、重构现代的意义，则意味着一种新的启蒙方式，而

---

① 钱理群：《对鲁迅与胡适的几点认识》，收入《鲁迅与当代中国》，第 525 页。

② 钱理群：《如何看待从孔子到鲁迅的传统》，收入《鲁迅与当代中国》，第 505 页。

③ 钱理群：《如何看待从孔子到鲁迅的传统》，收入《鲁迅与当代中国》，第 491—492 页。

其不变的根本,仍在"立人":"我们是为了'立人'而阅读经典。"在这样的问题意识下,启蒙关注的不是传统或反传统这样的"形式",而是是否有助于确立"健康、健全发展的人"这一根本目标。

这种谈论和实践启蒙的方式,正如他谈论和实践批判的方式,是钱理群理解鲁迅的核心"原理"。这也是钱理群通过不倦的阐释实践而使鲁迅思想与文学一直活在当代中国的原因。

第十一章　大学教育与文学史传统：读陈平原

文学史作为目前高校中文系的核心基础课程，其重要性毋庸置疑。如陈平原所说："对于今日中国的大学生来说，'文学史'既是一门必修课，也是一种不证自明的知识体系；而对于大学教授来说，撰写一部完整的可以作为教材的'文学史'，更是毕生的追求。"[1]不过，正因为有教育体制的制度性保障，因此，无论是从事教学与写作的大学教授们，还是接受文学知识教育的大学生们，很少有人去追问文学史作为大学文学教育的中心形式是如何历史地形成的，在体制化的过程中经历了怎样曲折的建构与发展路径。特别是，自1990年代后期以来，在强调"大学改革"的新历史情势下，文学史受到不同程度的反思和质询，否定者有之，保卫者有之，虽尚不足以撼动基本的学科格局，但重新思考文学史的位置和意义却是迫切的现实问题。从这一角度，陈平原2016年出版的新著《作为学科的文学史——文学教育的方法、途径及境界》的出版，具有特别值得重视的思考价值。

---

① 陈平原：《"文学史"作为一门学科的建立》，《游心与游目》，第56页，成都：四川人民出版社，1997年。

一 从学术史到教育史

　　全书收录了陈平原 1993—2016 年间写作的 12 篇自成体系的重要论文，分别探讨文学史的学科建构、代表性学人著述与各专业领域的研究进展，从不同侧面展示了中国文学史在百年历史中从形成到构建、发展的总体面貌。相较 2011 年的初版本，此次增订版删去了部分篇什，增加了于近年写作的三篇长文，使全书主题更为集中，问题意识更为明确。"增订本序"这样写道："本书既总结百年来中国人从事文学史撰述与教学的经验，又质疑那种根深蒂固的文学史情结。辨析得失的同时，更希望探究可能的出路。"①显然，这是一本"入乎其内，出乎其外"的反思之作，一方面深入到文学史之成型的内在逻辑与具体路径中探索百年的历史经验，另一方面也跳脱"文学史神话"的限制，在当下中国的现实处境和教育体制状况中，结合作者作为文学教育者和文学研究者的长期实践经验，思考文学史之于今天的意义与限度。

　　无须更多的介绍，1990 年代初即开始倡导的学术史研究，一直是陈平原的主要研究领域和路径。《作为学科的文学史》一书对文学史的思考和探索，某种意义上也是"辨章学术，考镜源流"这一学术史基本原则的持续推进。这种学术史考察与福柯的知识考古学方法有诸多相似的地方，但不同之处在于，这不是一种纯粹的知识性乃至技术性的话语解析，而同时包含了研究者的主体定位和历史意识："对我来说，'学术史'既是一项研究课题，也是一种自我训练：在触摸近百年学术传统的同时，不断调整研究思路，加深对中国历史文化的理解，甚至寻求安身立命的根基。"②这也就是说，前人的研究成果与生命形

---

　　① 陈平原：《作为学科的文学史：文学教育的方法、途径及境界（增订本）》，第 3 页，北京：北京大学出版社，2016 年。后文中凡涉及本书引语，仅注明页码。
　　② 陈平原：《关于学术史研究——答〈文汇读书周报〉记者问》，《茱萸集》，第 180 页，沈阳：春风文艺出版社，2001 年。

态,对于作为后学的研究者而言,既是对象化的研究材料,也是自我规训的镜像。在此"规训"一词并无贬义,正如英文 discipline 一词同时包含了"学科"与"规训"两种含义一样,接受一种知识训练的过程同时也是一种塑造主体的方式。① 但重要的是,如果被规训者缺少自觉的主体意识,知识训练就只能成为一种对象化客体化的实践过程。在陈平原关于学术史研究的强调中,"传统"与"知识"这两个关键词同样重要,并互相转化:正是在研究者与前人同样作为"学人"的主体认同中,"知识"得以转化为"传统"。在这一意义上,陈平原对文学史之历史的探究,不仅是关注一门学科一种知识体系的历史轨迹,也是将之作为自己仍旧置身其中的、已积累了丰富经验的现代"传统"来加以理解。这既意味着反思百年来文学史作为一种知识形态、教育方式和观念体系的历史来路,辨析前人研究及其路径的成败得失,同时也意味着站在当下现实的高度,从历史传统中思考并寻求可能的未来出路。可以说,只有在这种学术史的视野中,"历史"才能作为"经验"得到后来者自觉的考量,继而将之转化为"传统"在当下发挥作用。

不过,同样是在学术史思路上的推进,《作为学科的文学史》却与陈平原在 1998 年出版的《中国现代学术之建立——以章太炎、胡适之为中心》有较大差别,关键之一是"教育史"视野的介入。作为陈平原在学术史研究方面的代表作,《中国现代学术之建立》的核心着眼点是"学术",其主体认同在"学人"。在探究从晚清到五四学术范式的转换时,他关注的是以章太炎和胡适之为中心的两代学者的学术理路、治学路径和人格形态。而这种学人实践依托怎样的制度形态得以实施,并未成为全书关注的重心,只有"官学与私学"一章涉及相关问题。显然,从一种知识社会学或知识谱系学的角度来看,可以说《中国现代学术之建立》的关注点是知识与主体的关系,较少涉及与之密切相关的"权力"或"体制"的层面,而主要是在考辨知识者的具体治学

---

① ［美］华勒斯坦等：《学科·知识·权力》,刘健芝等编译,北京:生活·读书·新知三联书店,1999 年。

路径和内在主体诉求。从这一角度，《中国现代学术之建立》的最后一章落在"现代中国学者的自我陈述"似乎并非偶然。

《作为学科的文学史》在关注点和基本思路上一个大的转移，即希望"在思想史、学术史与教育史的夹缝中，认真思考文学史的生存处境及发展前景"（第 2 页）。此处所谓"夹缝"，一方面意味着研究者尝试的是一种跨界的研究思路与方法，另一方面也意味着对于塑造文学史的诸种体制性构成力量的基本判断。考察文学史，学术史研究无疑也是其重要内容，但不同于一般以"学案"为基本形式的研究，它牵涉更为广阔且具总体性的知识网络和历史视野。这一点陈平原有自觉的考量——"'学案体'有其便利之处……但'学科史'对我更有吸引力，更适合于展示知识的生成与演化"，关注文学史不仅关注具体的知识样态如何，同样要关注"这种知识是如何产生的"，进而探讨"作为研究对象、知识体系兼著述体例的'文学史'，在整个人文社会科学中的地位、功能以及发展前景"。这就涉及"反省学科的根基，而不是具体的研究结论"①。如果说学术史意味着对专业知识视野内部之治学路径的探究，思想史意味着关注知识实践与社会语境的互动，那么教育史则意味着对构建、规约并限定知识实践的制度形态和社会场域的探讨。教育体制作为根基的意义在于，它既为知识者的种种学术活动提供体制性保障，同时也规限了这种活动的可能范围甚至具体方式；且因为是一种根基性的存在，人们往往视而不见，就如同住在房子里的人往往看不见房子本身一样。

二　教育史视野中的文学史

陈平原的文学史研究不仅从学术史角度关注人们常常谈论的文学史著述与诸专业领域的研究进展，而且更着意强调的是，作为一门

---

① 陈平原：《探究"文学史"的形成——答秦山问》，《游心与游目》，第 117—119 页。

学科以及与之关联的著述形态和知识体系,文学史完全是现代大学教育体制的产物。其历史起点是 1903 年清廷颁布《奏定大学堂章程》,确立了"中国文学门"这一科目,并提示课程讲授的具体样板——"日本有《中国文学史》,可仿其意自行编纂讲授"。自此,文学史的撰述和讲授成了现代中国大学文学教育的中心内容和主要形式(第一章"新教育与新文学——从京师大学堂到北京大学")。可以说,没有西式现代教育体制的确立,今天人们习以为常的文学史就不会出现。因此,断言"文学史的重要性,很大程度依赖于文学教育的展开",并非耸人听闻,不过指出了人们早就视而不见、习焉不察的"体制性场址"而已。陈平原曾以鲁迅为例,解释为什么鲁迅晚年再三表示想编写一部《中国文学史》而终未完成,主要即因为晚年鲁迅并不以在大学教书为主要职业,因此没有时间、精力,也没有迫切的现实需求来完成这部文学史(第七章"清儒家法、文学感觉与世态人心——作为文学史家的鲁迅")。这也就是说,作为文学史家的鲁迅是与他的大学教育生涯密切相关的,甚至可以说,正是大学教育生涯塑造了作为学者的鲁迅。从写作者与教育体制的关系角度所描画的这幅鲁迅肖像说明:纳入教育史的分析视野,对研究文学史而言,并不是分析一般所说的"外部因素",而是考察其不可或缺的重要构成力量。

　　从教育体制入手来考察文学史的形成与建构,这一基本思路大致形成于陈平原主攻学术史研究的同一时期,只是不同时期的侧重点有所不同。最早在 1996 年的《"文学史"作为一门学科的建立》一文中,他就提出,要理解百年来的文学史建设,"不只将其作为文学观念和知识体系来描述,更作为一种教育体制来把握"。《作为学科的文学史》一书可视为这一研究思路的具体实践。最早完成的是 1993 年发表于《学人》杂志的《作为文学史家的鲁迅》,而全书的开篇之作《新教育与新文学——从京师大学堂到北京大学》,勾勒文学史如何伴随新的西式教育体制而确立,则完成于 1998 年。写作时间最近的三篇,《中文系的使命与情怀》考察 1950—1960 年代冷战格局中的三所大学

（北大、台大、港中大）如何理解中文系的定位、课程设计如何体现一个时期的意识形态，及不同历史处境中教授们的教学活动与思想情怀，此文完成于 2014 年；《在政学、文史、古今之间》考察 1940—1980 年代"北大中文四老"（吴组缃、林庚、季镇淮、王瑶）基于不同的治学路径与回应时代风云的方式所作的学术选择，此文完成于 2015 年；2016 年发表的《古文传授的现代命运》则返回清末民初之际，关注新文化运动的反对派林纾与新式学堂北京大学的纠葛。全书写作时间前后跨度 20 余年，绵延时间之长，足见这一议题对陈平原学术研究的重要性。

强调教育史的视野，并不意味着本书忽略文学史建设过程中学人著述与各文体领域的专业研究进展的重要性，事实上后两者构成了全书的两大板块。关键差别是，将文学史的教学、著述和研究等知识实践"还原"到大学教育体制这一"制度性场址"的具体空间场景中，从而呈现出了文学史从学科建立、课程设计、课堂讲授、教师主体与专业知识发展这一立体且密不可分的完整过程。也可以说，只有在教育史的视野中，文学史作为一种现代知识体系的确立、实践、传播与再生产的整体面貌才能得到全面勾勒。仅瞩目于教授们的研究著述，或关注各文体领域的研究进展，则意味着仍旧在受到教育体制限定的专业领域里面谈论问题。只有跳出特定的学科和知识限制，不仅关注具体的专业知识实践者及其内容，也关注其得以制度化的时代背景、体制性构建及其参与意识形态构建的方式，才能把握文学史之为一门学科的知识生产全貌；进而，在更广阔的社会—历史参照视野中，对文学史作为一种"文学教育"的方法、途径，做出恰如其分的评价。

教育史视野的介入，也赋予学人研究和专业研究进展以不同的观照角度。比如，本书探讨的三个学人个案（黄人的大辞典编纂、林纾的古文传授和鲁迅的文学史写作）及"北大中文四老"的治学路径，由于纳入了教育体制与时代变迁的广阔视野，所以相关的探讨就不局限于学人主体这一层面，而同时关注教育体制的古今转换、教育体制与知识生产的彼此塑造关系、意识形态的时代风云等对学人的影响。由此，学者与教育体制的复杂关系，并没有被简单地理解为个人与制度、学术与政治等的二元对立，而凸显了大学教职既是限制性也是生产性的作用，以及前辈学人既作为学者也作为教育者的精神面貌与生命轨迹。

但教育史视野的拓展不限于此，更突出地表现为全书第一板块从"课程、教师、教材、课堂"角度所做的文学史研究。自从被教育体制确立为核心学科，文学史也衍生出不同的形态：有作为课程设置的文学史，有作为著述体例的文学史，有作为知识体系的文学史，也有作为意识形态的文学史，四者虽"互相纠葛，牵一发而动全身"（第 2 页），但关注得最少的是"作为课程设置的文学史"。因为这牵涉的不仅是"学"还有"教"（或"讲"）的问题，不仅是"著述形态"与"知识体系"，也还有作为整个社会再生产之核心环节的教育体制如何理解文学及其教育的问题。《作为学科的文学史》第一部分集中讨论文学史作为一门学科的建立问题，四篇文章分别涉及从京师大学堂到北京大学的变迁过程中文学史课程如何建立、新文化运动时期北大国文系的文学教育、关于"文学课堂"的九个历史性片段、1950—1960 年代三所大学中文系的文学教育。其中，陈平原自认"最有心得的"，"不是桐城与选学之争，也不是文学革命与整理国故的张力，而是对于'文学课堂'的发掘与表彰"（第 3 页）。

《"文学"如何"教育"》一章记录了教育史上九个典范性的"文学课堂"片段，也是全书读来最为轻松有趣且具感染力的章节。康有为与章太炎 19 世纪末的书院讲学、鲁迅 1920 年代在北大讲授小说史、朱自清 1920—1930 年代在清华大学讲授"新文学"、1930 年代南京中央大学教授们的"诗意人生"、1940 年代沈从文在西南联大讲"创作"、顾随 1940 年代在辅仁大学以"词人"的方式讲学、1950 年代钱穆在香港的新亚书院讲"诗心"、台静农 1950 年代在台湾大学讲文学，以及 1950 年代后期北京大学师生集体写作文学史……这九个现代中国教育史上最具历史性的教学个案,其课堂氛围、教师风格和学生状态,借助学生辈的追忆文章,得到了生动而具体的呈现。历史研究往往只能依据那些落实于文字、图像的确凿史料,而文学课堂却是在教师的讲与学生的听之间互动而形成的某种"剧场"效果。在缺少影像记录的时代,老大学的文学课堂往往消失于历史深处,只能依据一些追忆文章遥想当年的情景。但与此同时,追忆文章本身却正是课堂效果的具体呈现。听讲者对当年课堂的追忆,既是纪实也是重构,与其说在复现历史,不如说更是在塑造"传统",带入的是追忆者对置身其中的当下教育体制的观感和指向:"'追忆'需要契机,何时被提起,何者被追怀,如何借题发挥,怎样刻意压抑,所有这些,都值得深究。"(第 193 页)这些受到追忆的文学课堂,在学校形态上,不仅关注全书主要讨论的北京大学的典范意义,也关注不同区域不同时代的代表性大学及相关的文学传统;在时间跨度上,不再限于晚清与五四这一世纪转折时期,而拓展延伸至抗战、冷战时期至 1980 时代;所探讨的问题,则涵盖从书院到现代大学,现代诸大学的不同学术传统,更着意把握于"文"与"史"、"古"与"今"、"教"与"学"、"政治"与"学术"等间各有侧重的前辈教育者之不同风貌……可以说,这是呈现了全书问题域和思考深广度的"书眼",其间也可见出作为"钩沉者"和"发掘与表彰者"的陈平原对文学教育传统的具体理解及其偏重。

三 文学教育与文学史传统的重构

关于为何格外重视老大学的文学课堂,陈平原有明确的现实针对性和问题意识:"反省当今中国以'知识积累'为主轴的文学教育,呼唤那些压在重床叠屋下的'温情''诗意'与'想象力',在我看来,既是历史研究,也是现实诉求。"(第 120 页)相对于教育史视野中的文学史,这里提出的是一个新的议题,即"文学教育"。陈平原如此写道:"所谓'文学教育',与目前学界颇为关注的'文学史书写',既有联系,更有差异","'文学教育'不仅限于传授'文学史'知识,还有'文学理论''文学批评'以及相关学科;反过来,'文学史作为一种知识体系,在表达民族意识、凝聚民族精神,以及吸取异文化、融入世界文学进程方面,曾发挥巨大作用',故单从学校的内部运作说不清楚"(第28 页)。这也就是说,关注文学史的最后目的,不是就文学史而谈文学史,而是关注其在教育体制和社会文化层面发挥的功用。

从文学史作为一种知识生产的整体过程的角度纳入教育史视野,和从文学教育的角度考察文学史作为一种教育方法和途径的限度和意义,这是两种有所差别的考察视角。最重要的差别在于"文学教育"作为问题被提出,首先意味着对文学史"专业化"本身的质询。文学史作为学科的确立,是现代社会专业化、理性化分工的结果,仅在专业视野中理解文学史,关注的往往是学科内部的具体实践,而无法意识到专业化设置本身也承担着文学教育的功能及这种功能的限度。从专业视野来看,文学史作为文学教育的中心形式意味着以培养专业化的文学史研究人员为目的,而实际上,文学教育特别是本科的文学教育承担着更重要的功能,即"表达民族意识、凝聚民族精神,以及吸取异文化、融入世界文学"等。从后者而言,不仅需要跳出文学史,也需要跳出某一学校在既有体制下的内部运作视野,而从文学教育在整个社会再生产环节中处于怎样的位置、发挥何种作用的角度来理解文学史的意义。这既涉及文学,也涉及教育。

就文学而言,文学史被纳入整个"文学事业"的全过程来考量其功用——"谈论文学事业,创作无疑居于中心位置,出版与批评则羽翼左右,而作为'殿军'的文学教育,相对于来说容易被忽视。其实,如何培育好读者,某种意义上决定这文学的未来"(第 197 页)。读者的素养和趣味总体上决定着一个时期人们对于文学的基本评价和接受方式,而大学文学教育承担的正是教育和培养读者这一重要功能,因此"不仅对中文系外文系生命攸关,对整个大学也都至关重要"。"中文系外文系"的文学史课程,在"表彰作品、确立经典、传播知识、养成趣味"方面有着无可取代的作用。从这一角度而言，文学史教育尽管表面上不直接介入文学的创作、生产与批评，但在文学经典的筛选和文学再生产环节上处于重要位置。这是就"文学事业"的角度而言。事实上不至于此，可以说现代社会有关文学的所有现代性知识的塑造和传播，都与文学教育密不可分。由于文学作为传播媒介的特殊作用，在形塑现代社会的过程中，特别是民族国家建构、社会精神的凝聚和文化传统的传播方面，文学也是整个社会人文教育（不止是文学）的主要媒介。美国理论家本尼迪克特·安德森将"小说"视为创造"民族"（nation）这一现代"想象的共同体"的主要形式①，日本学者柄谷行人甚至说，"现代民族国家的核心比起政治性的机构更存在于'文学'那里"②，因为正是通过文学的想象力，民族国家作为共同体的意识才得以深入人心。新文化运动时期的中文被称为"国文"，胡适所谓"文学的国语，国语的文学"，突出的正是文学与现代民族国家的紧密关联。因此，文学教育涉及的不仅是文学本身，而是国民素养的基本构成。如果说教育是整个社会再生产的主要形式，那么陈平原所说的文学教育"对整个大学也都至关重要"，正因为文学在塑造民族认同、构建社会意识、接续文化传统以及培养国民素养等方面的重要媒介作用，而这也是大学人文教育的核心内容之一。

就教育而言，文学史作为百年来文学教育的基本方法和途径，其限度、可能性也得到重新思考。特别值得注意的是，《作为学科的文学史》一书在"总结百余年来中国人从事文学史撰述与教学的经验"时，格外关注其中的内在张力和彼此有所冲突的路径。文学史作为一套知识体系的形成，完全是西方现代性知识生产的结果，得益于"'科学'精神、'进化'观念以及'系统'方法的引进"（第 1 页），它与中国固有的注重创作技能训练的"文章流别论"，特别是在与西方完全不

---

① ［美］本尼迪克特·安德森：《想象的共同体——民族主义的起源与散布》（增订版），吴叡人译。

② ［日］柄谷行人：《日本现代文学的起源》，赵京华译，第 222 页。

同的文化传统基础上形成的古典文学的关系如何处理,一直构成文学史实践的关键问题。在中西之别这一基本格局衍生的诸种张力中,《作为学科的文学史》最为着力探究的是"古"与"今"、"文"与"史"间的冲突及其实践途径。

"古今"问题既涉及研究与教学方法,也涉及新旧文学在课程设计上的分布。文学史教育在新式大学落地生根,无疑对传统的古文教学法是一次巨大的冲击与革命,但浸淫新文学日久的人们可能很难注意到的是,新文学作为课程内容真正进入大学讲堂却要到1929年杨振声和朱自清执掌清华大学国文系;而现代文学真正学科化,要直到1950年代中华人民共和国建立后,在中国香港则要到1960—1970年代。这也就是说,现代大学的中文系所研究和讲授之"文学",其主体一直是"古典文学"。显然,与文学革命在社会上所造就的巨大声势相比,新文学在大学教育体制中很长时间内都处在边缘且暧昧的位置。因此,有关文学史研究与教学的古今之争,主要是如何用现代知识体系与文学观念来整理和重构古典文学。

《作为学科的文学史》勾勒了这一古今之变的具体过程和种种实践个案,更难得的是,它并未将"现代"视为当然,即不是用"现代"来统摄"古典",当然也不是反过来用"古典"衡量"现代",而力求将"古典"与"现代"放置于同一考察平台。在这一意义上,它不仅破除了"文学史"神话,也破除了"现代性"神话或作为其反面的"复古主义"。由此,古今之变中的种种文学史实践路径、多个历史侧面都得到了真正"客观""公允"的呈现和评价。这不仅指从京师大学堂到北京大学的变迁过程中"桐城"与"选学"之争,也涉及新文化运动时期北京大学的"文学革命"与"整理国故"间的关联与张力,同时还包括九个"文学课堂"片段所涵盖的历史广度;也因此,旧派文人黄人、林纾与革命派文学史家鲁迅及"北大中文四老",他们在"大辞典"与"文学史"、"传统文人"与"现代学堂"、"杂文"与"学术"、"文学"与"史学"、"古典"与"现代"之间的种种探索,都得到了同等的关注,呈现出了文学史之不同路径的真正丰富性。

文学史的"文史"之争，既涉及"文学"与"史学"的张力，更涉及"创作"与"研究"的不同取向。在讲求"系统"和"科学"论述的文学史撰述与教学中，如何容纳"文学"的"温情""诗意"和"想象力"，作为历史研究的侧重点和现实诉求的取向，在《作为学科的文学史》一书中被反复提及。这表现在对鲁迅之"清儒家法"与"文学感觉"完美融合的肯定，表现在对林庚以"文"见长与王瑶以"史"为旨归的两种治学路径的梳理，同样也表现在重视朱自清、沈从文等对"整理国故"的不满，叶嘉莹对作为"词人"的老师顾随的教学方法的追忆与继承，以及历史学家钱穆对"诗心"的倡导……《作为学科的文学史》力图强调的是，在百年文学史作为一种以"知识积累"为主轴的教育形态的形成与建构中，始终存在一种反抗或质询，那就是"文学"之不同于"史学"（"学术"），"文学教育"之不等同于"知识积累"的特质的强调。归根结底，所谓"文史"之争本质上也是"古今"之争，因此陈平原写道："当初从注重技能训练的'文章源流'，转向知识积累的'文学史'，过分强调科学性与系统性，相对忽略了文学感觉与写作技巧。这是个遗憾……是整个中国现代化进程决定的。"（第 101 页）

这种重新勾勒的文学史图景，固然基于种种历史事实，莫如说更是作为研究者、追忆者和钩沉者的陈平原意欲凸显和强调的历史面向。这与他对"文学课堂"的大力表彰异曲同工，都是基于文学教育的诉求而对文学史的反思与重构。关注百年文学史实践的内在张力，某种意义上也是在探寻可资作为"传统"的另一种文学教育实践的现实可能性。

四　教育者的境界

在陈平原反复提及的"现实诉求"中，有两点值得注意：其一是对"以'知识积累'为主轴的文学教育"的不满，另一是对文学的"温情"

"诗意"和"想象力"的召唤。这是从"学术史"到"教育史"的视野转移，同时更意味着研究主体从"学人"向"教育者"的调整。辨析学术研究背后的主体认同并非无关紧要，相反应该说，对于"教育者"这一身份的自觉和强调，既是陈平原学术研究思路和方法的拓展，更是他在针对现实情境发言时所选择站立的主体位置。

从专业化的角度而言，"知识积累"无可厚非，甚至可以说学术史研究的初衷即在于此。但局限于专业视野，不仅无法认清规约专业知识生产的体制性力量，更重要的是知识无法转化为与社会实践形成互动的"思想"。不满足于在划定好的专业领域内做一个循规蹈矩的"学人"（专家），而更倾向于做一个全史在胸的"通人"——"有专业但不为专业所限，能文辞但不以文辞为高，甚至兼及古今之变家国兴亡"（第 345 页），这是章太炎的特点，是陈平原所描画的鲁迅理想，应该说这也是陈平原理想中的主体状态。1980—1990 年代陈平原在强调学术史研究时，其志向就不仅在做"学人"，而始终不忘"压在纸背"的"人间情怀"。转向更注重"通人"诉求的教育史和文学教育，也是其内在学术理路发展的必然。

在《作为学科的文学史》这本著作写作的 20 余年间，陈平原的学术研究涵盖文学史、小说史、散文史，也瞩目报刊、图像等传媒研究，更特别侧重教育史和大学研究。这 20 多年是中国"大学改革"、学院面貌发生巨大变化的时段，无疑也极大地改变了文学史在教育体制中的现实处境。就文学教育而言，对文学史构成巨大挑战的，不仅是自身过度局限于"知识积累"而导致的僵化和危机，更有新学科新领域的兴起。其中特别值得一提的三门学科或领域：一是自 1990 年代后期以来受到广泛关注的通识教育，强调在教育大众化时代，应淡化本科教育的专业化特点，而注重通过经典研读培养学生的综合素养。这与文学系以文学史为中心的文学教育，特别是本科教育的重心到底应是专业化的文学知识积累，还是将文学作为素质教育的基本途径，构成了值得关注的内在对话关系。二是注重研究影视等图像媒介和网络等新媒介的影视传媒、新闻传播等学科。显然，在今天，"文学"已不再想当然地居于社会传播的中心位置，影视等大众传播媒介日益重要，这也迫使文学教育重新思考"文学"的位置，同时涉及古典文学的经典教育和现代文学的文学教育之关系如何布局。三是在文化产业日益兴盛的语境下，强调创作和实用写作的创意写作班、作家班等的大量出现，这使得人们不再那么自信于"中文系不培养作家"这一传播甚广的论断，也再次将纠缠于文学史教育中的创作与研究、"文"与"史"的张力凸显出来。这三种新兴学科或领域提出的问题，诸如通识教育的经典与"概论"、影视传媒研究的文学与图像、创意写作的创作与学术研究的关系，事实上在以文学史为中心的文学教育中，都曾以不同方式显现。在这些新学科和新领域的冲击下，如何在大学教育的整体格局中重新思考文学史、文学教育的位置和意义，显然是难以回避的问题。对于关注大学研究、注重教育史视野并多年从事文学教学及管理工作的陈平原而言，很难说这些问题没有引起他的关注。

如果不惮于做一种过度阐释，也许可以说，对百年文学史传统的检讨与重构，事实上也正是在探索一种可能与可行的新的文学教育路径。对传统的关注，从来就不是复述一些固定的知识，而是基于现实诉求而对历史的重新整理与构造。以文学史为中心的文学教育形式固然值得反省，但百年的历史经验，几代学人与教育者积累的传统和路径，也应该作为丰富的历史遗产，供后人去摸索和选择，进而重构另一种有活力的现实实践方式。我相信这也是陈平原"总结百年来中国人从事文学史撰述和教学的经验"的真正目的。显然，从历史中重构传统，也包含了陈平原评价的重点和偏向。书中反复提及的 1930—1940 年代民国"老大学"的大学课堂和教授们，以及基本以古典文学研究为中心的研究取向，隐约地指向一种"民国大学"典范。但与其说这是"神化'民国大学'"，不如说只是力图呈现"若干好大学的优良传统"之一种（第 403 页）。真正重要的是，理解并把握百年来中国文学史实践的丰富性，以"主体"的姿态评价其"利弊得失"，文学史作为一种仍旧富于活力的教育传统之当下性才能得到更深入的讨论。在以"旁采泰西"为主流的百年大学历史①中，恰当中肯地评价中国文学教育自身的现代经验，显得尤为重要。

《作为学科的文学史》一书有一个副标题——"文学教育的方法、途径及境界"，"方法、途径"如果指向的是文学史研究与教学的诸种具体方式，指向的是"知识"与"技能"，那么"境界"则意味着一种教育理想及实践主体的"情怀"。这既是一种教育方式和目标的理想状态，更指向作为教育者的研究者与实践者本身的主体认同。在知识与思想实践的广阔视野中，教育者并非知识分子的全部身份，学院也不是唯一的实践空间。但认同教育者这一主体形象，就意味着自觉地承担继往开来的文化使命，同时也意味着站在比体制更高更广的立场而创造性地探寻重构这一空间的实践可能性。

---

　　①　陈平原：《中国大学百年？》，收入《文学史的形成与建构》，第 267—301 页，南宁：广西教育出版社，1999 年。

第十二章 "抒情传统"论述的文化政治及其启示:读王德威等

近十余年来,"抒情传统"论述在中国古典文学与现当代文学研究领域,引起了颇为广泛的关注。其代表性成果,包括王德威2004年在北大中文系所作八次讲座辑成的著作《抒情传统与中国现代性》①,也包括由生活·读书·新知三联书店陆续刊行的《美典:中国文学研究论集》②、《迷楼:诗与欲望的迷宫》③、《追忆:中国古典文学中的往事再现》④、《中国文学的抒情传统:陈世骧古典文学论集》⑤,以及由20余位海内外学者的访谈文章辑成的《革命·启蒙·抒情:中国近现代文学与文化研究学思录》⑥。其中,陈国球、王德威主编的《抒情之现代性:"抒情传统"论述与中国文学研究》,则可以视为这一研究路径

---

① 王德威:《抒情传统与中国现代性:在北大的八堂课》,北京:生活·读书·新知三联书店,2010年。

② 高友工:《美典:中国文学研究论集》,北京:生活·读书·新知三联书店,2008年。

③ [美]宇文所安:《迷楼:诗与欲望的迷宫》,程章灿译,北京:生活·读书·新知三联书店,2003年。

④ [美]宇文所安:《追忆:中国古典文学中的往事再现》,郑学勤译,北京:生活·读书·新知三联书店,2014年。

⑤ 陈世骧:《中国文学的抒情传统:陈世骧古典文学论集》,北京:生活·读书·新知三联书店,2015年。

⑥ 郑文惠、颜健富主编:《革命·启蒙·抒情:中国近现代文学与文化研究学思录》,北京:生活·读书·新知三联书店,2014年。

集大成式的展示,全书选辑了相关论者的主要论著文章,编者称其"大概可以展现'抒情传统'论述的发展变化,透视其诠释能量"①。

这些著述围绕"抒情传统"这一核心论述,彼此交错、互有关联,共同构建、推进一种关于中国文学研究的新"史观""议题"和思考路径。对于中国大陆学界而言,其影响和冲击力已经形成了文学研究界一个值得关注的重要现象,赞成者有之,持异议者亦有之。如何直面这一现象,既不简单地否定,也非将之作为"国际学术新潮"加以追捧,而是立足学术交流做出更深入细致的学理探讨和回应,是一件颇值得尝试的事情。

一 "抒情传统"构建的文化政治诉求

"抒情传统"论述探讨的是如何理解和阐释中国文学自古迄今的文学传统。1971 年,由华裔美籍学者陈世骧提出的论断"中国文学传统从整体而言就是一个抒情传统",构成所有论述的核心议题。这些论述一个最显著的特点,是论者皆为"海外中国文学研究者"。《抒情之现代性》这本编撰代表性论文的文集,选入的作者包括美国及中国学界的学者陈世骧、高友工、王德威与非华裔学者宇文所安、普实克,中国台湾学者有叶嘉莹、柯庆明、蔡英俊、吕正惠、张淑香、萧驰、龚鹏程、郑毓瑜,另外还有中国香港学者陈国球和新加坡学者黄锦树。中国大陆学者选入的,则是 1949 年前的朱自清、闻一多、朱光潜、鲁迅(作为朱光潜的论辩者)、沈从文、方东美和宗白华。作者的"地缘政治"身份在这里是明显的,主要是 1949 年后中国大陆之外的"海外学者"。这一方面表明"抒情传统"论者的知识谱系和学术师承,另一方面也显现出这一论述方式明晰的文化政治意味。从这一角度,"抒情传统"论述带入的是"海外中国学研究"与"中国大陆学术"之间的碰

---

① 陈国球、王德威编:《抒情之现代性:"抒情传统"论述与中国文学研究》,第 31 页,北京:生活·读书·新知三联书店,2014 年。

撞关系。

1950 年代后,冷战格局的确立同时导致的是中国大陆与海外中国学研究在学术体制构成、学科建制与学术思想上的明显分割。"抒情传统"作为从冷战的另一边构造、衍生出来的一种关于中国文学传统的论述方式,在 21 世纪的全球化格局中进入中国大陆学界,显示的是一种相当典型的后冷战情境。一方面,冷战的隔阂已经打破,美国、中国台湾、中国香港、新加坡等华人学者已经不再被隔绝于中国大陆学术之外。事实上,这种学术和文化交流从新时期中国大陆改革开放以来的 30 多年时间里一直在进行,特别是大陆留学、访学制度与跨区域学术交流,使两边产生了多种互动。其典型如夏志清的《中国现代小说史》①在 1980 年代中国大陆学界"重写文学史"思潮中产生了巨大影响。从学术交流的情况来看,冷战边界几乎已可以视而不见,但另一方面,冷战遗留的影响并没有完全消失。在中国大陆 1980 年代形成的现代化意识形态中,美国、新加坡等地某种程度上代表着"国际"或"世界",处在更"高级"的文化阶序之上,这一点从学生的流动方向、学术观点的扩散方式等方面都可以明显看出。同时,打破界限的学术交流事实上又并未真正冲破冷战格局形成的学术制度和知识体制,这一点同样从所谓"华人学界"与中国大陆学界的诸多交往经验中可以得到多种冷暖自知的体验。

在这种大的文化政治历史视野中,"抒情传统"论述又有其特殊性。尽管论述者身份皆为海外学者,但他们关于"抒情传统"的研究,却是在学术的平台上展开,尝试回应的是一项无论中国大陆学界还是海外华人学者都感到具有急迫现实性的议题,那就是如何在"世界文学视野中确立中国文学的主体性位置"。这是"抒情传统"论者自其提出之初即有明确意识的文化政治诉求。陈国球提到,陈世骧在

---

① 夏志清:《中国现代小说史》,香港:友联出版社有限公司,1979 年;上海:复旦大学出版社,2005 年。关于这一著作在 1980 年代"重写文学史思潮"中的影响,相关论述参见贺桂梅:《"新启蒙"知识档案——80 年代中国文化研究》,第 353—355 页。

1970 年代的美国（英语）学界"通过与西方文学传统比较对照而建构的'中国抒情传统'"，其初衷正是"为中国在文学的世界地图找到一个值得尊重的位置"①。而 1970—1980 年代，陈世骧、高友工关于"抒情传统"的论述能够在中国台港地区的年轻学人中得到急切呼应，也正因为他们共同有"面对西学挑战的需要"②的文化意识。王德威在为《抒情传统与中国现代性》一书所写的引言中，也明确提到构建这一论述的目的，是为了打破"西学中心主义"而确立一种"中国主体情性"论述③。这也就是说，"抒情传统"论述的要义，不仅在何谓"抒情"以及如何"传统"，更在于这是一种尝试构建中国独特主体性内涵的文化实践。

这也是近 10 余年来中国大陆知识界与文学研究界格外关切的话题。与 1980 年代的"西化热"不同，从 1990 年代中后期开始，如何在全球格局中确立中国文化的主体性位置，越来越成为广受中国大陆学界瞩目的议题。特别是 21 世纪以来，"中国崛起"成为某种自觉的国族意识，"文化自觉"成为无论左与右、激进与保守的学人都有的共识。中国大众社会的"传统文化热"，知识界对"中国模式""中国经验""中国问题"等的讨论，文学研究界对"传统"与"现代"关系议题的关切，都可以视为这一问题意识的呈现。中国在世界格局中区别于他种国族的文化内涵是什么？中国文明的主体性内涵如何阐释？中国古典文化传统是否可以在当下中国重构？如何更具体地论述这种文化主体性的确切内涵？这些问题，可以说是中国大陆文学研究界与"抒情传统"论者的共同诉求。"抒情传统"这一自 1970 年代以来，由海外华文学者主导构建的论述方式，对于中国文学传统的阐发、对于中国主体性的建构意识和论述方式，由此也可以成为中国大陆学界探讨相关问题的重要借鉴对象。

---

① 陈国球、王德威编：《抒情之现代性："抒情传统"论述与中国文学研究》，第 25 页。
② 陈国球、王德威编：《抒情之现代性："抒情传统"论述与中国文学研究》，第 27 页。
③ 陈国球、王德威编：《抒情之现代性："抒情传统"论述与中国文学研究》，第 2 页。

但这并不是说，"抒情传统"论述就足以成为中国大陆学界在探讨文学传统时的典范依据。在承认论者与大陆学界分享着共同的问题意识，有着可以互相借鉴和启发的研究诉求这一前提下，问题的探讨需要区分三个不同的层次：其一，古典中国"抒情精神"的基本状况，即作为一种统摄性传统，其处境和位置的实质历史内涵是怎样的；其二，对于《抒情之现代性》所勾勒的从陈世骧、高友工直到陈国球、王德威等的论述流脉，作为"诠释中国文学"诸种研究路径中的一种研究方式和话语形态，如何客观地评价其"洞见"与"不见"及其适用的范围和限度；其三，中国大陆学者基于自身的历史经验和现实意识，可以从这种论述中得到哪些启发，进而如何构建更具涵盖力的中国传统论述形态。这里讨论的重点是第二个层次，进而延伸到第三层次。

二　他者与自我的整体论框架

从其基本表述方式来看，"抒情传统"论述普遍表现出一个共同特点，即在某种对立性的二元关系参照中确立自身的合法性。正如卡尔·施米特将"政治"界定为"敌我"对抗性关系①，对他者的明确指认，也是"文化政治"意涵的具体体现。不过，当"抒情传统"的合法性需要借助二元对立的关系模式阐明自身时，也正显现出其适用范围的边界所在。因此，剖析"抒情传统"论述将什么确立为自身的他者，是深入这一论述模式的关键所在。

最值得分析的是其普遍具有的"中国"与"西方"的对照模式。"抒情传统"论述的起点，都会追溯到 1971 年陈世骧在美国亚洲研究协会年会上发表的英文论文《论中国的抒情传统》，这篇文章也是本次年会上比较文学小组的开幕词。这使人们需要意识到这一论述的

---

① ［德］卡尔·施米特：《政治的概念》，刘宗坤等译，上海：上海人民出版社，2004 年。

提出与比较文学这一学科体制间的密切关联。比较文学在 1970 年代欧美学院中逐渐体制化，进而成为扩散到亚洲学界的一门强劲的新兴学科。在 1970—1980 年代的中国台港与 1980 年代的中国大陆学界，比较文学都是某种意义上的"显学"。"抒情传统"论述在美国、中国港台及华语世界的衍生和发展，离不开这一学科初创和兴起的历史背景。正是这一新兴学科建构了一种"世界文学"场域，并在一种比较和对照关系中重新定位中国文学。陈世骧这样写道："与欧洲文学传统——我称之为史诗的及戏剧的传统——并列时，中国的抒情传统卓然显现"①，表明他提出"抒情传统"这一论述，正是在"中国"与"欧洲"（西方）对照关系中展开的。特别值得分析的是，其中的"世界文学"并非如其字面所示，包含了多元文化关系的想象，而深刻地受制于一种中西二元对立模式。这也构成了全部"抒情传统"论述的内在框架。尽管后来的研究者自觉地突破已成"陈词滥调"的"中西比较文学的入门话题"，进而探讨"中国"与"文学"命名的现代性，疏通中西文学所表达的"抒情"意涵的内在共性，从而确立"中国古典时期即已形成深厚的'抒情传统'"这一核心论点，但是可以说其中的中西对照的二元框架本身并未有多大的调整。原因有三。

其一是"抒情传统"总是被描述为一种关于中国文学的"整体性"传统。典型表述如陈世骧所言："中国文学从整体而言就是一个抒情传统"或"［自《诗经》《楚辞》以后］，中国文学创作的主要航道确定下来了，尽管往后这个传统不断发展与扩张"。② 从几千年前的《诗经》《楚辞》以降，中国历史与文学经历了无数变异，其作为整体的连续性与其说是一种不言自明的事实，莫如说更主要出自一种自觉的文化和政治建构。因此，这种"整体论"并非关于中国文学的客观性历史描述，而是一种基于"历史有机体"想象的本质主义历史叙述，是一种关于族群身份的文化政治建构，只有在与被设定的他者的对立、对照关

①　陈国球、王德威编：《抒情之现代性："抒情传统"论述与中国文学研究》，第 7 页。
②　陈国球、王德威编：《抒情之现代性："抒情传统"论述与中国文学研究》，第 7 页。

系中,才能言说自身。而这一他者,则是无差别的,也是非历史化的
"欧洲"或"西方"。如果"抒情传统"论述不能对这一根本假设的文化
政治前提做出自觉的说明和限定,那就意味着抹掉了自身论述的历史
依据。正如沟口雄三曾提出日本的中国学研究乃是日本学界主观视
角中的"作为方法的中国"①,其关键在于意识到这里的"中国"作为
"方法"而存在。同理,"抒情传统"论述也应该意识到,在构建一种关
于中国的整体性文学传统时,也同样是在"作为方法的西方(欧洲)"
的意义上才能成立。

其二,仅在中国与西方(欧洲)的二元关系中理解"世界文学",忽
视了"世界(文学)"的多元性。自人类进入文明社会以来,文明主体
的多样性是人类学、历史学普遍关注的问题,这一点毋庸置疑,是真正
的陈词滥调,但实践起来却并非易事。关键在于,由于从西欧发端的
西方文明在资本主义现代扩张的 500 余年来占据的主导地位,使得人
们唯一能想象的"世界",乃是一种西方中心主义的世界图景。其颠倒
形态,则是以"西方"作为他者的"自我东方化"反抗。西方中心主义
与中国主体论如果不能真正意识到人类文明和世界想象的多样性,而
始终以"欧洲"(西方)作为确立自我的参照,那就不过只是同一权力
结构内部的颠倒而已。衍生于英语世界进而扩散到华语研究界的"抒
情传统"论述,是在反抗西方/英语世界的霸权(以及因为落后而产生
的追赶意识),进而回到自身的文化传统寻求主体性表述的一种文化
实践。这种论述并不否认自身的现代性出身——"我们可以见到中国
的'抒情'观念其来有自,'抒情传统'论述也是中国文学研究者在'现
代状况'下对研究对象的文化归属及其意义的省思"②,并且尝试通过
对中国文化传统与西方文化传统之变异历史的追溯而构建一个对等
的对话平台,但是,却对其中国与西方的二元框架缺少足够的自觉。

---

① ［日］沟口雄三：《作为方法的中国》,孙军悦译,北京：生活·读书·新知三联书
店,2011 年。
② 陈国球、王德威编：《抒情之现代性："抒情传统"论述与中国文学研究》,第 31 页。

几乎没有见到有论者将中国文学、西方文学与历史上他种文明形态的文学（比如印度文学、非洲文学等）加以比照，从而在真正多元的"世界文学"想象中确立中国文学传统的独特性。只有理解"世界"的多元性，"中国（文学）"的独特性才可以得到更为客观的阐释；当"世界"与"中国"仅仅在一种二元关系中被理解时，中国就常常被视为作为"世界"的"西方（欧洲）"的影子。可以说，"抒情传统"论述始终无法摆脱"西方"这个他者，有时作为其反抗者，有时作为其共通者，但可以确定的是，缺少对"西方文学（理论）"的论述，就没有中国的"抒情传统"。其中缺失的，是对"世界文学"的真正历史化想象与阐述。根本原因，或许正在于"抒情传统"论述本身是在"西方"（英语）世界中衍生的一种反抗性阐述形态。

其三，不仅对"中国文学传统"的历史变异性，也对"世界文学"，做了本质化理解，同时对于"中国文学"之为"中国"的现代多样性也缺少足够的自觉意识。在对抗"西方"时构建的这个作为整体"中国"论述的文学传统，有意无意地忽略了现代以来中国内部的分化，特别是作为"海外"研究者的文化身份认同与中国大陆这个"革命中国"实践主体的差异性。由此，"文化中国"在这里呈现的整体性，固然没有表现出"去中国化"的分离主义特点，但却明显地用"海外学者"自身的文化想象压抑或排斥了中国大陆主体的文学传统实践。

三　抒情、革命、启蒙

第三点更明确地表现在中国现当代文学与"抒情传统"关系的论述中。在这里，"抒情"的他者被指认为"革命"与"启蒙"。这也是"抒情传统"论述在处理中国现当代文学时最值得商榷的地方。王德威在《抒情传统与中国现代性》，特别作为《抒情之现代性》一书的总结性文章《"有情"的历史——抒情传统与中国文学现代性》一文中，将"抒情传统"与"革命""启蒙"对立起来，认为其代表的是一种在现代中国遭到压抑的文学传统形态。他的典型表述如："'五四'以来中国的文学论述以启蒙、革命是尚，1949 年之后，宏大叙事更主导一切。在史诗般的国族号召下，抒情显得如此个人主义、小资情怀，自然无足轻重。"①而在具体的作家与文学作品分析中，一个明显的特点是，左翼文学特别是 1949 年后的社会主义主流文学，都被排斥在这种"抒情传统"论述之外。王德威在文中选择的三个论述个案是陈世骧、普实克和沈从文，借以阐释"抒情传统"在现代中国的顽强延伸。但在这种论述中，20 世纪中国最大的历史实践主体"革命中国"及其文学实践却被排斥在外。这中间的盲视是明显的。关键在于，当"抒情"被视为一种与"革命""启蒙"相对立的文学传统时，论述者本来想要在个人与社会、公与私、文学与政治之间打开、扩大其意涵的"抒情传统"，其内涵却急剧地萎缩了。在有意无意、语焉不详的情形下，"情"的内涵往往被缩小为"个人""情感""感性"或"文学"。而事实上，"抒情传统"自陈世骧提出以后，后继者的主要努力方向，是将其涵义不断扩大，从特殊文体的"抒情诗"扩大到文学模式的"抒情的"，再扩大到一种观照世界的基本方式"抒情精神"，从个人的、私领域的"情绪""感性"扩大到包含"公共性""社会性"的美学、文化政治意涵。这也是这种论述模式最具阐释力和生命力的地方。不过有意味的是，当"抒情传统"推进到 20 世纪中国文学时，却自动地将自己的涵义范围缩小和窄化。可以说，在如何指认"情"的意涵上，恰恰是在阐释现当代中国文学时，"抒情传统"论述显示出了其难以逾越的文化政治边界。

应该提及的是，如何理解"抒情传统"的具体内涵，《抒情之现代性》的两位编者陈国球与王德威并不完全相同。陈国球更为强调"情"在时代、社会、公共性领域的转化能力。比如他在长文《放逐抒

---

① 陈国球、王德威编：《抒情之现代性："抒情传统"论述与中国文学研究》，第 1 页。

情：从徐迟的抒情论说起》①中，回顾了抗战时期诗人徐迟与理论家陈残云、胡风关于"抒情"内涵理解的一场争论，最终强调的是"情之转注流动，本就能适时应变"，其意涵不限于"小我的，由山水自然生发的"范围，而有着极强的包容"时代性""功利性"的能力。这也可以视为"抒情传统"论述在阐释中国现当代文学时一种更为开放的研究取向。

在古典中国时期，"情"常常与"理"相对，而在文学传统的表述上，与"抒情传统"相对的还有"史传传统"。陈国球如此概括："他们大抵明白，'抒情'很重要，但不是一切。因此若要提出一个'抒情传统'的观念，不是说这个传统除了'抒情'，别无其他；而是说，在这个文化传统之中，'抒情'意识的渗透性极强。"②这应是一种颇为公允的论断。这也意味着，如果"抒情传统"具有强大的阐释力，关键是对"情"的理解如何突破被现代以来的个人主义、浪漫主义文学传统所窄化的理论限制。

"情"的内涵可以十分阔大。如果说沈从文的"抽象的抒情"是"抒情传统"在现代中国的一种延伸，又何尝不可以说毛泽东诗词所表现的"崇高诗意"也是一种"抒情传统"在当代中国的延伸呢？事实上，正是在 20 世纪中国革命的文化动员与文学实践中，"情感动员"占据了极其重要的位置。没有情感的介入，只有"革命""启蒙"这些宏大叙事，很难想象中国革命如何能够感召起一个庞大国度的普通民众参与其中。可以说，正是在"革命"与"启蒙"的文化实践中，涵盖了最需要阐释而非遮蔽的"抒情"意涵。不过，这恰恰是《抒情之现代性》勾勒的"抒情传统"论述没有进入的"化外之地"。可以说，"抒情传统"论述的相关讨论基本上局限于中国"文人"传统，并将知识精英阶层作为"中国现当代文学"似乎不言自明的言说主体。而事实上，"革

① 陈国球：《放逐抒情：从徐迟的抒情论说起》，《清华中文学报》2012 年 12 月第 8 期。

② 陈国球、王德威编：《抒情之现代性："抒情传统"论述与中国文学研究》，第 23 页。

命中国"的实践形态及其启动的传统文化资源，一个突出特点在于
"民间""地方""底层"这些曾被古典文人传统忽略的资源在现当代中
国的转换性出场。在此，关于"抒情传统"的辨析，不仅涉及现代中国
文化经验和想象的地缘政治差异，同时还涉及论述主体阶层（阶级）
身份的差异。

四 "抒情传统"论述的启示性

"抒情传统"所侧重的"情"，指涉着"主体""情感""美学""感
性"等丰富的理论与文化面向。在崇尚"理性"的现代传统中，"情"的
位置及其表现形态往往没有得到更深入的研究。"抒情传统"的提出
及其在古典与现代文学实践中的现代阐释，无疑是值得重视的新路
径。问题的关键在于，如何确切地把握"情"之文化政治内涵。

王德威在《"有情"的历史》中，论及 1980 年代中国大陆学界李泽
厚倡导的"建立新感性"这一议题，并提出："在本文的架构里，我以为
抒情应该是'新感性'重要的一端；但我更要强调感性的新旧必须在
更繁富的历史脉络——抒情传统——中定义"[1]，有意识地突破了"抒
情传统"论述局限于 1949 年前的大陆学界和 1949 年后的海外学界这
种地缘政治格局，而尝试将其放置在 20 世纪特别是当代中国大陆的
文化实践场域中展开。

事实上，1980 年代大陆学界的相关实践不仅止于李泽厚的"新感
性"议题，而是形成了影响深远的研究思潮。这包括由李泽厚的研究
引动的"美学热"，特别是其关于"华夏美学""礼乐传统"的论述，包括
刘小枫、甘阳等人提出的"文化哲学""诗化哲学"，也包括文学界勾勒

---

[1] 陈国球、王德威编：《抒情之现代性："抒情传统"论述与中国文学研究》，第
811—812 页。

出的从鲁迅、废名、萧红、沈从文到汪曾祺等的"诗化小说"传统。① 但正如"抒情传统"论述在面对"革命中国"时的失语,1980 年代中国大陆的这种文学与文化实践,也有意无意地将"感性""美学""情感"等局限在一种"去政治化"的"纯文学""纯粹审美"的实践范围内。"感性""文学"总是被不言自明地放置在"政治"的对立面上,而"政治"又或隐或显地等同于"革命"甚或"启蒙",从而陷入"非政治"的"美学"(文学、感性)与"政治"的"革命"(启蒙)这种简单二元对立模式。其背后包含的是"自然"的"感性"和"非自然"的"理性"这样的对抗性论述框架,从而窄化了"情"的内涵,也使相关思潮总是在批判革命的右翼化阐述脉络上展开。伊格尔顿在分析审美的意识形态时,曾提出"审美的界限可以区分出向左转或向右转"两种方向,"向左转"意味着"打碎真理、认识和伦理(意识形态的桎梏),生活在丰富的自由之中,随心所欲地发挥创造力",而"向右转"则表现为"忽视理性分析,依附于感觉的特殊性,把社会看作一个以自我为基础的机体,它的所有部分都不可思议地解释为没有冲突也不需要理性的判断"。② 这也意味着,问题的关键不在于"抒情"与"革命"("启蒙")的区分,而在如何理解"情"的实质性历史内涵。

重提"抒情"议题,真正需要的,不是再次在二元对立的框架中强调"情感"与"理性"的对立,而是如何能够在更高层面统合两者。近年,文化研究和批判理论的"情动转向"③,表现出与此相近的理论探索。"情动视角的挑战首先在于它要求一种综合","这首先是因为情动在同等程度上既涉及身体,也涉及心灵,其次因为它们既涉及理

---

① 相关论述参见贺桂梅《"新启蒙"知识档案——80 年代中国文化研究》,第 331—358 页。

② [英]特里·伊格尔顿:《审美意识形态》,王杰等译,桂林:广西师范大学出版社,2001 年,第 374 页。

③ 参见汪民安、郭晓彦主编《生产:德勒兹与情动》(第 11 辑),南京:江苏人民出版社,2016 年。

性,也涉及激情"。① 如何在探讨"抒情"问题时重构这种历史的也是理论的综合性,或许是相关研究的核心问题。唯有在这种综合性视野中,"抒情传统"在 20 世纪中国文学历史实践中的丰富内涵才能显现出来。

如果说"抒情传统"因其文化政治立场而难以真正构建一种更全面地阐释现当代中国文学的批评实践的话,那么它提出和强调"情"的重要性仍是值得借鉴和重视的。关键在于,如何突破"抒情传统"论述自身的文化政治局限,而对中国"抒情传统"做出更开放的整理与构建,在更具包容性的"情动"理论实践的意义上,去理解 20 世纪中国现当代文学实践的历史丰富性。这也是中国大陆学界可以从中获取的重要启示。

---

① ［美］迈克尔·哈特:《情动何益——〈情动转向〉前言》,蒋洪生译,收入《生产:德勒兹与情动》(第 11 辑)。

第十三章　作为方法与政治
的整体观:读汪晖

一　总体性视野中的当代中国问题

1990 年代后期以来,汪晖对当代中国问题的分析和探讨,在知识界产生了广泛影响。很大程度上,正是这些研究造就了他作为思想家(或用他自己的说法"批判的知识分子")的重要位置。阅读汪晖这些文章,一个突出的印象就在于他跨越学科界限而总体地回应中国问题的能力。或许,以是否跨越学科界限来描述这种总体视野,并不是一种准确的方式,因为汪晖跨学科的目的,并不是为了操演不同学科的语言而展示一种百科全书式的博学,而是因为只有总体性的历史—社会视野才可能全面把握问题的不同侧面。因此,这种总体视野并不是各个学科相加,而毋宁首先需要打破那种 19 世纪式的西方社会科学分类体制,才可能把握到对象自身的整体性;但这也并不是回到了正统马克思主义那种经济基础与上层建筑的总体论,而是对马克思主义思想传统的批判性重构;某种程度上或可将其概括为一种重构的政治经济学视野。这当然也不是说他的研究沦为了一种宏大叙事的构造,而是指惟有在这种总体视野的参照下,对当代情境中具体问题的批判性分析才成为可能。

这种思考特点,格外鲜明地表现在汪晖的三篇重要论文当中。在

1997 年发表《当代中国的思想状况与现代性问题》①（后文称《当代中国》）之前，汪晖在许多人眼中，还是一位现代文学学科领域的新锐学者，以研究鲁迅和现代中国思想著称。正是在这篇被称为引起了 1990 年代最重要的一场思想论战的文章中，汪晖表现出了出色的对当代中国思想状况的总体性把握能力。他是把 1980—1990 年代中国知识群体作为整体的"思想界"来把握的，这个"界"涵盖的不仅是人文学界的研究，也包括了社会科学领域那些产生过重要影响的理论论述。这种研究方式按照一般的学科分类应称之为"思想史研究"。这曾经是 1980 年代的重要研究方式，特别强调的是知识分子与社会问题间的互动。不过，随着 1990 年代后知识群体在社会结构中位置的边缘化，思想史研究在不同层面上面临着质询，并逐渐沦为学科体制内部的一种专业研究类别，而丧失了 1980 年代的那种冲击力。这一变化曾被李泽厚描述为"思想家淡出，学问家突显"。而汪晖正是以突破思想史研究的内部视野，重新建构思想与社会间的互动关系，来作为他召唤"批判的知识分子"的开端的。

在《当代中国》的续篇《中国"新自由主义"的历史根源——再论当代中国大陆的思想状况与现代性问题》（后文称《再论当代中国》）中，汪晖进一步把 1980 年代后期的社会运动，纳入对当代中国思想的讨论视野中，强调知识界的理论活动与制度创新、社会民主实践间的历史关联。这并不仅仅是一种方法论上的突破，而意味着他不再将讨论的视野局限在知识界内部，更关心从总体的社会关系结构中，来探讨一种批判性的理论与实践的可能性。

某种程度上，汪晖于 2006 年完成的重要论文《去政治化的政治、霸权的多重构成与 60 年代的消逝》（后文称《去政治化的政治》），可以视为前两篇文章的进一步推进。这三篇文章首先在讨论对象上有

---

① 发表于《天涯》1997 年第 5 期。收入《去政治化的政治：短 20 世纪的终结与 90 年代》，北京：生活·读书·新知三联书店，2008 年。本章讨论的几篇文章均收入此书。文中的汪晖引文如不特别注明出处，均见此书，仅注明页码。

着关联性，即它们都把"新自由主义"及其变奏形态的"现代化意识形态"作为批判对象；讨论的都是当代中国问题，所论历史时段的侧重点各不相同：如果说《当代中国》讨论的主体是 1980 年代知识界的"现代化意识形态"及其在 1990 年代的衍生形态，那么《再论当代中国》阐释的则是 1980 年代如何终结与"新自由主义"意识形态在当代中国的起源，而《去政治化的政治》则侧重讨论 1960 年代的历史意义与 1980—1990 年代主流政治形态的形成。就其关注的理论问题和基本批判思路，这三篇文章也有着内在的层层推进关系。如果说《当代中国》主要在意识形态批判的意义上，展开对当代中国思想的内部清理的话，那么《再论当代中国》则力图揭示出隐含在思想问题背后，那些"真正"需要去面对并回应的社会问题，以及知识群体的批判性思想实践如何可能。但是，这时社会问题与思想实践之间的转化关系还没有作为讨论的重心，而这一点则构成了《去政治化的政治》阐释"政治"内涵的基本框架。后者格外突出的是"新自由主义""去政治化"的政治运作方式和全球化语境下中国问题具有"霸权的多重构成"这样的历史特点。它把讨论重心放在阶级、政党与国家这种"短 20 世纪"的主要政治形态上，进而思考 1990 年代后新的政治实践如何可能。

总之，如果我们把汪晖对当代中国问题的讨论，落实在对这三篇重要论文的考察的话，可以看出，汪晖的探讨始终是在一种总体性的历史—社会视野中展开的。某种程度上，这也决定了汪晖把握和回应中国问题所达到的深度、广度以及由此而产生的广泛影响。因此，解读汪晖，首先需要对他这种总体性视野本身做出分析。需要讨论的是，总体性的历史—社会视野在汪晖这里如何可能，它基于怎样的现实问题的判断而提出，这一思路的具体展开过程是怎样的？进而，这是一种过时而老套的"宏大叙事"，还是一种新的知识运作与思想批判的路径，即结合中国问题复杂性的理论创新？更重要的是，在怎样的意义上，这种总体性视野可以展示一种新的批判性思想/政治实践的可能性?

二　全球资本主义与现代性反思

　　问题的讨论,可以从《当代中国》对 1980—1990 年代知识界的诸种思想形态所展开的批判方式入手。就其基本方法而言,《当代中国》表现出了颇为鲜明的"意识形态批判"的特点。正如曼海姆在阐释他的知识社会学研究时所概括的,现代意识形态理论的基本特征在于,通过将对手的思想指认为"不切实际的"而否认其"思想的有效性"①。这种批判方式尽管被马克思主义理论尤其是后来的阿尔都塞、齐泽克等人大大复杂化了,但是其基本工作大致是指认出一种思想的"虚假性"及"无效性",并假定一种"真实"而"有效"的思想存在的可能。正是在这一意义上,《当代中国》指认那些形成于 1980 年代的、针对社会主义历史而展开的批判思想实践,不再能应对 1990 年代以来的新的历史情势而沦为了"现代化意识形态"。被汪晖归入"现代化意识形态"名下的,几乎涵盖了 1980—1990 年代所有那些一度产生过重要影响的理论论述,比如三种当代马克思主义形态,比如 1980 年代的新启蒙主义,以及 1990 年代衍生出来的诸种人文与社会科学理论形态。这篇文章对当代中国思想批判的广度与深度自不待言,它一经发表即产生的巨大反响本身,就说明了这种批判的"有效性"。在一种重读的视野中,文章的最奇特之处,则是它那种总体性地宣称既有思想形态失效的批判方式,那种以"一己"之力挑战"全体"思想界的巨大勇气。一个基本的问题是,如果说 1990 年代后的当代中国思想几乎是整个地被一种"虚假意识"所引导,那么一种跳出这个"界"外的批判是如何可能的? 这也关涉《当代中国》得以展开论述的批判性支点建立在何处。

---

　　① 参见[德]卡尔·曼海姆:《意识形态与乌托邦》,第 270—271 页,黎鸣、李书崇译,北京:商务印书馆,2000 年。

很大程度上可以说，这种批判的可能性基于一种更广大的历史视野的获得，即对"全球资本主义"的指认。《当代中国》把 1989 年事件视为"历史性的界标"，认为此后中国社会与知识界的文化空间，相对于 1980 年代发生了深刻变化。变化的关键在于，社会主义实践的终结和全球性资本市场的成型，已经使中国社会深刻地卷入全球化进程。1990 年代中国知识界丧失批判能力的关键原因，在于他们仍旧把"批判视野局限于民族国家内部的社会政治事务，特别是国家行为"（92 页），因此而无法理解和应对跨国资本主义时代中国问题的复杂性。这种通过强调历史变化与知识运作之间的错位关系而展开批判的思路背后，正如中国台湾学者赵刚指出的，包含着深刻的"新时代"意识：新的时期来了，赶快寻找新语言①。不过，汪晖的这种"新时代"意识与 1980 年代知识界认同并建构"新时期"意识的方式又并不相同。在一种"告别革命"的强烈诉求下，"新时期"思想与文化界普遍反感那种建立在马克思主义理论基础上的宏大叙事，尽管人们同样毫不犹豫地使用着另外一套由"时代""世界""民族"等启蒙话语构成的宏大叙事。这使得思想文化的问题常常被理解为"独立"的对象，并将召唤这种独立性作为基本诉求，而无法意识和观察到思想与文化问题据以形成并运转的政治经济学基础。汪晖强调 1980—1990 年代中国社会转型的意义，指认"全球资本主义"事实上已经渗透到中国问题的不同层面，恰恰是希望重新建构观察思想/知识问题的社会视野。他首先强调的是，如果知识界无法观察到推进历史发展的基本动力机制，就可能拘囿于过时的思想模式，而导致"知识"与"社会"的脱节，从而使得实际的社会状况完全滑落出知识界的视野之外。显然，这很大程度上表达出了 1980—1990 年代之交政治、经济与社会变迁对于当代知识群体所产生的那种"断裂感""意外感"与"挫败感"。知识群体对社会变迁的无视与无知，被汪晖解释为他们拘囿于现代化

---

① 参见赵刚：《如今，批判还可能吗？——与汪晖商榷一个批判的现代主义计划及其问题》，（台北）《台湾社会研究季刊》2000 年 3 月第 37 期。

意识形态,而无法准确地认知自己的历史位置和历史作用。最重要的一点是,在 1980 年代知识群体的自我意识中,他们一直将自己定位为"反体制"力量。而汪文通过讨论知识界与 1980 年代改革进程的关系,认为他们的主要历史作用在于为改革提供合法性意识形态,而并没有获得外在于国家体制和现代化诉求的批判支点。当社会的基本组织形态(即市场社会的成型)和知识群体自身的存在方式都因全球化而发生了巨大变化时,曾经的批判思想其实已经变成了新主流权力秩序之一部分并为其提供合法性。正是在这样的意义上,汪晖认为需要"重新确认"批判思想的基本前提:批判什么、用什么来批判、怎样的批判实践才能真正应对中国问题的复杂性。

汪晖把他的批判思想实践确立在"从现代性问题出发"。在他看来,中国思想界认知"现代性"的基本方式,恰恰成了作为推进全球资本主义之主流意识形态的"新自由主义"的构成部分。他把当代马克思主义和启蒙主义都称为"现代化意识形态"的原因在于,它们都把自己限定在传统与现代、中国与西方的二元对立框架内,这种思维模式一方面"援引西方作为中国社会政治和文化批判的资源",另一方面则以民族国家现代化作为基本诉求,因此无法逾越现代化视野而对现代性本身展开批判。基于这样的考虑,为回应全球资本主义所导致的中国现实问题,首先便需要把"现代性"这一基本范畴问题化。

值得分析的是汪晖如何理解"现代性"的确切历史内涵。他指认出"现代化意识形态"的具体表征,在于它们拘囿于民族国家的现代化诉求而无法展开对全球资本主义的批判,这意味着"现代性"的基本内涵大致等同于"资本主义现代性"。不过有意味的是,他把"毛泽东的社会主义思想"也看作"现代化意识形态"之一种,因为这种"反资本主义现代性的现代性理论","不是对现代化本身的批判,恰恰相反,它是基于革命的意识形态和民族主义立场而产生的对于现代的资本主义形式或阶段的批判"(64—65 页)。显然,在 1980—1990 年代中国的思想界,这一关于 1950—1970 年代的历史判断本身就是极具批判力的，因为在启蒙主义的现代化叙事中，1950—1970 年代并不是作为现代历史，而是作为"前现代"的"封建""传统"社会而遭到批判。事实上，这种判断历史的方式正是现代化理论的传统/现代二元论运作的结果，它通过把 1950—1970 年代的另类现代化实践纳入"前现代"或"封建"范畴，而否定其历史意义。在 1950—1970 年代，"现代化"常常被表述为"革命"与"工业化"，而并不是现代化理论所理解的历史内涵。不过，尽管汪晖强调"中国语境中的现代化概念与现代化理论中的现代化概念有所不同"，但他在文章中并没有把"现代化理论"这一概念彻底历史化。现代化理论形成于 1950—1960 年代的冷战氛围中，它是美国社会科学界为了与苏联争夺新兴第三世界国家，而创造出来的一套关于后发展国家的发展范式。可以说，现代化理论的"现代化"概念，是冷战时代，为了对抗包括中国社会主义思想在内的"反资本主义现代性"范式而被制造出来的。正是通过这一套理论范式，西方国家的现代化历史才被普泛化和非历史化了，并且在 1970—1980 年代的转折过程中，被第三世界国家普遍接纳为描述自身现代化进程的某种"全球意识形态"。这也构成了 1980 年代中国把"现代化"视为一种意识形态或价值观，而非理论形态的基本历史语境。因此，在对现代性展开批判之前，或许需要就冷战时代"反现代的现代性"、1980—1990 年代中国知识界的现代化意识形态，与汪晖所强调的"全球资本主义时代"的现代性批判之间的历史关系做更多说明。

显然，使用"现代性"而不是"现代化"这一理论范畴，就意味着对现代历史展开一种超越性的批判，无论这种批判是 after（之后）还是 post（内在批判）。值得一提的是，"现代性"作为一个批判性/反思性的理论范畴，在西方语境中出现于 1960—1970 年代，是在质疑或批判现代化理论的过程中形成的；这也导致了"后现代"范畴的出现。而对当代中国而言，这个超越现代的历史契机，在于全球资本主义带来的既新且旧的问题。所谓"新"在于，与以前的资本主义（包括作为其另类形态的社会主义）不同，这个新资本主义的首要特征在于它的跨国运作："灵活累积"的资本的全球流动及其文化运作，使得此前那种把视野局限于单一民族国家内的批判思想处在一种顾此失彼、捉襟见肘的矛盾和困境中。可以说，是全球资本主义本身，使得一种超越单一民族国家来观察中国问题的总体性批判视野成为可能和必需。因此汪晖判断说："当代中国思想界放弃对资本活动过程（包括政治资本、经济资本和文化资本的复杂关系）的分析，放弃对市场、社会和国家的相互渗透又相互冲突的关系的研究，而将自己的视野束缚在道德的层面或现代化意识形态的框架内，是一个特别值得注意的现象。"（62页）而所谓"旧"则在于，这种新资本主义并没有消除现代社会的危机，相反，它使得曾经的"另类"也成为危机的另一表征："社会主义历史实践已经成为过去，全球资本主义的未来图景也并未消除韦伯所说的那种现代性危机。作为一个历史段落的现代时期仍在继续。"（97页）因此，随着全球资本主义时代的到来，在"现代性批判"的高度上，不仅需要反思社会主义历史实践，而且批判资本主义也成为迫切的时代问题。可以说，"现代性批判"首先就意味着一种既反思毛泽东时代的社会主义实践，又批判资本主义现代化历史的总体历史批判。

汪晖特别强调的是，反思"现代性"问题的根本目的，在于从诸种以"现代化"为诉求的理论模式与制度拜物教中摆脱出来，从而能够"将实质性的历史过程作为历史理解的对象"。他认为现代性批判要完成的，其实是一种"解放运动"："一种从历史目的论和历史决定论的思想方式中解放出来的运动，一种从各种各样的制度拜物教中解放出来的运动，一种把中国和其他社会的历史经验作为理论创新和制度创新源泉的努力。"（158页）在这样的意义上，《当代中国》中论及的"现代化意识形态"与《再论当代中国》中批判的"新自由主义"，是同样的拘囿于现代化内部视野的现代化叙事。汪晖对"新自由主义"的批判和指认也在此基础上展开。不过，对于曾在 1980 年代作为批判思想的现代化意识形态，与 1990 年代出现的"新自由主义"意识形态，汪晖还是进行了区分，从而把自己视为 1980 年代思想遗产的"批判的继承者或继承的批判者"。"新自由主义"是 1980—1990 年代转变过程中，"国家通过经济改革克服自身的合法性危机"而形成的一种新霸权形态。在汪晖看来，1990 年代中国知识界的真正冲突并不在"新左派"与"自由派"的分歧，而在"不同的思想力量与新自由主义的对峙"。"新自由主义"并不是一种统一的理论形态，而是作为"一种新的统治意识形态，并为国家政策、国际关系和媒体的价值取向提供基本的方向和合理性"（117 页）。也可以说，这是"全球资本主义"的主流意识形态在中国语境中的具体实践与自我表述。但这也并不是说"新自由主义"就没有自己的理论——1980 年代末以降出现的"'新威权主义'、'新保守主义'、'古典自由主义'、市场激进主义和国家现代化的理论叙述和历史叙述（包括各种民族主义叙述中与现代化论述最为接近的部分）"，都不同程度地参与了"新自由主义"意识形态的建构（99 页）。并且，这种建构常常是以科学与科学主义的理论形态来表述自身的，其基本范畴包括自由市场、市民社会、发展、全球化、共同富裕、私有产权等，其基本理论预设乃在"计划"与"市场"、"国家"与"市民社会"间的对立，并以强调经济与政治的分离以及"自由市场""市民社会"的自我调节能力，作为其政治构想的核心。

可以说，全球资本主义及其"新自由主义"意识形态，构成了汪晖思想批判的基本对象。对全球资本主义这一巨型历史运转机器的把握，使得批判思想实践必然需要一种总体视野。在后来的《去政治化的政治》一文中，汪晖进一步提出了全球化语境中当代霸权"多重构成"的特点，提出应该在"国家的、国际性的（国家间的）和全球性的（超国家的和市场的）三重范畴及其互动关系内"来讨论霸权和意识形态的运作方式（51 页）。这也进一步深化了他在《当代中国》一文中主要从历史维度展开的现代性批判，而将批判视野拓展至权力机制的社会构成维度。显然，如果资本的运转及其意识形态运作是全球性或总体结构性的,思想批判的工作如果仅仅局限于国家行为,便无法把握住问题的症结所在。不过,汪晖的总体性视野又并不单纯是批判对象的反转。这里所谓的"总体",并不是简单地用"全球的"或"跨国的"总体范畴来取代此前作为总体的"国家"范畴,而是力图把对这些范畴的分析置于"权力网络的关系"之中,并批判"新自由主义"那种从"单一方向上将自己塑造成反对者"的做法。在他看来,"新自由主义"的真正问题在于它拘囿于"形式主义的理论"阐释,而缺乏对当代中国复杂历史情境的分析与批判能力;其看似激进实则保守的政治立场也正是以此为基础。这可以说是汪晖经由现代性问题的讨论而发展出来的一套更为深入复杂的历史研究与理论批判的路径。

三 "形式主义的理论"与"实质的历史关系"

关于如何展开对"新自由主义"的历史批判,汪晖如此描述:"我的目的是在新自由主义的理论话语……与社会进程之间建立历史的联系,揭示它的内在矛盾,尤其是它的表述与实践之间的复杂关系。"(99 页)在《是经济史,还是政治经济学?》一文中,他将这一批判思路阐释为探讨"形式主义的理论"与"实质的历史关系"间的关系。有意味的是,这里构成对立的不仅是"理论话语"与"社会进程",也是"理论"与"历史"、"表述"与"实践"。在他看来,从知识的角度来看,"新自由主义"的最大问题在于它把自己表述为一套从来如此的形式主义的理论/真理,比如它如何看待市场,如何看待市民社会,如何看待产权等。而汪晖展开的批判工作就在于,通过"回到"具体的历史关系和历史过程中,来揭示出这些理论/真理是出于怎样的政治诉求而被建构出来。比如他通过布罗代尔、博兰尼的历史研究揭示出,19 世纪资本主义社会"经济"与"政治"的分离,"与其说是一种历史现实,毋宁说是资产阶级社会的自我认识"。因为"经济是镶嵌在政治制度、法律、日常生活和文化习俗内部的活动",与其说存在"自我调节的市场"，不如说这个"市场"始终是政治安排与社会控制的结果。因此，由所谓"自我调节的市场"所支撑的独立经济运作，并不是一种"历史现实"，而是一种建立在以经济为中心的自然秩序观念基础上的"形式主义的理论"。而恰是这些基本的理论预设，构成了"新自由主义"的核心。

　　理解汪晖关于当代中国问题的三篇文章，还需要了解他在此前后完成的几篇重要理论文章，尤其是《"科学主义"与社会理论的几个问题》《是经济史，还是政治经济学？——〈反市场的资本主义〉导言》《韦伯与中国的现代性问题》。这些文章构成他"得以展开自己对当代问题的看法的理论视野"①。在《"科学主义"与社会理论的几个问题》一文中，他针对作为"新自由主义"经典的哈耶克著作，指出那种国家与社会、计划经济与市场经济的二元框架，其实根源于一种"自然"与"社会"的二元论。"自然"被理解为处于"社会"之外、并为"社会"实践提供永恒法则的范本。而事实上，对"自然"的理解与控制始终是"社会"控制的一部分："看不到对自然的无穷征服的过程本身是一个社会过程，看不到作为近代科学对象的自然已经是有待征服的自然，即一个与社会无关又有待人类社会去征服的领域，就等于放弃了对社会控制机制的理解。"②他因此而力图拆解"新自由主义"最根本的理论前提：那种以科学主义的方式来理解并塑造"市场"与"市民社会"的基本理论模式，即源自自然/社会的二元论。但是，批判"新自由主义"的二元论，并不是要重新回到整体主义的一元论，而是要将被二元论遮蔽或舍弃出去的那些历史因素，重新纳入历史分析的视野。具体到对当代中国问题的讨论：那种基于科学主义前提的激进市场主义理论，恰恰掩盖了国家与既得利益群体如何借助政治控制而行使的垄断行为；那种私有产权神圣化的观念，也正是把当代中国不公正的财产再分配过程中的既得利益合法化了。在《是经济史，还是政治经济

---

① 参见《别求新声：汪晖访谈录》，第 470 页，北京：北京大学出版社，2009 年。
② 参见《别求新声：汪晖访谈录》，第 469 页。

学？》一文中，汪晖对"新自由主义"的基本理论论断进行了更系统也更历史化的讨论。借助博兰尼的两个概念即经济的"形式含义"与"实质含义"的区分，他提出，有关"市场经济"与"计划经济"的形式主义描述，无法解释经济体的实际运作，因此，"按照这一站不住脚的描述建构宏观经济理论的基础是极为危险的"。对市场主义的批判显然不应理解为对国家主义的赞美，汪晖要强调的是，看似自我调节的经济运作，其实始终是社会控制与政治运作的结果。因此他提出，要"对经济体的实质性活动"进行描述与分析。这里所谓的"实质"概念，与政治经济学的基本预设一致，指的是"镶嵌在政治、文化和其他历史关系中的经济过程"。追踪这一经济过程所需的政治经济学考察，"并不是社会科学的一门学科，它就是社会科学本身"，或"作为社会科学总体"而存在。因此可以说，相对于西方 19 世纪形成的社会科学学科分类体制，政治经济学乃是一种"总体知识/历史视野"，它探寻的乃是经济体运作的"实质"或总体的过程。这其实也正是汪晖在用"历史过程"或"历史研究"来批判"形式主义的理论"时，所理解的"历史"的基本内涵。因此他称布罗代尔和博兰尼为"以历史方式探讨理论问题的政治经济学家"，而他们的研究则是"以历史研究（实证的）方式进行的理论探讨"。

应该说，汪晖对科学主义的批判、对政治经济学传统的重新阐释，不仅仅是一种理论描述，也是在展示一种批判思路的方法论。事实上，他对中国"新自由主义"的批判，大致都在这样的思路上展开。由于"新自由主义"是一种"以经济理论为中心"的意识形态，他格外关注对市场、国家、计划经济与市场经济、经济与政治的关系、市民社会、公共空间等理论问题的讨论。不过，这并不意味着汪晖的政治经济学视野关心的就是经济学问题或政治问题，相反，他认为经济、政治、文化等问题，应该在一种总体的关系视野中展开讨论。在《当代中国》中他就提出，"中国的新马克思主义者"的问题之一，就是没有把经济民主的讨论扩展到文化与政治领域，而"争取经济民主、争取政治

民主和政治文化民主事实上只能是同一场斗争"。他由此提出 1990
年代批判的知识分子应该在方法论的意义上探寻"文化分析与政治经
济学的结合点"(86—87 页)。事实上,这种"作为社会科学总体"的
政治经济学批判视野,正是汪晖展开对中国问题的分析时的基本特点
所在。他一方面针对的是形成于 1980 年代的那种或可称为"文化主
义"的批判思路,即抽离政治经济学维度而强调思想与文化问题的独
立性;另一方面他也试图通过强调经济运作的"实质性活动",而在普
遍关联的意义上打破学科分类体制造成的区隔视野。正是在这样的
意义上,如赵刚敏锐地指出的,"一个包含政治、经济与文化的整体
观"才得以被提出。

如果说对全球资本主义的关注,使得汪晖力图建构一种超越单一
民族—国家和现代化意识形态限定的总体历史视野的话,那么可以
说,借助政治经济学传统而关注经济体的实质性历史运作过程,则使
汪晖尝试建构一种批判性地考察问题的总体性社会视野。显然,这里
强调"历史"与"社会"视野的不同,不过是为了表述的方便,并不意味
着这两种视野可以分开,毋宁说它们乃是一种具有"解放作用"的总
体视野的不同侧面。不过,这种"总体性"的分析框架,尽管借鉴了政
治经济学传统,但也并不是要回到建立在 19 世纪政治经济学和哲学
基础上的"总体结构"论。汪晖批评了卢卡奇那种把经济、法律和国家
作为"严密的体系"看待的"总体论",在他看来,卢卡奇的问题在于没
有超越民族国家的政治结构,"用单一的社会模式来观察经济活动及
其与政治和文化的关系";同时也没有超越那种源自黑格尔理论的历
史阶段论和历史本质主义想象。对这种区分的强调是必要的,这也使
得汪晖试图重构的批判性总体视野与黑格尔—马克思脉络上的总体
论和大叙事区别开来。但他同时总结道:"当代理论的重要任务不是
抛弃政治经济学的传统,而是要在当代条件下重构这一传统。"(268
页)他格外重视布罗代尔提出的三层结构,即"日常生活、经济和资本
主义是相互区别的历史存在",并认为这种区分为社会斗争提供了一

种"非总体化的方向"。可以说，重构政治经济学的总体视野，并不因为存在着一种类似于系统论那样的社会整体；关键在于，考察实质的经济体运作过程，需要一种超越 19 世纪式的现代学科体制，也超越以民族国家为分析单位的分析视野，才可能理解并面对"更为广阔的历史本身"。

四　政治化实践的内在视野

对于理解汪晖思想而言，如果认为总体历史视野的主要作用就在于解构那种"形式主义的理论"，并揭示出它们的遮蔽性和内在矛盾，无疑并不全面。真正有意味的，也是打破那种制度拜物教式地理解所谓"新左派"与"自由派"对立的地方，在于汪晖思想的某种"反转"或"跳跃"，即将这种历史视野与一种"社会运动的内在视野"结合起来，从而把理论研究转化为一种真正的政治实践。

当汪晖用"实质的历史关系"来解构"形式主义的理论"时，他并不是要一般性地讨论"理论"与"历史"的对立，也不是要回到"实证主义"的历史研究，而是思考如何把这一冲突关系转化为一种"解放力量"。他这样阐释道：正如博兰尼和布罗代尔是通过历史研究而展开对自由主义和马克思主义的质疑一样，许多对于博兰尼和布罗代尔历史描述的追问，"也是从实质性的历史关系出发质疑理论构架的解释力"，因此可以说，"实质与形式的区分本身就构成了一个不断颠覆的动力"（272 页）；但是当这种针对既有形式主义理论的新的实质历史视野与一种社会运动的取向关联在一起时，实质与形式（也包括事实与价值、历史与规范尤其是理论与实践）之间的二元循环关系就被打破了。马克思对这一困境的克服具有示范意义，即通过把理论"从解释世界转向改造世界"而打破了二元对立的循环关系。

汪晖在这里要说的是，"实质"并不真正是实证主义意义上的历史事实，而是另一种新的理论建构；不同于之前那个"形式主义的理论"

的地方就在于，这是在一种"实质性的历史"而非理论的自我预设中所展开的理论建构，因此它将导向一种真正"自觉"的、同时也将是"民主"的实践的可能。汪晖举了布罗代尔关于"解放市场"的例子来说明这一转向如何可能发生。表面上看，布罗代尔"解放市场"的构想与新自由主义"自由市场"的表述完全一致，但其政治诉求却"正与之相反"。"因为布罗代尔的政治经济学视野击溃了自我调节的市场的神话、展示了经济与政治之间的关系，不会也不应落入那种彻底的'自我调节'的想象之中。在这里，一种关于市场的民主制度的思考正在诞生。"（274页）同样的理论建构，在"新自由主义"那里是将其政治与经济垄断合法化的借口，而在政治经济学的批判视野中，则能够转化为民主制度的批判性构想，因为这将是在"实质性的历史关系"中展开的实践。汪晖因此提出，"一种实质性的历史只有在实质性的社会运动之中才能真正展开。"

理解汪晖思想在这里的"跳跃"无疑是重要的，他由此而将一种抽象地处于"理论"与"历史"之间两难关系的论辩，转化为一种理论与实践的可能性探索。也正是由此出发，汪晖重构了"政治"这一核心范畴的基本内涵。

这一重构是通过将"实质性的历史"转化为"社会运动的内在视野"而完成的。在这一转化过程中，社会运动实践构成了重要环节。应当说，如同如何理解经济民主一样，汪晖对社会运动的重视也是在批判"新自由主义"关于市民社会、公共空间的形式主义理论过程中形成的。作为"新自由主义"政治构想的重要组成部分民社会与公共空间理论将国家/社会看作权力关系的两极结构，并认为通过市场的自我运动将"自然"地导致民主社会的实现。汪晖认为市民社会理论的问题，正如自由市场理论一样，在于"没有清楚地区分规范式叙述与历史进程之间的关系"，它"将理论的诉求与实际的历史进程等同起来，以至把不平等的市场过程视为通达民主的自然进程"。当代中国的市民社会本身就是由国家力量推动而形成的，并形成了政治精英与经济精英合二为一的社会结构，因此所谓市民社会并不能构成制衡国家的力量；相反，二者在许多时候是互相重叠的，并常常联手对抗真正的社会保护力量。市民社会理论关于民主的构想，是以扩大国家与市民之间的距离为诉求的，但中国具体情境中的问题却正需要建构大众参与的民主实践来制衡国家与利益集团的专制与垄断。因此，这种去政治化的理论构想与中国的政治民主实践本身几乎是背道而驰的。汪晖在论述这一问题时，特别提到崔之元等提出的以普通公民参与为核心的国家、精英与大众"三层结构"的构想，即强调如何通过把民众的诉求转化为国家政策，从而抑制新的贵族制度以及国家与利益集团的二元联盟。这种民主构想的基本前提在于："普通公民通过社会运动、公共讨论等形式在不同层次推进关于公共决策的公开讨论。"（132—133 页）汪晖认为这是一个"特别重要的中间环节"，因为只有在社会运动的内在视野中，理论实践与制度创新之间才能形成真正的互动关联。

　　汪晖在《再论当代中国》中推进对当代中国思想状况的讨论时，一个最大的变化，便是将社会运动纳入考察视野。他不认同那种把 1980 年代后期的社会运动解释成知识分子对抗政府的定型化阐释，而认为这是一场针对改革过程中出现的社会问题的自发性社会保护运动。汪晖特别强调促使 1980 年代后期社会运动发生的历史条件及其基本诉求，正在于中国城市改革过程中不公正的财产再分配过程所导致的社会抗议。但是这种自发的社会抗议活动提出的问题，非但没有在进一步推进的市场改革中得到解决，反而被合法化了。中国的"新自由主义"正起源于这一困境并垄断了对这场社会运动的历史阐释。更值得注意的，是汪晖对知识群体在这场运动中所扮演的历史角色的分析。他认为知识群体无法历史地理解自身与这场社会运动之间的关联，才是导致 1990 年代批判思想失效的关键。由于缺乏对 1980 年代社会运动的实质历史关系的理解，也缺乏与这种历史理解关联在一起的政治构想和自觉实践，因此尽管社会运动发生了，却并没有转化成自觉的民主实践。在这里，汪晖格外强调的是社会运动如何能够转化成政治民主实践的可能性。在他看来，社会运动在具体的历史条件下发生，和社会运动的参与者如何将抗议活动转化成政治民主斗争，前者并不必然地导致后者，将两者关联在一起，需要一种"政治化"的过程。

这也构成了汪晖在《去政治化的政治》一文中关注的核心问题。这种讨论是与检讨当代中国的 1960 年代的历史遗产直接关联在一起的。与一般的看法相反，汪晖认为导致"文革"失败的原因并不在于"过度政治化"，而在于政党政治自身的"去政治化"。他将 20 世纪中国革命的主要特点概括为政党政治的实践，这种实践的关键在于"阶级"范畴的重要位置。如同博兰尼关于经济的形式概念与实质概念的区分，汪晖将阶级区分为"结构概念"与"政治概念"，前者指的是由生产方式、经济地位等指标决定的客观范畴，而后者指的是"一个从运动的内在视野出发才能展示其内涵的概念，即阶级是一个过程——一个形成阶级的过程、一个将阶级建构为政治主体的过程"（25 页）。基于这样的区分，汪晖重新讨论了政党与阶级的关系，进而讨论了中国革命主体的锻造问题。他认为农民成为中国革命的主体，"与其说源自一种结构性的阶级关系，毋宁说源自一种导致这一结构关系变动的广阔的历史形势，一种能够将农民转化为阶级的政治力量、政治意识和政治过程"（30 页），"斗争与转化是这一政治概念的两个相互关联的环节"（33 页）。尽管汪晖在这里对"政治"的讨论，是在针对 20 世纪中国革命历史的反省中提出的，但是，也可以理解为他对"政治"内涵的一般探讨。他格外强调的是政治实践中的理论建构与主体意识的重要性，即"政治化"的实践过程。

理解"政治"概念乃是"一个在主观能动作用下产生的主客观统一的领域"，必须与汪晖所谓"一种实质性的历史只有在实质性的社会运动之中才能真正展开"关联起来。在突出阶级的政治范畴的主观性时，他一直强调的是这种主观性不能脱离结构性的阶级存在，而必须是一种既超越具体阶级的自我认知，又能在更大的结构关系中锻造出新主体的综合视野。这意味着，首先必须超越那种经验主义式的理解阶级构成与阶级意识关系的思维模式，强调阶级意识是由自觉的政治化实践赋予的；但这也并不是说阶级意识的获得是纯粹主观的行为，而需要在一种更能把握"实质的历史关系"的综合视野中才能完成。正是在这里，政治经济学的总体视野与具体的政治化实践关联起来了。或许可以参考曼海姆在他的知识社会学理论中提出的"特定意识形态"与"总体意识形态"之间的区分①，来理解这一思路。所谓"特定意识形态"指的是特定历史情境中的个人出于利益动机的自我认知，比如一个工人的爱好、兴趣或生活习惯；这或许接近于汪晖所谓阶级的结构概念下的自我意识。而"总体意识形态"则是在社会总体关系结构中所创造的一种历史主体意识，比如工人所具有的"无产阶级"世界观；这或许接近于汪晖所谓阶级的政治概念下的阶级意识。可以说，曼海姆讨论的是如何塑造一个具有总体社会视野的政治性主体，他认为正是这种主体的存在，"乌托邦"实践才是可能的。1950 年代美国社会学家米尔斯进而提出了"社会学的想象力"，强调要把具体环境中的个人困扰和社会性的总体话题关联起来。② 这一社会理论之所以能够成为激进民主实践的重要口号，正在于它以一种新的方式把握住了个体与总体、乃至理论与实践之间辩证而非二元对立的关系。汪晖对于政治化实践的思考，与此也有相通之处。

汪晖较为详细地阐释了农民阶级如何"被锻造"为革命主体的问题。如果说革命政治"鼓励通过斗争获得主体性的转化"，那么使农民成为革命主体的就并不是一种结构性的阶级关系（比如农民与地主的关系），而是一种"全球性的、帝国主义的政治—经济关系"所决定的中国社会革命的动力和方向。这是一种比具体的农村阶级关系更"实

---

① 参见[德]卡尔·曼海姆：《意识形态和乌托邦》，第56—70页，艾彦译。
② 参见[美]C.赖特·米尔斯：《社会学的想像力》，第5—6页，陈强、张永强译，北京：生活·读书·新知三联书店，2001年。

质"的历史关系,而农民却无法通过自身的结构性阶级存在意识到这种历史控制因素。因此可以说,正是毛泽东勾勒的"世界性视野",将农民"创造"为革命主体。这也正是政治化实践的具体内涵。不过有意味的是,在将农民转化为革命主体的过程中,更关键的问题应当是"谁"在推进这一政治化进程。这也涉及汪晖提及的政党与阶级的关系问题。汪晖强调,"'使无产阶级形成为阶级'并最终实现'推翻资产阶级的统治,由无产阶级夺取政权'这一使命",才是决定政党性质的关键所在(26页)。这是一个相当有意味的"无主句"。如果说正是政党的政治化实践使"农民"成为"无产阶级",那么应当如何理解政党与知识分子的关系?虽然美国社会学家古尔德纳那种将知识分子视为"新阶级"的理论阐释是成问题的①,但这并不意味着政党政治实践与知识分子的关系是自明的,因为政党仅仅是一种政治运作的"形式",而其具体实践最初往往是由知识分子推动的,尽管纳入政党之后这些人不再叫"知识分子"。这里的关键问题在于,作为推动政治化实践的主体的知识分子,在这一实践过程中到底处在一个怎样的历史位置?进而,如何理解政治化实践与"批判的知识分子"之间的一般关系?这一点却没有在《去政治化的政治》一文中得到明确讨论。某种程度上,这也正是由其"内在批判"的思路所决定的。就汪晖设定的理论实践、制度创新与社会运动之间的互动关系这一政治目标而言,"批判的知识分子"不应被理解为某一结构性的社会群体概念,而应被理解为一个有机地结合到政治实践中的主体范畴。强调实质性的社会运动才可以展现实质性的历史,意味着一种总体的批判思想视野本身就是历史创造的一部分,并构成了社会运动的动力所在,在此基础上形成广泛参与的民主实践才是可能的。在这里,"综合视野"不是一种外在的理念输入,而是政治化实践的起点,一个创造出政治主体的自我"培力"过程。也正是在这里,汪晖对政治经济学总体视野的重

---

① 参见[美]阿尔文·古尔德纳:《新阶级与知识分子的未来》,杜维真等译,北京:人民文学出版社,2001年。

构，由"理论"转向了"实践"。

　　或许可以说，汪晖对以"普遍联系"作为基本方法的总体性视野的强调，意在探寻一种"作为方法和政治的整体观"。这种"整体观"既不同于历史本质主义的宏大叙事，也与作为"形式主义的理论"的知识建构相区别。这首先是基于全球化时代中国问题的复杂性与独特性而展开的一种批判性思想实践。作为"方法"，它能够帮助人们面对"广阔的历史本身"，并总体性地把握自己存身其中的历史机器如何运转；作为"政治"，则是因为唯有具备这样的视野，人们才能对那些结构性的监控力量（诸如资本主义、学院体制、社会垄断集团等）保持着警醒和批判力，从而使得民主实践成为可能。在一个批判性知识实践越来越被拘囿于学院体制内部的时代，在一种"去政治化"的总体氛围中人们越来越难以凭借自身经验去把握权力机制的总体轮廓的时代，这种总体性视野或许是尤为必要的。它首先在拓展着人们的"社会学的想象力"，那就是：在广阔的历史—社会视野中理解自身的存在，并将这种理解转化为创造历史的动力。

第十四章 中国经验的普遍性 与特殊性:读温铁军

2013 年年初,有"温三农"之称的三农问题研究专家温铁军,主编出版了新著《八次危机:中国的真实经验 1949—2009》。这是一本从经济危机治理的角度勾勒国家工业化 60 年进程的经济史著作,也是一本视野独特的当代中国史著作。

一 当代史叙述与中国经验

如何描述和书写当代中国 60 年的历史,是一个充满了歧义和论争的意识形态冲突场域。这 60 年时间中的多次社会转型和意识形态调整,使得种种以"连续性"为书写诉求的历史描写,常常捉襟见肘。其中交织着"左"与"右"、"保守"与"变革"、"社会主义"与"现代化"等等不同层面的角力和矛盾。而且,彼此冲突的,并非仅仅是一些观念和思想,更是与此密切相关的利益集团形成的种种社会与政治力量。某种意义上可以说,当代史叙述的困难,不仅是某些学科或研究领域的困境,也是当代中国的合法性危机。

这一问题浮出水面而成为公开讨论的议题,应该说始于近 10 年的"中国模式""中国道路"之争。国际与国内、官方与知识界、"左"与"右"、激进与保守等不同力量介入的这场讨论,基于一个基本的事实，即 21 世纪以来中国作为一个庞大的经济体在全球格局中的崛起。
当时这场论争并没有形成结论，毋宁说仅仅凸显了中国问题的复杂性
和急迫性。在以"中国"标示的"道路""模式"等的概括和提炼中，突
出中国发展道路的"独特性"、中国不同于西方中心模式的"主体性"、
中国文化或文明的"自觉性"等，成为全球化语境下重新叙述当代中
国史的关键所在。

很大程度上可以说，《八次危机》也是对这一问题的直接回应。在
"批判政策学"的政治经济分析视野中，当代中国 60 年的历史呈现出
了连续性的内在发展脉络，历次社会转型的动因及其关联性，获得了
有效的解释。作为最早提出"三农"问题、多年从事农村工作研究与实
践的中国学者，温铁军在这本书中基于城乡二元结构而为中国社会的
总体性问题提供了宏观阐释。也可以说，从《中国农村基本经济制度
研究》(2000)、《我们到底要什么》(2004)、《解构现代化》(2004)、
《三农问题与世纪反思》(2005)，到《中国新农村建设报告》(2010)、
《解读苏南》(2011)等，《八次危机》是温铁军关于中国问题的理论性
反思与集成之作。这也使得从一般性的当代中国叙述角度，对这本相
当专业化的经济史著作展开分析成为可能。

以"中国经验"取代"中国模式"或"中国道路"的说法，意味着本
书的基本观察视角是分析性而非概括性的。概括性视角往往着力于
构建一种理论性的阐释模式，或如甘阳从文明传统角度提炼的"通三
统"，或如潘维从社会、政治、经济"三位一体"结构提炼的"中国模
式"，或如张维为从国家形态角度提炼的"文明型国家"，也或如赵汀
阳从世界制度哲学、韩毓海从长时段历史视野中提炼的"天下"模式
等，都强调在与西方中心主义的理论模式展开对话的基础上，突出中
国经验自身的另一种普遍意义。《八次危机》的切入角度与上述阐释
有较大不同。标题中突出的"真实"二字，表明这本书试图绕开意识形
态论争，而从更实质性的层面切入对当代中国的描述。书中使用的
"意识形态"这一范畴，源自经典马克思主义理论的界定。它这样写

道："无论意识形态对本源客观经验之异化是多么地有利于那个特定时空条件下局部的政治需求，随之而来的必然是不同利益集团的政治性'搭便车'——借助已经异化的意识形态，对人们身处其中的当代社会发展困局作符合本集团利益的刻意扭曲。"（6—7页）显然，在这样的理解中，存在着"本源客观经验"与作为"扭曲幻象"的"意识形态"之间的对立。从更为深入的意识形态理论探讨的角度，可以对这样的界定提出许多质疑，但这本书独特的地方在于，它所谓"本源客观经验"是基于中国作为"后发展国家"必须完成工业化这一基本历史任务而提出的。这也使得它对中国经验的讨论，放置在一个"普遍"和"特殊"的辩证阐释框架中。

二 城乡二元结构的普遍性与特殊性

本书的一个基本判断是，中国是"作为经历了西方殖民主义历史阶段之后，仍然原住民过亿的人口大国，且是发展中人口大国之中，唯一未按照西方殖民化的对外侵略扩张完成原始积累的工业化国家"（第10页）。这也就意味着，中国并非"发达国家"，因此，"西方意识形态的一般理论框架和学术概念"，不能解释中国经验；同时，中国也不同于一般"发展中国家"，因为它成功地避免了后者的"发展陷阱"，而在维护国家主权的前提下完成了工业化发展过程。因此，中国经验不是一般性地参照"西方国家"，而是在"发展中国家"的普遍性与特殊性这一前提下被描述的。

在这样一种理论视野中，当代中国的发展历史既符合普遍性的"原始资本累积的经验"，同时又包含了它的特殊性。这种特殊性在两个层面被描述：其一，发展中国家因为资金和技术的"极度稀缺"，普遍都有对发达国家的"外资依赖"，这往往导致其主权上的"（半）依附"状态和外资外援中断之后陷入"发展陷阱"。而中国在1950年代后期苏联的外援中断之后，国内的工业化进程"没有中断"，并且历史性地实现了主权状态的"去依附"。其二，由于中国的工业化过程其实是所有现代国家的普遍经历，在社会主义的计划经济和意识形态背后，支配性的仍旧是"产业资本的发展规律"，那么它也必然存在周期性的经济危机，以及"内向型原始资本累积"必然导致的"各种政治或社会问题的集中或连锁爆发"。

中国能够避免这些问题而没有陷入"发展陷阱"的原因是什么？这个答案也是本书最核心的论述，即"中国依托国内的二元结构，（因城乡差别而客观上形成的城乡二元结构）来为弱化经济周期性波动而向农村转移危机成本"。简单地说，当代中国能够安全地度过六次内源性危机和两次输入型危机，关键原因在于中国城乡二元结构的独特性。《八次危机》依据"成本转嫁论"，从城市与乡村、中央与地方关系，以及全球性的国家关系体系视野出发，详细地阐述了"三农"如何提供工业化所需的资金剩余和廉价劳动力以及城镇化所需的土地资源；同时，在八次危机化解过程中，如何承载了失业劳动人口和城市转嫁的危机。可以说，作为后发展中国家的中国能够完成工业化并顺利度过历次危机的关键，就在城乡二元结构体制下的广大农村地区的存在。农村社会充当了中国最基本的"稳定器"和"调节器"。

但是，如果说"三农"问题在发展中国家普遍存在，那么中国的乡村社会又特殊在何处？原因在"农村土地财产关系中的成员权'共有制'"。这包含两个要点，一是土地的集体所有制，使得 2.4 亿农民家庭还有"一亩三分地"作为无风险资产，保障了农村人口的最低限度生存。与此相关的一个反例，则是 2003 年部分农村施行"新增人口不再分地"，使得流向城市的农民工无法在危机时期再度返乡。温铁军提出，富士康工人"13 跳"的悲剧，事实上正隐含在这样的农民工返乡无路的结构性挤压中；另一是 300 多万个村社的机动地、村办企业、多种经营等，能够为失业返乡的农民工提供除农业劳动之外的工副业和他种营生。这也正是 1980 年代兴起而其后命运多舛的乡镇企业的缩影。在温铁军的描述中，传统的小农经济从来就不是单纯的农业生产,而是包含着手工业、乡村工业等不同形式的"分散兼业小农"。这一自费孝通在1940年代的"乡土中国""乡土重建"理论中就提出的基本判断,是包括费孝通、温铁军等在内的理论家形构另类的乡村和县域工业发展形态的主要理论基础。

中国农村社会的这两个基本特点,构成了温铁军阐述新世纪以来,以治理"三农"问题为主要诉求的"新农村建设"构想的主要依据。其中,如何看待城乡二元结构,是问题的关键所在。

在温铁军危机治理的当代史视野中,城乡二元结构既是中国能够完成工业化原始资本累积的因,也是世纪之交中国社会日趋严重的"三农"问题之果。无论是"社会主义"的计划经济时期还是"现代化"的市场经济时期,被固化于城乡二元结构中的广大农村地区,事实上都是被工业化、城市化提取剩余的"第三世界","三农"问题是中国工业化发展的必然结果。既然如此,打破城乡二元结构是否是有效的解决方案呢? 在比《八次危机》稍早出版的《中国新农村建设报告》中,温铁军认为,以打破城乡二元结构为名的激进城市化改革,事实上导致了更大的社会问题。一方面由于政府主导的利益集团更多地占有农村资源,使得改革不可能真正打破二元体制的矛盾,相反使农民丧失了赖以生存的自然资源特别是土地资源;另一方面中国社会人多地少的基本国情,事实上也无法通过城市化承载全部的人口生存。因此,新的改革或改良性措施,是在承认城乡二元结构作为基本体制矛盾的长期性这个前提下进行的。

在论述当代中国最后两次危机及其化解时,温铁军一方面强调其成因不同于前六次,是中国进入金融主导的全球资本主义体系之后出现的输入型危机,也是国内外两个"产能过剩"碰撞的结果;另一方面,长期的剥夺和输出,导致农村地区因劳动力流失、自然资源恶化等,已经不再能承担劳动力和资金的"蓄水池"作用。在这样的情形下,政府有能力也有需要把剩余资金导向农村,农村也需要修复和重建,两相结合形成的是"政府进入并主导"的"新农村建设"。从国家的可持续发展战略视野，建设新农村可以在拉动内需和维护社会稳定两方面产生巨大的作用。同样甚至更重要的问题，是农民的"再组织化"，即将分散兼业小农重新组织起来，以便于国家管理和应对资本市场，其理想形态是借鉴日韩的"综合农协模式"。

以上述方式，温铁军既勾勒出了当代中国 60 年发展的完整历史过程，同时，这种历史阐释也与当下的现实发展方案建立了紧密关联。城乡二元结构下的乡村社会是其叙述的焦点。从"三农"问题到"新农村建设"，可以说，现实的制度创新方案正是在对历史过程的充分解释中论证其合法性，而制度创新实践也反过来为历史发展的延续性提供了证明。这也使温铁军所谓"中国的真实经验"，具有了类似"客观经济发展规律"那样的有效性。

三 "普遍规律"及其超越的可能

但需要意识到，理论实践与社会实践从来就不是同一关系。与其说社会实践的客观性决定了理论实践的合法性，不如说，理论实践在"反映"或"总结"社会实践的同时，也总是在构造自身，并参与着社会实践的建构。在这一意义上，理论实践与意识形态之间拉开了距离。《八次危机》将意识形态对历史经验的"异化"和"扭曲"，解释为偏移了经验理性而被局限在"特定历史条件下的斗争需要、服务于特定政治家所运用的动员手段"，而认为理论实践的科学性则力图"在历史经验过程的起点上构建与之起点一致的逻辑解释"。但问题在于，这里的"历史经验"本身也并非"本源客观"的，而是一种理论阐释的结果。这里强调理论实践的建构性或叙事性，也就是需要意识到本书所论及的"中国的真实经验"得以展开的历史条件。

首要的是，这一理论实践是在"国家工业化"视野下展开的，中国工业化经验被普遍化的一个基本理论预设，是"产业资本的发展规律"，"国家"是这一发展过程中不言自明的主体。国家内部的城市与乡村二元结构事实上与全球资本体系中的中心与边缘结构具有同构性，除非适应产业资本的发展规律，发展中国家不存在国家主体之外的发展可能性。温铁军一方面并没有把"国家"理解为单质的存在，而是在中央与地方、城市与乡村的结构性差异关系中解释中国的工业化过程；另一方面中国的发展问题，总是在全球性的资本体系与国家关系格局中被理解，从"外债外资"角度呈现的"四次开放"过程及其引动的国内改革，很大程度地解释了当代中国意识形态断裂与调整的客观原因。不过，如同温铁军也反复提及，这种解释中国发展动力及其解决方案的思路，仍未脱离"发展主义"的范围。这也是他称自己为"改良者"的原因。真正的问题在于，如果历史发展的动力，仅仅是资本主义自身的"规律"的话，那事实上也就是说资本的逻辑是普遍地适用于一切时代一切社会的最高规律。

　　而恰恰是温铁军所最瞩目的"国家"，可能需要扮演某种反资本逻辑的角色。作为有"国情派"之称的学者，温铁军的身份颇为复杂，他是理论家、政府官员，也是社会活动家和批判性知识分子。他对三农问题的长期关注和实践，主要是从"批判政策学"的角度展开的，更强调一种自上而下的"治理"视角，强调国家政策的干预。正是这种视野，使他比新自由主义的信仰者更懂得"国家"功能的复杂性。国家可能是一种专断性的权力机器，同时也可能是一种施行社会资源再分配的调节机器，并且，在全球资本主义的时代，唯有国家是抗衡跨国大资本的主要力量。在三农和三治问题上，国家扮演着最主要角色。没有国家的大幅度资金投入、政策保护和制度性扶持，"新农村建设"是不可能展开的。只有在这个前提下，部门和私人资本下乡导致的"精英俘获"才可能受到根本制约。也就是说，国家是使"普惠制"惠及缺少自我保护能力的"小农"的基本制度保障。

　　但仅有国家干预和政府进入是不够的，更重要的是如何使"农民"成为主体。为对抗资本市场的汪洋大海，农民的"再组织化"重新成为可行的实践方案。有意味的是，温铁军构想的新农村组织形态，仅仅强调了日韩及中国台湾的当代农村发展经验，并未提及 1950—1970 年代社会主义合作化运动的历史。

日韩模式的"综合农协"主要是一种经济组织，扮演着资本市场和分散小农之间的中介角色，并在政府制度性保护下运行。而 1950—1960 年代中国农村社会主义改造运动中出现的农业生产合作社与人民公社，不仅是一种经济组织，也是一种新型社会组织。固然，就温铁军所论及的"内向型资本原始累积"的历史过程而言，农业合作社与人民公社确实扮演了便于国家从农村提取剩余资本的历史功能，但这个合作化、集体化的组织过程，也包含着实践超越资本主义的社会主义另类道路的主观诉求。正如莫里斯·梅斯纳所阐述的，毛泽东在中国社会主义现代化道路的构想上，与正统马克思主义和苏联模式的最大不同，就在他并不是"城市中心论者"，不将城市工业化视为社会主义实践的前提，而是"要使农村现代化，使城市逐步融于现代化的共产主义的农村环境"。虽然这种历史实践在强大的工业化资本原始累积压力和严酷的地缘政治压力下，留下了不少失败的经验教训，但是，忽略其中社会主义乌托邦实践成分的存在，仅将之归于"国民动员"，却可能是失之简单化的。

另一问题涉及另类的工业化发展道路的可能性。"新农村建设"除了保障农民拥有"一亩三分地"作为无风险资产，最主要是使"县域经济发展中的乡村中小企业和城镇化""创造比城市大企业更多的就业机会"。这是否意味着在外向型、西方式大城市中心的资本主义经济之外，可能存在一种基于城镇经验的本土式工业化发展形态？这背后涉及对中国经济发展道路不同于西方国家，也不同于一般发展中国家的历史独特性的理解。事实上，中国作为一个拥有长时段历史的独立经济体，在西方帝国主义进入并被迫卷入现代资本主义世界体系之前，就具有这样的特性。费孝通曾提出，中国传统农业形态从来就不单纯是农业的，而是以男耕女织的方式组织起来的农业、手工业和乡村工业等的融合。布罗代尔对"市场"与"资本主义"所做的区分，以及乔万尼·阿里吉、伊曼纽尔·沃勒斯坦等学者从世界体系理论角度提出的"东方资本主义"这一范畴，某种程度上也是在回应类似的问题。在这样的层面上，从长时段的世界史视野和中国社会特殊构成的角度，可以对"工业化""市场""资本主义"本身做出历史性的反思，超越西方资本主义的发展模式。如果不考虑别样的工业化发展形态的可能性，始终处于经济产业链底端的"乡村中小企业和城镇化"，如何能够抗衡大企业特别是跨国企业和城市化浪潮，是值得怀疑的。正如温铁军指出的，新世纪中国政府对三农领域的进入，是产能过剩情况下导致的大规模和大力度的反哺，其主要动因是拉动内需和维护社会稳定。这事实上也就使农村地区被置于整个全球资本主义链条之中，同时以综合农协的本土性竞争力为前提。一旦反哺的条件发生改变，这个组织体系也将遭到分解。因此，在日韩模式的综合农协基础上，批判性地吸纳社会主义合作化运动的历史经验，或许是使其超越资本主义逻辑与市场体系的可能性之一。

而这种超越的可能性，在于如何看待推动历史发展的社会实践主体。关键问题涉及流动于城乡二元结构中的农民工。"新农村建设"的重要功能是能够吸纳失业返乡的农民工。相当有意味的是，这种制度创新实践与倡导"新工人"运动的社会批判活动之间形成了值得深究的对话关系。在"农民"和"新工人"两种身份撕裂之间，根本原因是城乡二元结构所塑造的这一独特社会群体的历史主体性如何被理解。汪晖曾提出，"新工人群体在政治领域的沉默状态是当代中国政治生活的最重要特征之一"（《〈中国新工人：迷失与崛起〉·序言》）。这种沉默状态事实上不仅仅是其作为"工人"的阶级意识的缺失，同样重要的还有其作为"农民"的政治主体性的缺失。摆脱"回不去的农村"与"待不下的城市"这一两难困境，或许需要从理论与实践的层面探索超越城市化资本主义工业发展道路的历史想象。按照正统马克思主义理论，迫使农民离开土地，虽然是资本主义的罪恶，却也是资本主义的"功劳"，因为正是资本主义工业化进程将这些离开土地的农民创造为"无产阶级"。也许可以说,迫使农民离开土地是走向社会主义的一个历史性代价和前提,因为正是这些转变为无产阶级的农民,最终将成为资产阶级的"掘墓人"。但是,在毛泽东的革命理论中,向来突出的不是城市工人阶级而是阶级意识的重要性,是农民而非工人,成为中国革命的主体。农民工能够返乡而一直成为"农民",还是留在城市而而成为"工人",这无疑是当下中国社会两种冲突性的方案。如果在有关"新农村建设"的构想中,超越经济逻辑而从毛泽东时代的乡村社会主义实践中挖掘可能的历史资源,培育新农民/工人的新的历史主体意识,那是否可能意味着一种新的批判性起点呢?

所有这些都意味着,对于在社会主义意识形态下完成工业化原始积累过程的国家而言,"真实的"中国经验同样需要在产业资本发展的"客观规律"之外,重新思考超越资本主义的可能性。虽然我们仍旧置身于资本主义文明这个历史阶段之内,但这个文明的普遍危机及其造成的严酷现实,却使得这种思考并非如"拔着头发离开地球"那样不可能。毋宁说,这其实也是温铁军反复强调要反思和批判"西方意识形态"以探寻真实的中国经验时,题中应有之义。他在理论实践之外从事的广泛的批判性社会实践活动,也为思考这些问题提供了丰富的契机。

第十五章　激活历史经验与学术知识的力量：读刘复生

一　"70后"与学术研究的主体性

试图对刘复生的学术研究工作做一次粗浅的解读,似乎注定无法绕开"70后批评家"这一话题。这一方面因为刘复生以他多产的、同时也是高水准的研究成果,成为人们指认"70后"研究者时的一个代表性人物;另一方面,作为刘复生的同龄人,我在阅读的过程中,感兴趣的始终不仅仅是他学术工作的基本框架和内在理路,也更关心他以知识实践的方式给出的关于文学、学术与文化的思想判断,以及背后隐含的对于时代和世界的基本历史态度。应该说,与同龄的研究者相比,刘复生表现出了非常突出的研究个性和思想风格。在相当规范的学术写作中,能够清晰地读出属于他个人的创造性的判断、评价与某种应称之为思想的力量的东西。这种写作特点,我认为正是他作为一个学者"成熟"的标志。事实上,也正是在这一意义上,人们开始辨认出了属于"70后"批评家的独特的声音。

作为1970年代出生的研究者,我们最大的相似性或许是,我们都是在1990年代学院中按部就班地接受专业训练,而后进入学术研究领域。漫长的学术训练过程,也是一个学会"戴着镣铐跳舞"的过程。我们得进入、学习并熟悉一整套专业性的知识。而这套知识,对于初学者而言,常常表现出充分的"异己性"。这就像要去学会耍关老爷的大刀,在你学会"耍"之前,你得试着搬动它、熟悉它,而且还可能被它拖得跟跟跄跄、手忙脚乱,最后才能把它耍得溜溜转,好像它原本就是属于你的趁手武器。这也注定了作为一个学者"成熟"的不易。陈平原谈论"85 学人"出现的历史背景时,曾这样说道:"作家不念大学,也可以写出好小说。但学界不一样,有没有受过良好的学术训练,差别很大。"①尽管一个作家成熟的过程,也当然需要艰苦的自我训练,不过因为文字与经验对于写作者的亲和性,这个"规训"过程并不像学术训练那样醒目。

不仅如此,相对于在 1980 年代登上学术舞台的前辈学者,还有另外的历史因素规限着 70 后批评家的"晚熟"。由于 70 后进入大学求学的时间,也是中国社会进入 1990 年代社会秩序与文化组织的常规化阶段,这是一个学院体制扩张、学术规范日渐正规化的时期。因此,很少有历史契机让他们有迅速"登台表演"的机会,70 后批评者的求学过程与青春记忆,也就与校园、学院、体制、知识、专业等紧密地联系在一起。陈平原以怀念的语气写到 1980 年代知识群体的历史感受:"那个时候,社会规范尚未真正确立,学者们一只脚留在课堂,一只脚踏进社会,将学理研究与社会实践相结合。说话有人听,而且实实在在地感觉到,这个社会的变化跟你的努力有关,这是很幸福的事情。"②这种"幸福"的感觉,对于 70 后批评者或许是一种相当陌生的体验吧。但是,这也并不意味着在 1990 年代成长起来的 70 后研究者,就注定只能做一个知识生产机器中循规蹈矩的从业者。事实上,学院本身并不是一个完全闭合的、栅格化的空间,相反,它仍旧构成了当前中国最活跃的思想场域。相对于那些过分成熟的西方式学院空间,这种"中国特色"或许也是中国知识群体的幸运吧。应该

① 查建英主编:《八十年代:访谈录》,第 126 页,北京:生活·读书·新知三联书店,2006 年。

② 查建英主编:《八十年代:访谈录》,第 138 页。

说，在这里真正发生变化的，是知识与社会之间的关联方式。

而刘复生作为一个学者的"成熟"，也恰恰因为他拒绝学院知识生产游戏规则意义上的"成熟"，而试图将他个人的也是历史的观察、思考与创造力带入学术研究中来。这也正是我最感兴趣的问题。在我的经验和感知中，如何把知识生产转化为一种思想创造，大约也是每个在 1990 年代学院体制中成长起来的研究者，会有意无意地以不同方式需要直面的问题。相对严格的专业训练，可能会使我们学到许多的"知识"，但不会自动地使我们获得"思想"。并且因为学院体制的保障（是"保"也是"障"），这种知识生产本身就可以在既定学术机构中循环再生产。安身立命也罢，为稻粱谋也罢，学院这个空间的边界是既定的，穿越与否就变成某种特定的选择。而刘复生的研究工作使我格外感兴趣的原因在于，他的研究个性、思想风格表明的是一种或许可以称之为新的学人/研究者主体性张扬的可能性。有人曾如此评价也是 70 后的上海批评家毛尖：她"盘活"了电影批评这门艺术。"盘活"是个很形象的说法，它意味着你用你自己的方式使一种既有的知识样态重新"活"了起来。不是你被既有的游戏规则牵着走，而是你在熟谙规则的前提下更改、调整甚至转换游戏规则，把它变成了你表达自己思考和思想并展开社会实践的"工具"。我在刘复生的学术研究工作中，读到了同样"活"的东西。我感兴趣的是，这种精神品质，这种"活"的东西是从哪里来的？它是一种完全个人的品格吗？还是一种在既定历史结构中被创造出来的、某种程度上可以被共享的知识实践方式？

带着这样的问题，我对刘复生的解读，可能有很强的主观投射的成分。不过，这大概也是一种互为镜像的认同方式吧。2005 年刘复生曾写过一篇关于我的学术评议文章，他使用了"70 年代出生学人"这样的说法。当时还沉浸在个人主义自我想象中的我，对于这样的名号并不那么认同。后来刘复生这样解释文章的写作背景："在为生计而奔波的岁月蹉跎中，我在以贺桂梅为代表的同龄人的成长中，体验到了危机感。同时,也蓦然意识到,我们正在告别青春时光,无法再用年轻作为思想不成熟的借口。70 年代出生的一代人的时代已悄然来临,尽管我们似乎还普遍地缺乏足够的心理准备。于是,这篇评论贺桂梅研究的论文就在精神分析的意义上成为我克服内心焦虑的象征性疗救行动——通过这次写作,我也最终得以真正意识到自己的责任,并感受到'我们'的时代正在来临的激动。"①可以说,那篇评议,同样带入了刘复生很强的某种关于"代"际认同的、主观的却未必完全是个人的建构。"代"的认同从来就不是经验的自动转换,而是一种自觉的文化建构的结果,这种建构性使得那些基于相似经验的感受、愿望与诉求,可以被纳入某种共通的主体镜像。笼统地谈论 70 后批评家是相当可疑的,因为这很容易把问题牵扯到"代表""代言"的权力关系中去。不过我在这里却愿意通过对刘复生的解读,而把对这一话题的讨论,变成某种关于自我的历史认知方式:在怎样的历史的、知识的、时代的结构关系中,我成为了"我";并在怎样的意义上,这些很多的"我"可能成为"我们"。

二　打开两个支点:"文学"与"当代史"

首先索解一下刘复生研究的知识系谱是必要的。这也意味着去了解,在一种整体性的历史与知识关系中,他站在一个怎样的结构性位置上发言。某种程度上,我想仿造当代文学批评界那些拗口的术语,把刘复生的知识系谱描述为"后—新启蒙"知识。也就是说,他的研究语言和分析思路,是在与作为新时期的 1980 年代启蒙知识的批判性对话关系中,形成的一种新的研究路径。这种特点主要表现在理论知识与历史视野这两个层面。

这种研究风格体现在他目前已有的大部分研究成果中,不过最鲜

① 刘复生:《思想的余烬》,"后记",郑州:河南大学出版社,2011 年。

明的或许还是他对 1990 年代"主旋律"小说的研究。这项研究包括他的博士学位论文，其最终形态是 2005 年出版的专著《历史的浮桥：世纪之交"主旋律"小说研究》(河南大学出版社)；也包括他在此前后陆续发表的多篇论文，这些文章在博士论文的基础上，又有更大的推进和扩展，并延伸至关于"主旋律"影视的研究。

刘复生对这一研究对象的选择，或许与他在山东电影电视剧制作中心的四年工作经验有关。这种曾经的"局内人"经验，使他对"主旋律"这一文化现象有着更为全面深入的整体把握，并在对史料的分析和处理上，表现出许多在校博士生难以具有的游刃有余的从容和老练。不过，这一选题的确定，对于刘复生置身的当代文学专业而言，却有着某种"不轨"的色彩。刘复生将"主旋律"小说称为当代文学史上一个"尴尬""暧昧"的段落：一方面，它产生了巨大的社会反响，拥有庞大的读者群，"但与此创作、接受热潮形成强烈反差的是，当代文学研究界和批评界对它极其冷漠"。这不止意味着它"不配"被纳入当代文学史的整体叙述中，而且或许根本就是"不值得"研究的现象。这其中自然包含着当代文学研究界对于何谓"文学"，对于 1990 年代整体文化格局的基本判断。这种理解方式本身，也正是 1980 年代"新启蒙"思潮建构出来的文学与政治、精英与通俗、官方与民间等一系列二元论的具体表现。刘复生对"主旋律"小说的研究，因此首先就需要在反省这一系列二元论的理论基础上才能展开。他将"主旋律"视为1990 年代以来的一项"国家意识形态战略工程"，讨论它出现的历史动因，分析它的基本战略和运作机制，并采取文化批评的方法对诸种"主旋律"小说的文本形态进行了精彩的意识形态解读。这种分析背后有两个关键支点，那就是他对"文学"与"当代史"的突破性的、也是创造性的阐释方式。

与那种把研究的重心放在封闭性的作家作品上的做法不同，刘复生给出的是一种全景式的文学整体视野。他把"主旋律"小说的规划、构想、写作、出版、流通、接受等的整个生产过程，视为一个统一的文本对象,讨论官方、市场、作者、读者等不同层面如何介入这一生产过程,从而构造出特定的叙事文本。在这样的意义上,小说"文本"就不再被理解为作家的个人创造,而是一个不同力量介入其中并互相协商的"场域",一个开放的、关联到不同社会文化层面的意义网节点。与此相应,刘复生所采取的文本分析方式,是一种宽泛意义上的文化研究或文化批评。他分析文本中的具体叙事策略,讨论其力图达成何种意识形态效果,以及这种叙事本身所包含的结构性矛盾。在这样的意义上,文本不仅成为一个充满着裂隙与缝合、冲突与协商的意识形态运作的场所,而且也被理解为一种"社会象征行为",不同的社会力量在文本中得以正面交汇。

显然,展开这样的文本分析,需要的是一种不同于"纯文学"观的理论视野。这背后包含着叙事学、结构—后结构主义理论、意识形态批判,以及女性主义、解构主义等诸多"语言学转型"之后的文化批判理论。刘复生以他的成熟老到,将这些理论完全化入对具体现象与问题的讨论之中,从而使自己与那些纯粹的理论"操练"区别开来。不过,不能不说,刘复生的分析视野和路径,却正是借助文化批判理论才可能具有的。某种程度上,这种知识形态似乎也构成了那些被人们称为"70 后"的批评家所普遍具有、只是进入程度有深有浅的"新"知识。这是一种并不难得到解释的文化现象。以杰姆逊、福柯、阿尔都塞、布迪厄、拉康、葛兰西、德里达、齐泽克等名字所标示的这种新理论,从 1980 年代后期开始进入中国知识界的视野,而 1990 年代完成的,主要是关于这些理论的一个重要翻译工程:这些理论陆续系统地被翻译成中文。它们自然构成求知欲最为旺盛的年轻学生们吸纳的主要知识对象。与此同时,学院体制与知识体制的"全球化"处境,也使得这些理论构成了 1990 年代中国人文研究领域新的批判资源。固然,人们可以去讨论这中间"中国问题"与"西方理论"之间的权力关系,不过在 1990 年代后的历史语境中,要本质主义地区分何谓"中国的"何谓"西方的",已经不可能。而且,这些新的批判理论本身所应对的问题，比如人道主义的中心化主体想象，比如本质主义的历史宏大叙事，比如专业主义的文学想象等，和中国知识界需要面对的问题并没有多大差别。事实上，后者正是 1980 年代"新启蒙"知识的核心构成部分。这也可以解释刘复生对 1990 年代"主旋律"小说的研究，常常是以对 1980 年代新启蒙主义知识与意识形态的批判为前提的。他在 2004 年发表的一篇重要论文《"新启蒙主义"文学态度及其文学实践》①，表达的正是对 1980 年代主流知识体制的激进批判。

对"主旋律"小说的研究，不仅使刘复生在他的学术研究工作开端，就得以越出"纯"文学研究的局限，而在广阔的文化与社会批判视野中分析文学实践的整体过程，我认为同样重要的是，他还由此构造出了一种关于当代史的整体阐释框架。刘复生在当代文学的历史关系中界定并阐释了 1990 年代"主旋律"小说的诉求：这是对 1980 年代新启蒙主义与"多元化"创作潮流的"矫正与反拨"，而试图"在形式上"继承 1950—1970 年代"一体化"时期的种种遗产，并同时纳入"市场经济"时期以发展主义为主要内容的"新意识形态"。可以说，这是一次多重意义上的新、旧意识形态整合工程，其间充满着内在的矛盾与暧昧因素，刘复生因此称之为"一座起伏不定的浮桥"。不过，也正是通过这座"浮桥"，刘复生勾勒出了一种关于当代文学历史的整体性图景。当代文学常常被人称为不可写"史"的学科，1990 年代洪子诚先生的《中国当代文学史》的出现，使这种论调得到了基本的改观。洪子诚通过对诸种文学力量与因素间的冲突、矛盾关系的分析，勾勒出 1950—1970 年代的"一体化"进程及其在 1980 年代解体的历史线索，从而使得断为两截（前 30 年与"新时期"）的当代文学被阐释为一个有着内在关联的整体过程。不过这种叙述潜在地包含的从"一体化"到"多元化"的框架，也使得它关于 1980 年代以后文学的历史脉络的描述并不那么清晰。可以说，刘复生的研究正是站在其导师的高

---

①　刘复生：《"新启蒙主义"文学态度及其文学实践》，《文艺理论与批评》2004 年第 1 期。

起点上，再往前推进了一步。以 1990 年代的"主旋律"小说为基点，刘复生几乎将整个当代文学史叙述为了某种"否定之否定"的历史过程。尽管这个词或许并不那么恰当，不过在"一体化""多元化"和"主旋律"这三者间建立起的历史关系，却恰恰使得一种新的关于当代文学整体历史图景的描述成为可能。

不仅如此，借助"主旋律"小说，刘复生也确立起了关于 1990 年代文学"总体格局"的描述。他对"主旋律"的界定并不限于那些有明确标志的"主旋律"作品，而认为它是一个"边缘不甚清晰的弥散化结构"。依靠自身占据的强大资源和整合能力，它不仅将许多色彩不那么明晰的文化因素收编至自己的边缘区，而且也使那些看似与此无关的"精英"或"纯文学"创作发生了"结构性的变化"。由此，如果以"主旋律"为基点而将诸多文学因素纳入一种结构性关系的观察中，那么 1990 年代文学的整体历史图景也就逐渐显影出来。

可以说，刘复生对当代文学历史的整体把握，对文学生产体制的关注，尤其是对不同文学力量间复杂的也是结构性的关系的分析方式，深得洪子诚先生文学史研究的精髓，并有独到的推进。自然，他的研究也不是没有值得商榷的地方。从 1950—1970 年代的"一体化"到 1990 年代的"主旋律"，国家扮演的角色和功能发生了巨大变化；并且，当"主旋律"使得 1990 年代文坛格局发生结构性变化时，那个新的更大的结构到底是什么，这些在刘复生的讨论中不那么明晰。这也使他有时难以为批判性地分析"主旋律"找到一个更稳妥的支点。不过，这些问题在他后来陆续发表的有关"主旋律"影视的研究文章中，有了更为复杂化的处理和更为深入的推进。

三　越界或回到文学的原初

在"文学"和"当代史"这两个被重新理解的支点之上，确立起来的是刘复生的当代文学研究的基本格局。事实上，刘复生的研究领域是相当宽泛的，他不只是从事文学史研究，也从事非常当下的文学现状批评，不只是研究小说，也从事诗歌史研究和诗歌评论；并且，他也从不把自己的研究局限在一般意义上的文学研究领域，而是拓展至宽泛意义上的文化批评和文化研究，并同时深入到思想史、学术史和思想评论的领域。不过，这种跨越边界、广泛地进入不同领域的研究方式，或许正是刘复生所理解的"当代文学研究"；或者说，是他出于对当下当代文学研究的不满，而尝试实践的新的研究形态。

在我看来，刘复生2008年发表的《当代文学研究的历史危机与时代意义》①，是这些年来当代文学研究领域最令人振奋的成果之一。对当代文学研究危机的准确诊断，和在此基础上给出的建设性构想，使得这篇文章完全不是那种夸夸其谈的浮泛之论，而某种程度上可以视为一种最富于活力的批判性研究思路的"宣言"。至少，它可以被视为刘复生对于当代文学研究实践的某种"宣言"。这篇文章首先表达了对当代文学研究和批评"边缘化"的强烈不满。从这种"不满"中，人们可以清晰地感受到刘复生的"不安分"品格。固然，文学研究和批评（乃至文学本身）的边缘化，可以在许多客观因素上找到理由。而且在许多人看来，这也未尝不是一件好事，因为这确实可以成为人们免受"政治"以及其他"外力"的干扰，而"自由"地、"自得其乐"地从事文学研究的理由。不过，刘复生赋予"文学"的，是大得多的意义和理由。他把"边缘化"诊断为当代文学研究自身的危机：它"丧失了切入世界的能力"，"还没有真正找到属于自己的在这个时代的位置"。要求文学研究具备介入"世界""时代"的活力，这并不能被简单地视为"文学中心论"的老调重弹，而是在新的历史情境下，对文学研究意义的重新理解。

可以想见，刘复生当初选择中国当代文学专业，力图以此为志业，显然包含了对文学的热爱之情。由一些发表出来的片段文字来

---

① 刘复生：《当代文学研究的历史危机与时代意义》，《文艺理论与批评》2008年第3期。

看,他当年似乎也是个标准的"文青"。这大概也是许多选择文学专业的人的共同爱好和梦想吧。不过,值得思考的是,我们热爱的"文学"到底是什么?是对文字自娱自乐的喜好吗?还是那种通过文字而创造一个更美好的世界,并在阐释世界的过程中理解自身存在的激情?显然,刘复生是在后一种意义上理解文学的价值的。在后来的回顾文章中,他这样写道:"当代文学研究正在一步步远离自己的使命与责任,成为一门无足轻重的文化小摆设。所以,如何给当代文学研究注入新的生命和更充实的历史意义,就成为一个从业者的首要问题,而在这个问题解决以前,如把自己的生命贸然托负给它,未免显得盲目而愚笨,仅仅以热爱文学为借口已经远远不够了。"①这也使他对文学研究赋予了更高的要求。他反对当代文学研究仅仅追求"高雅的文学趣味和人文教养",也反对把当代文学作为一门规范化的、仅仅追求"实证性的知识或学问"的现代学术分科。在他看来,文学研究的目标并不是"提高审美感受力",它应当首先是一门反抗合理化世界的"不驯服的艺术"。"趣味""教养"无非是特权阶级的身份标识,而真正的文学则应当帮助人们重新理解这个世界。他也反对那种"为了知识而知识"的研究,在他看来,"离开了鲜明的当代问题意识的知识积累毫无价值"。

基于这种对文学和文学研究的理解,他认为当代文学研究应当重新建立一种新的政治视野。这里的"政治",被理解为宽泛意义上的政治,不仅包含在阶级/阶层维度上的社会政治,也包含在民族/国族维度上的文化政治,以及身体/性别维度上的性别政治。这使他的文学研究和文化批评总是保持着对社会生活基本组织方式中的权力关系的警醒,并与那种狭隘的、以去政治化的方式实践新政治的审美批评保持距离。这或许也是"后—新启蒙知识"实践的普遍特征。当"政治"被作为自觉考量的因素时,问题的讨论就不再停留在政治/非政治

① 刘复生:《思想的余烬》,"后记"。

的意识形态争辩层面,而是对何谓"更好的生活"的可能性的直接讨论。对政治维度的重申,也并不意味着对文学的自律性、对美本身的否弃,因为"在对通行而流行的美感进行破坏的同时,也在激发、创造另一种美,释放对现实世界的另一种理解"。这也就意味着,经由文学与文学研究所完成的,乃是一种重新想象世界的能力,仅仅依靠那种已经完全程式化的"美感""感性",已经不能胜任这种文学研究。消费文化和大众社会的特点,按照杰姆逊的阐释,在于其意识形态运作总是在"无意识"领域完成的,人们所称颂的"美感",常常不过是"沿着消费社会规定好的感受路线一路狂奔而已"。更重要的是要"打开感觉",要有新的"更尖锐和强大的思想力量",才可能确立"真正的文学的想象力":一种想象"另类"世界的能力。

刘复生对于"文学"意义的理解,是一种更为本原的理解方式。如果说文学的本质是"讲故事"、是赋予世界以意义秩序的话,那么所有那些关于意义的建构、那种关于世界的想象,以及关于何谓"更好的生活"的理解,都可以被视为"文学的"。因此文学研究所研究的,也就远远不是关于"文学本身",而是时代、历史、世界的意义建构方式。他甚至并不将文学研究、文学批评视为对作家作品的依附性的、也是"次一等"的阐释行为,而认为这应该是批评家与作家站在同样的(或者更高的)高度上完成的再创造。他由此也不将当代文学研究,仅仅视为"对文学的研究",而提出:"当代'文学'与其说是它的对象,还不如说是它发言的一个场域更准确些。"可以说,关于当代文学研究,刘复生对"当代性"的重视,远甚于对"文学性"的常规理解。所谓"当代的",不仅表明是"当下的",而且也是"未被完成的""正在创造中的",因而也是开放性的。这也使得这个学科天生具有"体制内的反体制力量"的可能性。这也是刘复生赋予当代文学研究以特殊意义的原因。他认为一个好的当代文学研究者,应当"置身于当代社会生活的广泛脉络中,具有观察、思考现实社会生活变化的能力,有对于政治、经济和文化现实的广泛兴趣和思考能力,以及把种种现象建立联系的

'总体化'的能力"。这毋宁说也是他的自我期许。

四 解释学:方法论与世界观

刘复生是一个有着"大视野"的文学研究者,他对政治、社会维度的重视,对思想原创性的要求,都基于此。这也是他学术工作中"活的"力量的来源。固然,这可以被理解为对一种与"文学"与生俱来地携带着的精神内质的把握,不过仅仅是这一层面的理解显然还不够。身为学院中接受知识训练的学术人、身为在 1990 年代中国这段"太平盛世"中长大的中国人,70 后批评家似乎注定不能豁免于"缺少社会经验""不了解'真实'的中国社会"这样的质询。与 1980 年代成长起来的当代批评家、以至此前几代中国批评家相比,70 后过分"干净""单纯"的社会经历,他们与当代中国重大事件的历史距离,总难免让人对他们谈论"思想""政治"的能力起疑。这里所谓的"政治",是否仅仅是一种学院知识制度内的滑翔?这里所谓对"世界"的阐释,是否仅仅是一种天真的、无关痛痒的浪漫主义想象?显然,这并不是一个可以回避的问题。这也是我在阅读刘复生的过程中一直思考的问题。不过同样需要提出的问题是,"经验"是决定一切思想问题的前提吗?在何种意义上,70 后批评家是"外在"于中国社会的?这里首先就包含着某种对"经验"的拜物教式的理解方式。因此需要从这个角度入手,来探讨个体/主体与历史发生关联的方式。

刘复生这样描述自己从事学术工作的内在动力:"这种精神渴望是一种将自己的生命赋予意义的冲动,一个将自我楔入时代、历史深入的顽强要求,一个借阐释世界而使自己的生命得到阐释的解释学过程。"[①]我感兴趣的,是在这种描述中,"生命""自我"这样的"小词",如何与"时代""历史""世界"这样的"大词"发生关联。显然,在

---

① 刘复生:《思想的余烬》,"后记"。

这里，"自我""生命"并不被理解为一种天生具有意义的、本质主义语汇，相反，它的"意义"总是需要在与"时代""历史""世界"的总体意义秩序的关系中，才能得到阐释；同时，"时代""历史""世界"也并不是本质性的实体，而同样需要通过"阐释"这个过程才能得到理解。因此，从事解释的主体在这个意义的交互过程中，便占据着格外重要的位置。"解释学"似乎是刘复生的基本方法论，某种意义上，也是他的"世界观"。但这里的"解释学"却绝不是随心所欲的主观阐释，而是对意义建构和生成过程的历史把握。当"意义"总是被理解为一个阐释性的生成过程，一个历史的建构过程时，任何先定的、仿佛自外于这个过程的因素，都是真正可疑的。因此，亲历者的"经验"并不是一种自明的、自在的东西，相反，它可能恰恰是被某种主流的常识—权力系统建构的结果。重要的并不是经验本身，而是如何"赋予"经验以意义的阐释过程。

这种理解方式，当然是基于刘复生对"经验"作为一个理论范畴的批判性理解，但我认为更重要的是这背后包含的基本历史态度，那就是去理解"我们如何生活在历史中"。历史从来就不在我们生命的"外部"展开，我们的自我、生命及其意义，其实都常常是历史建构的结果。"经验"乃是历史在个体生命上留下的划痕或印记，而穿透经验去理解历史以怎样的方式塑造了我们，并在这个前提上思考我们可能拥有怎样的创造的自由，这或许才是一种真正成熟的姿态。当刘复生将"阐释世界"与"使自己的生命得到阐释"视为同一过程时，他表达的或许是同样的意思吧。

这一历史态度不仅关乎自我与历史，也关乎不同的历史经验可以以怎样的方式被理解或分享。当"经验"成为一种可以被穿越、体认和阐释的认知对象时，它就不再是一种身体性的、非理性的存在，而可以被转化为某种共享的历史智慧。刘复生写过许多关于师长（比如洪子诚、韩少功、韩毓海、耿占春等人）的评议文章，我认为这在某种程度上也可以视为一种批判性地分享不同历史经验的阐释实践过程。这些文章中最为出色的,或许是《想象一个新世界——韩少功随笔中的政治智慧》①。在描述韩少功的政治智慧与他的历史经验的关系时,刘复生这样写道:"这种杰出并非由于不乏悲剧性的个人生命史经验和丰厚的历史经验,而主要是因为对这份沉重的历史经验的有效而深刻的反省——走出经验限制,把时代的记忆转化成一种宝贵的思想财富而不是思想囚笼。"在这样的意义上,思想的智慧,乃是与"自我记忆"、生命经验展开角斗的"惊心动魄的戏剧性过程"。刘复生用了一个比喻来描述两者的关系:"人生经验和学习得来的历史知识是矿藏,而思想能力则是开采、挖掘的能力。""矿藏"与"采掘"的关系,清晰地描绘出了"经验"与"阐释"间的关系。正因为问题并不仅仅是经验本身的问题,而是如何阐释的问题,所以,借以阐释经验的语言、知识、理论乃至立场就极为关键。基于这样的理解,在刘复生那里,"经验"与"学习得来的历史知识"具有同等的意义。与之相比,"消化""采掘""转化"经验与知识,而使其"活"起来的思想能力,才是真正的关键所在。这也就对阐释主体提出了极高的要求。

可以说,刘复生的学术研究都是建立在自觉的同时也是批判性的解释学立场上的。他从不认定有某种先在的、天生的意义秩序的存在,因而总是去关注这种意义秩序如何被建构出来的过程。正是对这个过程的关注,使他深入到复杂的历史关系场域中,描述各种力量的博弈关系及其策略性实践的结果。但即便是这种"描述"本身,也不存在任何先定性,而是由对象的历史性构成、阐释者所处的现实知识——权力结构,以及阐释者本人的智慧所共同决定的。这就必然要求阐释者主体性的介入:他的知识准备、他的历史与社会视野、他的精神诉求,以及他对于"世界"的愿望。并且,当许多阐释总是被限定在难以超越的常识系统、主流意识形态与既定社会规范内部时,甚至当那些改造世界的行为本身也无法突破既有的意识形态迷障时,一种具有想

---

① 刘复生:《想象一个新世界——韩少功随笔中的政治智慧》,《南京师范大学文学院学报》2009 年第 1 期。

象力的阐释，所开启的便是建构和实践另一种世界的可能性。这时，"阐释本身已是改造世界的一种方式"，尽管这并不是也不应成为问题的全部。

在这样的层面上，我认为刘复生所做的，或他渴望做到的，正是这个时代的知识实践者共同的"理想"和"责任"。它无关"代"际，而是一种将自己区别于知识技术匠人的主体性风格，一种在批判功能的意义上被界定的"知识分子"主体。也或许可以说，这同时也是"代"际得到认同的结果：因为正是在这样的意义上，我们的经验与阐释、同与不同，恰恰使无数有差异的"我"可以被纳入某个理想性的"我们"之中。

第十六章　文化前线的游击战士:读毛尖

一　同龄人

答应为毛尖的新书《凛冬将至:电视剧笔记》(生活·读书·新知三联书店,2020)写序,对我是一件犹豫再三而又求之不得的事。犹豫的原因,不仅因为毛尖难写,而且因为在许多人看来,我们是如此的不同。我写文章是典型的学院派。20多年前我刚出道的时候,不认识我的人读我文章都拿我当60岁老太太。而"写短文章天下无敌"的毛尖,虽然也在学院中长成,她的许多文章却与学院派不大沾边。她说自己这是"乱来",但正是这种"问题和语言都来自内心的痛楚,来自对生活修正或赞美的渴望"的短小精悍的批评文字或专栏文章,却塑造了一种有效地介入时代生活的文化路径。这也是我对毛尖感兴趣的原因。

其实我们并不像外表那样不同:我们同样是在20世纪90年代的学院中成长起来的70后学人,特别是,同样在20世纪90年代后期接触到"文化研究"这一新领域。那时,北京的戴锦华老师和上海的王晓明老师,各自形成了两个文化研究的阵地。对我们这些学生而言,"文化研究"就是要打破学院的疆界,真切地认识、介入社会生活。在我们的青春记忆中,"文化研究"是和"改造世界"这样的豪情和热血关联在一起的。从那时起,我们不仅研究文学与电影,也关注作为大众通俗文化的电视剧，还有广告、咖啡馆、城市空间、文化现象等不一而足。我常常把毛尖的写作视为"文化研究"的一种。她的批评文字或专栏文章并不是一般所理解的那种学院化理论化形态，但我相信她写作的初衷却是从这里开始的。可以说，她以专栏写作为阵地，蹚出了一个"文化研究"的新战场。

近20年来，毛尖已经成为当代中国文坛最为风格化的写作者之一。她的文字、思路和文体已经形成了具高度可辨识性却难以捉摸、不可模仿的"毛尖体"。许多人以为毛尖的文章好读，嬉笑怒骂、挥洒自如，无论电影、文学还是文化事件、生活琐事，到了毛尖笔下，都妙笔生花，别有一番味道。不过，人们或许常常会意识不到，毛尖文章好读的背后，却是以海量的阅读打底，以对文字书写的极度敏感和讲究为前提。特别是，她对评价对象的锐利判断和质朴硬朗的世界观表达，常使我会心而生出敬意。借用李陀评价丁玲的一篇文章的标题，应该说：毛尖不简单。

毛尖从这个世纪初开始在专栏写作中引起越来越多的关注，到今天也快20年了，但她的写作却从未疲软过。这些年，她拿出了十多本随笔、评论、杂文集，每一本都有特色、有厚度。据说她一周可以写四五篇专栏文章，常常是一边和朋友们吃着饭、聊着天，回家带着儿子做着家务，抽空就把文章写了。我就亲自见识过一回：那次我刚从上海回来，几个朋友在微信群里晒照片、耍嘴皮子逗乐。当然毛尖是最活跃的一个，她一会儿照片一会儿表情包一会儿评点搞怪，和大家一样不亦乐乎。可是最后等我们互道晚安，准备歇息时，毛尖告诉我们，她刚才写完了一本书的后记。我顿时呆住。我要抽掉多少根烟、喝掉多少杯咖啡才能写出一篇文章啊，但毛尖谈笑间捎带手就完成了。炼红见怪不怪地告诉我：这就是毛尖。

我常常感到好奇的是，毛尖如何获得这种与文字浑然一体的写作状态和如此持久的创作力。去年，毛尖的《夜短梦长》在北京大学出版社出版时，洪子诚老师就曾提议：应该围绕这本书开一次学术性座谈会，因为毛尖的文体风格与社会影响已经构成了一种值得关注的文化现象。这个提议被毛尖断然否决了。她完全不像文字世界里那样犀利生猛，她被洪老师这个提议吓坏了，威逼利诱着北大出版社的高秀芹取消了这个活动。其实，几年前，陈子善老师就在文章中提到倪文尖曾想研究"毛尖现象"。不过我们一直期待的文章文尖老师到现在也没有写出来，估计是遇到了和我一样的难题。但是我仍然答应为毛尖的新书写序，不是要为毛尖定性，而是为了向一位同龄人做出的出色工作表达敬意，并分享我们对于自己生活时代的共同感受。

二 电视剧

《凛冬将至》这本书有两个关键词，一个当然是毛尖，另一个是电视剧。

先说电视剧。和毛尖第一本谈电影的文集《非常罪 非常美》一样，这本谈电视剧的书也颇为谦虚地采用了"笔记"这个说法，但代表的却是毛尖影视评论文章的另一种风格，或许可以称为平民化风格。电视剧和电影不一样的地方，首先在于它的长度。与一部长度往往限定在两个多小时的电影比起来，电视剧简直就像日常生活本身一样长。时间的长度也增加了电视剧参与生活的重量，那些陪伴人们度过无数夜晚的虚构世界中的人物，因此具有了真实性，仿佛他们就是一个活在你身边的人。因此，电视剧是更草根更平民更人间烟火的。在很长时间里，电视剧总被看作低于电影与文学的通俗文艺，是缺少艺术性与现实性的不入流的大众文化。在我们 70 后一代的印象中，电视剧是伴随着七八十年代之交电视机的出现而出现的。当时虽然被《上海滩》《霍元甲》《排球女将》《射雕英雄传》等迷得神魂颠倒，但在我们的意识里，电影与文学才是艺术的正宗。1990 年以来的一个大变化，是电视剧成了中国最为本土化和最具大众性的艺术媒介。用毛尖的说法，以 1999 年的国产剧《雍正王朝》和 2001 年的美剧《24 小时》为标志，"一个电视剧时代正在展开"。电视剧取代电影，不仅在好莱坞也在中国，成为最能表达一个时代的意识形态和生活形式的再现媒介。

从 2001 年迷上《24 小时》开始，专业影评人毛尖就变成了电视剧的热情宣传员。在 2011 年的一篇访谈文章中，她这样说："国产电影不作为的时代，我们把梦想和热情都投给了国产连续剧"，"电视剧不仅成为人民娱乐的主体，也接管了电影的全部功能"，并宣称"一个电视剧进军电影的时代即将到来，这会是一个比较激动人心的影像新时代"。但是毛尖很快发现国产剧的情形没她想象的那样乐观。因此，在这本书的后记中，毛尖把 21 世纪中国电视剧的高潮放在了 2009年，这一年各种类型的热播剧"喷涌而出，要啥有啥"。但是国产剧滑坡的分水岭，也以这一年分断。此后的国产剧再难引起毛尖的兴奋，但她仍旧是个"国产剧的强迫性观众"，多烂的剧都逃不过她的眼睛。可是烂剧看多了也生理不适。那个对电影与文学的"非常罪非常美"一往情深的毛尖，谈起国剧常常变成了吐槽专家。但她挑剔却不毒舌，而是一腔热血为国产剧呐喊助力；她机智却不卖弄，每篇文章都实实在在地就剧情逻辑、演员表演、场景设计和叙事的世界观等做出评价。

在毛尖看剧的 20 年里，美剧《24 小时》和《权力的游戏》始终是她的最爱。但要说毛尖崇洋媚外却绝不公平。在一个影像播放全球同步的时代，用看美剧还是看国产剧来区分一个人的爱国心无疑迂腐至极。可以说，全世界没有哪个国家的美剧迷，有着毛尖这样的中国观众这样强大的胃口、对全球电视剧的了解和对国产剧的爱好强迫症。但在接受方式上，毛尖对待英剧美剧和国产剧的评价标准却一视同仁。她之所以热爱杰克·鲍尔，是为他"打不死的小强"一样强悍的生命力，是他"用永远政治不正确但永远正确的方法拯救这个世界"；她迷恋《权力的游戏》，是因为其中营造出的那个活生生的世界显示出"生而为人的豪华"，她从中体味出命运的无情才是历史的真实。她因此用这部美剧的核心台词，作为她观剧 20 年的书名总结："凛冬将至。"

但是更重要的不在于是美剧还是国产剧，而是这些电视剧负载的普通中国人的生活记忆、情感记忆和历史记忆。读着毛尖的文章，我也会回想起 1999 年看《雍正王朝》的时候，当时正在北京西郊的一间小屋黑白颠倒地写着博士论文；2005 年看《大长今》的时候，我热衷于"韩流"；2008 年我记得是看着抗日奇侠剧的时段儿子降生；2012 年刚从日本回来我就赶紧补习《甄嬛传》……电视剧成为串联起我们 20 年生活记忆的媒介，不是因为它多伟大崇高，恰恰因为它细水长流、润物细无声地融入了我们的日常生活。

因此，毛尖这部带有史的轮廓的电视剧笔记真正的特色，其实不在它的宏大叙事，而在这一历史轮廓和一个观剧者有血有肉的生命记忆紧密勾连。由于电视剧所具有的大众性，这些其实也是 20 年来当代中国人情感记忆的背书。毛尖评剧的专业水准使得这些记忆不会太走样，而她对屏幕世界的投入和热情则使无数已随生活流逝的情感记忆活色生香。这本书的篇目编排和章节设计由同为 70 后的舒炜亲自操刀。想到常被人尊为学术男神的舒炜，居然也是毛尖笔下的电视剧和毛尖文章的爱好者，这让我对中国电视剧增加了不少信心。

三 毛尖本色

于是就要从电视剧说到毛尖。毛尖爱电视剧，丝毫不逊色于她爱电影爱文学。但与爱电影爱文学略有不同，毛尖爱电视剧不仅仅是一种趣味性的个人爱好，而包含了某种道德心和责任感。"道德心"和"责任感"这样的词用来形容毛尖可能是有些矫情，但却贴切。如果说在写《非常罪 非常美》的时期，毛尖带有小资情调的自恋和多情的话，那么写《凛冬将至》的毛尖却多了许多硬朗、质朴和对于世界的美好愿望。

在毛尖的许多文章中，我特别喜欢她在 2015 年获得华语文学传媒大奖"年度散文家"时发表的获奖感言。那是更本色的毛尖。她提到导师王晓明的"热风"计划，她说自己写作的动力源自这样的信念："那些来自我们成长年代的高尚愿望，那些被今天的生活所屏蔽掉的很多词汇，如果还能感动我们，为什么就不能感动更年轻的人呢？"她因此站在这样的高度来理解自己的专栏写作："本质上，我们与万事万物有着更家常的潜在情义，我们是通俗世界的一部分，是这个平庸的时代造就了我们，而我们全部的工作，就是改变这种平庸，直到时代最终把我们抛弃。"《24 小时》中的杰克·鲍尔因此成为毛尖心目中的真正英雄，因为他和她一样，永远奔波在脏乱差的时代火线的前列，做的是"一线的文化清道夫"工作。对于毛尖这样始终在文化前线打游击战的人而言，艺高人胆大是条件，而在冰与火的生活中不断地锻造更结实更强悍的自我，也是生活回馈给毛尖的宝贵礼物吧。

我相信，如果让毛尖选择，她宁可天天看英剧美剧。她对国产剧的热情以及吞吐烂剧的巨大胃口，不仅源自对中国电视剧的执著，更源自对"中国性"和"人民"的执著。毛尖不大用"大众"和"平民"这样的词，她更愿意使用"人民"这样的政治术语，因为那代表的是她对普普通通、健康硬朗的中国人的热爱和期待。因此，看反腐剧，她想的是如何让人民认出《蜗居》中的宋秘书无非就是《红岩》里的甫志高；看耽美剧，她读出的是资产阶级二代的美学语法；看打性别牌的《欢乐颂》，她体味出的是陈腐的"金钱颂"……她的批判立场是尖锐的，却一点儿也不高调。

在毛尖的语汇中，"生活"是一个出现频率很高的词。就本质而言，毛尖曾是一个标准的"文艺青年"，这从她对英美文学、中国文学以及世界电影、中国电影的海量阅读和细腻体认中都可以看出来。不曾全身心沉醉在文艺世界的人，写不出《姐姐》《雨轻轻地在城市上空落着》《永远和"三秒半"》等感动无数文青的文章。毛尖说，她是一个"接受了生活改造"的文艺中年。"改造"一词包含的疼痛感，或许只有毛尖自己知道吧。但这也并不意味着对生活的妥协。或许可以说，"文艺"（特别是 19 世纪经典文学、20 世纪经典电影）曾为毛尖创造过一个精神的故乡。但在与生活短兵相接的无数瞬间，她懂得了文艺不是逃离生活的避难所，而是让她获得一种观看、理解和投入生活世界的方法。在与时代生活贴身肉搏的琐屑战斗中，毛尖获得了一种硬朗的"意志"，她称之为"修正生活的意志"。我相信，这是毛尖的剧评以及所有文章散发着质朴色调的原力所在。

毛尖其实是多面孔的，这是她的文章花样百出的原因，也是她人见人爱、男女通吃的原因。人们经常会看到毛尖的机灵、聪明和犀利泼辣。但在这张面孔背后，还有热爱杰克·鲍尔和金庸的毛尖，这是少年热血痴迷于英雄梦的毛尖；有热爱海子、茨维塔耶娃和里尔克的毛尖，是诗人和少女诗意的毛尖；还有作为"好学生"的毛尖：她尊重那些认真生活的人，也尊重那些在自己的专业领域中有敬业精神的人，并且从他们身上源源不断地吸取她渴望的能量。比如她从格非的课堂上学会了如何看电影，从陆灏那里学会写专栏，从导师王晓明那里学会改造世界的热情……这使她总能保持一份朴素和谦逊，一种在生活中不断地生长的虔诚感；也有通人情事理而自己却并不世故的毛尖：她喜欢在文章中讲一些八卦和段子，周围的师友经常在她文章中友情出演，让人真假莫辨，但谁也不会觉得冒犯。我是读到毛尖写金庸的那篇文章，才惊讶地发现，金庸世界的英雄谱系，在毛尖的白日梦中占据主要地位的，居然是常常被人忽略的郭襄，这个一辈子爱着神雕大侠却不求回报的女孩子。我由此知道，毛尖对人情事理的体认源自何处……

但是毛尖的文章不会告诉你那样的时刻：在一次访谈中，她提到她在香港读书的三年，其实是很寂寞的，经常独自一人一天在图书馆看五六部电影。后来她毕业的时候，去向音像资料管理员告别，那人告诉她说：你是我们这边接待了最多次数的学生。想到这样的情境让我心动。我知道这才是更为常态的毛尖生活。正是在那些寂寞的独自面对银幕世界和自我的无数时间里，后来的毛尖慢慢长成，并以文字破茧而出，化蛹为蝶。

四　生命的原力

毛尖为这本书所写的后记是忧伤的，"停在雨中的火车"，表达了她对中国电视剧的期待和忧患。这种古典式的责任感在今天已经不多见了。事实上，近些年来，我渐渐在毛尖的文字中读出了一种变化，用她自己的表述，是"阳光下抖落枝叶和花朵，枯萎而进入真理"。她依然幽默犀利，却变得更为严肃了一些；她谈"抒情"，想到的是要节制泛滥的情感，而感受大地天空的壮阔；她谈人生和命运，更赞美那种被剥夺之后不屈不挠的热血，那种来自生命原力的"邪恶和丰饶"……她这些年的文章也变得更严谨了，几乎一篇是一篇，篇篇都成为自媒体平台上点击率极高的话题。我想这也许预示着毛尖更大的转变。"凛冬将至"或许是人到中年后的毛尖对人生和世界的另一种体认，她将变得更硬朗而质朴，逐渐称得起"智慧"这样的字眼。

读毛尖的这些文字有时让我想起王安忆。在王安忆这么多年丰厚而扎实的实力派写作中，我一直对她在 20 世纪八九十年代之交的一些中短篇小说抱有浓厚的阅读兴趣。我相信，后来写上海的王安忆就诞生于这个时期。其中，我反复阅读过的是《乌托邦诗篇》。这是一篇回顾自己创作经历的中篇小说，也是一篇献给中国台湾作家陈映真的不像爱情但情书一样的小说。在告别陈映真的时刻，王安忆这样写到她精神的转变："我觉得从此我的生命要走一个逆行的路线，就是说，它曾经从现实世界出发，走进一个虚枉的世界，今后，它将从虚枉的世界出发，走进一个现实的世界。"从真实世界走向虚枉世界是浪漫主义的理想，而从虚枉世界走进现实世界则是改造世界的行动。正因为有这样一个"逆行路线"，我从来不把王安忆后来的上海写作看作一种"纪实"，相反，我觉得书写上海正是她"创造世界的方法"。

　　我感觉，当毛尖在谈"真理"谈"枯萎"特别谈"凛冬将至"的时候，她体认到的或许也是王安忆当年感受过的那个精神过程。正因为有了对真实世界的"残酷"本质和"脏乱差"的文化一线体认，改造世界、创造世界的意识和愿望才更为自觉，也更为强烈。

　　凛冬将至，但新的故事会开始。

下编

文化

第十七章 重述当代史：
《激情燃烧的岁月》与红色怀旧

引论 《激情》及其反响

在 2002 年的中国电视荧屏上，22 集电视连续剧《激情燃烧的岁月》①（以下简称《激情》）被认为创造了一个"奇迹"②。于 2001 年 8 月举行的新闻发布会上，这部电视剧几乎完全被人无视，记者们的关注都集中在了制片人张纪中当时正预备开机的另一部金庸古装连续剧《射雕英雄传》，似乎根本没有人要知道关于《激情》的信息。结果，这部投拍 750 万元的连续剧希望在中央电视台首播时，对方仅开出了 800 万元的播出费。但正是在这种遭到无视的状态中，这部电视连续剧开始"慢热"，首先在北京电视台的收视率达到了 6.61%③；随后很快重播，并重播达 5 遍之多。在其他地方电视台，包括湖南、上海、天津、广东、山西、内蒙古等地的电视台，都引起了持续的观剧热

---

① 《激情燃烧的岁月》，22 集电视连续剧，（军）剧审字（2001）第 004 号；制片人：张纪中；总策划：杨争光；编剧：陈枰；导演：康洪雷；摄影：王纪东、叶志伟；主演：孙海英（饰石光荣）、吕丽萍（饰褚琴）；出品：中国人民解放军总政治部话剧团、西安长安影视制作有限责任公司、中国人民解放军沈阳军区话剧团。

② 于建：《解读：喜欢〈激情燃烧的岁月〉的 9 个理由》，《北京晚报》2002 年 7 月 6 日。

③ 刘江华：《媒体没注意，激情燃烧的岁月红起来》，《北京青年报》2001 年 10 月 17 日。

潮,被称为"《激情燃烧的岁月》在哪里播出,哪里就燃起一片激情"①。不同的评论文章都提到,这是 1990 年代以来,唯一一部其影响堪与《渴望》媲美的连续剧。到 2002 年底,据称《激情》收回 2000 余万元②。《激情》因此被不同的杂志和网站评为本年老少咸宜的"年度电视剧",所有巡览 2002 年文化热点的报道均将其称为最"火"的连续剧。"激情"更成为 2002 年网络文化和报刊文化中出现频率最高的"年度词汇"。与"激情"相伴,"石光荣"成为本年的荧屏英雄,和颇具"另类"色彩的荧屏偶像。一位观者写道:"在我噼里啪啦换台的时候,经常能看见石光荣那张倔强的老脸在众多青春偶像剧之间夹杂,那种生涩的感觉就像我看惯了现代都市版的爱情故事再体察他石光荣和丫头的婚姻。"③出演剧中石光荣、褚琴两位主人公的主要演员孙海英、吕丽萍也成为这一年最受欢迎的演员,获得 2002 年第三届金鹰艺术节"观众最喜爱的男、女演员奖"。

《激情》在商业上所获得的这种成功,很快就引起了相关的"互文本"出现。由于《激情》标明改编自作家石钟山的中篇小说《父亲进城》,石钟山因此一跃而成为家喻户晓的著名作家,他的"父亲系列"小说版权被华夏出版社一次买断,首印 6 万册,并很快再版和增订再版。而北京九歌泰来影视文化公司则声称《激情》抄袭了被其买断版权的小说《我是太阳》(作者邓一光),将《激情》的出品部门和公司告上法庭,索赔 250 万;中国音乐著作权协会也状告《激情》未经许可,在剧中使用了《八路军军歌》《解放区的天》等老歌,再次将其告上法庭。在这些官司之外,《激情》并未受到影响,而是很快有了"续集"《军歌嘹亮》(李舒导演,石钟山等编剧),于 2003 年在中央电视台黄金时段播出;另外的续集《石光荣和他的儿女们》及《母亲》(与《激情》《军歌

---

① 《激情燃烧的岁月》(小说集,北京:华夏出版社,2002 年 9 月)的封面广告语。

② 高宇、宁亭:《〈激情燃烧的岁月〉付 3 万收回 2000 万》,四川新闻网 2002 年 9 月 4 日。

③ 《硝烟、激情,都是一辈子》,网易社区·文化·网文荟萃 2002 年 8 月 9 日。

嘹亮》并称为"激情三部曲"①)也正在拍摄过程中。同样在2002年，很快出品了沿袭《激情》命名的其他连续剧如《激情难忘的年代》。

《激情》以老革命军人石光荣的婚姻、家庭生活为主线，讲述37年时间中这个家庭的经历。这样一部由"传统人物"——革命军人、"传统题材"——革命军人的家庭生活为主要内容的连续剧，为何获得了如此之多的认同，并因此掀起一场对"革命时代的激情"的怀旧热？这确乎是一个值得探究的文本个案。它对于"激情"内涵的重新诠释，对于"父亲"形象的重写、对于家庭伦理价值的重申，以及对于何谓"英雄"/"男人品质"的讲述，都构成了观众在接受这部电视剧时的观看重点。尤为值得分析的是，不同于一般的历史剧，这个剧中的家庭的延续性并未因为当代历史的变迁而遭到损害，毋宁说，正是借助于这个家庭的完整讲述，它首次建构完成了对当代中国历史连续性的讲述。于是，形成了一种别具一格的文化景观：在一个被不同的剧评所反复声称的"功利主义"/"市场化"/"小资时代"/"缺乏激情的年代"，在一个主流意识形态关于"革命"的合法性讲述变得支离破碎的时代，这部电视连续剧却营造了一片暧昧的"红色激情"，并且激起了不同年龄层、不同职业群体（所谓"老少咸宜"）的怀旧热情。它不仅成功地将1950—1970年代与1980年代的历史接续起来，而且扭转了1980年代以来对"革命"的批判和反思趋向，似乎重新回复到1950—1970年代的主流意识形态之中。石光荣及其所代表的价值取向，似乎并未因"怀旧"而减弱其现实针对性，反而成为针砭时弊的解毒剂，同时也成为"主旋律"的一种"人性化"诠释。

无论从其"不期然"引起的强烈反响，还是就文本本身的内容构成和讲述方式而言，《激情》一剧都足以成为探察新世纪初年，尤其是2002年，中国文化/大众文化的一个重要文本。电视连续剧不同于文

---

① 高宏：《〈激情〉诞生三部曲，孙红雷陈小艺领衔〈军歌〉》，《时代商报》2002年8月22日。

学文本、报刊文化、网络文化或影碟文化,只限于某些阶层或文化群体,其影响伴随电视机而深入中国的千家万户,拥有着最为广泛的接受群体,因而可以将其视为当下中国最具本土色彩的大众文化。《激情》这样一部影响遍及全国(跨越了大江南北,不受区域限定)、跨越不同世代/年龄群体的电视文本,显然是可以借以考察当前中国大众文化意识形态的一个绝佳个案。本文试图以文本分析为核心,并在一定程度上容纳相应的观众反应(主要是网络和报纸文章),就这部电视连续剧的文本构成展开分析,探讨它关于历史、家庭、国家、性别等书写中所隐含的意识形态运作方式。

一 新版主旋律:以"家庭老照片"连缀当代史

《激情》的首要特征在于,它讲述了从 1947 年到 1984 年这 37 年的当代中国历史,并以一种独特的方式重新建构了当代历史的连续性。似乎无需说明,关于当代中国史的讲述,在很长时间内成为一个难以进入的领域。这一方面因为在 1980 年代所形成的一种讲述定势,即由伤痕文学、反思文学所描述的"灾难史",另一方面暗合着新时期以来新主流意识形态运作的需要,使得关于这段历史的讲述很难不在"十七年""文革"、新时期之间形成裂缝。某种程度上可以说,当代史的讲述实际上也就是关于"断裂"的讲述。"反右""大跃进""文革",成为这一时段难以略去的历史景观,它们将内在地阻隔着那些试图补缀这段历史的企图。从另一方面来说,1980 年代以来,社会文化转型所形成的意识形态转换,在 1990 年代形成了一种新的主流意识形态和大众文化常识。尽管作为主旋律影视的首要标志,便是重申党、国家、"社会主义"等所建构的历史的合法性以及共产党政权的合法性,但类似的讲述由于采取一种刻板的、已经被新主流意识形态所质疑的话语形态,并且将讲述的重心放置于重大历史事件,或反复重申建国初始的辉煌时刻,所以,这种讲述很少能成功地整合起大众文化市场上的观众认同。或许可以说，主旋律影视在 1990 年代后的中国语境中，往往指称一种特定的影视文化生产类型，它们不仅有着一套固定的讲述模式，同时意味着其文化生产运作的资金、机构和发行渠道，都与国家体制有着密切关联，而往往无法在大众文化市场取得相应的成功。作为一个独特的例外，《激情》在大众文化市场上建构了一种新的讲述模式，重叙了当代中国历史的延续性。这似乎是 1990 年代以来的第一次，成功地将其融汇进大众言情剧的情节构成和表现形态，同时近乎流畅地把这一历史的讲述延伸到现实之中。

　　这种成功的讲述得益于始终将叙述的视点聚焦于一个军人家庭。这部被纳入主旋律序列的连续剧，同时有另外一个独特的类型命名：革命言情剧①，也就是它有着言情剧的基本结构方式。而从这部连续剧的场景构成上看，尽管有较多的户外场景，但该剧大部分镜头都将叙事情境放在东辽城（实际拍摄地点是北京）的部队大院和石家的高干住宅楼中；而其情节主部，多以家庭生活中的夫妻、父子关系为主，可以说，这是一部较为典型的家庭情节剧。石光荣和褚琴的"吵架"，以及反复出现的一家人围坐桌前吃饭、闲聊的日常生活场景，甚至带有明显的"情景喜剧"的特征。家庭内部成员的关系和各自的命运，是构成《激情》叙事的基本线索和内在动力。它从 1947 年石光荣率部攻入东辽城、在欢庆的人群中偶遇褚琴讲起，以 1984 年国庆节两人再度回到街头欢庆的人群结束。在大的情节段中，可以将其视为石、褚两人的婚姻故事，其中穿插的各个段落，如生子、孩子的童年记忆、与老家蘑菇屯的往来、石林（大儿子，黄海波饰）的成长、石晶（女儿，陈丽娜饰）的婚恋等，都是家庭内部成员的故事。对这一家庭故事的讲述，《激情》明确地将其处理为"怀旧"观看的对象。电视剧片头做了这样的视觉处理：将画面切分为二，一边是做旧的黑白色，一边是

---

　　①　吴晓东在《2002 年言情片之风格八派》中将《激情》列为革命言情片的代表，《中国青年报》2002 年 12 月 7 日。

彩色画幅;而片尾则全部是家庭成员的黑白旧照片,逐渐增加色度,到最后两幅全家福式的画面回到彩色。——黑白画幅的设置在这里不仅标明故事所讲述的时间属于过去,而且规定了观看的方式是"怀旧",并有意识地将怀旧逐渐向现实转移。因此,这个如此明晰地被纳入怀旧视野的家庭故事,被观众准确地称为一部家庭的"老照片"①。由于它讲述了家庭内部父子两代人的故事,不同年龄的家庭成员都可从中找到自己生活的记忆,也因此,它能够整合不同年龄段的观众,"让一家人围坐在一起"②观看同一部电视剧。在新世纪初年的语境中,《激情》作为怀旧的家庭老照片,事实上不仅止于有过类似家庭经历的不同年龄段的成员对过去经历的回味,它同时还成为在一个核心家庭愈益占据社会主体的年代,人们对于多子女家庭的想象式怀旧,并进而想象性地重温家庭伦理。但由于《激情》将家庭故事过分地集中于家/国之间,集中于"父亲"和夫妻、父子之情,子女之间、母子之间的情感未能得到相应的表现,因而类似的"大家庭"及其伦理的怀旧,就不能不成为对父系结构和父权伦理的怀旧,并将其转化为主旋律式的"国家为重"的主题形态。

由于《激情》以家庭关系和家庭场景作为核心,所以,凡是家庭成员未曾经历的历史事件,都被处理为家庭"外部"的故事而不被呈现。也正是这一点,显示出这部剧对当代历史书写的高度"选择性"。在当

---

① 婉云:《如老照片的〈激情燃烧的岁月〉》,《辽宁广播电视报》2002 年 8 月 27 日。"《激情燃烧的岁月》如展开的一册老照片……让不同年龄的人在其中寻找自己的影子,体会一份激荡人心的不尽激情。"

② 于建:《解读:喜欢〈激情燃烧的岁月〉的 9 个理由》,其中写道:"'这部电视剧又让我们一家人围坐在一起看电视了,以前这种机会很少,那种融洽的家庭气氛又出现在我们家里了',接受采访的刘女士喜悦之情溢于言表。'孩子看这部电视剧能够知道我们做家长的有多辛苦,为他们操了多少心,虽然我们也采取对石光荣对孩子的那种独断、极端态度,但是我们真的是为孩子好。'就在身旁的刘女士的女儿马上接过话头,首先表示对这部电视剧的真诚喜爱,她说:'电视剧中许多东西差不多在我家都能找到影子,我爸爸常常看着看着就不由自主地流下了眼泪。以前我不爱和父母一起看电视,但是自从看过一集后,就着迷了,通过这部电视剧我重新认识了父亲,也理解了父母对我的那份感情。'《北京晚报》2002 年 7 月 6 日。

代史的诸多历史事件中,《激情》唯一一次正面书写的重大事件,是抗美援朝战争。这个段落巧妙地把双重叙述线索贯穿在一起:一是石光荣在朝鲜战场上的战事,一是褚琴和旧恋人谢枫(田小洁饰)关系的结局。在表现朝鲜战场时,可能因为资金的缘故,几乎没有正面表现战斗的场景,而集中表现在战地指挥部石光荣如何运筹帷幄,以及给褚琴写家信的段落。唯一一次全体上阵,也略去了战斗过程,改为下属战士口述谢枫牺牲的过程。以占全剧一集(第5集)的分量,讲述的是这场战争如何增进了石光荣夫妇的情感,同时也对褚琴的旧恋情做了交代,让谢枫"得其所"地成为战争的唯一牺牲者。

在诸多当代史重大事件中选择抗美援朝战争,以及《激情》对这场战争的书写态度和书写方式,这些都颇值得分析。选择抗美援朝战争,固然因为这部剧讲述的是一个军人家庭,而且这场战争也是这个家庭的核心成员石光荣"进城"后唯一亲历的战事,但问题显然没有这么简单。抗美援朝战争在1990年后中国语境中的"使用"——最为典型的是《中国可以说不——冷战后时代的政治与情感抉择》(宋强等,1996年)等畅销书和《较量——抗美援朝战争实录》(王金铎导演,1995年)等纪录片,颇为清晰地联系着与"民族自豪感"、与"反美"相关的民族国家想象,因为这场战争是"中国人打败了美国人"。同时还与关联着1999年的中国驻南斯拉夫大使馆事件,以及1990年代中国在世界政治格局中的处境,所引发的当代中国人对毛泽东时代作为"军事强国"的缅怀和怀旧情绪。同时值得分析的是,《激情》对抗美援朝的选择也与石光荣的"好战主义"密切联系在一起。综观全剧,石光荣作为一个近乎狂热的"好战分子",被用来表现他作为"军人""英雄"的男性气概和阳刚品质,而几乎没有表现战争带来的流血和牺牲,只留下石光荣像军功章一样挂在身上的18块伤疤(在剧中,这些伤疤征服了他的对手和假想情敌、解放军团长胡毅,也震撼了新婚之夜的褚琴)。这种对辉煌战事的记忆和对战争伤痛的遗忘,显然与当前大众意识中的民族主义情绪、民族国家想象以及某种隐晦的

"军国主义"趋向有着一定的关联。

可参照三个相关的文本来说明《激情》的这一特点：其一是石钟山的原著《父亲进城》，其中写到石林牺牲于越南战场，遗物中有一封留给父亲的信："你见到这封信时，我已经牺牲了"，而父亲"读着林的信，老泪纵横"，于是，父子之情因为战争永远丧失了和解的机会，而成为终生遗憾。而在《激情》中，以电视中播放的纪录片形式表现这场战争，上了前线的石林毫发无伤，并且不久就荣升为副团长（第 14 集）。它更主要的是再次激起了石光荣的战争热情："26 年没听到枪响了。"剧中也写到战争带来的伤痛，是石晶的初恋情人胡达凯（丁海峰饰）在越战中失去了一条腿，因而中断了美好的"冰雪之恋"。但尽管如此，石晶却赢得了一个更像父亲、更有男人气概的男性成栋全（市刑警队长，高伟饰）的爱，并最终投向了他的怀抱。因而，这次战争的伤痛，被纳入一种"不成熟因而注定不会成功的美好初恋"的套路中，促成一次似乎必要的丧失。另一可参照的文本，是被作为《激情》续集的《军歌嘹亮》，这部试图步《激情》后尘却只赢得一片骂声的连续剧，似乎想在"苦情戏"上下功夫。《激情》中被作了侧面处理的石光荣在解放战争战场上"被炸得稀烂"的故事，转移到朝鲜战场上高大山（孙红雷饰）的身上，于是朝鲜战事一段充满的是英子（陈小艺饰）近乎歇斯底里的哭声。或许正因为此，《军歌嘹亮》丧失了《激情》那份"革命乐观主义"而并未被观众看好。第三个可参照的文本是邓一光的小说《我是太阳》，其中写到解放军师长关山林决定与女医护人员乌云（与石光荣和褚琴的关系颇为类似）结婚之前的段落：关山林目睹了战友的死，因而感到战争中生死无常，于是想到在死之前享受生命的欢娱。在这里，战争的阴影和威胁是真实存在的，这也使得关山林和乌云的婚姻带有一种悲壮的色彩。与此相参照，《激情》中石光荣与褚琴的结合段落充满的是情节剧式的欢笑和戏谑场景，"为全中国……流过血，负过伤"（第 3 集政治部主任劝说褚琴与石光荣结婚时语）的石光荣似乎并未感受到战争带来的伤痛，而表现出"像胡子一样"（褚琴语)的单纯、粗野和任性。剧中反复提及的是所谓"青石岭战役"中牺牲的 600 多个战友给石光荣内心留下的创伤。但此后对这一事件的使用是相当有趣的:其一是两人的婚礼上,喝醉酒的石光荣祭奠战友,因而赢得所有战士,也包括其时心不甘、情不愿的褚琴的尊敬;另一是夫妻为顽皮的孩子斗嘴时,褚琴提及青石岭战役,结果被石光荣"打了屁股"。——颇为有意味的是,石光荣的好战、对战争近乎狂热的渴望,并未被众多的报刊、网络的读后感文章提及,相反,这成了石光荣的"革命英雄主义""英雄品质"甚至"男性品质"的主要构成部分。这是和平年代人们对于战争伤痛的健忘症,是某种隐晦的以武力挣得民族尊严的国家主义的呈现,还是某种男性气质构成的新诠释?无论如何,我们难以想象类似的表述会出现于 1980 年代的文化表述之中。

《激情》对当代史其他重大事件的处理,亦值得分析。"三反五反""反右派运动""大跃进""文化大革命"等无法绕开的当代重要事件都未曾直接进入文本的书写中,或被做了间接处理,似乎这些事件都无法冲击到这个两层楼的高干住宅楼。某种程度上,这可能构成一种"真实",因为身为军人和辽东军区参谋长,石光荣所代表的人群本身就是当代史中受到较少冲击的特权阶层。可以说,《激情》能够在表象的层面上绕开当代历史的伤痛情节,与它所选定的表现对象——军人、高干——有直接的关系。但如果参照《我是太阳》中的关山林,他在"三反五反"中被诬陷为"贪污分子",在"文革"中夫妻受到摧残,尤其是痛失长子(因为无法接受作为"林彪分子"以及信念的丧失而自杀)等情节,似乎石光荣度过这段历史也过于顺利了些。最值得分析的是《激情》关于"文革"时段的书写。

从第 12 集开始,转入对"文革"时段的描写。《激情》以石晶、石海姐弟俩议论学校"停课闹革命"开始进入"文革"段落。在这一场景中,石光荣和孩子们争论"什么叫革命",但他似乎也没有任何主意,只是说道:"爸爸被革命了,那就成笑话",并告诫孩子"别出去掺和"。此后有两个事件表现石光荣受到冲击：其一是，他因为反对部队的"赛诗会"而被挂职，反对的理由是："军人应该耍枪杆子，而不是耍嘴皮子"；另一是他把受到批判的以前的警卫员小伍子领回身边（没有产生任何不良后果），而不久小伍子受到石光荣精神的感染主动回去，因为他懂得了石光荣告诉他的关于军人的真谛："军人从不认输""一个革命战士任何时候都没有离开战斗岗位的权利"。可以说，这里表现的是《激情》用重申军人伦理来对抗"文革"造成的动荡。它未曾以任何方式去表现"文革"之所以发动的缘由，也不曾思考这场"革命"造成的复杂后果，仅仅以"以不变应万变"的方式，将其表现为"军人"与"敌人"之间的冲突，似乎坚守军人伦理便足以应付一切。

更有意味的是，"文革"段落主要讲述石晶在部队的故事，其主部是石晶如何顺利地成长为一个优秀的女通讯兵，以及她和骑兵团排长胡达凯之间纯洁、美好的初恋。在这一部分，《激情》几乎是有意识地复制了"文革"时期的经典画面，比如"红小兵宣传队慰问演出"时演出的样板戏《沙家浜》《白毛女》的场景，她们所表演的《红太阳》等领袖歌，以及"红宝书"、主席语录等。这些语境因素的使用不带有任何政治色彩，而主要作为"怀旧符号"。更有趣的，是女通讯兵石晶在电线杆上检查线路时接到石林的电话，《激情》对这一情景所作的视觉处理。镜头从下到上摇到站立于电线杆上的石晶，尔后是半身特写，石晶在通话；镜头拉开，从下仰拍站立在高耸的电线杆上的女战士，停留；镜头再次从石晶往下移动。时间长为 1 分钟。此时石晶的造型完全复制了"文革"时期那幅最有名的宣传画《我是海燕》（潘嘉峻绘）：身着崭新军装的石晶，踩在电线杆的衬托上，侧身握着话筒，英姿飒爽，意气风发。与那幅经典宣传画不同的是，没有雷电交加，石晶也不是在为保障线路畅通而查问信号，而是在与哥哥通话。而《激情》此后展开的近乎唯美的"冰雪之恋"的段落：广阔的雪原和晚霞、英姿勃勃的骑兵团战士和骏马、草原上的篝火晚会、月夜的敖包、美丽羞涩、情窦初开的少女、会唱蒙古长调的"温和、文雅、懂感情、骨子里挺男人气"(石晶语)的恋人;并始终伴以主题音乐的变奏旋律,即以小提琴和钢琴演奏将进行曲转化为富于某种情绪冲击力的明朗而又有些忧伤的抒情旋律。这一切被放置于"文革"背景之中,显得颇为意味深长。如果说,"文革"曾经成为大众文化中最为常见的灾难场景的话,那么《激情》则以其对当时主流经典画面的复制营造出一种颇为"时尚"的怀旧情调①,并且以浪漫恋情刻意凸显出那个时代的"红色激情"的纯粹一面。同时,如果说《激情》能够使石光荣的革命"激情"穿越整个当代中国历史的话,那么,这是至为重要的一笔,它因此得以避开沉重的历史场景,而用怀旧的轻盈,将其改写为一派纯正而遥远的"红色"。这是某种关于历史的改写,同时也是某种对于历史的"浮现"。但那遥远而美丽的草原、那似乎流了太多泪水的初恋,使得这种历史的呈现近乎一种固执的、梦幻般的初恋心绪。或许在这一点上,《激情》以一种暧昧的方式复制了电影《阳光灿烂的日子》(姜文导演,1995年)。

《激情》所选择的开端和结束的时间,也是其成功地建构起当代历史连续性的重要环节。开端是1947年,石光荣率部进入东辽城。"进城"这一时段的选定,不仅因为此时石光荣遇到了褚琴(或者说,它有意地选择了让两人在此时相遇),而且它本身就是中华人民共和国建国的初始时刻,一个胜利者占有胜利品的时刻。随着胜利,战争、危险、真实的生死考验也因此成为一种"想象中的威胁",而步入一段盛世年代。如何将战争年代的激情转换为和平年代的职业伦理,则不仅是剧中人物遭遇的问题,同时也可以有效地将其延伸到观剧的现实情境之中。《激情》的结尾,选定的是1984年,其中有两个重要场景:一是"八一"建军节,全家18年来第一次团圆,给石光荣过生日;一是中华人民共和国成立35周年,在观看电视中邓小平讲话之后,石光荣夫妇来到欢庆的街头,再度置身于红旗舞动、标语高扬、秧歌队的游行队

---

① 2002年出版的一本时尚怀旧画册,取名《激情时尚——70年代中国人的艺术与生活》,萧悟了著,济南:山东画报出版社。

伍中,重温他们第一次相遇的时刻。1984 年,这一时间的选择颇有意味。《激情》并没有选择 1976 年或 1978 年这一标志新时期开始的时刻,因为那是历经劫难的人们欢庆重获解放的时刻,这一时刻无疑提示着当代史中诸多的苦难和矛盾的记忆。而由于《激情》在此前并未展示人物经受苦难的考验,因此"解放"对他们并无意义。《激情》把结束的时间选择在 1984 年的中华人民共和国成立 35 周年的国庆,无疑是希望通过再次的群众欢庆场面,和故事开端的时间构成一种呼应,并且以游行队伍中醒目的标语"向四个现代化进军""振兴中华"等,凸显 1980 年代的"现代化"主题。由此,建国的豪情似乎没有裂隙地与"现代化"的豪情缝合到了一起。也正因为此,《激情》把双重的大团圆——家庭的和国家的,选择在 1984 年,从而使得当代历史的连续性建筑在关于强盛的民族国家想象之上。

《激情》在书写当代史时,相当有意识地分辨了哪些历史是可写的,哪些历史是不可写的。它以一个家庭的成员 37 年的遭遇串联起了当代历史中所有的辉煌时刻,并以家庭的内在连续性缝合起历史,从而使这份"激情"穿越了裂隙重重的当代史,并营造了一幅别样的、连续的当代史景观。在这样的层面上,家庭/国家的历史得到了有效的连接,或者说,它借助家庭的表象建构了连续的当代历史。因此,可以进一步展开分析的点,即在《激情》如何书写"家"。这显然不是一个普通的家庭情节剧,它尽管借用了"家庭"的表象,但所谓"激情"是超越了"家"这一私人领域的,而将其缝合到了更大的关于"党""国"的书写之中。这也正是《激情》被指认为主旋律的主要原因。

二 "激情":革命与爱情

贯穿《激情》全剧的,是石光荣至死未悔、始终未曾放弃的"激情"。这是电视连续剧取名"激情燃烧的岁月"的原因,也是因这部电视剧而使得"激情"成为 2002 年度一个大众文化共享的关键词的原因。分析这一"激情"的内涵,显然是探察《激情》一剧的意识形态特性及其运作方式的关节点。

1. 革命激情与职业伦理

"激情"的内涵具体呈现于石光荣这一人物形象身上。这是一个典型的老革命军人:他8岁死了爹娘,成为孤儿,13岁参加东北抗联,16岁参军。故事开始时,他36岁,是183攻坚团团长,也是一个有着"20多年军龄和党龄"的国家功臣。第3集中政治部主任对他做了这样的鉴定:"他战斗勇敢,对人正直,思想觉悟高,立场坚定,大大小小立了十几次战功,他在每次战役上,都是我党我军顶呱呱的骨干。"在随后展开的婚恋、家庭故事中,他始终以军队、国家为重,成为革命军人/共产党员"光明磊落"这一品质的具体诠释。因此所谓"激情",首先是"革命"的激情。电视剧片头的主色调是鲜艳的红色,伴以红旗飘舞、烈焰燃烧和昂扬的进行曲,字幕打在纪念碑般的石刻上,随后出现了人民英雄纪念碑的浮雕像——这种视觉构成在直观地将"激情"诠释为革命激情,并把石光荣嵌入中国革命英雄史的序列当中。

就剧情而言,石光荣的革命激情首先表现为忠于军人职责和他的"部队情结"。他视军人的使命为"打战",并直接表现为对战争的狂热和执著。因此当朝鲜战争来临时,他完全是极度亢奋地申请第一批参战,因为战功卓著而由师长荣升军区参谋长;越战期间,已经退休的他慨叹:"遗憾啊,当军人不能上战场",对于儿子身处战事前线,他不是担忧而是激动。他视部队为家,并大公无私地坚持自己的孩子都应该去当兵。《激情》设置的重头戏,是他以暴力迫使大儿子石林放弃高考而参军。在这个段落中,他与妻、子之间发生了激烈冲突,这也给了石光荣反复申明自己立场的机会:"是部队给了我一切。如果有100个选择,我还选择当兵,因为军人这个职业是最光荣的职业","正因为我是党员,我的职责告诉我,这样做是对的(引者按:指迫使儿子参军)。他生在部队,他是军人的后代,他一落地就得懂得流血牺牲,就得知道服从命令听指挥"（第 10 集）。为了进一步表现他的军人情结，第 15 集石光荣离休一节也做了极度浓墨重彩的渲染：接到离休通知的石光荣，一夜间白了头，把自己关在屋里，身着褪去了军衔的军装，挂着军功章，在与女儿对饮时，用颤抖的手举起酒杯："为了军人"，发出压抑而痛苦的号啕——这是全剧中唯一一次，我们目睹这个男性英雄的哭泣。离开部队，使他遭受了几乎难以承受的精神打击，似乎瞬间开始苍老。

　　石光荣的革命激情，同时还表现为对党、国家的忠诚。因此，当他得知儿子在新兵连的劣迹，他迫使儿子跪在国境碑前："抬起头来看看这块石碑，什么时候觉得对得起它，你再给我站起来"；也因此，当老家蘑菇屯一批批来"吃大户"的农民搅得夫妻失和时，他说的是："这是原则问题，这不是一顿饭两顿饭，这是共产党让不让人心寒。"更重要的一笔，是家乡遭大旱，为了不让老百姓去要饭，那"不止是丢我们干部的脸，也是丢党的脸"，石光荣违背军纪，私自通知后勤部拨物资："大不了脱了这身军装。这身军装跟我的命差不多，用我的命给老百姓换口粮，值了！"结果他也正是因为这一事件而被迫提前离休。在石钟山的原作中，父亲离休是因为他私自把军队的军车卖给家乡县，同时也因为家乡为感激他的作为，"选了一块风水宝地，为父亲建了一座宽大豪华的墓地"。而在续集《军歌嘹亮》中，有着与石光荣相似经历的高大山就缺乏这种对家乡人民的爱，原因是当年他的妹妹掉入冰窟，他呼喊了一整夜，村里没有任何一个人出来救助。如果说对"革命"的书写，必然涉及对于"人民"的态度，那么《激情》在此找到了相当恰当的一个中间环节。它没有因为《军歌嘹亮》的那一笔，而破坏关于农民/人民的想象，因而也未曾遭遇革命逻辑内部的矛盾。它将石光荣对农民的情感建筑在一种实实在在的理由上：感恩①，"我是吃蘑菇屯的百家饭长大的"，因此他衣锦还乡，用大锅白米饭和猪肉炖粉条

① 导演康洪雷给出的解释。参看中央电视台东方时空—时空连线《中国日记》演播室第八部分"燃烧激情"，http://www.sina.com.cn，2003 年 1 月 1 日。

犒劳家乡人民。但颇为矛盾的是,《激情》对农民做了某种滑稽剧式的处理。在第8—10集中,用3集的分量讲述石家和老家蘑菇屯的往来,农民一系列受到城里人讥笑的习惯,比如吃饭吧唧嘴、蹲在地上吃、随处大小便、不敢坐沙发、没见过世面等,是营造情景喜剧的主要笑料,剧中并让他们来石家"吃大户",尤其是农民殿文带着他的三个儿子来要钱要吃还理所当然。① 关于农民的这种再现方式,也曾引起网上关于是否"丑化农民"的讨论②。但农民可以"不仁",石光荣却没有"不义",他始终未曾改变对农民("人民"的具体化身)的态度,并为此丢了官职。由此,他作为一个国家功臣,就不仅是战功卓著的军人,同时也是一个始终恪守共产党员品质的"本色"革命者。

《激情》结尾处,对石光荣形象的赞颂采取了明确的视觉呈现:在拥挤的欢庆人群中,石光荣总结了自己的一生:"这辈子第一得感谢共产党,没有共产党就没有我石光荣;第二我感谢你(指褚琴),没有你,我就过不了这有儿有女、有滋有味的生活。"夫妻两人重温首次相遇的情景,褚琴再度置身秧歌队的人流,为他舞动鲜红的绸带。此时,在犹如拍摄雕像的仰拍镜头中,石光荣的半身形象占据整个画面,背景是蓝天,他一头白发,身着戎装,胸前挂着军功章,自豪而满足地微笑。这不仅是夫妻之间充满爱意的凝视,同时是所有的观剧者对这个国家的功臣、一生充满革命激情的老战士所行的最后的注目礼。

考察一个后革命的年代,如何阐释和接受这种"革命激情"是颇为有趣的。《激情》的导演康洪雷用了四句话来概括:"想寻找回那种久违的激情,要唤回那即将逝去的记忆,要守住那份坚定的信念,要体验那种温馨难忘的亲情",他进一步把石光荣的行为逻辑解释为:"他知道谁给了他这一切,所以他一生来感恩。人就要万事谢恩";主演孙海英则这样阐释:"如果一个人一生当中,不是以国家利益、民族利益,以

①　用剧中石晶编的儿歌是:"一个老藤结三个瓜,鬼子扫荡进村啦,吃我家的鸡,宰我家的鸭,撑得放屁吹喇叭。"(第10集)

②　王乾荣:《〈激情燃烧的岁月〉丑化农民?》,《合肥晚报》2002年12月3日。

自己的工作为主要的话，你把自己的精力全部放到了爱情上的话，这个人一生有意义吗？"①而不同的剧评都将这种激情表述为"精神""信念""理想主义"。《新周刊》杂志在进行 2002 年度文化总结时写道："在一个市场化的环境下，它再次证明了理想的价值和激情的含义。"一篇剧评则这样写："这是一个缺乏激情的时代，每个人对自己，对周围的人都采取一种漠不关心的态度，内心的激情始终不能被激起。我看过这部电视剧后，虽然没有起到立竿见影的效果，但是我觉得激情又回来了。"②石光荣的革命激情被抽象化为一种"精神"和"信念"，与那个年代的历史语境最为密切相关的语汇"阶级解放"和"民族解放"未曾在文本和阐释中出现，相反，这种被抽象化了的"激情"被做了不同的挪用。它有时被作为新时代的国家"现代化"的精神支柱③，有时被作为倡导新的家庭伦理的内涵④，更多的时候，它被挪用为一种新的职业伦理的倡导。相当有趣的是，不同的职业行当，包括电脑业、汽车业、房地产业，也包括不同的阶层如白领阶层、各行政系统，当他们回顾 2002 年的业绩，或描述一种职业伦理时，均援引《激情》一剧，并如同使用一个时髦的行当语言一样使用"激情"一词。将革命激情转换为职业伦理，或许是一个消费主义时代在将"理想主义"具体化时，最可能做出的阐释。而这一点，事实上也内在地存在于文本本身。石光荣的革命激情在话语表象上重申了主旋律的一套语汇系统，但其中一个重要的变化，是他对军人职业伦理的反复强调：

---

① 中央电视台东方时空—时空连线《中国日记》演播室第八部分"燃烧激情"，http://www.sina.com.cn，2003 年 1 月 1 日。

② 于建：《解读:喜欢〈激情燃烧的岁月〉的 9 个理由》，《北京晚报》2002 年 7 月 6 日。

③ 李华新：《滚烫的泪水从心底涌落》，《世纪中国》2002 年 11 月 20 日。其中写道："革命的英雄主义和革命的浪漫主义，是否已经不再被我们这个时代认可，或是我们现在的越来越多的小资的情绪，是否能够担当起今天建设现代化的重任，也是应该让我们考虑的。"

④ 顾骏：《在超越与现实中推进家庭美德建设》，《中国妇女报》2002 年 11 月 12 日。"什么样的激情在燃烧？一种道德崇高感，一种为人做事的原则，一种对国家、对社会、对理想追求的执着，一种冲击在家庭之中明显超越家庭的大气，浩然之气，在观众的眼前和心里燃烧。"

"军人就是要打战""当兵就得要懂得牺牲",以及他关于军人应该守住"阵地"的重申。可以说,石光荣作为革命者形象的确立,与他对军人伦理的恪守是分不开的,也正因此,他似乎可以不卷入风云变幻的当代历史事件当中,他在"文革"期间对"文革"的批评,唯一的逻辑便是军人的职业道德。在"军人"这一形象上,石光荣的好战、对党和国家的忠诚,甚至他的或称粗野或称革命英雄主义的气质,都可以统一并协调起来。似乎并不是出于刻意的误读,当观众在接受这份"革命激情"时,都将其转换为职业伦理。于是,"革命"本身所带有的反叛、重新创造世界的意味,在这里成为了一种加固资本市场的伦理秩序的文化资源。这或许是人们在消费"红色年代的激情"时,做出的最具意识形态意味的一种改写和重构。

2. 爱情与性别逻辑

在石光荣这个形象身上,所负载的"革命激情"是相当主旋律化的,对他的品质的界定也并没有越出所谓忠于职守、大公无私、光明磊落等内涵。但与主旋律不同的是,这部剧首先相当成功地借重了"地方特色",石光荣满口的东北话,不仅一洗主旋律字正腔圆的主流气味,添加进现实主义风格的佐料,而且成功地将其纳入类似《东北一家人》(英达导演,2002 年)、《刘老根》(谢晓嵋、赵本山导演,2002 年)以及赵本山小品、雪村新民歌等构成的"东北风"中,并相当有意识地把这种语言风格结合进家庭情景喜剧当中。石光荣这个人物也并未以刻板的英雄形态出现,而被赋予了相当多的人性色彩,包括他在正直无私的同时又不乏夫妻、父子亲情;他英勇善战,而又表现出一种粗野、专断、蛮横的"胡子"风格,同时也具有任性、执著甚或妩媚的男性特征。更重要的是,对这个形象的表现始终是在爱情、家庭这一私人领域内展开。换句话说,是对这一形象做了言情剧式的处理。某种程度上可以说,《激情》区别于主旋律的地方,正在于它在石光荣的革命激情之中加入了大众文化乐于观看和接受的内容,即赋予石光荣丰满的"另类"情感特质,尤其是对爱情的执著。这也是"激情"的另一主要内涵,即狂热、近乎专断的爱情。

石光荣和褚琴之间的爱情,是《激情》的主线和主要看点。由他们初次相遇,石光荣的单恋,"在组织帮助下"结合,到晚年的"吵架"而至于分居,又在老战友的开导下和好,并最终在石光荣的一场重病后懂得了彼此之间具有一份"真正的爱情"。更兼孙海英、吕丽萍两位演员假戏真做,成为荧屏外的配偶,更加重了这份爱情的可看性。但如果认真分析这份爱情,其实它始终面临重重的裂隙和矛盾。夫妻之间的不协调表现为"革命军人和知识分子""农民意识与小资情调"①的摩擦,于是充满家庭场景中的就是石光荣的粗门大嗓和褚琴的委屈受气,几乎难以看到情意相契的和谐场景。姑且不讨论被一些观者质疑的这种婚姻是否称得上"爱情"(剧中借女儿石晶之口也表示疑虑,"谈恋爱时一厢情愿,结婚时组织帮忙,生了孩子痛苦地尽职责,可你知道什么是爱情吗?"),而就是这份情感的合法性本身,亦可提供重新阐释的内涵。

石光荣和褚琴相遇在石率部进入东辽城的时刻。从某种意义上说,选择这个时刻将褚琴交付给石光荣,也是胜利者占有胜利品的一种方式。剧中让政治部主任毫不隐讳地说:"他为了全中国,为了全中国的老百姓,也包括你的父母,都过上太太平平的好日子,流过血,负过伤。这样的同志不值得尊敬,不值得照顾吗?"(第 3 集)因此,这份情感一开始就不是两情相悦,而是由"组织"出面安排褚琴去"照顾"石光荣的生活。同时,剧中也毫不隐讳地安排了褚琴与谢枫之间由于相互吸引而产生的恋情。如果参照 1970—1980 年代之交的历史书写和文化逻辑,这本应该是一个控诉革命政权内部的"封建余孽"的故事。就石光荣、褚琴、谢枫三人的关系而言,最具可比性的是张弦的短篇小说《挣不断的红丝线》②,甚至在人物身份上都极端相似:齐副师长(石光荣,团长)——傅玉洁(褚琴,文工团战士)——苏骏(宣传股

---

① 小说集《激情燃烧的岁月》的封底广告语。
② 张弦:《挣不断的红丝线》,《上海文学》1981 年第 6 期。

干事/谢枫,文工团教员),提出让傅玉洁与齐副师长结合的理由也采用了相似的语言:"老齐作战勇敢、坚决,立过两次二等功","今年33岁","20岁上参加了部队,打鬼子,打老蒋,把青春都献给革命啦!"但最终傅玉洁拒绝了齐副师长,而与和自己志趣相投的苏骏结合。但那是另外一条艰难的道路:苏骏在1957年几乎不能幸免地被打成右派,饱受折磨后丧失了全部男性的尊严,跪在妻子面前请求她不要离开。而正是这一跪,使得傅玉洁在鄙夷中离开了他。"文革"过去后,傅玉洁造访高干住宅楼,她发现:"这浴室,这客厅,这幽静的小楼和她不知道怎么开门的轿车……所有这一切,不都原来可以同样属于她的吗?只要当年点个头,哪怕勉强地、含泪地点个头!"傅玉洁于是重新点了头,她终于没能挣脱那"挣不断的红丝线";而褚琴几乎没有表现出多少要"挣脱"的愿望,她在"当年"就"点了头",尽管也是"勉强地、含泪地点个头"。在点头之后,她不知是喜还是悲地放声痛哭,政治部主任则一拍大腿,"好,你同意了"。由此,褚琴拥有了傅玉洁饱受折磨之后才得到的一切。

在重新讲述这样一个可供批判的"组织逼迫成婚"的故事时,《激情》几乎没有表现多少游移,因为它在其中加入了一种言情剧的"大众文化意识形态",即两个男人在争夺女人时的竞争。当新婚之夜,谢枫激愤地放了一枪之后,被抓到石光荣面前来讲"理"。当文工团团长抱怨谢枫不讲"理"时,谢枫回答:"什么是理?我爱她,这就是理!"但显然是石光荣振振有词的说法更占了上风:"我爱她,我也娶她,这也是理!"于是,"组织帮忙"在这里隐去了,而成为爱同一个女人的两个男人之间的较量,石光荣的一厢情愿、他的军官地位带来的权势压力都成为他的"男性力量"的表现。女人,在这里成为真正的"客体",她的意愿不在考虑之列。就"激情"而言,《激情》不表现革命军人在血与火的战斗中的激情,而从和平年代如何延续"激情"讲起,并且一次再次地让剧中人物说明,如何用"攻占阵地"的精神来征服女人,一开始就显现出这种"激情"的暧昧之处。如果说,在1980年代的"伤痕"

书写中，"战争是革命的黄金时代"，那么，《激情》却把革命激情转换为男女爱情。《激情》VCD 的广告语这样写："永不言败的人，永远在追求；前半生他征服敌人，征服朋友，征服一个女人；后半生他甘愿被这个女人征服"；"他陷入了一场爱情持久战，他用他的毕生占领了他心爱的女人的心"。在类似的修辞中，"女人"与"阵地""敌人"具有相当的涵义，同属于"被征服"的对象。于是，"革命的激情"便以一种无法发泄的过剩的利比多形态投射到所谓"爱情"中。

也正是在这样的改写中，《激情》一剧关于"爱情"的书写完全回复到一种男性中心的叙述模式之中。石光荣走"曲线救国"的路线，先说服褚琴的父母(不如说是他以解放军团长身份的那一跪说服了他们)，就成为所谓"男人风格"的表现①。夫妻间因为口角以至于丈夫打老婆的屁股，那也是因为褚琴不该戳了石光荣的心病，夫妻吵架后，褚琴父母和石光荣的部下争先将褚琴送回家，说的是"夫妻吵架不记仇"。在所有与孩子相关的家庭生活场景中，永远是褚琴在做家务和承担着照顾孩子的责任，而作为丈夫的石光荣却类似于一个局外人。当妻子在拖地板时，石光荣坐在桌前边看报边享用早餐，还出言责怪："拖什么拖，看你把这家弄得跟水池子似的！"难怪一位观者这样写："多少回了，我都希望《激情燃烧的岁月》是人生 AB 剧，我会毫不犹豫地给吕丽萍打电话，要求她必须跟他离婚！"②从"激情"所谓的"爱情"内涵看去，《激情》一剧确实充满了矛盾和裂隙。而且它似乎在有意识地冒犯所谓女性立场，将其转化为普通家庭生活中不可缺少的情景喜剧。一个明显的例证，是第 9—10 集中，蘑菇屯的农民殿文带领三个儿子来石家"吃大户"，这个显然在视觉形象和剧情逻辑上都被做了滑稽化处理的农民，他在石家理直气壮的全部理由都来自他

---

① 一位观众这样解读石光荣的行为："我最欣赏的是石光荣的那种作风，决不吞吞吐吐，刚见到褚琴的母亲就叫妈，虽然两个人的背景明显不同，也经常有摩擦，但是在 37 年中两个人的激情在不停地燃烧，我喜欢并向往这种激情，我要尝试这种激情并把这种激情进行到底。"(于建：《解读：喜欢〈激情燃烧的岁月〉的 9 个理由》)

② 《硝烟、激情，都是一辈子》，网易社区·文化·网文荟萃，2002 年 8 月 9 日。

的一套"男权"观念:"啥玩意都好,就是媳妇娶得不咋地。俺们蘑菇屯的媳妇,可没敢给当家的撅脸子的……我吃我兄弟的,喝我兄弟的,你凭啥撅脸子","要是俺们蘑菇屯的女人,嫁你这么个大官,叫她跪着她不敢站着","老娘们不能给她脸,给她脸,她就踩着鼻子上你头顶上蹲着去……女人得管,要是不管她就王八折个翻了天",甚至让他在睡梦中还咕哝"得管,得管"。如果说这个吝啬、贪心的农民显然会在石家闹出一连串的不愉快,那么有意味的是为什么要让他来反复重申这样一套陈腐的男权观念?这固然是为了表现农民的可笑之处,而另一方面却在隐约地提供一个等而下之的参照系,使人领会石光荣对待褚琴的"平等"。似乎是作为一个不经意的细节,当石光荣得知褚琴无法忍受他对农民兄弟的妥协而提出离婚时,立刻骂出了殿文吃着褚琴做的饭时还骂她的那句粗话"操蛋娘们"。

但是,在无数的家庭日常生活细节中,石光荣的粗鲁、蛮横被作为他男性风格的表现,而这种性别角色上的刻板再现并没有造成大部分观众观看时的障碍,甚至一家女性网站这样写道:"无论什么样的社会背景,人与人之间、两性之间都需要一个学习成长、彼此塑造的过程,尽管褚琴似乎也是传统意义上的女性形象,但决不流于表面、隐于英雄背后忍辱负重的简单表现,而是一个始终不容忽视、真实立体的存在。我们会发现,无论缺乏哪一方,只有和谐的共舞,才能谱写出激情燃烧的岁月。"①

因此,值得考虑的便是,为什么这种叙事方式能够顺利地进入观众的观剧快感之中?从全剧的构成上看,石光荣无论作为丈夫还是父亲,始终是观看的中心,并处于绝对的支配地位。褚琴尽管也用冷漠或吵架的方式表示抗争,但有趣的是,她几乎无一例外地最终败北。而夫妻和谐时的视觉形象,便是经典的强悍的丈夫和小鸟依人的妻子形象。当这样的性别角色形象被赋予"爱情"的经典内涵时,它协同整

---

① 晓昕:《共舞的激情岁月——看电视剧〈激情燃烧的岁月〉有感》,中华女性网,2002年7月16日。

个剧对一种革命年代的价值伦理的"怀旧"观看，被视为革命时代的一部分。一篇剧评写道："我相信人们如果用人性的角度看，都会看到，那是老夫少妻，是英雄配美女，是拉郎配。这样的婚姻幸福的结局大多是偶然的，不幸的历程则是必然的。当人生已至晚年，回望自己走过的路有几分荒唐，也有几分情理的'捆绑似的婚姻'，也无所谓幸福和快乐，日子就这么过来了。别说夫妻了，养只小猫小狗，时间长了也舍不得分开。40 年的时光，会把一切都变成'合情合理合现实了'。"①但这种"合情合理"并不仅仅呈现于怀旧视野中，因为显然这份不那么"激情"的情感关系确乎被大部分观众作为"激情"接受下来了，而且文本本身也在极力营造这份"激情"的可信度。因而真正的问题不仅在于观剧年代的"大众文化意识形态"所透露的性别关系想象，而且在于《激情》在将历史合法化的同时，似乎是在不经意之间，带出了革命年代的"父权制"特征。当"革命"等同于忠诚、磊落、好战、强悍、专一而专断等等男性品质时，似乎必然地女性会被置于客体的位置。同时，当国家初始于骑马挎枪的父亲/男性进城的时刻，就已经表明那是父亲/男性打下的江山和他们的国与家。一个细节，是接到离休通知的石光荣把自己关在房内不吃不喝，女儿石晶进入劝说。女儿举起酒杯，父亲的回答是："我从不跟女同志喝酒"，女儿答道："在您的阵地上，没有女同志，为了阵地，为了军队，干杯！"——这段父女之间的对话已经把《激情》一剧的内在性别逻辑展示出来。

三 "父亲"的故事：父子、家国之间

《激情》标明改编自石钟山的小说《父亲进城》，事实上它也容纳了石钟山的几乎所有被称为"父亲系列"的小说情节，包括《父亲和他的警卫员》《父亲离休》《父母离婚记》《父亲和他的儿女们》。这些小

---

① 时逊：《激情之外不燃烧》，《兰州晨报》2002 年 11 月 15 日。

说在叙述方式上采取了一种别样的形态:"父亲"直接作为人物的名称出现(母亲却是有名字的),但整个小说采取第三人称的客观叙述,文本之内并未出现作为"子"的叙事人,子一辈同样被作为叙述对象。但"父亲"指认的出现,却使父子关系被规定为文本外的一种阅读方式,它暗暗地规定了这是子一代在讲述和观看父一代的故事。《激情》也采取了类似的观看策略,它首先将所讲述的故事处理为怀旧式观看的对象。但不同于小说,电视剧的观看者并不受限定,每个家庭成员都可以成为讲述的对象。但越到剧的后部,一种隐约的"子"的观看方式开始显现出来,这就是反复出现从楼上俯拍在楼下客厅徘徊的石光荣的镜头,主题音乐伴随着孤独徘徊的老人,显现的是一种"子"看"父"的方式。而全剧的最后一个镜头,更可以看作子一辈对父亲所行的注目礼,因为摄影机的微低角度仰拍,刻意地凸显出占据整个画面的石光荣形象的高大,这种人物之间的不平衡位置,似乎并不完全吻合那一情景中夫妻之间的互相凝视,倒像是一种仰观雕像时的观感。《激情》对父亲形象的书写,更集中地表现为剧情中的父子关系的讲述,由子对父的叛逆和抗拒,到对父亲信念、行为的全面认同。石光荣最终作为雕像式英雄被刻写入历史,是经由子一代的由衷认同来完成的,也正因为子一代的认同和接续,"激情"得以穿越历史而进入现实的层面。而父/子由冲突到归位的过程中,事实上也是父亲如何将子(儿子)交付于国家的过程。

从第10集开始,《激情》讲述的重心由石光荣转移到石林和石晶。如果说此前以石光荣的活动和视点作为讲述主体,那么这之后石林和石晶则占据了和石光荣相当的位置,他们的行为被作为独立的表现对象,越出石光荣的活动视野。在父子、父女的处理内容上,又分别做了不同的安排:石林被用来理解父亲作为"军人"的内涵,石晶则主要表现对父亲作为"男人"的理解;而作为子一代对父亲的全面认同,一直游离在父亲理想之外的小儿子石海,在电视剧结束的时刻主动实践父亲的理想去当兵,高唱着军歌踏上父亲指定的征途。显然,在子/女的性别序列上，《激情》对"父子相继"的所谓"子"的指认是相当具体的，指的是"儿子"而非"女儿"。尽管石晶确实是石光荣最宠爱的孩子，但那是因为"她是女孩子，你得让着她"，而并不那么驯服、甚至公开跟他断绝父子关系的石林，却是石光荣唯一的骄傲——"是我的儿子"，和唯一的心病——"爸爸想你想得心都坏了"。这种隐晦的"重男轻女"被《军歌嘹亮》做了放大：当英子为高大山生的第一胎不是儿子而是女儿时，妻子居然忍痛将女儿过继给他人。或许由于《军歌嘹亮》把《激情》内在的性别矛盾暴露得过于明显，所以这些段落未曾增加高大山作为鲁莽英雄的本色，相反凸显了他过分狭隘的男权意识。

《激情》关于父/子讲述的重头戏集中在石光荣和石林的关系上。冲突表现为两个事件。其一是，当得知石林想考大学而不愿当兵时，石光荣私自替他办好了入伍手续，并将儿子阻截在考场之外，因为石光荣相信："军人这职业是最光荣的职业"，因为"他生在部队，他是军人的后代"，也因为"我是他爹，我还是参谋长"。其二是，身在新兵连的石林忍受不了艰苦条件的折磨，提出要求调到离父母更近的地方。石光荣撕毁了褚琴背地里办好的调动书，并到新兵连了解石林的情况。当他得知石林是新兵连最糟的士兵时，大骂他是"孬种"和"烂肉"，并强迫他跪在国境碑前："什么时候觉得对得起它了，你再给我站起来。"石林在新兵连考核通过后，石光荣将他发配到"最艰苦的地方"鸡鸣山哨卡。石林在部队的锤炼下，终于懂得了部队的可贵和一个战士的职责，成长为一个成熟而优秀的军人。但父子关系却在冲突中破裂，造成 18 年的时间中子不认父。18 年后，36 岁、身为团长（与故事开始时石光荣的年龄和身份一致）的儿子跪在父亲的病床前，由衷地感激父亲曾经所做的一切："您原来为我所做的一切，都是为了我好"，"没有您当年的教诲，就没有今天的石林"。也正是经由石林之口，《激情》替子一辈说出了"父亲"的主题："父亲就是一本大书，年轻的儿女们有几个懂得父亲？只有等真正长大以后，再翻开这本书，才明白什么是父亲。"（第 22 集）

石林故事关于父子相继的讲述至少有两个层面值得分析：其

一，它刻意地造成了一种叙事上的曲折，即子不认父，因此父子有18年的分离，尔后重新归位；其二，子对父的抗拒或重新认同，不仅仅是家庭内部秩序的破坏与复原，而且是将子交付给"高"于家的秩序——国——的方式。美国学者蒙福德在对肥皂剧的研究中指出："每一部日间肥皂剧、每一部黄金时间连续剧，都在有规律地处理着生父身份的主题"（"生父情节"，Paternity Plot），她进而分析为何确认生父显得如此重要："像现实生活一样，肥皂剧里的生父身份不仅仅是一件生理事实。它意味着继承姓氏和财产，定义了亲族模式，似乎还承载着忠诚、家族特色乃至日常行止的分量。"无论出于何种缘由导致类似的书写，确认生父身份表明的是"父权是家庭特性的柱石"或与"父系家庭结构"相关的问题。① 将类似的讨论挪用到关于《激情》的分析中，亦可呈现相关的问题脉络。它不像普通的肥皂剧那样把"生父情节"表现为辨别婴儿的生父，而是让年满18岁的儿子为反抗专制的父亲的暴力而中断父子关系，尔后在自我觉醒和成长中再度认父。这并非对父亲生理身份的考辨，而是对父亲所代表的象征秩序的确认。在《激情》相当"现实主义"的表现中，石林与石光荣的父子关系呈现出颇值得分析的象征意味。孩子出生的时刻，父亲并不在身边，但是父亲为他命名："这片林子将来一定会成材，就叫他石林吧。"而在石林的少年时段中，他是唯一站出来为母亲鸣不平的人。剧中不仅采用了母亲疼儿子、父亲疼女儿这样的父母与子女关系模式，而且有这样的细节：石光荣夫妇吵架后，石光荣到褚琴父母家去接孩子，儿童时代的石林说："我不要这个人，我不要这个爹"②；另一场是石林和石晶在争执，石光荣说："她是女孩子，你该让着她"，石林的回答是："妈妈也是女的，你为什么不让她？"然后起身离开。这种子对父的质问当然不足

① ［美］劳拉·斯·蒙福德：《午后的爱情与意识形态——肥皂剧、女性及电视剧种》，第144、159、168页，林鹤译，北京：中央编译出版社，2000年。
② 《父亲进城》中也描写了类似的段落：三个孩子在父亲的暴打和"老子把你们统统都毙了"的恐吓中极端畏惧父亲，于是他们找到母亲说"以后不要让这个人回来了"，母亲叹口气说："他是你们的爸爸呀！"三个孩子异口同声地说："我们不要爸爸！"

以构成象征性分析的重点,毋宁说这仅仅是《激情》为人称道的"以细节取胜"的现实主义风格的表现之一。但石林与母亲关系的密切,在他离家之前却是相当明显的。也正是在当兵还是考大学的那场冲突中,母子成为抗议父亲的联合力量。那场争吵颇为有趣地表现为父/母对儿子所有权的争执。当石光荣说"我是他爹,我还是参谋长"时,褚琴则质问道:"我是他妈,我也是上尉,你凭什么把你的理想强加给咱们的儿子?"——类似的细节表现出,在家庭这一领域,父亲的权威显得颇为可疑,而母亲表现出更大的亲和力,这事实上也可以认为是"生父情节"之所以产生的某种俄狄浦斯情结式的现实主义再现。尽管如此,孩子仍旧是"父亲"的孩子。大团圆结局时,石光荣两度表明这一点:"你给我养了这么好的儿子、女儿,是我们石家的功臣";"第二我感谢你,没有你我就过不了这有儿有女、有滋有味的生活"。就子的成长而言,《激情》展示的内在逻辑是:如果孩子要长大成人,他必须走出母亲的家。另外一个可供分析的人物是石海,剧中褚琴一再说:"这孩子长这么大还没有离开过我",但尽管石海已经是大学生,他只有离开家,遵循父亲的志愿去当兵才真正长大成人。

《激情》关于成长中的儿子如何完全心悦诚服地接纳父亲的秩序的讲述,则颇为有意识地在"父"与"国"之间转换。当石光荣指责不安心呆在新兵连的石林"你丢的不是你自己的脸,是你爹我石光荣的脸",石林答道:"我不做你的儿子了",石光荣回答:"你可以不是我的儿子,可你必须是保卫祖国的军人",并强迫他跪在国境碑前。负气在鸡鸣山哨卡服役的石林给石光荣写出了一封断绝父子关系的信,信中说:"我决心不给他当儿子,我要为自己活,为祖国活,而不是为他石光荣活。"(第 11 集)在此,父亲以放弃儿子的方式告诉他:血缘的父子关系可以断绝,但无法断绝的是他与"国"的关系;而儿子反抗父亲的方式,则以将自己交付给"国"来中断父子关系。但观众在观看这场父子冲突时显然明白:父亲放弃儿子的举动应属"大公无私",因为他并不认为儿子是自己的私有物,而必须将儿子交给国家,尽管这必须以断绝父子关系为前提。在此,父/国之间颇有意味地构成了一种二元对立的关系,有意味的不在于这种对立关系是否成立,而在于他们共同接受了"国"是一种更"高"也绝无可能放弃的身份归属。在讲述石林如何成长的段落,《激情》设置了夜半战友送石林去医院急救和森林大火中战友牺牲的情节,尤其是来自贫困农村的战士张永厚忆苦思甜式的教育感染了石林,他似乎因此意识到自己作为幸存者的存在,意识到导演赋予石光荣的感恩逻辑:是部队养育了他。由此,以一种象征性的对"真正养育者"的指认,他长大成人,成为军队精英。而且,是在再次"养育"的现实关系中,他懂得了"父亲"的涵义:"等我当了父亲才知道,你原来为我做的一切,都是为了我好。"因此,说《激情》中有"生父情节"绝非一种牵强的解释,对父亲/部队(国家)的指认,都是在被谁"养育"的感恩逻辑中完成的。如果说在童年、少年时代,石林"错误"地将母亲指认为养育者,那么,长大成人之后的石林则在被父亲驱逐出家之后,才懂得背后那个最大的养育者是"国"。他也因为在"国"的秩序中找到自己的位置(实则是重复父亲的经历),而体认到父亲的苦心,并再度接续了父子关系。在病床前父子相认一场,石林再次用"跪"的方式表明他的归属,且再度将"国"/"家"联系在一起:"我上跪国家,下跪父母,不怕人笑话。"

如果说《激情》在石林成长的段落中,以将子交给国家的方式表明一种象征性的父子相继的秩序、精神或"激情"的延伸,那么,在关于石晶的故事中,则着力要表现石光荣不仅是好军人、好父亲,同时也是"真正的男人"。在内蒙古草原经历了"冰雪之恋"的石晶,似乎迷恋上了一种全然不同于石光荣的男性,即胡达凯那样的"温和、文雅、懂感情,骨子里挺男人气"(类似的品质也可赋予褚琴的初恋情人谢枫)的男性。她一开始对追求者成栋全充满了厌恶:"你是我见过的最没教养、自负霸道、最不懂得尊重女性的男人"(第17集),而且她颇为自觉地将成栋全指认为石光荣式的男性:"你有一点是我最不能忍受的,性格太粗鲁。我们家有我爸这样一个性格粗鲁的人就足够了。"也正是在这个时段，石晶对父母的婚姻产生了疑问："随随便便嫁给一个不适合自己的男人""可你知道什么是爱情吗？"但她最终接受了成栋全，显然并不因为偶然与胡达凯相遇并得知他已结婚，而是如同当年褚琴被石光荣的英雄气概所震撼一样，石晶也被成栋全的阳刚之气所折服。《激情》设置了勇斗杀人犯的情节：当成栋全与杀人犯互相用枪指着头，而成毫无畏惧的时刻，石晶扑上去打翻了罪犯，并因后怕瘫软在成的怀抱。石晶的婚恋在很大程度上重复了褚琴的逻辑：有无爱情并不重要，重要的是男人的勇敢和对自己的单恋般执著的爱。如果说当年褚琴成为男性追求的客体，此时的石晶也同样将自己从初恋的情愫当中解脱出来，心甘情愿地被那个如同石光荣一样具有"阳刚之气"的男性征服。石光荣和成栋全的相互欣赏亦来自他们对于何谓"优秀男人"的相同理解。成栋全说："他跟我一样，喜欢刺激性的工作，喜欢冒险，喜欢激烈，喜欢把自己置于危险和困境中"，并由衷地感叹："老爷子这一辈子活得单纯、尽兴！"石光荣则劝说石晶与成栋全结合："爸爸知道什么样的男人最优秀"，并口传心授自己恋爱的秘诀给成栋全："搞对象也像攻守阵地。"于是，石晶与成栋全的结合也可以说是满足了父亲的意愿。

在关于石晶的故事中，讲述的焦点在于婚恋，即将一个游离于婚姻（家）秩序之外的女性交付给男人，而且是一个石光荣式的男人。参照石林的故事，其"父子相继"的性别意味颇为明显。《激情》将石林的讲述重心放在如何重复/重归父亲的职业、志向和权威，而将石晶故事的重心放在如何通过选择一个父亲一样的男人，认可父亲关于爱情/家的选择。在此，"父子相继"是全方位的，不仅是家（爱情、父子），同时是国（职业、信念）；不仅是儿子"子承父业"，同时也是女儿对父亲所代表的男性气质的重新接纳。由此看来，《激情》中的"父亲"的"激情"在子一代的延伸几乎达到了无保留的程度。相当有趣的是，石海最终把自己入伍作为一件"礼物"送给父亲，也可得到颇具症候性的阐释：这个家庭中最像母亲、也最为母亲疼爱的幼子，他跨入父系的行列，才成为真正的"询唤"——那几乎是他唯一可能长大成人的机会。

结语　暧昧的红色怀旧

《激情》对一个军人家庭当代记忆的历史书写,达成了多种意识形态功效。它以家庭老照片的方式连缀起了裂隙重重的当代中国历史,并通过选择性地重申共和国历史的辉煌时刻,通过军人与战争关系的改写,强化一种民族国家的自豪感。这样的自豪感事实上正是新世纪初年的人们饶有兴趣地观看一部被镶上浓郁怀旧风格的电视剧所内在需要的。这不仅仅是置身全球化格局中对民族国家身份的重提,更是大众文化意识形态与官方意识形态所达成的一种新的协商或共享模式。能够如此热情地观看"革命时代"的历史,似乎表明大众文化意识形态已经隐约地摆脱了某种怨恨情结,被成功地组织到一种国家想象之中。"激情"的革命意味,固然被做了大幅度的改写,但曾经"无处停泊的怀旧之船"①确实在这里靠近或穿越了"革命时代"。虽然它只呈现为一册册翻开的家庭旧相片,但革命年代的经典表象,以及那种被抽空的革命激情,确乎唤起了温情的注视和瞬间的冲动,而且成功地抹去或遮蔽了其间的伤痛和泪水。这意味着某种"革命"的复归,还是仅仅意味着商业时代的大众消费终于有能力和胃口吞噬难以下咽的革命记忆?

就文本构成和观众接受而言,这次对革命年代的怀旧将重心投射向了一种国家的强健想象之中。它经由"家"抵达了"国",并将"国"置于最高利益所在。石光荣这个国家的功臣尽管将他无处发泄的革命激情几乎全部消磨于家长里短之中,但以他为中心,父子相继的书写,则使得这种激情尽管始终漂浮于话语层面,但能够安全地作为一种精神象征被接纳和延续下来。成功的革命政权将"革命"作为一种

---

① 戴锦华:《隐形书写——90年代中国文化研究》第四章"想象的怀旧"。

制度稳固下来之后,革命者将过剩的激情以力比多的形态转向爱情和家庭成员的彼此"战斗"之中,由此革命激情成功地转移为大众文化意识形态所乐于接纳的情爱观看。这或许正应了后革命时代的一种最恰当的消费革命的方式?

而从另一层面,无论在情节构成还是修辞策略上,《激情》都将"激情"的书写充分地纳入主流性别秩序当中。它以重申"革命激情"的名义重写了父权、男性中心的家庭结构和性别模式,石光荣所代表的个性被视为"英雄主义"和"阳刚之气"的化身。对这种性别角色的观看,显然无法不将其与观剧年代某种男性中心的回复联系在一起。这表明了父系家庭结构有被削弱的危险,还是商业化时代男性"被雌化"后对"阳刚之气"的怀旧?或许仅仅只是借以表达对"精神疲软"[1]的一种性别修辞方式?但在观看石光荣的男性/父权表演,以及他用"胡子"般的粗野要把《红楼梦》里的人个个"拉出去毙了"时,这确实并非仅仅在观看一个鲁莽英雄的"本色",而必然与性别关系和男性形象的建构连在一起。

总之,《激情》尽管给出了足够让人心平气和的时间和观看距离,把当代历史及其中的人物镶嵌在怀旧的照片之中,但那"激情"搅动的却绝非历史和记忆本身,同时还是一种关于中国社会现实的颇具意味的重构,并相当准确地刺到了 2002 年的文化神经。

---

① 刨根:《也谈谈〈激情燃烧的岁月〉》,人民网(http://www. people. com. cn),2002 年 9 月 2 日。其中抨击商业化时代造成了男性的"雌化":"女人们是一群挣扎在寻求男子汉并将男人们彻底雌化的分裂状态中的病人,这种疾病的根源就在于商业时代造成的被遗弃妄想狂中,就在于男人们在商业时代已经被半阉割的表现引起的失落和绝望中。"

第十八章　"让世界看中国"：电影大片的国际化运作与国族叙事

沃勒斯坦曾将民族—国家视为现代世界体系的一大"发明"。在他看来,正是 16 世纪在欧洲形成的资本主义世界市场,使得创造民族—国家这一"想象的共同体"成为必需。① 美国学者杜赞奇则提出:在欧洲,是先有 state 这一国家建制,然后才创造出 nation 这一文化共同体;而对于近代中国而言,顺序似乎颠倒过来,是在被强行纳入现代世界体系而刺激出的强烈的民族主义情绪和关于文化共同体诉求的推动下,创建现代的国家机制才构成了中国现代化进程的基本内容。② 类似思考对于考察国族叙事问题所提供的启示在于,必须将现代中国的国族表述,纳入全球经济体系中来加以观察。可以说,决定着"中国"叙事以这样而不是那样的形态出现的更关键因素,并不是中国悠久的历史、古老的文明与庞大的版图以及与版图关联的诸多历史故事和文化符号,而是中国在全球体系中的位置以及关于这一位置的认知。正是后者决定着对前者的选择和叙述,或者毋宁说,前者恰是后者所构造出来的"想象的共同体"的具体表征。

---

① ［美］伊曼纽尔·沃勒斯坦:《现代世界体系》第一、二卷,罗荣渠等译,北京:高等教育出版社,1998 年。

② ［美］杜赞奇:《文化、权力与国家:1900—1942 年的华北农村》,王福明译,南京:江苏人民出版社,1994 年。

从这样的思考角度出发，当我们观察新世纪中国社会的变化时，恐怕没有什么比经济全球化和"中国崛起论"，以及与之相伴的国族叙事发生的变化更引人注目的文化事件了。作为一种在新世纪出现并引发广泛瞩目的资本产业与文化现象，中国电影大片因此也成为格外值得关注的对象。它既是经济全球化在电影工业领域的具体实践，又作为大众文化产品在提供着有关中国的国族想象。同时因为这些电影大片无论在制作方式还是在文化表述上所具有的共同特征，也使得它们可以被作为一个具有内在统一性的对象而加以讨论。如果说国族叙事本身就是现代世界体系所发明的话，那么这里对于中国商业电影的文化表述及其与全球市场体系关系的考察，事实上也就是以中国电影大片为媒介，来探讨全球资本主义与中国大众文化国族叙事间的复杂互动关联。

一　奥运会开幕式："让世界看中国"

以一种回望的眼光来看，从 1990 年代迄今，尽管不到 20 年的时间，但中国社会心态和文化表述上所发生的变化，却可称得上"断裂"。

在 1990 年代，无论是知识界的公共话题还是大众文化中的表述形态，似乎萦绕着某种"危机"意识，比如思想界从"人文精神讨论"到"新左派"与"自由派"论争，比如文学界的"现实主义冲击波"，比如电视连续剧叙事类型的成熟与颇具忧患意识的大历史正剧的风行，比如电影产业关于"狼来了"的惊呼与影院的萧条等。这种"危机"意识中不仅有 1980—1990 年代之交的政治冲击造成的后遗症，也有 1990 年代初期快速推进市场化而导致社会分化的急剧加快所造成的震荡，更有中国真实地置身于后冷战时代的"冷战处境"所刺激出来的民族主义反应。如何更准确地描述与分析 1990 年代，应当是需要深入讨论的历史课题，显然不是这种印象式的评述能说清楚的。不过，正是参照 1990 年代可以看出,21 世纪的文化格局确有许多重要的变化在发生或已经发生了。

最突出的表征,莫过于围绕着 2008 年在北京举办的奥运会而发生的一系列政治、社会与文化事件。在这些事件当中,最响亮的关键词或许便是"中国崛起"。有关"中国崛起"的表述,在新世纪以前,似乎主要是海外媒体关于中国的报道,而并没有成为中国知识界和文化界对自身的表述。重要的转机,是 2006 年中央电视台经济频道播出的电视纪录片《大国崛起》①。尽管在电视文本中,中国并没有被直接讨论,但是它所引起的观视热潮恰恰在于:谁都领会到了,那文本之外即将出现的第十个大国便是中国。恐怕没有什么比两本有着某种关联的商业畅销书的名字更能显示其中的变化了:1996 年,中国的民族主义表述是"中国可以说不"②,一种弱势的拒绝姿态;而 2009 年,这个表述变成了"中国不高兴"③——一份带有某种警告和威慑意味的主体情绪的陈述。正是从上述不同脉络出发,奥运会可以被视为一个标志性的话语事件。它关于中国的表述,事实上应当看作是一种确认,即在 20 多年持续的快速经济增长,10 余年的股市、楼市攀升,以及中国作为"世界工厂"和一个庞大的独立经济体,在全球市场占据越来越引人注目的份额——在这个"与世界接轨"的时刻,转化为某种宣言式的自我确认与表白。

在围绕着奥运会发生的诸多政治与文化事件中,耗资 430 亿美元的北京奥运会开幕式的重要性似乎毋庸置疑。由于奥运火炬传递的受阻(尤其在西方),由于 2008 年 5 月的汶川地震,更由于"藏独"事件以及西方由此传递的冷战式敌意和东方主义的偏见,使得开幕式在

---

① 《大国崛起》,12 集电视纪录片,中央电视台制作,出品人:赵化勇;总策划:袁正明、麦天枢;学术指导:钱乘旦;总撰稿:陈晋;总编导和总制片人:任学安。

② 宋强、张藏藏、乔边等:《中国可以说不——冷战后时代的政治与情感抉择》,北京:中华工商联合出版社,1996 年。

③ 宋晓军、王小东、黄纪苏、宋强、刘仰:《中国不高兴——大时代、大目标及我们的内忧外患》,南京:江苏人民出版社,2009 年。

一段时间内的重要性,甚至超过了奥运会本身。解读这个中国政府调动了几乎全部经济力量和文化力量,力图"用世界语言讲中国故事"①的运动会开幕式的内容构成,将是有意味的,因为它力图做到的是:在这种特定的历史情境中,"中国应该让世界看什么?"②

应当说,这个开幕式以它的奢华、大手笔与美轮美奂的现场效果,以及由高科技和特效视听手段所呈现的中国文化奇观,震惊了包括中国人在内的全世界关注的目光。人们常常会惊叹的是,传统中国文化的诸多符号,比如活字印刷、论语典籍、水墨画、古琴、昆曲、太极、丝绸之路与海上丝绸之路等,得到了如此唯美且梦幻般的展现。不过人们或许很少意识到的是:在这场由电影导演张艺谋执导的盛大晚会中,电影技术扮演着极为重要角色。甚至可以说,正是因为电影高科技和镜头语言的娴熟运用,使得全世界在电视机前观看晚会的观众,仿佛看了一部华丽的"中国大片"。一些西方媒体这样评价:"虽然开幕式一定程度上要归功于好莱坞的特效和电脑制图,但也清楚明白、耳目一新地展示了东方韵味和人情味。孔子从来没有拥有过像昨天那么多的听众"③;"开幕式文艺表演由电影导演张艺谋亲自执导,动用了 1.4 万名演员,确实称得上如电影般唯美华丽"④。与此构成对照的是,2004 年雅典奥运会的闭幕式上,中国作为下一届举办国,曾有过一次 8 分钟的文艺表演。那次表演也充满了传统中国的文化符号:旗袍、二胡、京戏、武术、红灯笼和茉莉花。不过,那一次,张艺谋收到的,是一片轻蔑的笑骂声,以至张艺谋可以在 2008 年开幕式之后不无自得地说:"对我来说,(那次演出)做了一个很好的托儿,让所有人都对我充满了担忧。所有人都认为奥运会开幕式是这 8 分钟的

① 吴琪:《张和平:用世界语言讲中国故事——专访北京奥组委开、闭幕式工作部部长张和平》,《三联生活周刊》2008 年第 30 期。

② 李菁:《张艺谋:自信了,才能浪漫和制造梦幻》,《三联生活周刊》2008 年第 30 期。

③ 英国《卫报》8 月 9 日社论,见《三联生活周刊》2008 年第 30 期,第 55 页。

④ 路透社记者保罗·马金迪的评论,见《三联生活周刊》2008 年第 30 期,第 50 页。

放大……"他将这种变化归结为技术和能力上的进步："我自己能做这些东西，一点都不奇怪。作品的方向总是和市场有关，和人的需求有关，我们也就是跟着这个方向走嘛。其实我们的印象系列，在很多层面上都看得出来，我们已经会做很多东西。"①

"会做很多东西"是一种相当有意味的表述。显然，这不能仅仅理解为技术和技巧上的进步，虽然对这场开幕式而言，电脑特技、诸般高科技、庞大场面的调度和包括音乐、焰火、灯光、舞美、动作等诸多因素，确实与技术的进步和组织者的把控能力有关，但更重要的，显然是拿这些技术来表达什么和如何表达。尤其值得分析的，是那些被作为"中国"象征的文化符号由什么构成。在奥运会开幕式的 8 个片断的文艺表演中，古代中国文化占了 5 场，包括画卷、文字、戏曲、丝路、礼乐。巨大的视觉冲击力也正来自这 5 场。而 3 场现代部分，则平淡得多，除了一幅展现现代中国历史的图卷，几乎没有独特的中国符号。

张艺谋自己说："现代部分我们中国人表现形式不是特别多，古代你有 5000 年可以表现……我觉得中国一演现代部分，就是今天，要不就是一个梦幻未来，确实有难度。……你给我演上世纪 50 年代看看，你也就唱唱歌就完了，你怎么用形象去表现？都不好弄，因为有很多政治运动的背景。所以我们只有选择演今天……世界越来越大同化，它在视觉符号的选择上几乎是一致的，没有独特性。"②这段话透露出张艺谋关于中国形象理解的两个重要面向：首先是"中国"的独特性主要来自古代的 5000 年历史。其次是，现代中国的历史难以呈现为有效的视觉形象，因为背后有政治运动的牵制。显然，在这种试图闪避现代中国的"政治性"牵扯的意图中，某种意义上正透露出开幕式所展示的"文化中国"的丰富的意识形态内涵。一方面，奥运会显

---

① 李菁：《张艺谋：自信了，才能浪漫和制造梦幻》，《三联生活周刊》2008 年第 30 期，第 81、80 页。

② 李菁：《张艺谋：自信了，才能浪漫和制造梦幻》，《三联生活周刊》2008 年第 30 期，第 79 页。

然是社会主义中国的国家行为，它也作为展示中国改革开放、崛起于世界的一个标志性事件，被视为"一个国家的庆典，一个国家的节日"。但另一方面，被组织到文化表述中的，却是一个古老的文化中国。似乎是，今天崛起于世界的中国，便是那个有着 5000 年历史、以汉唐盛世闻名于世的古代帝国。在这种"文化中国"的表述与举办奥运会的国家行为之间，被刻意抹去或无法被表述的，正是现代中国历史与作为"大国"崛起的当下中国之间的关联。但与此同时，当强盛的中华帝国与崛起的当代中国建立起连续性关系时，不仅意味着中国人已经摆脱了鸦片战争以来百余年以反传统的文化姿态所表达的民族悲情，更重要的是，当下中国的崛起被讲述成了重归中华帝国之辉煌的"复兴"的历史。这一点在张艺谋关于其所追求的"人性化和感情化"风格的阐述中得到了明确表述："今天，全世界的运动员集中在'鸟巢'，我觉得这是一个伟大的时刻……无疑我们是强势的，这是没办法被忽视的。中国文化是强势，市场那么大，全世界都得给我们买账。但是，应该亲和、包容，海纳百川。越自信的人越包容，就像越大的腕儿越亲和一样。"①不过，张艺谋似乎未曾意识到的是，"中国文化"并不从来就是"强势"的，甚至就在 1980 年代他和第五代电影导演冲击世界电影桂冠时，中国文化还不过是"野蛮民族的奇观"。"中国文化"成为"强势"，恰恰是在"中国崛起"的背景下才成为可能。因此，可以说，正是在奥运会开幕式这一当代场景中，"文化中国"的意识形态内涵得到了清晰的呈现。

奥运会开幕式上中国表述的另一重要特征，如前所述，在于它对高科技与电影媒介的前所未有的借重。在更直接的意义上，不如说是中国电影商业大片的特效技术在晚会现场的直接搬用。事实上，北京奥运会开幕式的许多场景，不仅使很多人清晰地觉出"很张艺谋"，而且晚会的大场面和视觉构图以及场面调度，都会使人联想到张艺谋执

---

① 李菁：《张艺谋：自信了，才能浪漫和制造梦幻》，《三联生活周刊》2008 年第 30 期，第 74 页。

导的大片《英雄》和《满城尽带黄金甲》。关于张艺谋，在新世纪的语境中，他的名字不再与《红高粱》《大红灯笼高高挂》等"艺术电影"，以及欧洲电影节上的艺术奖项等联系在一起，而紧密地联系着《英雄》《十面埋伏》《满城尽带黄金甲》这样的中国大片，以及与之关联的全球票房市场（更准确地说是"北美市场"）。通过 2002 年公映的第一部中国大片《英雄》，张艺谋与影片的制作公司创造了中国电影票房市场的一个奇迹：以 3000 万美元的投资，在海内外收回资金 1.7 亿美元。正是这部大制作电影，引动了中国电影市场的大片制作模式和"大片热"。有意味的是，一边是他被称为拯救中国电影工业的民族英雄，另一边却是他因大片而收获的远甚于 2004 年雅典奥运会闭幕式"8 分钟"的骂声：他似乎同时也成了拍"烂片"和"摧毁中国电影创造力"的民族罪人。不过，正是在这种毁誉参半的评价声中，张艺谋所导演的奥运会开幕式却获得了一片叫好声。他把电影大片中所呈现的有关"文化中国"的视觉奇观和技术手段，直接搬到了鸟巢的会场上。这也使得奥运会开幕式更像是一场为电视摄像机镜头拍摄的、张艺谋序列的一部新大片，而且是最昂贵和最成功的一部。如果说，大片还只是使他创造了中国电影工业前所未有的票房神话的话，那么，正是在作为"国家大典"的奥运会开幕式上，他作为"最有权威最正宗的中国文化代言人"[①]的身份被确认。

从大片到奥运会开幕式，显示的是"中国崛起论"背景下最具意味的一种国族叙事的建构与衍生形态。这不仅指诸多在大片中建构成型的"文化中国"的再现形态，于开幕式上得到了前所未有的精粹展现，更指的是在全球目光汇聚的这一刻，以一种"视觉奇观"/"震惊美学"的形态出现的中国叙事所获取的国内外广泛认同。这或许意味着在全球视野中所重新建构的别一种新的"中国故事"。奥运会开幕式总负责人张和平把开幕式的诉求概括为"用世界语言讲中国故事"，

---

① 李菁：《张艺谋：自信了，才能浪漫和制造梦幻》，《三联生活周刊》2008 年第 30 期，第 80 页。

而张艺谋则相应地表述为"站在一个人类的角度、世界的角度来诠释自己的文化，把自己的文化纳入到人类的一部分"①。这种诉求，和北京奥运会的主题词"同一个世界，同一个梦想"一起，显示的是在一种新的全球化语境下关于中国国族叙事的重构。这种国族叙事的最大特点在于，它基于一种关于"世界""人类"的认知，这种认知因与全球市场的紧密关联，而获得了不同于 1980 年代那种理想主义的"地球村"想象的现实诉求。正是这种全球化的现实诉求本身，决定着"中国"叙事的具体内容。它显然已经不同于抗战时期的悲情民族主义表述，也不同于 1950—1970 年代的"中国气派"，更不同于张艺谋、陈凯歌等"第五代导演"在 1980 年代电影中所创造的民俗奇观式的民族寓言。

这种国族叙事的经典新形态，不仅呈现于奥运会开幕式与大片之间因张艺谋而有的关联，事实上，它本身就正是由中国大片这一独特工业/文化产品所建构成型。

二　中国大片：全球化与好莱坞化

"大片"作为一个汉语中的新词，最早指的是从 1994 年开始有限度地引进中国市场的美国好莱坞大制作商业影片。自 2002 年由张艺谋与张伟平联手，创造出《英雄》的票房奇迹以来，中国大片便成了中国电影工业和大众文化中的一种格外引人瞩目的新类型，指称那些由中国电影业制造出来的如美国大片一样的商业影片。有人曾概括出它的三个主要特征："一是大投资、高科技、强阵容的制作规模，二是跨民族、跨文化而进入全球性主流市场的制作目标，三是看它是否拥有

---

① 吴琪：《张和平：用世界语言讲中国故事——专访北京奥组委开、闭幕式工作部部长张和平》，《三联生活周刊》2008 年第 30 期；李菁：《张艺谋：自信了，才能浪漫和制造梦幻》，《三联生活周刊》2008 年第 30 期。

全球性主流市场上的票房业绩。"①这也意味着大片首先指的是影片的制作规模，并且具有国际化的资金背景和市场诉求。

大投资是中国大片的首要特点。以《英雄》的3000万美元为开端，中国大片的投资动辄以千万美元以上计。继2006年张艺谋的《满城尽带黄金甲》投资达4000多万美元之后，从好莱坞转向中国市场的香港导演吴宇森斥8000多万美元巨资拍摄完成了《赤壁》，成为目前中国电影市场上最贵的电影。关注这些影片的资金来源，将有助于我们去理解中国大片在何种意义上是"中国的"。目前这些大片资金的来源，一个主要的构成是中国民营电影企业。其中，曾投拍《英雄》《十面埋伏》和《满城尽带黄金甲》的北京新画面影业有限公司、曾投拍《天地英雄》和《夜宴》的华谊兄弟影业公司，是影响最大的两大民营企业。就电影作为一种工业文化产品而言，新画面的张伟平与华谊兄弟的王中军、王中磊，事实上在大片的制作权上起着甚至比导演张艺谋、冯小刚更重要的作用，他们将决定把电影的拍摄权给予谁，甚至决定剧本的内容和演员的选择。因此，称中国大片是某某导演的作品，不如说它们其实是如同中国的股市与房地产一样的暴利产业，其署名权应当隶属于投资集团的那些老总们。曾主营主旋律影片、有官方背景的中国电影集团公司，近年也开始参与《无极》《赤壁》的制作，并参与《十面埋伏》《夜宴》《满城尽带黄金甲》《霍元甲》等的发行。但中国大片并非是纯粹的中国本土产品，而几乎都采用了合资的形式。据北京新影联院线新闻发言人高军称，古装商业大片对中国电影业的最大影响，便是"把国外电影投资经营理念带到了内地"，"现在大片投资基本上海外资金占到了一半，而且在内地整合营销、市场推广方面，已经形成了一个较为良性的循环。另外，中国商业大片可以进入海外主流院线，这个从《卧虎藏龙》开始，《英雄》、《十面埋伏》都做出了不错的成绩，尤其是《满城尽带黄金甲》做到了华语地区和

---

① 姚玉莹：《中国大片：戴着镣铐跳舞》，《中国报道》2007年第3期。

北美同步上映"①。可以说，无论从投资上"海外资金占到了一半"，还是其"全球同步放映"的发行渠道和方式，所谓中国大片都成了名副其实的全球化产品。

大投资表现在电影制作上的名导演、名演员、名制作组成的豪华班底，也是全球化的产物。中国大片的导演基本上由两部分人脉构成，即大陆导演张艺谋、陈凯歌、冯小刚和中国香港导演徐克、唐季礼（成龙）、于仁泰（李连杰）等。如果说前一部分导演的影片，乃是 2001 年中国加入 WTO 之后，中国国家电影管理和政策调整的产物的话，那么，后一组电影则与 2003 出台的《内地与香港关于建立更紧密经贸关系的安排》(CEPA) 直接相关。依据这一《安排》，"香港公司拍摄的华语影片经内地主管部门审查通过后可不受配额限制，作为进口影片在内地发行；香港与内地合拍的影片可视为国产影片发行"②。正是在这一背景下，闯荡好莱坞的李连杰、成龙转而投身中国内地电影市场，香港影人和港资也以不同形式快速进驻。分析这些大片的演员构成，也可帮助我们了解国际市场在什么意义上决定着演员的选择。几乎每部大片都包括了 2—4 位在华语电影界占有重要位置的著名演员。人们在熟悉大片之后，也很快熟悉了那几张反复出现的面孔：章子怡、梁朝伟、张曼玉、金城武、李连杰、成龙、周润发、刘德华、甄子丹，以及一些在亚洲文化市场具有一定影响力的日韩明星，如韩国的张东健、金喜善，日本的中村狮童、真田广之等，另外还有中国大陆的一线演员如刘烨、赵薇、葛优、陈道明等。明星之间的等级是清晰的，其等级以在亚洲电影市场和华语电影中的知名度与票房号召力来衡量。正是在演员的国际化等级阵容中，中国大陆的许多重要演员只能成为"地方性明星"，而始终屈居配角的位置。相反，由于在华语文化市场上占有特殊的位置，一些文化名流即使并不熟悉电影表演，也

① 杨林：《中国式大片　还能走多远》，《新京报》2006 年 12 月 13 日。
② 转引自丁亚平：《中国大片备忘录》，《中华读书报》2008 年 8 月 6 日。

会被安排在影片中扮演重要角色。最著名的例子，莫过于《满城尽带黄金甲》剧组邀请在亚洲华语流行乐坛占有重要位置的中国台湾歌手周杰伦扮演仅次于周润发和巩俐的重要角色，并不惜为此修改剧情。除导演、演员之外的制作班底，也是很快便能够熟悉的那些名字。这大致包括袁和平、程小东、林迪安的武术指导，谭盾、梅林茂的音乐，叶锦添、和田惠美的服装设计，鲍德熹、赵小丁的摄影等。这一组合的基本人员构成最早形成于李安的《卧虎藏龙》，并依据影片的具体需要而略有调剂。从这些制作班底的构成来看，称之为已被纳入全球市场的华语电影的国际组合，或许比"中国大片"这样的说法更为合适。这也使得中国大片与华语电影、亚洲市场有着极为密切的关联。

因此，无论从投资、制作和发行市场来看，所谓中国大片都首先是"国际化"的产物。它们早就已经跨越了单一民族—国家的界限，而以全球电影产业人员作为自己的资源构成，并以全球市场作为自己追求的目标。那么，这种商业大片在怎样的意义上被作为中国的民族电影工业？它的"中国性"表现在哪里？除却作为"国产电影"而受到中国民族工业市场的保护，大片最突出的文化上的特点，便在前所未有地突出"中国故事"/"东方情调"以作为其商业卖点。

这些大片在美学风格上表现出惊人的一致性。它们首先被作为"华语"电影，基本上都属于古装动作片，剧情一定包含武侠与爱情两部分内容，并格外强调其叙述内容上的"中国文化"特性和影像风格上的"东方情调"。事实上，熟悉大片的人们都大致了解，这种美学取向始于 2000 年暴得大名大利的李安电影《卧虎藏龙》。这部制作费仅 1700 万美元的影片，赢得了 2 亿 1 千万美元的票房。更重要的是它在北美市场取得的巨大成功：其北美票房收入占总票房的 60%。不仅如此，它还成了 2000 年华语电影的得奖专业户。① 在《卧虎藏龙》所获得的诸多奖项中，最令中国电影人羡慕的，是它在奥斯卡金像奖中的

---

① 娜斯：《从〈卧虎藏龙〉到〈无极〉的票房数字》，《大众电影》2007 年第 6 期。

丰收:获得 10 项提名,并最终获得最佳外语片、最佳摄影、最佳艺术指导、最佳音乐四项大奖。几乎可以说,中国大片的产生直接导源于《卧虎藏龙》的成功示范。《英雄》从电影类型、基本情节、主要制作风格和影像构成,几乎就是《卧虎藏龙》的张艺谋版。"张艺谋和李安的这层竞争关系以最直接、最表面、最具体的方式贯穿于整部影片,甚至决定了许多场景的设计和色调。"①事实上,《卧虎藏龙》之于中国大片的更重要示范作用,在于其所建构的"东方情调"。这种东方情调不仅表现在让外国人也能看懂的武侠类型和"布尔乔亚"式的"古典中国"故事,更重要的是它调剂出了创造这一"东方美味"的基本配方。自此之后,武侠类型片的情节和包括谭盾音乐、袁和平武打、叶锦添服装等在内的制作风格,便构成了中国大片的基本美学色调和制作策略。此后,以《英雄》打头,何平 2003 年的《天地英雄》、张艺谋 2004 年的《十面埋伏》与 2006 年的《满城尽带黄金甲》、陈凯歌 2005 年的《无极》、冯小刚 2006 年的《夜宴》等,都基本上延续的是"古装+动作"的主要格局。它们都把叙事空间放置于古代中华帝国的某一时段,并以展示中国文化和东方情调为其基本特色。这种在美学和叙事上的单一特征,也使得所谓中国大片成为一种可以轻易地辨认的电影类型。

关于大片为什么只能局限于这种单一题材和类型,"国际市场"常常被认为是最关键的制约因素。张艺谋对此曾经有过一段著名的话:"国际市场接受的中国电影类型还是太窄。现在是只有古装动作这一种类型。我们中国这么多好东西,传奇的、悬疑的、惊悚的、科幻的那么多好的题材,但国际市场目前只有古装动作这个题材还好,而且也还是挑挑拣拣,要看班底、看明星、看制作,都还好的才能收回成本。我们自己的市场容量有限,一个投资 3 亿多元的大片,国内市场要七八亿元才能收回,怎么可能。所以目前只能用这种国际市场认可的类

---

① 张旭东:《在纽约看〈英雄〉》,《文汇报》2003 年 1 月 17 日。

型去吸引他们的注意力，这样才能收回投资，保证中国电影市场有一个良性的循环。我们用这种类型还能有相当长的年头，我们只能先把这口饭吃扎实了，才有其他的可吃。在海外市场这个大饭局上，中国电影不过是一碟花生米，是小菜、凉菜，还不是顿顿都能上桌，还有很多人争这碟小菜……这就是现实。"①冯小刚在透露《夜宴》的预算成本时，也提到不可能在国内市场收回成本，因此必须走国际市场。②

　　与国际市场诉求构成鲜明对比的，则是大片在中国市场遭遇的一片骂声。对于许多中国大陆观众而言，大片以其粗陋的叙事、引人笑场的台词、过度的奢华场面与单调的类型，变成了"烂片"的同义词。在国际市场和本土恶评之间，大片制作者和投资者毫不犹豫地偏向前者，并以之作为继续制造中国大片的理由。媒体报道概括道："国内观众电影消费能力差，为了拉观众进电影院，就只能拍豪华大制作。大制作需要回报，回报只能从海外市场获得，海外市场目前只接受一种模式：古装＋动作……'市场'是制作人、投资商、导演的一致口径。"③这种在本土电影观众与商业大片的全球化诉求之间发生的直接冲突，很多时候被表述为商业/美学、商品/艺术、电影工业/电影艺术等诸多二项对立式的冲突。不过有意味的是，尽管收取骂声一片，商业大片到目前为止的纪录中，都是"只赚不赔"，而且它们在中国也拥有极大的市场号召力，被媒体称为"口碑极差 票房极好"④。一些以争取国际市场为目标的影片，比如因被胡戈恶搞而声名狼藉的《无极》，其实主要票房收入还是来自中国本土。而与此同时，在北美市场取得辉煌成功的《卧虎藏龙》，在中国大陆市场却并不叫

　　① 孟静：《大片之谜：为什么一定要拍大片？》，《三联生活周刊》2006年第38期。
　　② 张英、马宁宁：《好过、好拍、好卖——冯小刚谈"中式大片"》，《南方周末》2006年10月12日。
　　③ 余靖静：《古装＋动作：中国大片取悦海外的"法宝"》，《广西质量监督导报》2006年第17期。
　　④ 刘春：《国产大片的悖论：口碑极差 票房极好》，《北京日报》2006年10月28日。

好，从而造成"墙内开花墙外香"的现象。《英雄》某种程度也同样如此。因此，并不能简单地把中国大陆电影观众的骂声读解为缺乏本土市场，也不能把大片制作者的全球化取向简单地概括为崇洋媚外。

或许一个最粗浅的原因是，必须意识到这种商业大制作影片相对中国电影工业来说还是新生事物。对于制作者而言，有一个学习直到"会做这些东西"的过程；而对于观众而言，一边掏钱进影院一边发恶评，很大程度上显示的是本土脉络的电影与文化经验，和大片的国际化诉求之间的文化碰撞。因此值得分析的问题，首先是中国电影进入国际市场的方式，以及这种进入方式如何构造了独特的有关国族的电影叙事。如果把视野相对拉开，将中国大片与电影史上好莱坞以外的民族/区域电影工业进入国际市场的方式，进行一番历史比较的话，会发现以制作商业大片的方式进入国际市场的中国电影工业，与欧洲电影、印度电影、中国香港影业以及韩国和日本电影工业的国际化方式都有所不同。其最主要特征在于，它看起来并不以保障区域性的电影市场为目标（尽管美国大片的限额进入当然在一定程度上保护了中国电影市场），而是以直接进军北美市场作为其主要的商业策略，并在文化表述上呈现出浓郁的自我东方化色彩。

很大程度上，"进入全球性主流市场的制作目标"、获取国际市场份额，并不能简单地视为商业大片制作者的虚假借口，而应当成为阐释中国大片的重要面向。由于以进入全球市场为目标，所以，创造一种相应的国际认可策略，便成为这些大片首先考虑的问题。《卧虎藏龙》的成功扮演了极其重要的示范作用。所谓"国际化策略"事实上应该说其实就是"好莱坞策略"，所谓"国际市场"毋宁说是"北美市场"。无论是袁和平的武打、叶锦添的服装、谭盾的音乐，还是周润发、杨紫琼、李连杰、章子怡等影星，其实都已经是好莱坞电影工业的内在构成部分。他们中的大部分第一次在《卧虎藏龙》中被组合在了一起，并被搬到了《英雄》的制作中。2004 年，当《英雄》的北美发行公司米拉马克斯电影公司（Miramax Films）在将之冷冻两年之后，以昆汀·塔伦蒂诺和李连杰为幌子，在北美的暑期淡季档公映，并获得票房第一的成绩时，这显然更坚定了中国大片制作者仿制《卧虎藏龙》的信心和决心。他们所遗憾的，大约只是始终没能如愿地获得奥斯卡的任何奖项。这也成为一种情结，以至中国电影局连续五年提交给奥斯卡最佳外语片奖项的评审影片，都是古装武侠大片。

恐怕没有什么比中国电影如此固执地冲击奥斯卡外语片奖更具症候性的了。应该说这是周瑜打黄盖——一个愿打一个愿挨的事情。从好莱坞而言，据称，到 2005 年，在短短的五年内，"中国已经成为好莱坞眼中全球最重要的外语大片产地，迅速超越了法国、西班牙或印度在全球电影票房排行榜上的位置"①。而中国庞大的人口和潜在的消费市场，正如"中国崛起论"所显示的那样，必然使好莱坞电影产业将其目光转移到中国。2008 年，在中国举办奥运会的这一年，一部由派拉蒙公司制作的《功夫熊猫》在中国影院登场，似乎确可将其视为好莱坞为中国市场写就的一首"情诗"②。而对中国电影业来说，获得奥斯卡外语片奖具有特殊的意义。从市场的角度来看，如业内人士所说，尽管"奥斯卡外语片在美国本土不具有票房号召"，但是它却意味着北美之外尤其是亚洲的票房市场，"中国导演之所以拼命要拿奥斯卡外语片奖，是因为它对美国以外的票房，尤其是日本，有很大推动"③。更重要的是，获取奥斯卡外语片奖，意味着获得一张象征性的合格证：这是挤入好莱坞的全球市场体系的标志，也是一张进入"国际市场"的通行证。2000 年曾有两部华语电影大放异彩，除在北美市场斩获颇丰的《卧虎藏龙》，另一部便是被欧洲电影市场大为叫好的《花样年华》。不过，有意味的是，恰恰是前者，成为了中国电影大片竞相

① 《中国大片开始征服好莱坞》，金羊网，2005 年 9 月 19 日。

② 《功夫熊猫》，马克·奥斯本（Mark Osborne）、约翰·斯蒂文森（John Stevenson）导演，美国派拉蒙梦工厂动画室制作。中文版 2008 年 6 月在中国上映。

③ 孟静：《大片之谜：为什么一定要拍大片?》，《三联生活周刊》2006 年第 38 期。

仿效的对象。两部电影女主演的命运也由此截然不同：章子怡因此进入国际巨星的序列，几乎成为中国大片当仁不让的首席女主演，而张曼玉在《英雄》之后便从中国大片银幕上黯然消隐。没有什么比中国大片与好莱坞的关系，更能显示其所谓"国际市场"的具体所指到底是什么的了：中国大片所谓"国际化"，不如直接地说就是"好莱坞化"和"美国化"。

最突出的例证，或许是《赤壁》。2008 年，曾于 15 年前闯荡好莱坞并奠定一席之地的香港导演吴宇森，转而回到中国内地斥巨资投拍《赤壁》。这是一部典型的中国大片，大投资、大制作、大场面、东方美学和武侠世界，并且吴宇森将之发展到登峰造极的地步。有国家广电局官员甚至称："《赤壁》将中国大片的艺术素质和商业潜能提升到了一个空前高的段位，中国大片至此可以与好莱坞当下的任何一部大片展开巅峰对决、强者对话。"①不过，有意味的是，这部中国大片"成熟之作"的成功秘诀乃是："影片的处理完全参照了好莱坞影片的写法。"②支配其叙述基本法则的，是好莱坞大片《最长的一天》和吴宇森自己的动作美学加兄弟情谊，而在中国家喻户晓的赤壁之战的故事，也就成了两个男人争夺一个女人的中国版《特洛伊》。

在其他的中国大片中，这种"好莱坞语法"是以"人类""人性""世界"的名义出现的。中国大片一贯的缺陷被指认为"编剧不合格""叙事上有缺陷"，而事实上，这些大片共有的突出特征在于，必须借助一个成型的故事模式，比如《英雄》所借重的日本电影大师黑泽明的《罗生门》式的重复叙述，比如《满城尽带黄金甲》所搬用的中国话剧大师曹禺的《雷雨》故事，比如《夜宴》直截了当地借用了莎士比亚戏剧《哈姆雷特》的故事原型。借用一个成型的故事模式，固然是为了减少观

① 《〈赤壁〉四天吸金 1.08 亿引热议　中国大片已成年？》，www.netandtv.com，2008 年 7 月 15 日。
② 转引自黄式宪：《从电影"民族化"之争到民族文化主体性的觉醒》，《艺术评论》2009 年第 8 期。

众在接受时的观影阻力，从而把最大的关注点都放在对电影所营造的视觉奇观的注视和欣赏上，但是，与此同时，这却同样深刻地显示出中国大片面对国际市场时的"翻译语法"。它尝试将古代中国的故事，以一种现代/西方人可以理解的方式转译出来，从而将中国大片制造为一种可以进入国际市场的产品。

中国大片的这种国际认可策略，与美国好莱坞在拓展其海外市场时的做法如出一辙——"好莱坞电影常常是为国际观众而生产，自从20世纪20年代早期起，好莱坞1/3到1/2的收入来自海外的观众市场"；当美国之外的观众在观看那些似乎为他们的民族与历史而制造的影片时，他们"通过一个过滤器来看待自己的文化历史，这使得国内环境被呈现为异国风情，而电影针对的'国内市场'并不是他们的市场，而是北美市场"①。或许可以说，中国大片通过自动地将自己作为奥斯卡的"外语片"和国际市场的"一碟小菜"，以求能纳入好莱坞的海外市场体系。从一种最直观的层面来看，这里面显然有着明显的权力关系，有着发生于强势文化与弱势文化之间的文化殖民关系。这也使得在这种权力关系结构中所展开的中国民族文化表述，必然带有东方主义和自我东方化的色彩。有学者甚至称中国大片所扮演的角色，事实上正是"视觉殖民"②。

不过与好莱坞拓展其海外市场不同的是，这些影片隶属于中国电影工业。这一制作主体身份的变化，不仅使得电影工业流水线上的资金的流向发生了改变，而且在很大程度上，也使其对好莱坞写法的仿制带有某些"戏仿"的味道。尤其值得分析的是，在将自己纳入好莱坞市场体系的主观诉求，和实际的电影制作水平与方式中，还存有技术与文化上的不小的距离。这似乎也构成了中国大片的"中国特色"之所在，并透露出了颇为复杂且暧昧的政治/文化潜意识表征。

---

① ［澳］理查德·麦特白（Richard Maltby）：《好莱坞电影：1891年以来的美国电影工业发展史》，吴菁、何建平、刘辉译，第25、27页，北京：华夏出版社，2005年。
② 周志强：《中国大片的视觉殖民时代》，《天涯》2007年第3期。

三 好莱坞的世界语法："欲望的透视法" 与"想象的乡愁"

中国大片为了仿制《卧虎藏龙》的成功而采用的古装武侠类型，是一个在亚洲与好莱坞电影市场都相当成熟的电影品种。作为港台电影工业所创造的最成熟的电影类型之一，1990 年代的"新武侠"如徐克的《新龙门客栈》《笑傲江湖》《青蛇》和王家卫的《东邪西毒》等，将之提升到了更高的水平；而同一时间进军好莱坞的诸多香港影人，如李连杰、成龙、吴宇森、袁和平等，已经使得"中国功夫"成了好莱坞主流的"必杀绝技"。不过，武侠片却并不是《卧虎藏龙》在北美票房市场和美国电影界取得双重成功的全部理由。

关于《卧虎藏龙》，李安曾写道："我想拍武侠片，除了一偿儿时的梦想外，其实是对'古典中国'的一种神往。……一心向往的是儒侠、美人……的侠义世界，一个中国人曾经寄托情感及梦想的世界。我觉得它是很布尔乔亚品味的。这些在小说里尚能寻获，但在港台的武侠片里，却极少能与真实情感及文化产生关联，长久以来仍停留在感官刺激的层次，无法提升。"①李安对港台武侠片的批评，在于它们未能与布尔乔亚式的"古典中国"的体认联系起来，并认为这是《卧虎藏龙》区别于一般武侠片的独特之处。《卧虎藏龙》对"古典中国"的呈现是全方位的，不仅有情节层面的、与中国传统道德观"发乎情止乎礼"相吻合的性爱纠葛，也有江湖世界的打斗与乡愁式的中国景观，以大提琴和鼓点演绎出的东方风格的谭盾音乐，也在不断地强化着影片的"中国情调"。但更重要的是，影片创造出了这个"古典中国"的江湖世界与"真实情感及文化"之间的具体关联。也就是，它同时也是一个观影个体可以投射欲望于其中的对象。这种关联或可称为一种"想

---

① 李安关于《卧虎藏龙》的导演阐述，见张靓蓓编著：《十年一觉电影梦：李安传》，第 169—170 页，北京：人民文学出版社，2007 年。

象的乡愁"，它"颠倒了幻想的时间性逻辑，创造出比单纯的羡慕和模仿、欲望还要更深层次的愿望"①，仿佛那就是我们更真实的过去的自我。

有意味的是，尽管在技术和影像风格上都基本仿制了《卧虎藏龙》，但《英雄》对"古典中国"的呈现，却并没有创造出这种"想象的乡愁"的韵味。最值得分析的，或许是两个影片有关中国景观呈现的差异了。这种呈现都带有"异国风情"的特点，将中国著名的景区风光如西部的大漠戈壁、南方的竹海水乡、九寨沟山水等搬上银幕，作为人物活动的场所，同时也作为独立的影像构成。不同的是，《卧虎藏龙》的风景因之成为了人物形象与之水乳交融的"风景"，而《英雄》中的风景却成为平面化的景观，被人戏称为"风光片""MTV""风光明信片"。关于"风景"的理论阐释，恐怕不能不提及日本学者柄谷行人的论述。他写道："所谓风景乃是一种认识性的装置"②，这个"装置"乃是一种中心透视法的视觉呈现，它同时也创造了"内面的人"："透视化的风景，也就形成了透视化的内心（我思的主体），具有反思性的主体与外在的风景是同时被发明的。"③如果说《卧虎藏龙》的"风景"确实能引动人们对于"古典中国"的乡愁的话，那么也许在于它成功地创造出了一个能发明"内面的人"的透视性观影主体位置；而《英雄》中的风光之所以没有成为"风景"，或许恰在它无法为观影者提供这一主体位置。关于"内面的人"，柄谷行人更具启发性的阐述在于，他以日本明治维新时期针对古代木偶戏（人形净琉璃）的"戏剧改良"为例，提出这一内在主体的发明乃是基于一种能指与所指关系的深度模式。在古代木偶戏中，"化了妆的脸谱才有其真实感"；而到了现代戏剧

① ［美］阿尔君·阿帕杜莱（Arjun Appadurai）：《放松缰绳的现代性》（ *Modernity at Large：Cultural Dimensions of Globalization* ），明尼苏达大学出版社（University of Minnesota Press），1996 年。

② ［日］柄谷行人：《日本现代文学的起源》，赵京华译，第 12 页。

③ 张慧瑜：《视觉呈现与主体位置——比较文学视野下的文化重读》，北京大学 2009 年度博士学位论文，第 19 页。

中,只有非脸谱化的"素颜"才是真实的,因为它成了"内心"的能指——"'内面'并不是从一开始就存在着。它不过是在符号论式的装置之颠倒中最终出现的。可是,'内面'一旦出现,素颜恐怕就要成为'表现'这个'内面'的东西了"①。如果我们并不对柄谷行人的相关论述做过实的理解,而将之看作一种有关影片影像与观影主体之间的隐喻性描述的话,那么也可以说,只有当银幕上的"中国"影像,能够与个体(也是观影主体占据的位置)的内在欲望构成能指与所指的深度关系时,中国风景才可以成为"被看见"的对象。

这里并不是在一般意义上讨论,如法国电影理论家让-路易·博德里在《基本电影机器的意识形态效果》里论及的,电影如何作为"意识形态支架和工具"而创造出"主体"②。需要特别地参照柄谷行人的风景理论,是因为他指出了外面的"风景"与内在的主体及欲望之间的关联方式。考察《卧虎藏龙》与《英雄》的差异,最值得注意的或许就在于银幕上的"中国"影像与观看主体的位置之间的关系了。在《卧虎藏龙》中,中国风景并不是它自身,而成为特定的能指,即通过它们创造出了一个内在的情感世界——"武侠世界对我最大的吸引力,在于它是一个抽象的世界,我可以将内心许多感情戏加以表象化、具体化,动作场面有如舞蹈设计,是一种很自由奔放的电影表现形式"③。中国风景与这个情感世界的关系,构成了能指与所指的关系,后者由中国风景所呈现,但又左右着中国风景的意义阐释。因此,中国风景事实上成为了"欲望的能指"。而在叙事层面上,《卧虎藏龙》所讲述的情爱故事的主题或可概括为"压抑":李慕白与俞秀莲、李慕白与玉娇龙、玉娇龙与罗小虎,甚至碧眼狐狸与玉娇龙,都构

① ［日］柄谷行人:《日本现代文学的起源》,赵京华译,第 46—47 页。
② ［法］让-路易·博德里:《基本电影机器的意识形态效果》,收入《外国电影理论文选》下册,李恒基、杨远婴主编,第 547—565 页,北京:生活·读书·新知三联书店,2006 年。
③ 李安关于《卧虎藏龙》的导演阐述,见张靓蓓编著:《十年一觉电影梦:李安传》,第 169 页。

成不同层次不同侧面的被抑制的引而不发的欲望关系。显然,再没有比"压抑"机制更能显示出欲望与主体的互相构造关系了,它们共同构成了持有摄影机的导演(同时也是观影者占据的位置)与银幕上的江湖世界之间关系的象征性表达。因此,中国风景不仅是"欲望的能指",关于它的呈现方式还成为了"欲望的生产"。它在创造出一个"内在的人"的同时,还生产出了他人对于中国影像的观看欲望,由此,也将观影个体安置在其对中国影像的透视法则与欲望关系之中。

这种针对电影语言如何将观影个体安置在其对中国影像的透视法则与欲望关系中的讨论,并不是一种"本体论"式的电影语言分析,而力图揭示的是这种电影语言的意识形态。关键所在,便是那个被创造出来的作为"内面的人"的观影个体。有关"古典中国"的"想象的乡愁"之所以也能够被北美市场乃至全球的"国际观众"分享的原因,正如李安自己准确地提示到的,这是一个"布尔乔亚式"的主体。它才是那个分享"世界语言""普遍人性"的主体。戴锦华在讨论1990年代中国大众文化中的"想象的怀旧"时指出,在"怀旧感"与构造"中产阶级'个人'"之间存在着几乎直接对应的关系①。这或许也是"想象的乡愁/怀旧"的全世界通用法则。甚至可以进一步说:正是这种视觉透视法及其创造的内在欲望个体和"欲望的能指",也构成了好莱坞"世界语言"的关键所在。正如让-路易·博德里和劳拉·穆尔维②在讨论电影机器和影院机制如何创造欲望化个体时,所分析的对象都是好莱坞影片,好莱坞电影正是依据这一"世界语言"来讲述"人性"/"人类"的故事。而这一"欲望的透视法",显然是詹明信(又译杰姆逊)在论及跨国资本主义时代的"第三世界民族寓言"时所说的那个"第一世界文本"的基本特征。詹明信如此写道:"资本主义文化的决定因素之一是西方现实主义的文化和现代主义的小说,它们

---

① 戴锦华:《隐形书写——90年代中国文化研究》第四章"想象的怀旧"。
② [美]劳拉·穆尔维:《视觉快感和叙事性电影》,周传基译,收入《外国电影理论文选》下册,李恒基、杨远婴主编,第637—653页。

在公与私之间、诗学与政治之间、性欲和潜意识领域与阶级、经济、世俗政治权力的公共世界之间产生严重的分裂","我们一贯有强烈的文化确信,认为个人生存的经验以某种方式同抽象经济科学和政治动态不相关"。① 这些描述事实上也同样甚至更精确地被实践在好莱坞这样的"第一世界文本"和"世界语言"之中。

可以说,恰恰在如何领会和实践作为好莱坞语言的精髓的这一"欲望法则"上,中国大片表现出了自身的暧昧性。这一"欲望法则"与中国大片的正面碰撞,除了表现在《英雄》与《卧虎藏龙》间的形似而神不似,恐怕没有什么比吴宇森在拍摄《赤壁》时与中国编剧发生的冲突更具有症候意味的了。吴宇森最早锁定的主要编剧,是曾为《活着》等影片写过剧本的中国著名编剧芦苇。芦苇的剧本按照中国历史正剧的写法,要把赤壁故事讲述成在中国传统深厚并在电视剧中发展得特别成熟的历史演义形态。不过这恰恰是吴宇森所反对的。他毙掉了芦苇的剧本,坚持把赤壁之战讲述成周瑜和曹操为争夺一个女人(小乔)而发生的战争。这一冲突,曾经被中国媒体戏称为"两个男人的博弈"②。事实上,这当然不仅仅是"两个男人"的博弈,而更是有着深厚本土传统的中国影视语言与好莱坞世界语言之间的博弈,或许也是中国式历史书写法则与好莱坞的欲望法则之间的博弈。自然,所谓博弈不过是一种说法,没有什么比手握近亿美金的导演更有发言权了:吴宇森用 10 万人民币就打发了芦苇的剧本。不过,吴宇森这一选择就其深层而言,却仍旧是关于消费市场上的文化法则的博弈:他敢于用好莱坞的欲望法则来重新阐释在中国家喻户晓的历史故事。正是在这一法则的支配下,如同《卧虎藏龙》,《赤壁》也似乎成功地使"古典中国"变成了"想象的乡愁"。吴宇森如此阐释他的拍片理

---

① 詹明信:《处于跨国资本主义时代中的第三世界文学》,张京媛译,收入《晚期资本主义的文化逻辑:詹明信批评理论文选》,张旭东编,第 523 页,北京:生活·读书·新知三联书店,1997 年。

② 蒯乐昊:《赤壁:两个男人的博弈》,《南方人物周刊》第 21 期,2008 年 7 月 11 日。

念："我并非想拍一部叫人沉重得抬不起头来的《赤壁之战》。我是想拍一部既有新意，情感动人，又令人十分兴奋的历史片。这'兴奋'包含着积极的人生意义和气势磅礴的战争场面。……我很注重视觉艺术，很喜欢以景寓意，以物传神……能够把我国美丽的景色、古迹，哪怕是一草一木、峡谷小径都写入场景中，务求能表达出诗画一般的中国。"①当中国历史上决定着三国历史开端的这场重要战争，被描述为导源于两个男人对一个女人的争夺时，事实上，"赤壁"和那个"诗画一般的中国"也就成为了"欲望的能指"，那被改写的历史记忆也就变成了"我们自己的过去"，甚至创造出了"比单纯的羡慕和模仿、欲望还要更深层次的愿望"。不过，只是因为中国本土的记忆还如此强大，这个"欲望的透视法"所讲述的故事也未必那么成功，尽管那只是在影院的黑暗中一场带着"戏说"特征的短暂白日梦。

四　另一种民族寓言：阉割故事与震惊美学

与"欲望的透视法"参照，应该说中国大片主要在讲述着的，是另一种欲望故事：关于被阉割的主体和关于主体的空位，并因此而呈现出别一种关于"中国"的视听语言风格。

与《卧虎藏龙》构成对比的是，同样是自我放弃的主题，《英雄》却将之转移到"个人"与"天下"关系的叙事模式中："个人的痛苦与天下相比，便不再是痛苦。"可以说，《英雄》讲述的不是关于压抑与欲望的故事，而是暴力（权力）与（自我）阉割的故事。"刺秦"故事讲述的重心变成了"如何不刺"，反抗权力的故事最终变成了论证权力的合法性。主体因此成为一个自我阉割而无法成其为主体的空位。这不只表现在"残剑"和"交剑"这一直观的影像表层，而且表现在权力以他的肉身形象（陈道明饰演的秦始皇）始终高高在上地俯瞰着反抗的主

---

① 《吴宇森亲笔解密〈赤壁之战〉 十七页信详谈构想》，http://www.sina.com. cn，2004 年 11 月 27 日。

体(李连杰饰演的刺客无名),并最终以其智慧与人格驯服反抗者,使其自愿就戮。观看《英雄》,最突出的视觉震惊体验,或许是秦军箭阵的最后指向:那指向的是与观影者取同一位置的刺客无名,于是,飞蝗般遮天蔽日的箭雨,射中的便仿佛是观影者的身体。正如戴锦华在她的解读中发现,影片中许多时刻飞箭的视点取自发箭者,这使她联想起朱迪思·巴特勒曾论及的美国媒体关于海湾战争的新闻报道。那种新闻报道使用的是安装在导弹上的摄影机镜头:"如果你以导弹的视点来观看战争,那么你大约没有机会认同在爆炸中化为碎片的血肉之躯",因此,对发箭者视点的选择显示的是其"在权力、征服、强势一边"的认同取向①。或许正因为此,《英雄》最后将摄影机镜头的视点转到被射对象这一边才格外使人有震惊体验。而更具反讽意味的是,那被无数利箭钉在大门之上的身体,隐约地呈现出一个"人"字形状。伴随着画外音"秦王下令厚葬无名",这"人"字大约不是无心之举,而似乎意味着:只有在自愿被发自权力宝座方向的箭阵射成肉酱的时刻,无名才成为真正意义上的"人"/"英雄"。

这种受虐与自我阉割的故事及其透露的对权力的态度,其实不只表现在《英雄》中,而几乎可以说构成了中国大陆导演拍摄的商业大片的内在主题。迄今为止为数并不多的几部大陆导演的大片之间,有着奇妙的互文关系,除三大导演(周晓文的《秦颂》、陈凯歌的《荆轲刺秦王》、张艺谋的《英雄》)竞相拍摄"刺秦"故事之外,《英雄》与《天地英雄》之间,《夜宴》与《满城尽带黄金甲》之间,都有着颇为接近的叙事格局和影像风格。如果说前两者讲述的是"江湖",它关联着异域化的中国风景(尤其是西部景观)、身怀绝技的侠士、浪漫情爱与武术奇观,后两者讲述的则是"宫廷",关联着奢华、美色、纵欲、东方式的冷酷、杀戮和阴谋。这种相似显然不只是偶然为之,对于投资近亿的电影产业而言,这当然地意味着关于消费市场的测定和判断。如果说

① 戴锦华:《性别中国》,第 181 页,台北:麦田出版社,2006 年。

"江湖"乃是武侠电影一直致力表现的世界的话，那么"宫廷片"则大约应当算是中国电影产业所创造的新品种了。"江湖"在中国文化传统和武侠电影类型的呈现中，一直与"朝廷"处在对立的权力两极。但这种定型关系在中国大片中并不成立。事实上，即使在那些讲述"江湖"的故事中，其立场也从来就不是"江湖"与"朝廷"的对抗。正如无名为了"天下"而自愿将其刺杀目标秦王视为真正的英雄，《天地英雄》的护宝故事也别具意味。它的主角虽然是一个违抗朝廷命令的叛将校尉李（因不愿屠杀手无寸铁的敌国女人和孩子），但他一路冒险护卫的却是朝廷的商队。关于取经故事，电影借用了唐三藏西天取经的原型，不过有意味的是，驼队中的真正宝物并不是经书，而是释迦牟尼的舍利子。这舍利子的特殊法力在于：西域 36 国都是佛国，因此它将是大唐王朝统治这些国家的"智慧之光"。它是统治与权力的象征。在视觉的呈现上，这舍利子也采取了菲勒斯（Phallus）的外形。影片结尾的时刻，字幕打出的是："当这智慧的光芒，从皇宫放射出来的那一刻起，中国唐朝，这个伟大的帝国开始了太平盛世。"《天地英雄》有一个为人诟病的情节，乃是在护宝驼队最终被突厥军队和丝绸之路边的中国地方势力联手攻破、英雄束手待毙的时刻，是舍利子放射的光芒杀死了所有坏人，从而化险为夷。许多影评认为这一情节过分魔幻而不合情理。事实上，如果做一个象征性的解读的话，舍利子的光芒杀人并非无稽之谈，因为它乃是统治与权力的化身。因此，护宝的过程，也就是保护这一超越性的菲勒斯的过程，也成为校尉李向朝廷效忠、表明心迹的过程。这同样是一个反叛者皈依秩序与权力的故事。因此，影片结束的时候，女主人公文珠追随他去往了大漠戈壁中美丽绿洲上的家园：这是权力赏赐给他的女人。这或许是"阉割故事"的反面：关于如何因为效忠而成为主体。

而大片关于宫廷故事的讲述，在一派奢华与珠光宝气之间，恐怕没有什么比它们在暴力呈现上的无节制更令人触目惊心的了。《满城尽带黄金甲》中对杰王子率领的万名叛军所进行的有条不紊的杀戮，和尸横遍野的皇城在几分钟内清洗一新重开重阳晚宴，《夜宴》中的竹林杀戮和杖刑的全过程呈现，都是其中的极端例子。这种在视觉上对反叛者的极端施暴和杀戮，于中国大众文化中似乎并不偶然。1998 年央视重拍的《水浒传》，便曾让许多家庭在电视机这一深入千家万户的大众传媒面前，目睹高科技特效制造的大量血淋淋的杀人场面。那是对反叛者的警戒，还是一种"亚细亚式东方专制主义的残忍"？不过它们由此表现出来的对暴力的迷恋，或许从另外的侧面显示出《英雄》式的对权力与强权的认同、臣服。很大程度上应该说，此时影片所占据的，乃是权力与统治者的空位与逻辑。如果说《英雄》中的"天下"和《天地英雄》中的护宝故事，都使得其中的"江湖"，其实都是为朝廷提供着合法性与保护的"江湖"，而《夜宴》《满城尽带黄金甲》则将统治者的权力逻辑作为了影像的内在叙事法则。

更有征候性的，是《夜宴》和《满城尽带黄金甲》似乎不约而同地选择了讲述"乱伦"故事。《夜宴》重讲了莎士比亚的名剧《哈姆雷特》关于王子复仇的故事，《满城尽带黄金甲》的故事原型则是五四新文化运动后的中国闻名遐迩的现代话剧经典《雷雨》。它们都讲述了儿子们的乱伦欲望和阉割恐惧，尤其是他们最终都被父亲/权力所杀戮/阉割的结局。关于莎士比亚的《哈姆雷特》，自从拉康理论将其解读为现代版的《俄狄浦斯王》后，人们很难不将王子复仇的故事与"俄狄浦斯情结"联系在一起——王子迟迟不能动手杀掉杀父仇人，是因为正是这个凶手实践了他内心隐秘的欲望：弑父娶母。显然，对于中国大片而言，这种精神分析并不关乎个人欲望，而涉及对秩序、权力的基本态度。而当我们将弗洛伊德与马克思结合在一起，来分析这一欲望故事的政治/文化潜意识时，那便格外有趣。它们几乎可以成为另一种意义上的"民族寓言"。乱伦与弑父是 1980—1990 年代的第五代导演们喜爱的故事，从《红高粱》《大红灯笼高高挂》到《菊豆》乃至《荆轲刺秦王》，父子秩序与权力秩序的关系始终是这些影片视觉呈现的重点。① 在 1980—1990 年代中国语境中，它们是真正詹明信意义上的"第三世界民族寓言"：它们的寓言性是"有意识与公开的"②。对于其中的政治抗议和悲情，身处当代中国语境中的人们都心领神会。不过，参照那种"民族寓言"，中国大片中的乱伦故事最大的不同在于，子一代反叛的合法性、正义感和悲情被全部取消。想一想《满城尽带黄金甲》中因刘烨的夸张表演而格外猥琐、屠弱的大王子元祥，恐怕不会有人将他与《红高粱》中的反叛者余占鳌相提并论。而对于"父"的胜利的呈现也丧失了第五代电影的那种压抑与悲情。那矗立在宫廷的父亲的盔甲和端坐在菊花台上的王，都代表着秩序和权力的永恒与不可撼动。

　　如果说 1980—1990 年代的乱伦故事表达的是作为子一代的第五代导演，在当代中国大陆内部政治格局中的意识形态处境的话，那么也不妨将《夜宴》和《满城尽带黄金甲》读作当代中国电影制作者进入好莱坞工业体系（同时也是美国主导的全球新自由主义秩序）时国族想象的文化政治的潜意识。那种进入以北美市场为典范的"全球市场"的热情，不正可以解读为对另一种父法式秩序的渴望吗？那第三世界国家的新手闯入全球主流电影市场的生疏、不适和手足无措，不正是子一代进入父亲秩序的写照吗？——正是从这样的意义上，《夜宴》《满城尽带黄金甲》的乱伦故事，并非商业大片偶然的情节拼贴，而透露出意味深长的政治/文化潜意识。在叙事层面上对于暴力和杀戮的过度呈现，既可视为对新权力/秩序的恐惧与臣服，也可看作遭到压抑的政治潜意识的外化。戴锦华因此对《英雄》做了这样的解读："新自由主义在国内、国际的政治逻辑与政治实践，占据、填补了秦

---

　　① 戴锦华：《断桥：子一代的艺术》《裂谷：后 89 艺术电影中的辉煌与陷落》，收入《雾中风景：中国电影文化 1978—1998》，北京：北京大学出版社，2000 年。
　　② 詹明信：《处于跨国资本主义时代中的第三世界文学》，张京媛译，收入《晚期资本主义的文化逻辑：詹明信批评理论文选》，第 536 页。

王/秦始皇所象征的权力/强权的空位，导演曾经选取的或仍试图固守的刺客/反叛者的角色，相反成了一个空位：一个男人，一个有待获得权力命名的准主体，'他'可以由中国'知识分子'、中国民众、或是'中国'来予以填充。"①而张旭东在《在纽约看〈英雄〉》中，认为《英雄》的"天下"观或许不期然地呼应了美国的新帝国想象——"美国现在正忙于在全球追剿恐怖主义'暴徒'，建立美式'和平、繁荣、自由'的新世界秩序，大概不会鼓励人们去仿效荆轲的榜样。相反，在《英雄》里面，美国的帝国想象或许能做一个白日梦，梦见自己有了一个新名字：tianxia（天下）"②。也许可以说，两种不同角度的解读的有效性，正证明了这种"政治潜意识"书写的"真实性"。

或许可以把中国大陆导演的大片概括为一个与"欲望的透视法"截然不同的故事：关于阉割的故事，以及由此呈现的对于权力与秩序的效忠与臣服。或可将之称为一种"暴力法则"。它不是以内在个体的透视法来创造一个"欲望的能指"，而是讲述权力/秩序自身，以及权力与反叛之间的和解。由于主体的欲望对象本身成为不欲的，并且正是它阉割了主体，所以最终呈现的乃是一个权力所许可和需要的被掏空的主体位置，就像《满城尽带黄金甲》中王对杰王子所说的："只有我给你的，你才能拿"；就像《夜宴》中那死去国王的盔甲一直矗立在那里，无论是厉帝、皇后和王子无鸾，谁也没有穿上它；也正像《英雄》中秦王把无名的尸体装殓在奢华的棺木中，并将之命名为"英雄"。

显然，当内在主体/个体无法确立时，那外部的"风景"也将是无法"被看见的"。它们不能成为被欲望驯服的对象，而在很大程度上就是它们自身，并且带着奇观式的视觉效果使人感到不适。缺乏内在主体指向的中国风景和诸多文化符号，因此在某种意义上成为了"空洞的能指"。就像日本古代木偶戏中的脸谱一样：它的意义由它自身呈

---

① 戴锦华：《性别中国》，第 189 页。
② 张旭东：《在纽约看〈英雄〉》，《文汇报·笔会》2003 年 1 月 17 日。

现,没有"内部"。或许就因为此,这些中国大片会格外地需要使得有关中国的一切都呈现为"可看的",而在很大程度上弱化了电影叙事,因为往往正是叙事在创造着那个"内在的主体"。在这种中国大片中,充满的其实主要是物像和视觉的奇观。所有有关中国的符号:风光名胜、武术、琴棋书画、中药、京剧、宫廷等,都成为独立的、可以游离于叙事之外的、超真实的"物"。更不用说《英雄》中变换着的五种颜色,它远比三种故事的讲法和其中的侠客们,更成为视觉捕捉的第一对象。尤其是,张艺谋影片中的许多大场面,都是以极为现实主义的方式完成的。《英雄》中张曼玉和章子怡在漫天黄叶中打斗的那一场景,树叶便是真叶;《满城尽带黄金甲》中的万朵菊花、奢华的宫廷布景以及菊花台等,都使用了真实布景。这种对物的真实质感的追求,似乎超出了电影作为"梦幻"世界的需要,而在某种程度上造成了一种物的压迫感。正如《满城尽带黄金甲》中珠光宝气、色彩艳丽到呛眼的皇宫壁柱及其饰物,以及披挂在国王和王后身上的金碧辉煌、沉甸甸的帝王衣饰,其实比人物自身更吸引观看的目光。在许多时刻,让人觉得游动在皇宫中的,其实只是那些沉甸甸的黄金盔甲而已。

事实上,这不仅是中国大片在视觉呈现上造就的效果,就其叙事主题而言,也可以说这些大片的主角都并不是人,而是物。在《无极》中,主角不是奴隶昆仑、大将军光明、公爵无欢和王妃倾城,而是鲜花盔甲、千羽衣、黑袍和权杖。当昆仑说:"我要穿上鲜花盔甲去告诉倾城,我爱她",其实再清楚不过地告诉人们,将军与奴隶的差别只在穿上和脱下鲜花盔甲,而倾城所爱的乃是鲜花盔甲的主人。这也是《无极》在叙事层面直截了当地呈现的内容。在《夜宴》中,真正的主人公其实是一直矗立在王宫的、曾属于死去国王的那副盔甲,它才是权力的真正象征。影片结尾部分,弑兄篡位的厉帝让许多观众难以理解地服毒酒自尽身亡,或许有一个内在的解释逻辑,那就是影片开始的时刻,他穿上又脱下那副盔甲,然后说:"它不适合朕。"王子无鸾脸上的越人面具,也可以说并不是无鸾的自我掩饰,而是影片由"越人歌"所试图传递的那种真正希望观众去领略的"中国情调"和"东方艺术"。

中国大片的所谓"大场面"，其实便是这种物的呈现的极致：那是由无数的没有面孔的人组成的带着强大压迫力的奇特景观。它们是《英雄》中发射箭阵和呐喊着"风，大风"的"如同黑色蝼蚁一般"的秦国将士，是"围绕着秦王的那似人非人的群臣"①。在《满城尽带黄金甲》中，这个场面再度出现了：叛军和王朝军队之间的格斗，变成了黄色蚂蚁一般涌向菊花台的义军，和黑色的如同城墙一般颜色的包围过来的国王军队，最终变成黑色对黄色有条不紊的围剿与屠杀。这种呈现大场面的方式，尽管也许可以找到技术上的原因，比如它们的制作者们还没有学会如同《最后的武士》（汤姆·克鲁斯主演的日本历史题材、带有东方美学情调的好莱坞大片，2003 年）那样的大场面调度与运动镜头的选择，因此，大多采取了静态的、秩序井然的呈现方式。不过，这种大场面确实在许多时候都让人联想到"蓝蚂蚁"，联想到"群氓"和"蝼蚁般的众生"。当这种视觉奇观与场面调度的技术，被转移到北京奥运会开幕式上的 3000 孔门弟子齐颂《论语》和 2008 个太极手组成"天圆地方"的景观时，这种所谓"大场面"就直截了当地成为关于"国民"与"民族"的视觉展示。应该说，这种由人组成的视觉奇观中，却难以让人感觉到"人"的存在，它们与那个抽空的主体位置，有着内在的关联。

对视觉奇观的呈现，构成了大片的突出特点。它也在很大程度上造成了叙事的弱化乃至断裂，以至很难判断，这些电影是为了讲述一个故事，还是为了展示一种中国文化的视觉奇观。1906 年以前的早期电影曾被人称为"魅力电影"（cinema of attraction）。这种电影"通过一系列奇观获得观众的注意"："奇观展示控制着叙事的介入，一味强调震惊或偶然的感官刺激，牺牲了对故事情节的展开。魅力电影几乎不会花什么气力来创造人物的心理动机或个人性格。"这一特点后来

---

① 戴锦华：《性别中国》，第 181 页。

构成了好莱坞商业大片的"震惊美学"①。显然，挪用这些论述来讨论中国商业大片也完全合适。所不同的是，即使在《泰坦尼克号》那样的好莱坞大片中，"欲望的透视法"也是同样的基本语法结构。正因此，沉入太平洋底的泰坦尼克号与罗斯那位葬身冰海的情人杰克，具有能指上的互相替代关系。而中国大片却一直未能建立这种"欲望的透视法则"，所以"震惊美学"也就成了真正的"奇观"。

讨论中国大片"欲望的透视法"的缺乏，可以在两个不同的层面展开。就其自觉意识的层面，或许可以说，这是学习好莱坞的世界语言还"不够成功"的结果。当张艺谋在北京奥运会开幕式后说"我们已经学会做很多东西"，并将开幕式文艺演出的基本原则概括为"人性化和感情化"时，他是在以直接的方式涉及这一点。不过，从历史分析与文化研究的层面，显然不能把"欲望透视法"和"暴力法则"的差别描述为"成功"与"不成功"间的差别，就像不能把吴宇森与芦苇之间的博弈视为"成功"与"失败"的较量，因为正是在这种博弈中，中国本土经验与好莱坞电影语言之间的文化差异开始显现出来。因此，值得进一步分析的，就是被置于视觉中心、以"暴力的法则"加以展示的中国影像，与国族叙事可能发生的关联。

五　两种"和解"：江湖与朝廷、中国与亚洲

中国大片以"阉割"故事讲述的主体空位和以"震惊美学"呈现的视觉奇观，显然可以阐释为一种西方中心主义视野下的自我东方化表述。那个专制而又有人情味的、充满着异域情调的美丽风光和不可理喻的富庶的中国/东方表象，显然是基于西方自我或为迎合西方而制造的他者想象。不过，中国大片里的国族叙事却不止于此，而显现出

---

① [澳]理查德·麦特白：《好莱坞电影——1891年以来的美国电影工业发展史》，吴菁、何建平、刘辉译，第11页。书中将其译为"惊讶美学"，更准确的汉语表述应是"震惊美学"。

颇为复杂的格调。如果说，如同柄谷行人指出的那样，所谓"内在的人"其实是现代西方式民族—国家制度尤其是文学制度建构的产物，它建基于个人与民族国家的二元对立模式，那么对于中国大片来说，缺乏这一主体透视法则的"中国"影像，或许也在某种意义上显示出了不同于一般民族—国家模式的国族叙事特征。尤其重要的是，当国际市场的诉求与被"中国崛起论"支撑的主体意识组合在一起的时候，将不同程度地改写大片关于中国内部权力格局的呈现，同时也改写了作为其国际化策略的东方表象中亚洲市场与国家关系的关联形式。

1. 内部的"和解"：朝廷与江湖、国家与天下

首先值得分析的一点，或许是大片将"中国"想象重叠在中华帝国的盛世之上。

当被问及《满城尽带黄金甲》的灵感来源时，张艺谋笑称："当然是'唐朝来的'。"①事实上，几部大片的叙事时段，基本上都集中于唐朝或秦朝，如《十面埋伏》讲述的是唐王朝没落时期的飞刀门故事，《夜宴》的历史背景是唐王朝后的五代十国，《天地英雄》则讲述中国唐朝"这个伟大的帝国开始太平盛世"前夕的一段故事。《英雄》讲述的是秦始皇一统天下，而中国香港导演唐季礼导演的成龙作品《神话》，其古代历史背景则放置在大秦帝国。这些影片所选择讲述的历史时段，似乎都并非偶然。秦建立的中央集权帝制是中华帝国的开端，而唐则代表着中华帝国的鼎盛时期，这已经构成了关于"中国"这个文明古国历史叙述的常识。有意味的问题是：为什么需要在今天这样的时刻来讲述中华帝国的辉煌盛世？事实上，不仅中国大片如此，中国电视连续剧的最成熟类型历史正剧亦是如此。自1997年的《汉武大帝》开始，历史剧所讲述的朝代就已经由清代（被称为"清宫

---

① 曾剑：《〈黄金甲〉是〈大红灯笼〉的宫廷版 不奢望奥斯卡》，《华夏时报》2006年12月19日。

戏")转移到汉唐。尤其是 2007 年,居然有两部关于唐朝的电视剧《贞观长歌》和《贞观之治》同时开拍并先后开播。不需要费多少周折,就能解读出其中的隐喻意味。"中国想象"集中于唐、秦、汉等历史时段,显然联系着关于"盛世""大国"的理解:开疆辟土、文治武功、万方来朝、太平盛世。或许没有什么比重温中华帝国的辉煌时期,更能传递出那份在"东亚的复兴""中国崛起"的现实中的民族自豪感了。正是在这样的时刻,中国人摆脱了百余年的民族悲情和对于传统文化的自我憎恨式理解,普遍开始拥抱"传统文化"。于丹讲《论语》的风行、孔子与当代中国的并举,或许是其中最突出的征候了。大片对所讲述朝代的选择,无疑也有着同样的意识形态内涵。这使得影片对极度奢华的物的呈现,有着最浅显的合法性:那是"中国"最富庶的王朝。与此同时,这种呈现也未必不在引导着西方观众对当下中国作为崛起的东方帝国的联想。

有意味的是,在中国文化传统中,向来就有"江湖"与"庙堂"之分,并将之视为权力的两极。而香港古装武侠电影(尤其是 1980—1990 年代之交)所展现的江湖世界,大都是中央王朝倾颓的时刻,如明末、清末民初等。这也隐在地显示了港台电影的国族身份认同的取向性。戴锦华曾提出:"作为历史的现代讲述的、不无裂隙的惯例之一,被述历史年代中的'皇权正统'间或成为现代民族国家认同的象征。尽管在中国现代性的话语逻辑内部,这无疑是一种谬误、一份荒诞,但它在大众文化的实践逻辑之中,却是一份尽管纷繁多变、于写者、观者都会心了悟的有效叙述方式。"①在江湖/朝廷的对抗关系模式中,皇权/宫廷很少成为影片的正面形象和主要表述对象。事实上,在中国大陆的 1950—1970 年代,"帝王将相的历史"与"人民大众的历史"也是被严格地区分的。可以说,正是在"庙堂"与"江湖"、"帝王将相"与"人民大众"的区分和对抗中,所有的反叛才具有其自身的

---

① 戴锦华:《秩序、反秩序与身份表述——香港动作片一瞥》,收入《沙漏之痕》,第 88—89 页,济南:山东友谊出版社,2006 年。

合法性。

　　参照于此，中国大陆导演的商业大片从"江湖"向"宫廷"的转移，不仅表现为将认同的对象指向中央王朝的正统，同时也可解读为"江湖"与"朝廷"之间的一种和解姿态。当《英雄》中的无名转过身来，平静地面对秦王的军队和皇宫，那似乎也是一种吁请的姿态：他将以自己的血肉之躯，来为刺客与秦王共同追求的"天下"理想献祭。在这个时刻，两种权力被书写为了一个，就好像权力的占有者与反叛者都共同地融入了那"想象的共同体"①。

　　更有意味的，是这"共同体"意识在怎样的情境中诞生。在《英雄》里，这是一个并没有被解决的问题。残剑只是在他的剑尖真实地触及秦王颈项的时刻，莫名其妙地顿悟了"和平"的真谛。不过，这种情境在《天地英雄》和《夜宴》《满城尽带黄金甲》中却透露出了可以追索的踪迹。校尉李最终下定决心哪怕牺牲自家（和自家兄弟）性命也要保护商队的时刻，是他发现所谓宝物乃是作为统治象征的舍利子，而这也是突厥军队要争夺这一宝物的理由。正是在这一"国际"角逐的语境中，校尉李才得以摆脱了他作为江湖英雄的身份，并将这一身份掷给了那个妖冶而邪恶的替身——独霸一方、代表着分裂中央的地方力量并勾结外国恶势力的安大人。如果说这种关于《天地英雄》的解释或许有些勉强的话，那么《夜宴》和《满城尽带黄金甲》的独特之处，不仅在于它们都在讲述儿子们乱伦的故事，同样值得注意的是：在这两部影片中，权力是以男/女、父亲/母亲这样的两张面孔出现的。与精神分析原型故事中的乱伦关系相比，这两部大片中的女人/母亲，并不只是欲望的客体，同时还是欲望的主体和权力的化身。因此，存在着"父亲的权力"的同时，还存在着"母亲的权力"。这两种权力无论在视觉形象还是在情节依据上，都呈现为某种分庭抗礼的格局。母亲/女人权力最终的失败，带有某种悲剧色彩，并正是唤起儿子

---

① ［美］本尼迪克特·安德森：《想象的共同体：民族主义的起源与散布》，吴叡人译。

暧昧认同的缘由。《满城尽带黄金甲》中杰王子挥刀自刎前告诉王的是："我造反，不是为王位，只是为母亲。"《夜宴》中无鸾染毒身亡前，呼唤着皇后的名字，是他们曾经相爱时的乳名"婉儿"，这或许意味着他与皇后之间始终存在的情感关联。——这种权力形象的双重肉身和作为儿子的主体认同的暧昧，或许也可以做出一种全球化时代关于中国国族体认的政治潜意识的解读：如果说在 1980—1990 年代的语境中，权力的形象可以轻易地被理解为国家/官方权力的话，那么在新世纪的经济全球化语境中，国家权力与资本权力（或代表着资本全球化的强势国际政治权力），事实上却也构成了互相"媾和"（《夜宴》中的台词）却不可化约的两种基本权力的象征性格局。这间或成了戴锦华对"刺秦系列"隐喻式解读的一种直观呈现：正因为"新自由主义在国内、国际政治逻辑与政治实践，占据、填补了秦王/秦始皇所象征的权力/强权的空位"①，所以，权力呈现出它的双重面孔，并似乎在国内/国际的双重关系中被理解。而正是在真正强势的西方/资本权力面前，"中国"或许必然地占据着那张女人/母亲的面孔，并在一定意义上构成了中国内部的权力与反叛之间和解的理由。

朝廷与江湖、国家与天下界限的消泯，似乎必然会造成某种"国家主义"的权力立场。《英雄》中的"天下"和《天地英雄》中的护宝故事，以及《夜宴》《满城尽带黄金甲》中的宫廷乱伦故事，都采取了权力与秩序的暴力法则，通过取消与掏空反叛者的合法性，而将"中国"的历史叠合在"王朝"的历史之上，使关于国族（nation）的历史书写成为了国家/政权（state）的历史书写。民族（国族）主义与国家主义由此而形成了亲密无间的关联。或许没什么比北京奥运会开幕式对这一点表现得更清楚的了。以民族风格、中国故事为主题的运动会开幕式，确在不同层面上都被作为了"国家庆典"。因此，汉唐盛世的礼仪之邦、丝绸之路的万方来朝，以及四大发明和古典文化，都成了中国/

---

① 戴锦华：《性别中国》，第 189 页。

国家的象征。事实上,对中国文化民族主义背后的国家主义诉求的批判,成为了许多亚洲国家的左派知识分子格外关心的问题①,也是在诸如"东北工程"事件中引发的中韩文化冲突背后的指向。

但问题似乎还存在着另外的理解面向,即对中央王朝的这种归附和向心力,是否就只能在国家—社会的对抗模式中被解读为"国家主义"呢?张旭东在他关于《英雄》的解读中提出,《英雄》的天下观对《荆轲刺秦王》那种"基于当代自由主义个人主义原则"的反叛而作的改写,可以在国内与国际的两种不同环境中得到新的解读。在国内政治环境中,它"居主流地位,并且在社会心理上同某种民族潜意识遥相呼应";而在国际大环境中,"好像不是前南斯拉夫式的以'族裔自决'肢解国家,就是一股脑地加入'全球市场'、'世界政府'、'普遍人权'。夹在中间的那些在历史中形成的民族国家,特别是有较强的文化传统、国家能力和民族向心意识的国家,几乎都成了'逆历史而动'的怪物,在强势意识形态的高压下有口难辩"②。《英雄》的"天下观"是否在国内就是"居主流地位"的,并不是一种准确的判断,事实上,国内对《英雄》争议最多的就在于这一"天下观"。不过有意味的是张旭东因此而提出的国际参照,他显然希望人们在民族主义与世界主义这两个极端之外,来讨论"中国"作为现代民族—国家的独特性。由中华帝国转换为现代民族—国家的"中国",从来就不是标准意义上的以欧洲为模型的民族/国民—国家。因此,是否可以用基于市民社会理论的社会—国家的二元模式来讨论中国,就成为可以讨论的问题。

事实上,中国大片无法形成内在个体的透视法则、它与民族寓言模棱两可的相似,乃至它以国家主义形态呈现的民族向心力,都与这

---

① 林春城:《后社会主义中国的文化景观:以文化民族主义为中心》,2008 年 10 月 23—26 日韩国现代中国学会"改革开放 30 年回顾"的会议论文;徐京锡:《奥运会与国家主义的"错误相遇"》,*Hankyoeh* 2008 年 8 月 9 日。

② 张旭东:《在纽约看〈英雄〉》,《文汇报·笔会》,2003 年 1 月 17 日。

一关键理论问题可能有着不同层次的关联。不过，将这一理论问题落实到对中国大片的讨论，或许还需要更多的转换环节，因为商业大片的影像与理论问题的阐释，毕竟是两个不同脉络上展开的问题。至少在视觉层面上，从《英雄》的"天下"到《满城尽带黄金甲》《夜宴》的"宫廷"，同时也在呈现着立足于宫廷/朝廷/统治者立场的所谓"天下观"的伪善与残忍。

2. 东方表象、亚洲市场与中华帝国的幻影

有意味的是，正是在中国大片里，基于"天下观"的古代中华帝国的朝贡体系表象，与全球市场体系中的当代中国之间，建立了某种暧昧的历史连接。似乎是，作为中国电影产业全球化运作的产物，大片的资金来源、演员阵容和制作班底的跨国组合，确在某种程度于文化表象上唤回了那个居于朝贡体系顶端的"中央之国"的幽灵。

这显然主要导源于中国大片所采取的华语电影/东方情调的国际化策略。它将自己的语言确定为汉语/华语，这一奥斯卡的"外语"，却有着港台电影工业所创造的广泛的亚洲市场和大众文化传统；它将自己的叙事对象和范围确定为古装历史，这一西方人眼里的神秘的古代远东世界，与当前全球化格局中的亚洲区域制作市场及消费市场发生了直接的互动。这样一种超国家的亚洲表象，不仅关联着中华帝国朝贡体系的历史，也关联着现代亚洲被西方与日本帝国主义殖民的历史。因此，也正是在国际市场的诉求之下，亚洲区域市场以及它所召唤出的文化表象，反而比中国大片导演们瞩目的以北美为典范的"全球市场"和"世界语言"，带出了更多的问题。很大程度上，中国大片似乎成为了亚洲国族汇聚与冲突的一个重要场域。

中国大片的华语制作方式和古装历史的题材，首先便造成了中华帝国历史与现代亚洲国族之间的暧昧关联。最早的例证，是 2003 年出品的《天地英雄》。护宝故事的地点主要发生在古代丝绸之路的西域，那是中华帝国的西部边疆，但是关于这个故事的讲述却穿越了与现代中国领土相仿的中华帝国的疆界。首先是作为影片主角之一的

日本遣唐使来栖大人，这个始终坚持自己的"日本人"身份的遣唐使，因为强烈的思乡之情多次申请回国，而被唐朝皇帝遣送至边疆作为惩罚。这个角色也由当下日本著名影星中井贵一扮演。这是中国电影商业大片第一次邀请亚洲他国明星加盟，此后这种做法成为中国大片运作的一种惯例：通过纳入韩、日、印度等国的明星，而扩大其在亚洲的票房号召。显然，这种出于经济动力的商业运作，无法不在视觉呈现上加入关于电影影像的意义创造，从而把遥远的唐帝国与现代中国、把古代日本与现代日本暧昧地连接在一起。事实上，正是来栖大人和从印度取经回来的和尚所表征的唐王朝与亚洲的交往关系，被直接地理解为当代中国在亚洲的国际处境。演员姜文如此说道："这部电影选了一个好的历史背景，这是中国刚刚开始和周边国家交流的时期。"显然，这一说法换成另一现代的表述会更合适：那是唐代中国"全球化"的时期。而日本影星出演的遣唐使形象，也在同时起着树立正面的"日本人"形象的作用。中井贵一说道："对于中国我有着很复杂的感觉，我出生在第二次世界大战之后，我也看了许多中国电视，我发现这里所演的日本人像恶魔、土匪。但我想通过自己的行为告诉大家现在的日本人已经不再是那样了。"[①]显然，在这种表述中，电影中的古代人物的视觉表象从来就没有离开过现代国族身份的框定。于是，中华帝国朝贡体系中的古代国家关系，似乎直接与全球化格局中的现代民族—国家之间的关系叠加在了一起。

在《无极》中，电影的跨国运作更密切地与国族表象和亚洲市场的票房号召力，联系在了一起。它的主要演员阵容：中国香港演员张柏芝与谢霆锋、韩国明星张东健、日本影星真田广之、中国大陆影星刘烨和陈红，直接对应着影片的资金来源和市场定位：中国大陆/中国香港/韩国/日本。尽管书写的是一个远古时代没有明确身份的"海天和雪国之间"的"自由国家"，但影片的影像却无法不唤起这个"东方奇

---

① 相关说法参阅《天地英雄》的背景资料，http://baike.baidu.com/view/151005.htm，2008 年 9 月 5 日。

幻"故事与现代国族身份的联想。张东健的韩国身份，以及影片中擅长奔跑的"雪国人"，隐约使人联想到作为现代民族—国家的韩国。而由日本演员真田广之扮演的大将军光明，以及元老服饰、海棠花与屏风的日式风格，都可能使人将之与作为现代民族—国家的日本联系在一起。相当有意味的是，这部影片却很难在影像上让人联想到"中国"，除了那个"圆环套圆环"的王城的八卦形状。这或许因为，在西方中心主义的视野中，作为西方的"自我的他者"的东方，始终是日本：那才是西方内部的东方。但是《无极》的中国大陆导演和作为中国"国产影片"的身份，却明确无误地标定着影片的国族身份。

亚洲市场的跨国运作和现代亚洲国族影像的暧昧关联，构成了中国大片一个不成文的制作法则。徐克导演的《七剑》，讲述的尽管是清代中国反叛者的故事，但也一定要加入一个绝色的高丽女子绿珠，作为七个侠客之外的另一女主人公形象；张之亮的《墨攻》（2006）则启用韩国影星来扮演最擅长守城的将军形象，因为正是在《武士》（2001）、《百济武士》（2002）等韩国商业大片中，韩国军队擅长守城的形象才被建构为大众文化中的定型符号。

将亚洲市场与现代国族的关系表现得最具有征候性的，应该是2005年出品的《神话》。这是2003年中国国家颁布《内地与香港关于建立更紧密经贸关系的安排》（CEPA）之后，成龙和导演唐季礼转战中国与亚洲市场的首部港式中国大片。影片在现代香港、现代印度与古代帝沙国、中国西安和古代秦王朝、古代高丽国与现代韩国之间建立起叙事的关联，这种关联的方式颇为意味深长：它的主部故事是一个现代香港的考古工作者杰克寻找他的前世（秦朝将军蒙毅）记忆的故事。杰克反复梦见的古代女子，就是他前世的恋人，那个服下了不老仙丹、两千年来一直在秦始皇陵墓中等待他的、和亲至秦朝的高丽公主。影片把秦代中国的历史，书写为一个现代香港人"心灵深处的记忆"，这种叙事无论如何都是别具意味的。几乎可以说，《神话》就是《卧虎藏龙》式"中国乡愁"的成龙版。"失忆"/"寻找记忆"的故事曾是成龙的好莱坞电影《我是谁》的主题,不过那是非洲故事的东方奇观,这回的故事明确无误地放置在以"中国"为中心的亚洲想象中。这和成龙由好莱坞转移到中国大陆市场的举动关联在一起时,无法不使人意识到"中国崛起"、中国庞大的"吸金黑洞"般的资本市场对电影文本叙事可能造成的影响。因此可以说,正是经济全球化过程中的亚洲作为区域市场的整合,唤回了那个古老的庞大帝国的影子,从而于表象上呈现为一个超国家的东方/亚洲影像。

这个东方/亚洲影像似乎并非偶然地需要依托于中华帝国的朝贡体系表象。作为一部有着与《神话》近似的投资背景、但却求助于另外的文化表象的影片,2006 年出品的《霍元甲》构成了别种意义上的例证。

3. 亚洲"大和解"和民族主义

和成龙同样作为 1980—1990 年代香港电影的代表人物,同样于 1990 年代中期进军好莱坞,又同样是 2003 年后转而投资中国大陆电影产业,李连杰出演《霍元甲》,便和成龙出演《神话》一样,构成中国大片的另一代表性序列。尤有意味的是,霍元甲这一被述对象的选择,具有更丰富的历史象征意味。人们当然不会忘记,1981 年,中国大陆改革开放初期,正是一部名为《霍元甲》的香港电视连续剧,激起了中国民众普遍的文化民族主义热情;同样容易记起的是,1994 年,彼时正当盛期的李连杰出演电影《精武英雄》中霍元甲的大弟子陈真,所着力凸显的民族正义感。年轻英俊一脸正气的陈真跪在被日本人毒害的师父霍元甲灵堂前,将一块写着"忍"字的横匾劈得粉碎,这一细节与 2006 年银幕上显得苍老憔悴的霍元甲/李连杰,忍受着毒药发作的剧痛,面带笑容而心甘情愿地被日本武士打得口吐鲜血倒地身亡,两相对照,恐怕其中的意识形态意味再清楚不过了:霍元甲/李连杰从一个代表受侵略民族反抗的民族英雄,变成了一个化解现代亚洲历史仇恨的圣徒。电影《霍元甲》对被此前的港台影视所定型化的霍元甲故事做了极大的改写,讲述的是他如何从一个好勇斗狠的武夫变成一个超越仇恨的英雄的故事。他宽恕了所有的人,包括敌人，尤其是日本人。被日本商人投毒身亡的仇恨，不是中国与日本之间的民族仇恨，而是个别的"日本败类"利欲熏心所致；中国人面对西方和日本的侵略，不应以暴抗暴，而需要化解仇恨、"自强不息"。

《霍元甲》的这种历史书写，是经济全球化的后冷战时代"大和解"的一个绝好的隐喻。"大和解"的故事情节显然联系着包括日本在内的亚洲市场诉求，同时也或许包含着始终只能在好莱坞电影中出演"功夫玩偶"角色的李连杰，对于华语/中国电影文化的民族主义热情。不过这种和解，却是中国人以"爱你的敌人"式的受虐方式完成的。这显然可能成为中国民族主义者抨击的对象。不过有意味的是，这部电影并没有激起多少民族主义的抗议，相反，人们从那个圣徒式的霍元甲身上，看到的是"大国民风范"。影评这样写道："中国已今非昔比，我们是该终止'雪耻'的呼声了。于是，李连杰在《霍元甲》中为我们讲述了这个时代需要的神话，这个时代需要的霍元甲。……这不能简单地把他看作是对过去'霍元甲'形象的超越，而是对当下狭隘民族主义诉求的超越。当中国宣称要和平崛起的时候，我们需要通过'自强不息'来赢得世界的尊重和敬畏，而不是以暴制暴去计较上一个世纪的耻辱。"①看来，资本全球化、中国崛起似乎在创造着另一种新的国族叙事，它以"大和解"的姿态，化解了 20 世纪中国作为"落后民族"而"挨打"的民族主义怨恨记忆。

事实上，自 2006 年的《夜宴》《满城尽带黄金甲》《霍元甲》之后，中国大片呈现出了不同于前的引人注目的重要叙事特征：它们都将叙事的目光转向了现代亚洲历史，并不约而同地表现出某种对民族主义的借重与"超越"。这表现为《无极》之后陈凯歌拍摄的《梅兰芳》（2008），艺术与国族之间似乎显出了前所未有的紧密关联，使得梅兰芳这位艺术家始终被有意识地确立为一个民族英雄。不过，也正是借

---

① 川江耗子：《〈霍元甲〉：大国民风范》，作者博客：http://chuanjiangrat. tianya. cn，2008 年 9 月 5 日。

助京剧(带有浓郁国粹意味的)这一艺术形态,超越国族界限才成为可能:京剧艺术可以使日本人为之付出自己的生命;而梅兰芳在美国百老汇的成功,似乎就可以直接解读为陈凯歌写就的一个关于东方与西方和解的浪漫的白日梦。《夜宴》之后的冯小刚拍摄了《集结号》(2007),国家最终补偿了那些它曾无意间伤害的个人,这显然可以读作对 1980 年代以来当代中国"告别革命"的政治情绪中浓郁的怨恨情结的化解。著名影星甄子丹出演的《叶问》(2008 年),曾被韩国媒体与《梅兰芳》并列,称"文化中华主义崛起,华语片也很'民族'"①。不过如果深究的话,在这部似乎与《霍元甲》取向相反的影片里,丝毫看不到日本侵略军的罪恶,相反倒是他们武士道精神的公正与大度历历可见;更重要的是,真正使叶问成为民族英雄的,其实不是因他抗击日军,而是因为他有一个著名的弟子:因好莱坞而扬名世界的中国功夫皇帝李小龙。因此,与其说《叶问》是"文化中华主义",莫若说它骨子里还是好莱坞主义更合适一些。

论及 2006 年后的中国大片与民族主义,显然不能不略提及李安2007 年出品的《色·戒》和陆川 2009 年出品的《南京!南京!》。它们都以不同方式触及中国民族记忆中最敏感的区域:抗日战争,尤其是南京大屠杀。不过有意味的是,在《色·戒》里,王佳芝假戏真做爱上了汉奸易先生,似乎性/爱穿越了哪怕最不可穿越的国族界限;而《南京!南京!》则让一个日本士兵做了影片的主人公。在那个从影像上可以清晰地辨认出的、仅仅是由虚拟的布景搭建出来的抽象的生死之城中,那个"没有被妖魔化""人性化"的日本兵的困惑和痛苦,似乎承受住甚至盖过了南京城成千上万中国人的尸体。而如果考虑到《南京!南京!》乃是中国大片里第一部官方资金占主导的影片的话,这种历史记忆的书写方式就更有意味。

可以说,基于不同经济、文化脉络的中国大片,其国族叙事的具体

---

① 此语为《朝鲜日报》2009 年 4 月 25 日文章的标题,中国网(china. com. cn)于 2009 年4 月 27 日转载。

形态也各不相同,不过无论从内部权力关系还是从外部国族关系,它们的共同特征都是"大和解"。这似乎也是由"新自由主义"意识形态主宰的后冷战时代的"主旋律"。资本全球化以更为现实和强大的力量在塑造着新的国族想象。中国大片既是其构成部分,也以它自身的独特方式在参与着新国族的塑造。它在加固着作为全球市场构成部分的民族—国家的内部凝聚力的同时,又在建构着一个基于全球市场的超民族—国家的普遍人类的幻象。在这两种相反相成的叙事张力中,或许将意味着一个新的中国国族主体的出场。

第十九章　暧昧的遭遇战：

《孔子》与传统文化认同

一　电影《孔子》事件

作为 2010 年的第一部国产大片，《孔子》的出场可谓高调：1 月 22 日全球公映，投入 2500 个拷贝，"创中国电影史之最的特大发行量"①。这"意味着《孔子》将覆盖全国的大小银幕，只要有影院的地方就能看到这部电影"②。但这种高调很快就与电影市场尤其是网络上的低评价形成鲜明对比：首先是传出此前热映的好莱坞超级大片《阿凡达》因《孔子》而"被下线"，导致了众多《阿凡达》影迷对《孔子》的抵制；继而是超低评价的出现：豆瓣网打出了多个 0 分；被称为"青年舆论领袖"的韩寒在博客中发文，给《孔子》打出 2 分，并说"《孔子》根本没有存在的必要，是一部完全可以抹去的影片"③；然后是鲍鹏山等所谓专家指出电影中的多处错误，引起电影制作人员胡玫、陈汗等的激烈回应。这些境况，几乎造成了国内市场舆论界对《孔子》的一片恶评。直至 2010 年年底，《中国新闻周刊》仍将《孔子》列入年度国产电

①　《〈孔子〉今日正式公映，东西时代巨制巅峰对话》，腾讯娱乐 2010 年 1 月 22 日。
②　《电影〈孔子〉发行规模达 2500 个拷贝》，http://www.dayoo.com，2010 年 1 月 14 日。
③　韩寒：《看〈孔子〉》，新浪博客 2010 年 1 月 25 日。

影"最烂影片"的"候补名单"。这种"高调"与"低评"之间的对比，某种程度上显示的是国产大片的惯常遭遇。自 2002 年张艺谋的《英雄》开创国产大片生产与制作模式以来，国内舆论界从来就是一片骂声。不过，与《英雄》等相比，《孔子》并未获得相应的高票房。尽管票房最终过亿，与电影制作投入的资金（1.5 亿）以及拷贝发行量相比，其收获只能说是"平淡"而已。

将电影《孔子》的遭遇，放在国际格局中的"中国崛起论"与国内的国学热背景下，又会显出另一重暧昧。自 1990 年代后期开始，中国在全球经济格局中的崛起，逐渐从海外舆论变成了国内的某种共识。而 2008 年的北京奥运会开幕式，则在一定程度上被视为"中国与国际接轨"的"仪式性"标志。很大程度上可以说，中国大片的出现与这种"中国崛起论"的关系是相当紧密的，电影中的中国元素构成了国际市场上某种意识形态性的再现因素，甚至像《2012》这样的好莱坞大片也不例外。而就国内的情况来看，则是诸多传统文化被重新发明出来：一方面是国学热与官方主流意识形态的紧密结合，一方面是知识界对中国文化的"文化自觉"与对西方文化的批判性认知；同时还有文化市场上传统中国文化作为一种"被展览的文化"，构成了影视文化产业和旅游业的基本内容；更值得关注的还有"百家讲坛"、恢复传统节日、唐装热、民间修族谱热潮等现象标志的普通民众的文化认同心理所发生的变化。这些不同的侧面，共同指向的是对传统中国文化的关注热情。如果说在 1980 年代的新启蒙主义思潮的语境下，传统文化作为"封建文化"是"阻碍"现代化的罪魁祸首，因此，"反传统是继承传统的最好手段"成为知识界的名言的话，那么，经历 1990 年代的文化保守主义回潮和国学热的兴起，到了新世纪，中国传统文化既被解释为中国崛起的内在因素，也被视为在全球化语境下重建中国身份的主要标志。在这样的情形下，正面讲述孔子这个"中华文明的祖先"，显然是某种应时之举。

事实上，关于电影《孔子》的市场定位，无论是导演胡玫还是电影制作班底，都是有着充分的自觉的。其中反复提及的重要标志性因素，就是孔子学院在全球的广泛分布。自 2004 年在韩国首尔成立第一家孔子学院后，到 2010 年 6 月，"全球已有 90 多个国家和地区建立了 302 所孔子学院、272 个孔子学堂，总人数达 13 万人"①。这也成为了《孔子》锚定的海外市场的重要组成部分。不止是胡玫，在电影《孔子》前后拍摄和制作的，同一题材至少还有 3 部电视剧和一部国产动漫电视剧②，因此，曾有人预期 2010 年是"孔子年"。在这种背景下，电影《孔子》的遭遇就显得别有意味。

诸多网络上和舆论中的低评价，都建立在对影片制作水准的否定之上。影片前紧后松的叙事节奏造成的拖沓感，对于孔子思想阐释的空洞，以及子见南子、颜回之死等叙事段落的设计，都构成了否定性评论的焦点。不过公平地说，《孔子》与此前的国产大片相比，并不在水准线之下，它在演员阵容、制作班底、影像风格与叙事水平上，都胜于此前的《无极》《夜宴》《满城尽带黄金甲》，也不输于获得高票房的《英雄》与《赤壁》。电影《孔子》试图融汇"史诗电影"与"商业巨制"的企图，一定程度上使得影片在中国文化器物的展示、人物传记的叙事格局、史诗电影的大场面与独特中国文化情调的渲染等方面，都有较为融洽的展示。或许，问题的关键不仅在于影片的好与坏，更在人们评价影片时所依据的政治的、文化的与美学的标准。如果说电影所创造的乃是社会性的"白日梦"，真正值得关注的就是这个"白日梦"在何种意义上是或不是"社会性的"。或者，换一种说法，它在何种意义上，变成了不同社会性认同力量正面碰撞的场域。

---

① 《世界各地已建孔子学院三百多所》，http://www.sina.com.cn，2010 年 11 月 17 日。

② 电影《孔子》是胡玫"筹备三年多"的同名电视剧的前期制作；另一部同名电视剧由韩刚导演，由佛山传媒集团、佛山电视台与珠江传媒影视文化有限公司投资制作，号称"中国首部人文圣哲剧"；第三部电视剧名《孔子春秋》，张黎、刘淼淼联合执导，由湖南广电、江苏广电等联合摄制；国产动漫电视剧《孔子》由赵先德总导演、国产动漫《福娃》原班人马制作，著名作家李冯、叶兆言、张炜等参与编剧。

　　显然，解释《孔子》在 2010 年电影市场上的遭遇，以及它缘何卷入舆论漩涡而成为 2010 年值得关注的事件之一，牵涉到比关于影片自身的评价要复杂得多的众多维度。这涉及影片置身的电影生产体制及其占据的位置，涉及影片建构的文化想象及其内在文化脉络，以及与其他文化脉络的碰撞，也涉及作为受众的当下中国社会族群及其文化认同的分化，并且因为电影作为一种特殊的文化产业形态，还涉及资本的运营机制与特定的消费社会情境中观影欲望的正面交汇。某种意义上可以说，电影《孔子》及其在 2010 年的处境，勾连起来的是一场多侧面的暧昧的遭遇战。

二　《孔子》PK《阿凡达》

　　这首先昭显的是作为民族工业形态的中国电影文化产业，在全球化格局的处境，尤其是与好莱坞电影工业的正面碰撞。讨论国产大片《孔子》，在许多层面都不能绕开它与好莱坞大片《阿凡达》的对比。《孔子》在 1 月 22 日公映，23 日各大影院即停止在 2D 影厅放映《阿凡达》。这是网络上炒作《阿凡达》"被下线"的缘由。看《孔子》还是看《阿凡达》，变成了抵制以不合法的行政手段干预电影市场上观众个人审美选择的理由。在《孔子》PK《阿凡达》背后，显示出来的是不同层面的、政治的经济的也是文化的碰撞。

　　在这场 PK 中，最醒目而最少被讨论的是：《阿凡达》投资近 15 亿人民币，并且它同时带来的是好莱坞这一超级全球垄断性电影产业的最新技术即 3D 技术。《孔子》以区区 1.5 亿投资，尽管其制作在全国乃至华语圈应算"梦幻组合"，但是与《阿凡达》比起来，只能算是小巫见大巫而已。有意味的是，在《孔子》公映之初，确有影评高调评价的，正是《孔子》敢于"迎战"《阿凡达》的勇气："一个是崛起的中国电影最新的里程，一个是老牌电影强国又一度自我的超越；一个是东方千年文化的厚积薄发，一个是西方电影特技的集中展示；一个讲述中华圣人的传奇生涯，还原春秋盛乱兼具的时代画卷；一个勾画未来人类的生存动向，构造外星壮美动人的地球镜像。这是一场东西划时代巅峰银幕巨制的对话。"①应该说，这场 PK 是以《孔子》（东方？中国？）的惨败而告终的。不过，这一不对等的赛事，提示人们的，却正是中国电影文化工业的生存处境。事实上，自 1990 年代中国电影工业改革以来，如何与覆盖全球的强大的好莱坞电影工业竞争，始终是中国电影产业需要面对的问题。自 1994 年每年引入 10 部好莱坞大片，在中国观众开始享受"全球同步放映"的全球化快感的同时，中国电影工业遭遇的却是"冰海沉船"②，是传统的社会主义中国电影体制的崩解和新的电影工业在全球化冲击下的低迷。自 2002 年《英雄》以大制作赢得出人意料的高票房以来，中国电影工业似乎找到了一种相对成功的制作模式。某种程度上说，这也是目前中国电影市场上唯一成功的模式。但是，这些国产大片从未有"勇气"敢于与好莱坞大片同期放映。电影《孔子》在这样的意义上，是"第一次"，而且还是打折扣的第一次：《孔子》的上线是在《阿凡达》上映后期（长达 3 个月的播放周期），并且撤掉的影线仅仅是 2D 影厅。

以其超高的发行量来看，电影《孔子》应当是有备而来的。这首先意味着国家主管部门的支持。对电影《孔子》的讨论，需要放到中国电影产业"回暖"的情境中来。新世纪以来，伴随着"中国崛起论"，如何增强国家"软实力"，向世界输出"中国形象"，变成了重要话题。文化产业在这样的背景下，逐渐成为国家重点扶持的对象。2009 年 9 月，文化部颁布《文化产业振兴计划》，提出"降低准入门槛、加大政府投入、强化税收信贷支持"等 5 条政策，将振兴文化产业作为国家战略而提出。有资料统计，"2009 年全国票房突破 62.06 亿元，同比增幅达 42.96%"，都获益于这一政策支持。电影《孔子》成为重点扶持对

---

① 《〈孔子〉今日正式公映，东西时代巨制巅峰对话》，腾讯娱乐 2010 年 1 月 22 日。

② 戴锦华：《冰海沉船：中国电影 1998 年》，收入《雾中风景：中国电影文化 1978—1998》，北京：北京大学出版社，2000 年。

象，"正是由于影片含有值得弘扬的价值观……以电影《孔子》来与孔子学院配套，向世界输出中国'和而不同'的价值观，对于提升中国软实力无疑具有现实意义"①。由此看来，电影《孔子》在扶持中国电影工业和输出中国软实力两个方面都被赋予了很高期待。事实上，在电影《孔子》的制作过程中，始终被赋予着比商业大片要多得多的文化意义，因此，官方、学术界以及孔子后人，都同时成为影片制作的重要参与与制约力量。据制片方说，《孔子》是开过最多专家会议的影片；包括谁来饰演孔子，也在影片拍摄前成为重要的炒作事件，以致像周润发这样"演过黑社会的人"能否有资格演孔子也成为问题。因此，有媒体称电影《孔子》是"一次事先张扬的公共事件"②。

有意味的地方，在于《孔子》这种针对国际电影市场的"中国"背景，与它针对国内电影市场的"官方"背景之间，由于多种力量介入所导致的复杂效果。尽管《孔子》本身是官方色彩的"中影"（中国电影集团公司）与香港私营资本"大地电影"合作的产物，但它最终的目标仍旧是谋求电影市场。不过，由于被赋予了过于沉重的文化象征，所以，电影本身的制作，不得不在诸种力量之间小心翼翼地协调与平衡。它必须是"糅合各个部门的意见，四平八稳的"，同时又要是好看的。香港编剧陈汗，和本土新主流电视剧编剧江奇涛，再加上剧本原创何燕江，和主要作为内地主流电视剧导演的胡玫，这样的编剧组合本身就是有意味的。也可以说，电影《孔子》乃是国家与资本、本土与国际、电视剧与电影等多个层面的"组合"产物。这在某种程度上也决定了电影制作能够施展的空间。因此，在这部电影的恶评声出现之后，许多电影圈的人想起了1940年费穆导演的《孔夫子》。在费穆的人文情怀与胡玫的"东成西就"的对比间，这部"战战兢兢"的孔子电影缘何不能"理直气壮"地表现孔子精神，也成了被讨论的问题。③

---

① 张成：《孔子能否增强中国的软实力》，http://www.sina.com.cn，2010年2月2日。
② 《孔子，又回来了》，《中国新闻周刊》2010年第4期。
③ 解玺璋：《理直气壮地宣扬一种精神很难吗？》，《北京日报》2010年1月22日。

这也可见，国家扶持的意义本身是双重的，它固然意味着电影制作和发行系统的大力推动，同时也意味着官方主导之下多重力量之间的博弈。当这样一部"众声喧哗"的影片，正面对抗完全由美国好莱坞大资本打造、并由史称"最会烧钱"的天才导演詹姆斯·卡梅隆拍摄的《阿凡达》时，它首先显示出中国电影工业无论多么自认"强大"，要对抗好莱坞，尤其是好莱坞的顶尖之作，显然还为时尚早。

不过，更有意味的是，当针对国际市场而由国家扶持的《孔子》，在国内市场被赋予"官方"色彩时，看《阿凡达》还是看《孔子》，相当有趣地被纳入到国家（官方）与市场（个人）的二元对立选择中。在此，选择"没有"意识形态色彩、表现"人类未来"的《阿凡达》，似乎远比选择带着种种"中国""国家"标记的《孔子》，要来得高明。无法看见《阿凡达》的意识形态，更愿意将《阿凡达》定位为"人类的"而非"美国的"，显示的固然是 1980 年代以来中国新主流意识形态的世界主义或西方中心主义心理惯习，更重要的是，它也凸显着 1990 年代以来中国式民族主义的暧昧之处。

民族主义的浮现，常常被指认为 1990 年代后中国大众社会意识形态的一大标志。这在 1990 年代后期南斯拉夫大使馆事件，尤其是新世纪奥运圣火传递事件中，都突出地表现出来。在 2008 年西方国家阻止奥运圣火传递事件中，网络上掀起的民族主义热潮的主体，主要是 80 后。这也是《孔子》观众（尤其是《阿凡达》影迷）的同代人。不过，在许多人眼中，此民族主义非彼民族主义，朝向外部的民族/国家身份与尊严诉求，一旦和国内的复杂运作机制落实在一起时，问题就转向了另外的方向。显然，讨论民族电影产业这一话题，常常与民族—国家认同关联在一起。1990 年代全球资本进入中国市场之初，就有一些忧心于民族电影工业发展的批评家，针对国内过于天真的全球化想象，而谈论过"狼来了"的话题①；而 20、21 世纪之交"韩流"兴盛

---

① 戴锦华：《狂欢节的纸屑：1995 中国电影备忘录》，收入《雾中风景：中国电影1978—1998》。

时期,中国文化工作者学习韩国电影产业的主要收获,也正在于国家政策性保护与电影工业的密切关系①。不过,当中国政府真正开始实施这一保护性措施时,国内市场的观众却似乎并不买账。在国家(官方)/市场(个人)的二元选择中,有意味的正是它缺失了国家(中国)与国家(美国)的关系维度,从而把个人纳入超国家、非意识形态的市场、艺术的认同中,相反,"中国认同"在此成为"官方""强制"的象征。而事实上,正是全球化格局中的政治冲突与文化认同,导致了对"中国"文化的重新发现/发明。

或许可以说,在这个层面上,发生遭遇战的,正是着眼于国际身份的"中国认同",与着眼于国内关系的社会性心态。事实上,几乎所有着眼于国际市场的国产大片,都会在中国元素上大做文章,而其在国内市场的低评价也常常与这一点联系在一起。不过,《孔子》的独特之处在于:它选定的中国元素,乃是作为中华文明之根、中国人之祖先的孔子,并且,它不仅试图与国际上的"中国热"对话,同时还试图与国内的"国学热"对话。

三　"归来的孔子"：国与民的扭结

与"孔子热"中的诸多文本相比,电影《孔子》表现出了颇为独特的文化诉求。这既源自电影关于孔子在当下中国文化中的位置的指认,也来自它对于孔子这一影响深远的中国传统文化人物的独特阐释方式。

尽管影片采取了传记电影的基本形态,但它却并没有按照孔子生平年序展开叙事,而是将情节集中于孔子 51 岁出任鲁国大司寇和代国相,至其 73 岁去世这个时段。影片的前半段讲述孔子治理鲁国的政事,后半段讲述孔子周游列国。影片将叙事重心放在孔子与鲁国的

---

① 《南方都市报》2003 年 11 月 9 日专题报道了韩国电影产业的发展史,尤其关注国家保护政策与电影业发展的关系。

关系上，孔子被逐而最终归来，构成了其中的华彩段落：衣衫褴褛的孔子，长拜于鲁国城门前，涕泗横流地说道："鲁国，我的父母之邦，我终于回来了！"这个"归来的孔子"，事实上也构成了胡玫拍摄孔子故事的情感认同点："改革开放 30 年后，国学重新回到了我们身边，《孔子》最重要的一句台词，就是孔子回到鲁国时说的……孔子不仅回到了鲁国，这个我们为之骄傲的思想家、伟人又重新回到了我们的祖国。我是带着这样的情感来拍的。"①可以说，电影《孔子》是在回应两个层面的历史语境而展开叙事的。就国际市场而言，它着眼的是以孔子学院与孔子课堂为标志的中国文化热，而就国内市场而言，它试图对话的是伴随中国崛起，国人对于孔子与传统文化态度的转变而形成的"国学热"。

在现代中国的历史上，恐怕没有哪个历史人物比孔子更富于象征色彩了。五四时期，新文化运动针对袁世凯的尊孔复辟而提出的口号是"打倒孔家店"，孔子成为全部传统文化罪恶的象征，代表的是一种东方专制主义的"野蛮传统"。这种反传统的民族主义，事实上构成了现代中国的主流意识形态。与印度、韩国等亚洲现代国家确立的文明主义传统不同，现代中国的民族认同并不建立在对传统文化认同的基础上，相反，在现代化与孔子所代表的传统文化之间，形成了一种二元对立的选择定式。这种状况在"文革"时期的 1970 年代，和强调"新启蒙"的 1980 年代，得到了更进一步的强化。1974—1975 年的"批林批孔"运动，使孔子成了臭名昭著的"孔老二"；而在 1980 年代的"新启蒙"思潮中，封建文化被视为中国完成现代化的最大障碍，批判中国传统文化与批判当代中国政治，成了同一问题的两面。尽管文化保守主义（以及后来出现的新儒学），在五四新文化运动的同时期就已经存在，但从来没有成为现代中国的主流声音。这种反传统的民族认同方式，到 1990 年代后逐渐发生了改变。这一方面因为 1970 年代"亚

---

① 《胡玫：知不可为而拍孔子》，大河网－大河报，2010 年 1 月 28 日。

洲四小龙"崛起而形成的关于儒教资本主义的论述,打破了那种将传统与现代对立起来的二元思路;另一方面,在全球化格局中,无论是中国知识界对于文化激进主义的反思,还是中国政府出于建构国家形象的考虑,传统文化都成为了确立民族—国家身份的"国"学。正是在这样的民族文化心态发生历史性转变的情境下,孔子得以成为中国文化关注的焦点。

某种意义上,胡玫把电影《孔子》的叙事重心放在"归来",也是一次象征性的文化上的"认祖归宗"行为。孔子因此作为中国人"共同的祖先"、男性家长("子孙之昌")、思想圣人,矗立在银幕上。电影在拍摄手法上,采取了许多仰拍镜头和雕像式造型,甚至少见地采用了1960年代中国电影发明的象征叙事镜头(即人物与高山、大野的叠印,尤其是孔子听到子路死讯时的雪山镜头),因此,有评论戏称这部电影乃是"高大全"式叙事。这使得影片不可避免地使人感觉到某种"说教"的色彩。并且,影片重点讲述孔子的治国理想以及这一理想破灭之后的执著情怀,其焦点始终是"圣人"与国家的关系,这也使得影片难以获得商业电影将孔子作为"人"来讲述的平视眼光。而值得分析的是,正是孔子与国家之间的关系,构成了电影文本内外的两个意识形态扭结点。

首先,将孔子作为民族/国家的英雄/圣人来讲述,恰恰暧昧地撞到了"国学热"作为国家意识形态工程,在国内激起的意识形态敏感点。显然,在传统文化热中,知识界对传统中国文化的关注,与由官方推动的"国学热",这两个面向需要区分开来。前者更多地着眼于全球化时代的"文化自觉",以打破那种建立在传统与现代框架基础上的现代化范式,和那种以抽象的世界主义为诉求的西方中心主义意识形态;而后者则更强调确立全球化格局中的国家身份,并以此化解国内诸多社会矛盾。在后一脉络上,一方面是重构历史的重大文化工程的上马,和国学作为一种学院建制及主流意识形态文化的确立,另一方面则是"以德治国""和谐社会"等新口号的提出。它将社会矛盾的解决，诉诸个人的思想品德教育，并通过强调家与国的内在关联，突出社会稳定的重要性。正是在这个意义上，对传统文化的关注，表现出的是民族主义诉求，即通过强调基于地缘与血缘等传统社会族群及文化世界的关联，来建立现代民族国家的"想象的共同体"。但是，这种由国家主导的意识形态工程，始终需要面对的是如何解决国内具体的社会矛盾，尤其是贪污腐败和民主渠道不畅通等。它同时还需要回应1980 年代构建并在 1980—1990 年代之交被加剧的反国家主义的"新启蒙"思潮，后者始终把反对国家—官方作为自身的批判性立足点。这也就意味着，在"国学热"背后，潜藏着社会性的关于"国"与"民"之间的磨合心理，而且，这种心理很容易滑向一种对抗性心态。

就电影的制作形态而言，主旋律和商业电影从 1990 年代开始成为着眼于不同观众群体、依靠不同发行渠道的两种电影类型，但自 21世纪以来，主旋律电影与商业电影在资本运营和叙事方式上的融合，逐渐成为一种新趋势。其最为成功的典范，或许便是 2009 年的主旋律大片《建国大业》。电影《孔子》在一定程度上遵循了这一制作模式。香港大地电影集团和中国电影集团公司的资本构成，以及编剧的人选、演员的选定、"史诗电影"与"商业电影"的糅合，都表明国家资本与商业资本已经难分彼此。但是，在这里，与其说是两者的联手，不如说是商业资本借助于国家力量而试图获取更大的市场利润。《孔子》在宣传口径、发行方式以及自身定位上，都难以和主旋律摆脱干系。它在很多时候都被视为作为国家意识形态工程的"国学热"的一个构成部分。

不过，更值得分析的是"归来的孔子"的具体形象。出现在银幕上的孔子，不仅是思想家与教育家，更是一个政治家。可以说，影片并不那么在意诠释孔子的哲学和思想。除了设计救出要被三桓家族殉葬的漆思弓这一情节以表达"仁"的思想外，影片对于孔子思想理念的诠释是相当含糊的。相反，诸多精美的道具，倒成了影片视觉表现上的重心。就这一点而言，《孔子》并没有远离《英雄》以来国产大片对

"物"的推崇。某种程度上,这也造成了影片对孔子儒学理念表达的空洞,甚至沦为一种器物展示。颜回死于在冰水中救出书简,子路死于临敌而正衣冠,这些在现代观念看来愚不可及的举动,正象征性地显出人物成了符号化"物"的附属品。但是,这并不意味着影片就没有讲述一个关于孔子的完整故事。这个故事的重心就在于突出作为政治家的孔子。这种政治性,不仅表现在他能文能武,有着治理国家的雄才大略,更关键的是这种政治理想的核心在于"尊王攘夷":加强王权,铲除以大夫(鲁国贵族三桓)、家臣(叛臣公山狃、侯凡)为代表的地方割据势力。在这里,恢复礼治、施行仁政,都依托于重建一个强大的中央王权。电影将孔子叙述为一个"失败"的政治家,他周游列国的"文化苦旅",促成他最终不是加入政权而是以开办私学的方式,传播自己的政治理想。影片文本对孔子这一思想转变的过程叙述得并不明晰,作为"丧家犬"的孔子是如何在痛苦中领悟到了更高境界的,没有得到视觉上的呈现。同期出版的胡玫剧本①,以"治鲁—列国—归鲁"作为基本叙事结构,并在第三部分说明孔子转向私学的思想过程,或可作为电影叙事的补充。但影片由王菲演唱的主题曲《幽兰操》,在韩愈原词基础上,加上了"文王梦熊,渭水泱泱",表达的仍旧是"礼乐征伐自天子出"和"学而优则仕"的理想;并且将叙事结束在《春秋》,这部被称为写"天子事"(孟子)、立"素王之业"(王充)的作品,表明影片关于孔子的叙事,主要以其政治性的"经世致用"为目标。

　　显然,这里并不仅仅关涉历史上孔子儒学的内涵到底是什么,关键在于在当代中国讲述作为政治家的孔子所携带的意识形态内涵。孔子生活在中国从封建制向中央王朝国家转换的时代,他的政治与哲学理想也构成了王朝国家政治结构的基本理念。在现代中国历史上,对于孔子的阐释,特别突出的是他的哲学思想,并且试图将其从郡县制中央集权国家的政治结构中剥离出来。而电影《孔子》却恰恰着

---

　　① 胡玫:《孔子》,北京:中华书局,2010 年。

力于将孔子思想重新嵌入这一政治结构中来展开叙事。在这一点上，《孔子》可谓别具一格。

事实上，如果熟悉胡玫导演的电视连续剧叙事风格的话，这其实也是她反复讲述的同一个故事。1999 年的《雍正王朝》和 2005 年的《汉武大帝》，叙事焦点都在"削藩"，即如何加强中央王权，削弱或铲除地方割据力量。不过，如果认为电影《孔子》的"尊王"仅仅是"歌颂封建王权"，那就大大消解了问题的复杂性。胡玫电视剧的所谓"现实意义"，常常都是在当代中国政治格局中中央与地方的矛盾关系角度被解读的。更重要的是，这涉及的是 1990 年代以来，中国思想界与社会科学界如何重新理解"国家"的功能。与 1980 年代"新启蒙"思潮仅仅在国家与社会（个人）的二元对立思路上，将国家视为一个单纯的压迫性机制不同，1990 年代知识界探讨的核心问题聚焦于如何把对国家功能的理解复杂化。一方面，由于在全球资本主义处境下，以"自由市场"为名的资本主义正在成为绝对的垄断力量，而国家才是唯一能够抗衡资本的机构，因此需要通过国家来制衡大资本；另一方面需要通过国家来完成社会财富的相对公正的再分配过程。这事实上也是王绍光、崔之元、胡鞍钢等人在 1990 年代初期提出"建立一个强有力的民主国家"的基本问题意识。如何理解国家的这一功能，也成为"新左派"与"新自由派"分化的焦点。与"新左派"强调国家的再分配功能不同，"新自由派"倾向于认为，在中国，真正不受制约的"至高权力"恰恰是国家本身，相应地，"自由市场"被视为更为公正的分配和交换机制。显然，真正的问题并不在于国家与市场的二元对立，而在国家如何可以真正成为"公"的分配与再分配机制。

胡玫的"削藩"故事，与思想界的这一论战有着较为密切的渊源。人们常常从胡玫的电视剧中读到何新思想的影子，电影《孔子》也不例外。作为 1990 年代知识界最早倡导"新国家主义"的代表性人物，何新 2006 年发表的《孔子新传》，将孔子阐释为"出色的组织者和政治活动家"，他通过私学创立的是"儒者"青年学团，一种现代政党的"雏形"①。《孔子》上映前，"乌有之乡"网站上流传着一篇署名"冲击力"的文章，较为详细地论证了何新的观点，称孔子为"坚定的国家主义者，指望现存秩序能给他一个机会，让他自上而下地建立新秩序；新秩序能从旧秩序的基础和结构中生长和发展出来，因此他又是一个温和的改良主义者"②。

　　有意味的正是，当孔子形象经历了现代转换之后，孔子作为政治家的"政治性"，在当代中国的处境中也变得复杂起来。当"仁政""礼乐""德性"都联系着中央王权的时候，它必然引起关于孔子与国家之间关系的联想。而同时，如果说孔子常常被视为中国"士"或"知识分子"传统的代表的话，影片也并没有给出一个关于这一传统的独立性叙事。这也在另外的层面，加重了电影叙事暧昧的"官方"色彩。参照2006 年香港导演张之亮的影片《墨攻》，可以较为清晰地看出《孔子》在叙事上的这种倾向性。同为叙述春秋时期诸子故事及其内在精神的影片，《墨攻》和《孔子》都包含了 5 个相关的叙事要素：王（鲁君/梁王）、子（孔子/墨者革离）、臣（三桓/牛子张、王子）、民、敌国（齐国/赵国）。两部影片都在讲述子如何帮助王抵抗敌国，但在叙事要素的组合上有不同之处：《孔子》将子置于王的一边，并且在影片的视觉形象上没有出现民（除了收入孔子门下的漆思弓），而《墨攻》则将子置于王的对立面，并最后结束于民。如果说《墨攻》仍旧保留着反抗者的主体位置的话，那么《孔子》的暧昧之处则是主人公与国家权力机制亲密无间的合作。在某种意义上，对国家权力机制的尊崇态度，也是 21世纪以来国产大片一个普遍的叙事基调。这种特点或许可以在中国电影朝向国际市场的"民族"身份与朝向国内的"国家"认同这两种权力关系的纠结中，得到象征性的解读。③ 不过在回应国内观众的层面

---

　　① 何新：《孔子新传》，乌有之乡网站 2006 年 10 月 30 日。

　　② 冲击力：《一代新王之宏图——谈孔子的政治活动及其思想》，乌有之乡网站2010 年 1 月 12 日。

　　③ 戴锦华：《性别中国》，台北：麦田出版社，2006 年；贺桂梅：《重讲"中国故事"》，《天涯》2009 年第 6 期。

上，这种叙事并不容易得到认可。它撞到的，正是"国"与"民"冲突的意识形态扭结点。

任何一个文本都是在多重历史与文化关系中建构自身叙事的，而对于电影叙事文本而言（尤其当电影工业成为当下中国的重要产业并被作为国家战略的时候），又会带出更为复杂的经济、政治与社会脉络。不过，这一切都是在非意识形态化的"消费"名义下进行的。如果说，作为文化事件的电影《孔子》，彰显了当下中国社会中多重文化与意识形态力量的交汇与碰撞，那么这一"遭遇战"的具体内涵始终是暧昧与含糊不清的。但这并不能说这些力量本身就不存在。也许可以说，正是这一暧昧的遭遇战，很大程度上决定了电影《孔子》在 2010年中国的尴尬命运。

第二十章　"亲密的敌人"：谍战大片中的性别与国族

　　作为在不同时期与不同国族语境中产生的亚洲影片，《生死谍变》①与《色·戒》②这两个叙事文本之间并不存在直接关联。不过，有三个层面的特点可以将两部影片放置于同一讨论主题之下。

　　首先是电影类型上的相似性，即它们都通过谍战与言情的混杂，形成了一种独特类型的谍战片。就其叙事内容与主题而言，可以说两部影片都是一种新版的"美人计"故事，影片情节的关键所在，是作为间谍的女主人公爱上了她政治意义上的敌人，且影片明确涉及的主题都与国族认同问题相关。同样重要的是，这种谍战类型与叙事主题得以出现的历史契机，密切地关联着亚洲两个主要冷战区域即朝鲜半岛与华语区域的全球化与后冷战语境。如果说"后冷战"这一说法意味着对 20 世纪冷战历史的超越的话，那么人们常常会在有意无意间忽略这一历史描述对于东亚地区的暧昧性。一方面，那道由政治与意识形态划定的冷战界限并未消失，而另一方面，以资本流动为先导的全球化进程则率先穿越了冷战边界，并带动意识形态与国族认同处

---

　　①　《生死谍变》(*Shiri*，中文名又译《鱼》)，韩国影片，编剧/导演：姜帝奎(又译姜帝圭)，主演：韩石圭(饰崔相焕)、金允珍(饰金明姬/朴美玉)、崔岷植(饰朴万坤)，1999 年上映。
　　②　《色·戒》(*Lust, Caution*)，美国/中国台湾影片，导演：李安，主演：梁朝伟(饰易先生)、汤唯(饰王佳芝/麦太太)、王力宏(饰邝裕民)，2007 年上映。

在某种交互驳杂的状态中。既作为工业形态也作为叙事形态的东亚电影，无疑构成了这一历史过程中的先导形态。事实上，无论是 1999 年的《生死谍变》还是 2007 年的《色·戒》，它们在亚洲电影史上的重要位置，都源自其穿越并重新整合了冷战历史在东亚地区所划定的电影市场区域。而这一市场运作方式和去冷战的文化政治诉求，与影片的谍战类型和叙事主题密切相关，互为表里。如果说谍战叙事建立在一种冷战式敌对关系的前提之下的话，那么这两部影片无论就其影片事实还是电影事实，都在讲述一个关于"亲密的敌人"的故事。叙事层面上在两性关系中呈现出来的"敌人"与"爱人"、禁忌与爱欲之间的张力关系，透露的是一种似已穿越实则难以穿越的东亚式后冷战历史（无）意识。

因此，尽管依据有限的中文资料可能无法把握韩国电影《生死谍变》更复杂的文化与历史内涵，但是它和《色·戒》在电影类型、叙事内容与市场运作机制上的相似性特征，使得这种将两者并置的讨论成为可能。

一 穿越边界：《生死谍变》与《色·戒》

《生死谍变》与《色·戒》的相关性，首先表现为它们共有的文本叙事与市场运作间的互动关系，在穿越东亚冷战边界时的相似性特征。这一点也促成了两部影片在亚洲电影史上所占据的标志性位置。这两部电影在两个层面上都打破了原有的冷战式意识形态与国别界限。首先是它们所讲述的故事内容，即在借用谍战片叙事中对垒的冷战身份结构的同时，将穿越这种身份界限作为主要叙述目标；而这种对冷战身份界限的穿越，同时还表现为影片在其受众群体与市场运作上的全球化诉求。

与《生死谍变》相关、常被人们提及的重要电影事实，是它很大程度上标志着 10 余年来韩国民族电影工业的崛起。这部影片创造了

1990 年代韩国电影票房市场上的奇迹——"上映 22 天打破韩国史上最卖座纪录，上映 57 天打破《泰坦尼克号》在韩的票房纪录"，引发了韩国人对"本土电影"的观影热情，将韩国电影的上座率从 15% 提升到 37%，因此而被称为"带动韩国百年影业转向新里程"的重要影片。不过，《生死谍变》的意义并不仅仅在其对韩国民族电影工业内部市场的整合，它同时也可以视为席卷亚洲的"韩流"的开端。这部电影在拍摄之初，就有着比"民族电影"更大的市场野心——"我的梦想不是只在韩国市场，所以希望能在亚洲获得很好的票房，希望我的电影能在香港、台湾还有亚洲其他一些的国家和地区上映"①。这部电影的票房收入不仅在韩国本土打败了好莱坞大片《泰坦尼克号》，事实上它也较为成功地获取了包括日本、中国等在内的亚洲市场。而且，正是以这部影片的成功为开端，电影、电视剧、流行音乐等构成了韩国在亚洲乃至全球市场上最为成功的文化产业。这也意味着，《生死谍变》开启的是一个跨越国别与冷战界限的国际性电影/文化市场。

与这一市场的全球化诉求相应的是《生死谍变》的故事内容。它以言情、谍战、动作等类型元素相混杂的商业大制作，处理的是极为敏感的朝韩分裂这样的政治主题，力图表达一种渴望统一的民族悲情。在《生死谍变》之前，很少有韩国影片能够超越国家立场，把民族统一作为电影叙事的主题。这部影片采用平行剪辑的方式，表现朝鲜特种部队与韩国特工之间的紧张较量。有意味的是，他们之间建立在冷战意识形态冲突基础上的对抗，被表现为暴力与和平之间的紧张角逐。朝鲜特种部队尽管分享着与韩国民众共同的渴望民族统一的悲情，但是他们却力图以极端暴力的手段来完成这一过程。这使得朝鲜面孔在影像中被明确地置于"恐怖主义者"的位置。不过，区别于经典的敌我冷战表述的地方是，出现在韩国电影银幕上的朝鲜特工，不再是被妖魔化的"怪物"，而是有着鲜明个性、干练风格、靓丽外表的"人"。

---

① 姜帝奎：《用三部电影，三次改变韩国电影》，《南方都市报》2003 年 11 月 9 日。

尽管这个朝鲜人实际上只是戴着一个韩国人的面具，但她最终认同的却正是这个"人"的身份。影片的核心故事情节，是朝鲜女特工金明姬，盗用韩国女人朴美玉的姓名与身份，潜入韩国特工崔相焕身边做卧底，最终爱上了崔相焕。影片试图表明的是，正是国族间的冷战式对抗，致使一对倾情相爱的恋人悲剧性地生死两隔。这部影片也开启了韩国电影讲述朝鲜半岛民族问题的基本叙事模式：两个冷战国家之间的冲突，不再是意识形态的冲突，而是恋人、兄弟、朋友间因历史暴力而被分割的悲剧。冷战式的"敌人"，成为同族的"爱人"与"亲人"，这种在"国"与"族"间的分离与认同方式，意味着这部影片的叙事获得了一种超越单一国家主权的政治视角。这一点得益于韩国取消电影审查制度而采取分级制度，使得原有国家意识形态控制得以松动，进而形成了一种以民族主义意识形态取代冷战意识形态对垒的新的认同建构方式。这也使得文本的叙事与其市场诉求之间，有着直接的呼应关系。因此，《生死谍变》不只是在情节上而且在其开拓的国际市场上，都构成了韩国跨越冷战式国族界限的一个标志性文本。

《色·戒》则与全球化语境下华语电影市场的重新整合关联在一起。如果说 2000 年，李安导演的《卧虎藏龙》所取得的辉煌成功，成为以古装武侠为主要特征的中国大片攫取全球电影市场份额的主要范本的话，那么 2007 年李安的《色·戒》则开创了另外一种整合模式。《色·戒》在美国、中国台湾、中国香港、中国大陆的市场发行路线，显示出这是一部自觉地以整个华语电影市场作为运作目标的电影。它事实上不仅是中国台湾电影市场的大赢家，是中国香港电影市场的票房奇迹，而且也在中国大陆市场再度激起了李安/张爱玲热潮。因此，它被称为 2007 年"最卖座华语电影"，可谓当之无愧。正如戴锦华在《谍影重重——间谍片的文化初析》一文中指出的，它事实上也启动了中国大陆电影市场上谍战片的热潮，《风声》《东风雨》《秋喜》等都可视为其影响之下的产物。① 这或许也正如《英雄》等中国大片之效颦于《卧虎藏龙》。

特别值得分析的是《色·戒》所讲述的故事，以及这个故事在不同的华语电影区域市场所激起的反应方式。它主要讲述的是抗战时期一个学生爱国话剧社为刺杀汪精卫伪政府的高官易先生，派出其成员王佳芝色诱易先生，最终却因为王佳芝对易动了真情，而导致刺杀计划功亏一篑，6 个成员也因此丧命。这是一部根据张爱玲小说改编的影片。张爱玲同名小说写于 1950 年，但直到 1970 年代才出版。② 电影《色·戒》的发行市场在很大程度上重叠着张爱玲小说自 1960 年代以来在华语文学界被经典化的接受路线。张爱玲在 1950—1960 年代被中国大陆视为"汉奸作家"而从文学史上销声匿迹。从夏志清的《中国现代小说史》开始，张爱玲的作品先是在美国的中国学界被经典化，继而在中国的台湾和香港地区被塑造为以鲁迅为核心的五四现代文学传统之外、另一条对抗性的文学传统的经典作家。而从 1990 年代开始，在中国大陆，张爱玲从被"重新发现"到成为文学史上的经典与文化市场上的"小资经典"，清晰地显现出的乃是一条由"外"而"内"地穿越冷战边界线的基本路线。《色·戒》的票房市场，在很大程度上正分享了张爱玲热所带动的受众群体与文化市场。

有意味的地方是，电影所讲述的女间谍爱上汉奸的故事，所关涉的"爱国"与"卖国"这一国族认同问题，在北京的一些评论者批判其为"汉奸电影"之前③，并没有成为受到争议的问题。人们更多关注的是李安电影与张爱玲小说之间的关联，尤其是电影中的性/身体叙事。而国族认同问题的提出，则是以将电影主人公等同于历史人物原型的

---

① 戴锦华：《谍影重重——间谍片的文化初析》，《电影艺术》2010 年第 1 期。

② 发表于 1978 年 4 月 11 日《中国时报》"人间"副刊。

③ 2007 年 10—11 月间，以乌有之乡网站为主要阵地，北京学者黄纪苏、祝东力、王小东等对《色·戒》提出激烈的批评意见，认为这是一部"汉奸电影"。代表文章有黄纪苏：《中国已然站着，李安们依然跪着》、祝东力：《〈色·戒〉、以色列民族与中国人的自省》、王小东：《就电影〈色·戒〉答纽约时报记者问》等。

方式,指出电影乃是践踏了中国人的道德底线和民族尊严。这一激烈批判声音的出现,很大程度上改变了《色·戒》在中国大陆市场的基本定位。显然,这里有意味的不仅在于性叙事与国族叙事之间的暧昧关系,更在于国族认同是一个被"延迟发现"的因素,以及发现者所操持的准冷战政治话语。暂不讨论电影文本的具体构成,就抗战时期女间谍爱上汉奸这一叙事而言,或许可以说,这一影片的跨国市场及其运作过程,正是所谓后冷战、全球化时代对国族身份的穿越,使得一段跨越国族的性/爱故事成为可能。这也意味着,"爱上汉奸"这一叙事在国族认同上的暧昧性,有意无意地与全球化语境下民族—国家界限被打破这一点联系在一起。可以说,它关涉的是资本市场全球化的语境下,华语电影区域国族认同、历史记忆与不同情感结构之间或曲折或粗暴的对话与碰撞。

二 新版《美人计》:亲密的敌人

《生死谍变》与《色·戒》的相关性,不止在于其叙述内容与运作市场之间的互动,更关键的是文本叙事结构上的相似特征。谍战与言情两种类型元素的混杂,是两部影片的基本特征。这一叙事模式的现代经典形态可以追溯至 1946 年好莱坞导演希区柯克的《美人计》①。谍战片作为一种冷战主题的电影类型,其基本特征在于意识形态的对峙,而民族—国家则被作为其不言自明的认同单位。这类影片的叙事要点,在于人物的双重身份跨越了这种意识形态与国族的界限,但通过辨识与较量过程,最终将显示其真实身份。在暧昧难辨的身份镜像中,主人公对其真实身份的"忠诚",被视为谍战片褒扬的最高准则。通过言情因素的介入,希区柯克的《美人计》建构了另一种独特的谍

---

① 《美人计》(*Notorious*),导演:阿尔弗雷德·希区柯克;主演:加里·格兰特(饰德弗林),英格丽·褒曼(饰艾丽西亚),路易斯·卡尔亨(饰塞巴斯蒂安);1946 年上映。

战叙事模式,其基本要素包括:一是故事中的主人公/行动者并非男性,而是女性;另一则是女主人公展开间谍行动的主要方式,是与敌人建立虚假的爱情或婚姻关系;同时在影片主要人物的关系模式上,呈现出二男一女的三角恋爱关系。就这些层面而言,无论《生死谍变》还是《色·戒》,都可以被视为《美人计》的翻版或曲折对话。但是,在一个关键层面上,前两者相较于《美人计》发生了根本性的变化与转换,从而使影片的基本认同导向将瓦解而不是强化谍战片所依赖的意识形态与国族对垒。

正如法国学者帕斯卡尔·博尼采的分析指出的:"《美人计》的有趣之处不在于间谍故事本身——希区柯克以后,每个人都会用间谍故事搞笑——而是间谍故事所暗含的伪善、伪装、分裂和倒错。"也就是说,关键是间谍故事所隐含的真实身份与虚假身份的悬疑与分辨,尤其当故事被置于爱情婚姻家庭这样的日常生活情境中时,它所显示的是"亲熟"(heimlich)与"非亲熟"(unheimlich)之间的暧昧关系。"当已知客体忽然展现出不熟悉的一面,非亲熟或者说神秘就发生了。它是同一个,然而又是另一个。"①在《美人计》中,得知女主人公艾丽西亚的间谍身份的时刻,对于爱上她并与她结婚的纳粹分子塞巴斯蒂安而言,艾丽西亚就不再是他所爱的女子,而成了另外一个"陌生人"/"敌人"。这就像当艾丽西亚和德弗林得知酒瓶里装的并不是酒而是矿砂时,酒瓶就成了另外的东西。同样,当艾丽西亚得知自己被塞巴斯蒂安母子毒杀的时刻,对她而言,在丈夫与纳粹分子形象之间暧昧地摇摆不定的塞巴斯蒂安,就成了另外一个人,一个"真正"的冷血杀手和纳粹分子。对于《美人计》这部影片而言最重要的是,只有在艾丽西亚得知自己被毒杀的时刻,影片试图建构的主题,即剿灭纳粹组织和弘扬爱国主义(美国),才能够真正成立,敌人才真正成其为"敌人"。影片也由此揭开一个女人摇摆在两个男性求爱者之间的故事表

① ［斯洛文尼亚］斯拉沃热·齐泽克编:《不敢问希区柯克的,就问拉康吧》,第159页,穆青译,上海:上海人民出版社,2007年。

象的谜底，显示出其作为谍战片的真正意义。

这种在"亲熟"中发现"非亲熟"的叙事过程，事实上构成了冷战时期谍战片的基本特征。可以说，谍战片的全部悬疑，就在于如何在身边熟悉的面孔中，发现那个"真正的敌人"。这也构成了谍战片的基本叙事动力和观影快感。它试图显示出的是冷战意识形态的最基本特性，即如何在日常生活中发现政治，如何在和平的表象下发现意识形态的对抗。正是在这一点上，《生死谍变》与《色·戒》是对这种谍战片基本叙事模式的反转或根本性的改变。它们的基本叙事动力不再是如何从"亲熟"中发现"非亲熟"，而是颠倒过来：如何从"非亲熟"的敌人身上，发现"亲熟"，并且正是这个"敌人"才是真正的"爱人"。《生死谍变》与《色·戒》的全部戏剧性冲突的关键所在，都建立在这一误认基础上。

从《生死谍变》表面的叙述视角来看，故事讲述的是韩国特工崔相焕的误认：他一直认为他们追捕的朝鲜特工金明姬是个杀人不眨眼的女魔头，这种恐惧甚至会转化成他的噩梦。而他没想到的是，他倾情相爱并愿意与之白头偕老的恋人，正是那个女魔头。这一误认也发生在女主人公金明姬那里，但方式不同：她不能分辨她自己到底是朝鲜杀手金明姬，还是韩国女人朴美玉；她爱上崔相焕的时刻，是她以为她"真的能做成朴美玉"。这是两种主体镜像之间的误认，发生误认的过程就是在"敌人"身上发现"亲熟性"的过程：原来"敌人"是"亲人"。同样的讲述方式，在姜帝奎的《太极旗飘扬》中做了另外一种复沓：原本的兄弟如何被冷战分隔为敌人。这种将意识形态的敌对关系显示为恋人关系，或意识形态的敌对怎样使兄弟反目、生死两隔的叙事，就在于在不熟悉的对象身上展示出了人们所熟悉的东西。如果说谍战故事的基本要点在于从日常生活中发现陌生的话，那么这里的反转在于从政治对象身上发现日常生活中至为熟悉的内容：爱情、血缘、亲情。

这一点在《色·戒》中表现得尤为明显。易先生一开始是作为汉

奸被指认的。被视为汉奸也就是他应该被杀掉的理由。影片中有一
个段落是爱国话剧社的6个成员讨论如何杀人。当有人提出"我们还
不会杀人"时，邝裕民说道："等你亲眼见到一个汉奸，一个出卖国家
和同胞尊严的人，你就知道杀人一点也不难。"但事实上是，剧团成员
杀死曹秘书的过程，是影片中视觉上最为暴力与最令人不安的时刻。
它凸显的是杀死一个熟人这一惊心动魄的过程，而不是杀汉奸这一政
治行为的崇高感和正义性。事实上也可以说，在香港杀汉奸这一段
落，构成了王佳芝与易先生关系的前奏和复沓。王佳芝的最大困惑不
在于她到底是麦太太还是爱国女青年，而在于她无法获得那种将易先
生指认为汉奸而有的爱国激情；相反，易先生越来越成为一个熟人/男
人。第一次见到易先生之后，赖秀金问王佳芝"那个姓易的长什么样"
时，王佳芝回答："和想象的不一样。"这句话的意思似乎是：他不像想
象中的汉奸，而更像是一个文质彬彬的男人。在易先生第一次为王佳
芝举伞挡雨的时刻，两人就有了一份暧昧的情愫，这也为咖啡馆两人
的调情奠定了情感基础。对王佳芝而言，扮演麦太太的过程，就是熟
悉易先生的过程。这个熟悉的过程一方面是进入她与易先生的恋人、
情人关系的规定情境的过程，另一方面也是越来越远离易先生的政治
身份而显示他作为一个有魅力的男人/恋人的过程。王佳芝对邝裕民
和老吴爆发的那段独白："他越来越深地钻到我的身体里、我的心
里"，其实是在表明她已经无法承受这种"亲熟性"：这意味着易先生
不再是汉奸/敌人。在珠宝店两人欣赏戴在王佳芝手上的戒指的时
刻，价格昂贵的"鸽子蛋"，这货真价实的情感见证物，最终摧毁了王
佳芝作为"女间谍"的心理防线：她愿意为易先生而死。至此，敌人成
为了真正的爱人。同样的反转在易先生那里也发生了。不同于希区
柯克的《美人计》，作为敌人的男人知悉女主人公的间谍身份后，并没
有导致他们情爱关系的瓦解，相反，易先生得知麦太太真实身份的时
刻，也是他将他们的情爱关系作为唯一真实的交往关系加以确立的时
刻。因此，正如《生死谍变》结束在男主人公与真正的朴美玉坐在大海

边,聆听女主人公生前最爱的音乐("Once When I Dream"),此时他们的爱情作为唯一的事实被加以确认,而《色·戒》也结束在易先生在王佳芝曾经住过的客房里的缅怀。透过光线明暗对比鲜明的易先生的那张脸,可以看到:只有这份情感,是没有被分裂的唯一的真实。

《生死谍变》和《色·戒》都以女主人公如何将"不亲熟"的敌人指认为"爱人"的心理过程,作为叙事的关键。显然,与《美人计》相比,它们要讲的是一个"弄假成真"的故事:女主人公以扮演一种虚假身份为开端,但最终却以认同这一虚假身份为终结,从而事实上颠覆了意识形态与国族对垒的真实性。这也正是这两部影片显示出后冷战时代意识形态征候的地方:它们都通过让女间谍爱上作为其政治敌人的男人,而试图表现人性如何战胜了意识形态、身体如何战胜政治、爱情如何穿越国界。在冷战对垒中界定的"非亲熟性",被作为瓦解的对象,它们试图强调的是:所有那些由国族、政治所界定的"非亲熟性"底下,隐含的其实都是人们极其熟悉的东西,甚至是最为渴求的性/爱。这一特点事实上也是后冷战时代全球市场上诸多谍战片的基本叙事策略,比如好莱坞大片《真实的谎言》《史密斯夫妇》等。这些文本构成的历史脉络或许并不相同或相关,但它们的基本特点在于:不是要确证通过谍战得以确立的身份对垒,而是通过把恋人、夫妻关系确立为唯一真实的身份,来抽空意识形态对垒的基础。如果说冷战时期谍战片的人物都有一个不可更改的意识形态身份,都存在着如朝鲜谍战片《原形毕露》这一电影名所揭示的那样一个"揭开伪装"的过程的话,那么后冷战时代的谍战叙述,则在某种程度上变成了一种身份/面具的游戏:没有真实与虚假、表象与本质的区分,那个作为表象的身份/面具,其实就是最真实的自我。这一叙事能够成立的前提,便在于冷战逻辑所确立的二元对立关系和深度模式的取消。

三 "交换女人":女性、身体与国族认同

将敌人转换为爱人这个过程之所以能够完成,在基本的叙事构成

和叙述视点上，源自女性与国族认同之间的暧昧关系。穿越国族边界的人物是女性，这一性别身份很难被更改为男性形象。这也使得人们无法不从女性主体的角度，来解读言情谍战故事的性别意味。

所谓"美人计"，就意味着征用的是女性的身体，同时也意味着女性的身体具有意识形态与国族认同上的"可变异"特征。这种谍战形式事实上需要将男权社会的性别权力关系作为不言自明的前提：女性/身体作为"客体"和"流动物"，在对垒的男性群体间流通。也就是，女人是可交换的。在人物关系模式上，无论《美人计》还是《生死谍变》或《色·戒》，女性都很清晰地成为了两个男人群体的交换物：行动的发出者同时也是爱慕女人的男人，他出于更高的国族利益而将女人"献出去"，而作为敌人的男人则是在单纯的性爱关系上占有这个女人。在这个交换过程中，女人既是行动者也是被交换的客体。这种交换关系之所以成为可能，主要是因为女性在男权社会结构中所处的他者身份。正如列维-斯特劳斯对亲属关系制度的分析所显示的：全部社会关系就建立在"交换女人"的亲属制度基础之上。① 正是在这一意义上，"美人计"事实上是整个男权社会"交换女人"的关系结构的一种寓言或缩影。这使得它可以在讲述作为意识形态与国族对垒的谍战故事的同时，在既是表象也是潜意识的层面上勾连起中产阶级的婚姻关系模式。由此，谍战与言情被杂糅在一起，意识形态关系借助性爱关系模式被表达出来。

"美人计"作为一种谍战形式的独特之处在于，女人在其中所处的位置是双重的，她既是客体又是主体。她被原属集团作为秘密武器植入敌对集团的内部，表明她就像一个可以被交换的物那样具有可变异性。在这一层面上她是客体。但"美人计"的全部实施过程，也正是她孤身深入敌人内部与敌人周旋的过程，而且周旋的武器正是她的身体。在这一层面上，她是主体和行动者，甚至她就是主导全部计划的

① [法]克洛德·列维-斯特劳斯：《结构人类学》，张祖建译，北京：中国人民大学出版社，2009 年。

主角。这种主客体身份的合一导致了叙事上的多重暧昧效果:

首先,正是在"美人计"这种谍战形式中,女性成为第一主人公和行动的主体。这一点完全打破了男权文化结构中的男女等级关系,也成就了一种另类的谍战叙事模式。在一般的谍战片中,男性是行动者和主体。男主人公机智勇敢,成为谍战得以展开的必要因素。而在"美人计"中,女人成为绝对的行动主体,男人或则成为她的帮手(原属一方),或则成为她的性爱征服对象(敌对一方)。在这样的意义上,"美人计"事实上在不经意间创造出了一个女性主体与行动者的形象。有趣的是,《生死谍变》事实上不仅开启了韩国电影讲述南北分裂问题这一政治主题,而且可以说它也在有意无意间开启了此后流行的诸如《我的野蛮女友》《我的老婆是大佬》等影片中作为行动者/主体的女性人物序列。

其次,"美人计"同时凸显出来的是"身体"的间离性和主体性。"美人计"得以成功实施,前提之一是原属集团的男性不能占有他所爱女人的身体。在某种意义上,这可以被视为父权制亲属关系中乱伦禁忌在当代的一种颇有意味的潜意识呈现。三部影片都是在二男一女的关系格局中展开,而且他们都具有政治、性爱这样的双重关系。原属集团的男性既是领导者也是爱慕者,但他不能占有这个女人,而必须为了更高的利益将女人"献"出去。显然,这与父权制乱伦禁忌有着深度的合拍。而就敌对一方而言,女性深入的并不是他的政治生活空间,而是他的日常生活,他接受这一他者的原因在于她是"他的"女人/爱人。"美人计"的另一前提则是,女人必须保持对她的身体的双重态度,即将她的身体需要与她真正的情感归属分离开来。"身体"成为她行动的真正武器。而归属身份能够成立的关键,在于女性对于性/爱体认的分离。在《美人计》中,艾丽西亚对于德弗林的爱,被作为她接受"美人计"的前提;而在实施"美人计"的过程中,她与塞巴斯蒂安的性爱关系在影片的叙述中并没有得到视觉上的呈现。很大程度上,他们的关系更像一段中产阶级家庭美满而乏味的婚姻。《生死谍变》《色·戒》与希区柯克的《美人计》最不同的地方,就在于它们不同程度地凸显了身体的主体性:它自发地引导了女主人公的情感与认同,从而导致"美人计"的失败。

最清晰地显示出身体的"自主性"的,乃是《色·戒》。有关身体的三大段落的床上戏,一方面表明这是"身体的较量",从而直接把"美人计"的"身体谍战"呈现为视觉形象;但另一方面身体镜头要诠释的也正是张爱玲的名言:女人通过阴道而理解爱。裸露的身体在某种意义上成为后冷战时代的意识形态寓言:当脱掉"意识形态"这件衣服,身体就成为了"身体"本身。正是在这样的意义上,在一般的"美人计"叙事中被置于"缺席"层面的身体,在《色·戒》中做了"大开色戒"的再现,很大程度上正是为了显示"身体自身"的逻辑。在《色·戒》中,最有意味的段落,莫过于王佳芝在邝裕民和上级老吴面前的大段发泄/独白了。她力图讲述的是在庄严而崇高的"爱国"的名义下实际上发生的一切:"你以为这个陷阱是什么?我的身体吗?你当他是谁?他比你们还懂戏假情真这一套。他不但要往我的身体里钻,还要像条蛇一样往我的心里越钻越深。我得像奴隶一样让他进来,只有'忠诚'地呆在这个角色里,我才能够进到他的心里……每次他都要让我痛苦得流血、哭喊,他才能够满意,他才能感觉到他自己是活着的。在黑暗里,只有他知道这一切是真的。"——显然,如果说"美人计"需要以崇高的意义来对抗身体的意义的话,那么王佳芝在这里要说的正是身体如何成为"唯一的真实"。同时她也在说出"美人计"自身的悖反性:一方面她要像"奴隶"一样"忠实"于自己的角色(麦太太),而另一方面忠实于麦太太这个角色就意味着她与易先生不只是身体的关系,还有爱,即性/爱的同步。这也就使得她无法再保留另外一个心理空间,来表明自己是间谍/爱国青年王佳芝。珠宝店一场之后,茫然地坐在三轮车上的王佳芝,告诉车夫去往的地方是"福开森路",那是易先生许诺送她的公寓。也就是说,除了扮演麦太太,此时的王佳芝已经没有了别样的心理空间。

作为"美人计"的当代电影叙事形式，《色·戒》（某种程度也包括《生死谍变》）的最大变异在于，女性同时也成为叙述视点的发出者和占有者。这也使得王佳芝成为影片绝对意义上的主体。更有意味的是，当女性被作为叙事主体的时候，女性在社会关系体制中的他者性，尤其是她对于国族认同的游离性，则被清晰地显露出来。"美人计"实施的前提，是女人对于原属集团身份的忠诚。但是这种忠诚并不是她基于血缘关联的认同，而是基于性爱关联的认同。女性主人公对政治/国族的忠诚，是与她对作为行动发出者的男人在性爱关系上的忠诚直接联系在一起的。在这样的意义上，"父亲"在"美人计"影片的叙事中扮演着重要角色。在希区柯克的《美人计》中，艾丽西亚有一个当过纳粹间谍的叛国者父亲。她一面拒绝父亲的政治选择（她的国族认同指向美国："我虽然不是生在这个国家，但我爱它"），但同时又无法摆脱与父亲的亲密关联；而且，德弗林所代表的美国联邦警察要求于她的，正是作为间谍回到父亲原来的人际关系圈中。这种与父亲既背叛又认同的关系，构成了《美人计》在国族认同上的暧昧性所在。事实上，它特别强调的是，女性的国族认同并不基于血缘关联，而与爱情联系在一起。这也就意味着她的国族认同其实是可变的。也正是在这一点上，女性表现出的对国族认同的游离性是男性形象所无法具有的。

对于男性而言，"家"与"国"是一体的。邝裕民的爱国热情，基于他的男性身份，他牺牲在前线的哥哥和他与血缘家族的内在关联性；老吴对汉奸的仇恨，不仅因为他爱国，也因其家仇（妻子和两个儿子死于易先生之手）。而对于王佳芝而言，她却首先就是父亲的"家"中的他者。父亲带着弟弟去了英国，并且再婚。她一直以来的梦想，就是期望父亲能带她到英国。在这样的意义上，爱中国并不是她的必然选择。父亲与父亲的家，并不是一个偶然出现的因素。事实上，国族认同作为"想象的共同体"，其关键便建立在血缘与地缘共同体的认同之上。在此意义上，家/国才是一体的。在《色·戒》中，王佳芝参加杀汉奸的爱国行动,主要是出于对邝裕民暧昧的情感,而非身为中国人在战争中遭遇的国族伤痛。而邝裕民与王佳芝关系的游离,某种程度上也显示出其国族认同的暧昧性。更有意味的是王佳芝与易先生的关系模式。显然,无论就人物的年龄、社会地位与性经验,易先生在视觉形象上都更像是王佳芝/麦太太的"父亲"。或许作为《色·戒》情节上的一个漏洞是,易先生这样老奸巨猾、老谋深算的特工总头目,怎么可能被王佳芝/麦太太这样的清纯/不谙世事的年轻女性所俘获?易先生/梁朝伟面对麦太太时含义暧昧的表情,其实可以被解读为他早就知道这是一出"美人计",不过是"将计就计"而已。或许因此,才有王佳芝面对邝裕民和老吴说出的"戏假情真"。或许真正的原因在于他对于麦太太怀有一份真情,而这份情感无疑满足着王佳芝父爱的匮乏。因此,珠宝店一场后,王佳芝脱口说出"去福开森路",或许才是她内在的情感渴求。

同样的人物关系也可以在《生死谍变》这样的商业大片中窥见端倪。朝鲜特种部队负责人朴万坤与韩国特工崔相焕,在影片中无论就视觉形象还是情节表述上,都是年长者与年幼者的关系,并且朴万坤曾经就在崔相焕眼皮子底下溜走,从而有了他以后挖苦崔的资本:"你好像长大了嘛。"而朴万坤对于金明姬,则更近于上级/父亲的形象。那装作无意地在金明姬饭盆里扔下一块食物,表明这个上级/长者对她怀有特别的偏爱。不过,这也不能阻止他冷酷无情地烧掉金明姬的全家福照片,并在金明姬托他问候家人时告诉她:"他们都很好。"在片头的魔鬼训练中,很清晰地呈现出来的是,金明姬是一个中性形象,而且和她一起训练的全部是男性。也就是说,这时她是个杀人机器而不是"女人"。在与崔相焕恋爱的过程中,她表达情感的方式,除了送接吻鱼和自己织的毛衣,就是告诉崔相焕她不再酗酒:"我不会喝酒了,因为我有了你。"可以说,崔相焕给了她成为一个女人和做一个正常女人的幸福和希望。于是,二男一女的关系就显露出了父/女与恋人的关系格局。导演称这部影片讲述的是"朝鲜女孩与韩国男孩的爱情"，应该不是一种翻译上的失误，而是要指明人物的性别/年龄身份。因此，相当有意味的是，金明姬对其朝鲜国族认同的背叛，隐晦地被转移为对父亲之家的背叛，而这一点，却无疑是所有恋爱中的女性所遭遇的在选择/流通过程中从"父亲之家"向"丈夫之家"的认同转移；这也在不经意间把朝韩分裂的故事，转移为一个家族内部的子一代与父一代的冲突。

四 边界内外：东亚后冷战情境中的历史与性别

但是，在理论的层面上讨论"美人计"这一叙事形式所潜含的父权制内涵，与具体电影文本再现女主人公行为逻辑的叙事倾向，这两个层面显然必须区分开来。固然可以说"美人计"本身就包含着将女性视为他者，因而女性的国族认同具有游离性这一特点，但更重要的是具体的电影文本在叙述女性面对国族认同时的倾向性与选择性。

《色·戒》的意识形态意味不仅表现在它将女性作为叙述视点的发出者，从而在情节构成层面上显示其国族认同的游离性，以使跨越国族的爱情故事成为可能，更重要的是它在叙事内容上的选择性。在说什么与不说什么、在能说出什么与无法说出什么之间，这部影片显示出了高度的意识形态倾向。首先是，它特别强调了王佳芝作为女性的疏离性，既是她与家族的疏离，也是她与时代、历史氛围的疏离。张小虹在她的文章中分析到，《色·戒》不仅在情节构成上也在影像机制上，包含着一种国族的召唤形式。这直接地表现在邝裕民等 6 人站在舞台上对王佳芝的召唤："王佳芝，上来呀。"从而，爱祖国的爱与爱人的爱，有着同样的召唤机制。[①] 不过，有意味的是，当国族认同的召唤被显现为一种理性的、迟疑的形态的时候，事实上就显示出了国族认同的失效，因为国族认同的基本形态是一种非理性的"共同体"感

---

① 张小虹：《爱的不可能任务：〈色·戒〉中的性·政治·历史》，收入北京大学电影与文化研究中心主办的"全球化时代的华语电影与国族叙述"研讨会会议论文集。

受,其在叙事机制上的特点在于:它需要强调国族选择是宿命式的、一种无法经由个人理性选择的先在的选择。它需要人们在自己身上发现那种不可抗拒的、"流淌在血液中"的个体无法选择的非理性因素。战争之所以能够成为民族主义认同的最强有力的催化剂,正在于战争本身就是基于民族—国家利益的冲突,并通过战火、灾难、牺牲与共同的艰难,而将彼此疏离的个体创造为"共同体"①。正是在这样的意义上,《色·戒》如何呈现战争尤其是王佳芝如何感受其所生存的历史氛围,就显得格外关键。

　　《色·戒》叙事上的最大征候性特征在于,这部试图讲述抗日战争期间爱国青年诛杀汉奸而最后反而爱上汉奸的故事的影片,却表现出了人物对其置身的历史语境的高度疏离感。这部有着李安电影一贯特有的心理剧/室内剧基本叙事格局的影片,特别着力突出的,乃是一种绝对孤独的个体的叙述视点与观影位置。这使得人物得以悬浮于其生存的历史语境,而在一种普泛化的个人主义逻辑中行事与思考。影片有三个短暂的段落力图呈现王佳芝置身的战时历史氛围:一是片头王佳芝离开易先生家,前往凯司令咖啡馆赴约途中所见沦陷期间街头景观与银行前排队等候的外国人,一是四年前王佳芝随岭南大学撤往香港,途中遇到国民党抗日军队,另一则是一年前王佳芝回到上海寄居姨妈家排队买米的情形。与整部影片在人物服饰、身体语言以及室内布景上的精致相比,这三个室外的历史场景之粗糙,简直可以与邝裕民的爱国剧社极其夸张和幼稚的文艺腔相媲美。而且,在这种历史场景的呈现中,王佳芝提供的只是那双旁观的眼睛。这就如同新世纪坐在影院中观看影片的人们,他/她们和王佳芝一样,是隔着遥远的时间与心理距离,来观望这段已经变得如此陌生的历史。在这种叙事角度、叙述视点与观影位置中,历史被做了充分空洞化和景片化的处理。这也正吻合于全球化时代人们对历史的碎片化和平面化的观看

---

　　① 有关民族国家与战争的理论阐释,参见[英]安东尼·吉登斯:《民族—国家与暴力》,胡宗泽、赵力涛译,北京:生活·读书·新知三联书店,1998年。

与理解方式。只有在这样的历史书写情境中，人物完全基于个体选择的自主性才成为可能。它对应的正是全球化时代对 20 世纪战争历史中的苦难体验与历史记忆的疏离，以及全球化时代人们对于国族身份的体认方式。

更值得分析的是，如果说影片中疏离的女性视点对应着的是一种后现代式的个人主义叙述视点和观影位置的话，那么这也并不意味着女性及其表象在似乎百无禁忌的全球化市场语境下，就获得了同样的自由与主体位置。姑且不论《色·戒》中"大开色戒"的身体暴露尺度，构成了不同市场区域的人们观看这部影片的最大快感，以及这种情色化的视觉景观在多大程度上依靠着将女性置于被看与被消费的位置，就女性可能占据的主体位置而言，无论在文本内还是文本外，这种主体性都紧密地依附于它可能被赋予的政治意义。事实上也可以说，女性在其中出演的，仍旧是被男权与主流话语所赋予并争夺的意义客体的角色。值得略略提及的，一是关于王佳芝、张爱玲与郑苹如之间的文本关联性及其紧张关系。在爱国与卖国的对抗式民族主义话语中，并没有留下任何讨论女性主体位置的缝隙。这也使得那种力图挣脱表态式的评价体系而探讨女性问题的分析，如若不是一种木子美式的"女性主义"的惊人之语①，至少也是一种进退两难、举步维艰的暧昧表述。另一值得提及的现象，则是中国大陆女演员汤唯出演王佳芝而成为"国际明星"前后的际遇。出演王佳芝之前，汤唯曾主演在1990 年代中国大陆文化界引起广泛影响的话剧《切·格瓦拉》（女版）。如果仅仅从影像上看，那个慷慨激昂、正义凛然、带有某种愤青意味的革命女青年形象，很难不让人联想起《色·戒》中的爱国青年邝裕民，同样也不能不让人联想女格瓦拉与王佳芝之间的对比，以及这种对比所产生的几乎让人有倒错之感的、极其含混暧昧的历史意涵。关于汤唯与王佳芝（莫如说是"安女郎"），也需要提及《色·戒》

① 参见木子美的评论：《〈色·戒〉是非常女性主义的电影》，http://bbspage. bo-kee. com，2007 年 7 月 19 日。

受到"汉奸电影"争议后汤唯在中国大陆市场的被封杀。如果说在影像和叙事的层面上，汤唯/王佳芝确实成为《色·戒》中掌控意义发散的主体的话，那么格外有意味的是，对汤唯的封杀似乎再度确认的这一点：好像这真的就成了一部"汤唯的影片"，而不是"李安的影片"。

显然，《色·戒》中的女性/国族书写及其在文本内外激起的反应方式，透露出的是全球化语境下女性主体的暧昧性。它使人意识到，那种看似十分激进的性别立场，其实仍旧置身于难以撼动的性别秩序之内。而当这种性别秩序与市场、时尚、国族①关联在一起的时候，它所呈现出的乃是一种如同"亲密的敌人"那样含混的面貌。

同样值得分析的，还有影片关于国族书写的复杂历史内涵，以及这种书写在文本之外激起的别具意味的反应方式。有意思的是，同样一部《色·戒》，在华语电影市场的不同区域存在着不同的解读方式。中国台湾注重的是性/欲的本体性和国族的建构性。中国香港注重的是性/爱本身，某种程度上将其视为禁忌之爱的表征。而在中国大陆，一边是与张爱玲、李安热潮联系在一起的国际化与中产阶级时尚，另一边却是"汉奸电影"的争议与抨击。探讨《色·戒》文本内部所建构的国族书写方式，以及这种书写方式在中国大陆语境中激起的抗议之声，便是要意识到特定文本的建构者与接受者，在全球化语境下面对面接触时，基于不同的历史记忆和国族认同方式而可能产生的碰撞。这也关涉东亚后冷战语境下，仅仅依赖资本流通而完成的全球化，其跨越意识形态与国族边界的限度所在。以跨越国族边界的国际性市场为目标，并不意味着电影文本就真的是在一种超越了特定历史结构的"真空"中被生产出来的，它仍旧与影片制作者的历史记忆与情感结构，与影片所依赖的主要资金所在的国别市场的政治限定及国族视野，紧密地关联在一起。

---

① 关于《色·戒》作为一种社会与文化现象，及其与李安、张爱玲等的互文本关联的深入阐释，参见戴锦华：《时尚·焦点·身份——〈色·戒〉的文本内外》，《艺术评论》2007年第12期。

讨论《色·戒》的国族书写，无法忽略其导演李安作为中国台湾地区第二代外省人的历史与国族视野。从这一角度，参照中国大陆知识左派对《色·戒》作为"汉奸电影"的批判，与李安在影片文本中的具体叙事方式，与其说这里发生对抗的是"爱国/族"与"卖国/族"，不如说是两种历史记忆与情感结构的碰撞。黄纪苏、祝东力、王小东等的解读，格外要强调的是王佳芝与郑苹如的重叠性，并以张爱玲与胡兰成的关系为佐证。在关于抗日的历史记忆与情感结构中，国族是不可逾越的底线。就中国现代历史上民族主义建构的历史过程而言，抗日战争建构了关于中华民族最为广泛也最为深入人心的身份认同，而这种认同是以"异族（日本）入侵下的反抗"作为基本结构的。不过，正如在抗战爆发时期，正是中国共产党最为鲜明有力地打出了民族主义的大旗，需要意识到这是中国大陆的主流叙述。而在中国台湾/国民党那里，这种叙述无论在抗战当年还是后来的中国台湾历史中，都显得颇为暧昧。而 1990 年代以后中国台湾政局的变迁与统独分化，正如陈光兴所分析的，其背后乃是本省/外省人不同的历史经验所造就的不同的情感结构。[①] 这一分化的关键，在于如何看待抗日历史与日本在中国台湾的殖民史。

显然，《色·戒》并不能带出这全部的历史复杂性，不过，它最有意味的地方却正是如何再现易先生这个汉奸的叙事方式上的暧昧性。这不只是汉奸被人性化了，更主要的是他的国族认同的含混性；他虽然身居汪伪政府的高位，但看起来那个张秘书比他更得日本人青睐；他的书房乃至约会的私人信笺上，都是孙中山而非日本天皇的画像。影片中一个暧昧的情节，是易先生破获重庆方面的情报站、抓捕了两个重要人物（其中一个是易先生从前党校的同学）后到手的一批重要武器，居然并没有交给日本人（通过老吴之口说出"奇怪的是，日本人也在找这批武器"）。网络上一位名为"西班牙之眼"的网友，依据

---

① 陈光兴：《去冷战——大和解为什么不/可能》，收入《去帝国：亚洲作为方法》，台北：行人出版社，2006 年。

《色·戒》的人物、情节、背景、特写、台词等，重新解读了文本的主题，认为影片的多处漏洞，其实正是其悬疑所在，而悬疑的关键，则是易先生在珠宝店一场之前事实上已经倒向了重庆政府。[①] 这也就是说，所谓汉奸其实已经是重庆政府的卧底。尽管这种解读中不乏牵强之处，但它确实触及了电影文本中许多暧昧不明的地方。因此，用张小虹的说法，《色·戒》其实处理的是"国民党的内部分裂"："一方以抗日为爱国，一方以联日为救国"，"不仅让浪漫爱与祖国爱相互交生解构，更让汉奸与爱国青年彼此暧昧相连、同根而生"，从而打开了"国民党之内抗日爱国与连日救国的'内在褶皱'"。[②] 这种"没有国家的爱国主义"显然更多地关联着全球化时代李安与中国台湾第二代外省人的复杂历史体验与情感结构，它有着比"汉奸电影"更幽微与复杂的关于国族认同的体验方式。而这一点在中国大陆左派的批判中显然无法得到讨论。可以说，中国大陆知识左派与《色·戒》的碰撞，在某种层面上，也是两种不同的历史记忆与情感结构的碰撞。

同样值得提及的是，与抨击所谓"汉奸电影"同时，中国大陆影视界的大众文化主流，是抗战剧和民族主义叙事的流行，更有如《人间正道是沧桑》（张黎导演，2009）式的以民族认同超越国/共意识形态对立的新主流叙事。在后一层面上，《色·戒》在中国大陆的接受，其实也以有意无意的方式，显露出了中国大陆民族认同的暧昧性。那些将《色·戒》界定为"汉奸电影"的左派批评者，完全跨越了国共之间的意识形态对立，将王佳芝历史原型人物国民党中统间谍郑苹如视为"民族英雄"。这与抗战剧建构民族主义的方式是一脉相承的，即在对抗外族的情境下，重组中国内部不同政治群体的国族认同。在这样的背景下，《色·戒》"爱上汉奸"成为最不可饶恕的罪责。如果说他们

①　spanisheyes123：《张秘书、郭司机、阿妈和书房——开启〈色·戒〉悬疑迷案的钥匙》，http://www.douban.com，2008 年 11 月 11 日。

②　张小虹：《爱的不可能任务：〈色·戒〉中的性、政治、历史》，收入北京大学电影与文化研究中心主办的"全球化时代的华语电影与国族叙述"研讨会会议论文集。

无法理解《色·戒》文本所隐约呈现的国民党政治方略的冲突，无法认同一种全球化语境下暧昧的中国内部视野的话，那么有意味的是，他们所建构的民族认同方式也不再是抗战时期那种以意识形态分歧为前提的国族认同方式。相当有意味的是，他们指认郑苹如为"民族英雄"的方式，正如中国大陆抗战民族主义影视剧中处理国民党与共产党的关系，不再把国民党描述为不抗日的民族败类，而是在国共携手抗日的基础上重构中华民族整体想象。因此也可以说，《色·戒》文本内外的冲突，不止是有关抗日战争的历史记忆与情感结构的冲突，也与全球化情境下如何重构国族认同的方式的冲突关联在一起。

这些冲突的存在也就意味着，在跨越冷战意识形态界限的表象下，国族与意识形态的边界并没有真正被超越，而只是国族认同与历史记忆被做了极具意味的重构。这种重构显然与全球化处境密切关联在一起，它使得那些曾经被控制在冷战分界线两边的、既是物质/经济的也是文化/情感的许多因素，得以历史性地相遇和并置。但这一基本的历史情境，并不意味着政治与意识形态终结了，更准确的说法应该是，消失（或仅仅受到质疑）的是那种冷战式政治身份的建构方式，确立起来的乃是一种新的性别/国族认同。

同样的情形也与《生死谍变》密切关联在一起。影片的主题可以被概括为控诉冷战如何造就了朝鲜半岛民族分裂的痛苦。一对跨越了冷战造就的意识形态、国族分裂界限的情人，便是对这种历史暴力的最好控诉。影片中接吻鱼作为恋人的象征、鳟鱼作为民族整体与统一的象征意涵都是直接而明晰的。但是，人们常常忘记的是，这仅仅是一部韩国电影，它所追求的国际市场并不包含朝鲜。影片所做的突破和再阐释都是在韩国语境的可接受范围之内，并由此而对民族分裂与民族统一做了一种韩国式的、而非朝鲜民族整体的叙述。首先，影片对朝鲜的书写和想象方式仍然是冷战式的。无论从其想象朝鲜人及其采取恐怖活动的方式，还是从金明姬之所以认同韩国身份的内在逻辑，都可以看出一种反共意识形态的延续。其次，影片叙事中所表

现的韩国自我确认的方式，乃是在一种自我中心的韩国意识基础上展
开的。因此，不仅对于民族统一的叙事方式，而且对于冷战时期反共
记忆的书写方式，都仍旧局限在一种冷战式的意识形态与国族认同的
疆界之内。在批判民族分裂的历史暴力时，它并未真正反省国家与民
族间的认同方式，而是将韩国认同作为影片民族主义驱动的内在依
托。更有意味的是好莱坞、美国在其中扮演的潜在而重要的角色。这
是一部韩国式的好莱坞电影，它在沿袭好莱坞的叙事结构、造型风格
与故事形态等基础上，把朝韩民族分裂这一重大政治事件作为叙述对
象。可以说，这是一部包装在美国电影叙事形式内部的韩国故事。在
历史叙述上，它将朝韩分裂解释成朝鲜的穷兵黩武、嗜勇斗狠，而完全
不在任何地方涉及美国(也包括苏联)在其中扮演的暴力角色。美国
在《生死谍变》中的缺席，正如日本在《色·戒》中的缺席，都将冷战格
局所造就的复杂历史记忆，改写为民族内部的、"自己人"的无谓争
端，好像只要他们自己愿意，一切恩怨就可以化解。这种越过国家界
限而重新划出的民族之"内部"，其实并没有越出冷战式国族想象的
疆界。

　　而就大众意识形态而言，在《生死谍变》的性别角色与国族认同的
对等关系上，恐怕没有什么比一个潜伏下来准备刺杀韩国特工的朝鲜
女间谍，却被前者的浪漫与魅力征服而爱上他这样的故事更能够表达
身为韩国人的民族自豪感了。这其中的韩国/朝鲜与男/女的对等结
构，同样也不能颠倒过来。要是朝鲜的左派知识分子能够在韩国发声
的话，那种抨击的激烈程度，一定远甚于中国大陆知识左派对李安的
批判吧。在这一意义上，女性再度成为国族争斗的客体。在影片
中，金明姬在性别与国族间的犹疑，以及如何从间谍的国族认同转向
女性的个人情爱，这些都做了间接的处理。女主人公对韩国与朝鲜这
两个国族身份的拒绝("和你在一起，我不是金明姬，也不是朴美
玉，我就是我自己")，并不意味着她超越了国族认同。就影片的叙事
认同而言，不如说这部韩国电影更多地表明的是，韩国的"民主"和

"人性"如何驯服了作为杀人机器的朝鲜女间谍。在这样的意义上，"美人计""交换女人"的故事被改写成了"他们的女人"如何成为"我们的女人"。

结语 "去政治化的政治"

探讨《生死谍变》与《色·戒》这两部影片得以产生及其被消费的政治经济驱动和性别/国族叙事，看到的不仅是特定谍战叙事"美人计"的当代意识形态，也可以将其视为东亚后冷战情境下的一种国族认同与历史记忆的征候式表达。在其中，人们可以看到冷战记忆的疏离和瓦解，看到资本全球化动力下的意识形态与国族界限如何被穿越；更可以看到，穿越意识形态与国族界限的行为本身又如何是意识形态的和被圈定在国族疆界里面的；同时也能看到女性形象在其中扮演的复杂角色：它在怎样的意义上撼动了父权制的资本市场，又在何种意义上仍旧为其所用。这些不同的层面，共同提示的是探讨东亚后冷战情境下一种特定政治叙事形态的可能性。卡尔·施密特曾用敌/我对立来界定政治的基本内涵。① "亲密的敌人"这一暧昧的叙事形态，显然并不意味着政治本身的消失。当崔相焕在与爱人/敌人金明姬紧张对峙的时刻当机立断地扣动扳机，当易先生以他惯有的精明签署王佳芝的死刑令，表明的都是政治对抗并没有消失。但与此前的政治不同的是，这种携带着真实的爱欲动力的对抗关系，是在一种似乎丧失了历史重量的日常生活/私密情感关系中展开的。这或许也正是在以别样的方式显现全球化语境下"去政治化"的政治形态。

显然，仅仅"去政治化"或重新把冷战政治"政治化"，并不能解决这一新的历史情势凸显的问题，相反，由于拒绝去认知他人与自我的复杂历史记忆与情感结构，冲突与对抗将会以别样的方式繁衍下去。

① 参见[德]卡尔·施密特：《政治的概念》，刘宗坤等译，上海：上海人民出版社，2004 年。

如果说"中产阶级时尚"的国际接轨显得过分轻飘的话，"汉奸电影"的抨击也未必能够揭示问题的关键所在。或许真正需要的是一种新的认知与批判的语言，它能够显示出不同的历史/族群主体在这一新的历史情势下冲突的关键所在，也能够安置不同的历史与族群主体的内在诉求，从而使得一种真正拆除冷战结构的和解关系成为可能。

第二十一章　"秋月无边"：许鞍华电影的
中国香港叙事与中国认同

一　许鞍华与中国香港电影

中国香港导演许鞍华1979年第一次独立执导拍摄完成影片《疯劫》(也是香港电影新浪潮的发轫作之一)，距离2019年是40年，与中国内地改革开放40年的时间几乎一致。从这样一个时间跨度来看许鞍华以及香港电影史，当然是极具历史意义的。这里主要希望通过对许鞍华电影的分析来探讨中国香港人的情感结构。具体的角度是考察她电影文本中呈现出的中国内地想象和香港想象，特别是在内地和香港叙述关系的格局中来分析香港人中国认同的独特性。

这种观察也希望放在21世纪以来中国内地与香港电影互动的历史脉络中展开。2003年，中国内地与香港签署CEPA协议(《内地与香港关于建立更紧密经贸关系的安排》)。此后，香港导演大批北上来内地拍电影。特别是2008年签署补充协议之后，内地和香港的合拍片成为中国电影国产片的主流。2016年国产片票房排在前6位的5部影片都是中国内地和香港合拍片。更引人注意的是，2013—2014年出品的中国内地和香港合拍片中，许鞍华的《黄金时代》、王家卫的《一代宗师》、陈可辛的《中国合伙人》和徐克的《智取威虎山》，可以说是香港电影北上的巅峰之作，也是国产片的重要作品。这些电影制作融入中国内地电影市场，资金是内地的，设想的受众群体也主要是内地观众，但有意味的是，他们的"香港性"并没有消失。这种"香港性"既表现在香港电影自身形成的制作方式、叙事传统与文本风格，也表现在香港电影导演带入的独特视角和文化认同。如何理解并阐释这种"香港性"，不仅关乎电影，当然也关乎中国内地与中国香港关系中的中国想象问题，因此，可以把许鞍华电影放在这样一个历史脉络和参照关系中来看她如何叙述内地与香港。从这样的角度，谈论许鞍华不只是谈论中国香港电影史，也是谈论中国电影史乃至更宽泛意义上的华语电影史。

可以说，许鞍华电影的"香港性"始终是参照内地想象而形成的，其中国想象在一种内地与香港的变奏格局中呈现。就香港电影自身的历史脉络而言，许鞍华的独特位置在于，她最早将香港电影从胡金铨、张彻等的家国叙事明确转移到香港的在地日常生活叙事，并将这一点发展成她个人艺术风格的主要特征。从1979年的《疯劫》到晚近的《桃姐》《明月几时有》，许鞍华可以说是最细腻也最集中地表现香港普通市民日常生活（集中于女性书写）的导演，"香港性"由此表现为具体而日常的香港草根人群的生活叙事。正如影片《客途秋恨》中人物晓恩的自白，这是四处寻找故乡而处处是他乡的"客途秋恨"的彷徨之后，对自己生活所在地的情感与文化认同。这种认同不是在中国内地和中国香港对立的关系格局中展开，而是立足于日常生活讲述香港普通人的故事，同时也在故事讲述中反复呈现出基于香港而对"中国性"的独特理解。可以说，许鞍华电影的"香港性"叙事中始终包含着"中国性"。

二 冷战情境中的中国叙事

在北上中国内地拍片的中国香港导演当中，许鞍华是比较独特的一位。作为左翼电影人，她很早就有到内地拍片的经验和机会，因此

她电影中的内地和中国香港叙述会更复杂一些。可以将其电影创作历程区分为三个阶段:

第一阶段是从 1981 年的《胡越的故事》到 1987–88 年的《书剑恩仇录》。这一时期的许鞍华电影包含着一种关于中国内地和中国香港的冷战式想象方式,中国内地既是一种"缺席的在场",也是一种"在场的缺席"。

例如《投奔怒海》,虽然讲述的故事发生在越南(实际拍摄地点是中国海南),文本叙事并不涉及中国内地,但是许多观众将其视为一种关于革命中国的寓言式呈现。这当然是基于中国内地与中国香港的冷战区隔而对社会主义革命年代形成的一种冷战式想象方式。1984 年她重拍张爱玲小说《倾城之恋》,讲述抗日战争期间香港沦陷背景下发生的爱情故事也别有意味。如果联系 1980 年代初期中国与英国就中国香港问题达成的 1997 回归协议,所谓"倾城之恋"也可以解读成是"恋'倾城'",对回归之后不可预知的未来的恐惧,实则源自中国内地与中国香港多年的冷战隔绝。这两部影片对中国内地的叙述都是某种"缺席的在场",这是电影中两地因殖民、冷战历史区隔所造就的一种刻板反应。

《书剑恩仇录》(包括 1987 年的《江南书剑情》和 1988 年的《戈壁恩仇录》)中的家国叙事,对于理解许鞍华的中国认同是特别有意味的。其中,中国内地是在场的,这也是许鞍华第一次直接到中国内地取景拍摄,并以发生于中国历史场景中的家国恩仇故事作为叙事对象。但这部影片实际上没有呈现出中国内地的特性,更像一部风光片,江南中国和北方中国都是一种景观式的呈现,可谓一种"在场的缺席"。风景的拍摄占据了过多的镜头,常常游离出了叙事本身的需要。

第二个阶段从 1990 年的《客途秋恨》开始,直到 2002 年的《男人四十》,其叙事主题可以概括为"主体的离散和再聚合"。这个时期的许鞍华电影,在非常宽广的区域关系和层叠的历史记忆中,叙述生活在香港的中国人主体认同的内在分裂与再聚合。这其中最重要的影片,当然是许鞍华的自传性作品《客途秋恨》,包含了母女两代人主体认同的变奏关系。主人公"我"(晓恩)主体认同的转移,是从对爷爷奶奶所代表的中国内地的认同,转移为对中国香港的在地认同。影片结束的时候,镜头停留在罗湖桥,这是一种连接,也是一个断裂。晓恩这个认同重建的心理过程是与母亲对日本的态度同步展开的:虽然嫁给了中国人,流转于中国的东北、澳门、香港等地,但母亲一直对自己的生养之地日本怀有深刻的眷念之情。当年近五十终于和女儿一起回到日本,母亲了却心愿的同时也领悟到,故乡其实已是异乡,倒是长久生活的中国香港才是她真正的情感认同之地。母女俩在故乡与异乡间的心理变化过程,显现的是在地的中国香港人主体认同的曲折心理,充满着一种主体离散、漂泊失所的忧伤。中文片名"客途秋恨",同时对应的是英文片名"离散之歌"(Song of the Exile)。

《客途秋恨》开启的是许鞍华电影一种新的主体认同和中国叙述,此后的《女人,四十》(1995)、《半生缘》(1997)、《千言万语》(1999)、《男人四十》(2002),都在延续主体的离散叙事主题的同时,也开始包含着离散之后主体的再聚合想象。在新的主体想象中,中国内地实际上成为了被叙人物自觉地意识到的内在构成部分。比如影片《男人四十》中,中学语文老师林耀国(张学友饰)讲授的中国古典诗词,同时也是他精神世界与情感世界的内在依托。中国香港社会的英国化使他这个国文老师自甘边缘,与来自中国台湾的中学启蒙老师及妻子陈文靖(梅艳芳饰)的情感纠葛,也与他们对中国的文化认同紧密相关。因此,影片最后主人公解决情感问题的方式,是在临终的启蒙老师面前背诵苏东坡的《前赤壁赋》,是回到中国内地亲身去看祖国的三峡。这可以说是对他内在主体结构中的"中国性"的认可和接纳。

《女人,四十》中女主角孙太阿娥(萧芳芳饰)的人生体悟叙事,主要围绕如何对待患了老年痴呆症的公公(乔宏饰)展开。公公的疾病特性是记忆的幻觉和固置,这些记忆与公公曾是抗日英雄这一前史关系密切。而有意味的是,影片的叙事过程其实也是阿娥承认并接纳公公的幻象具有真实性的心理过程。"六月雪"("Summer Snow")这个英文副标题,是要强调阿娥承认了公公幻觉中的六月雪和鸽子,平凡琐屑生活中的烦恼由此升华出某种悲悯而欢愉的感悟。这同时也意味着她接纳了公公所携带的中国内地历史与记忆,并将其作为自我认同的内在构成部分。值得提及的还有《千言万语》叙述中国香港在地形成的左翼社会运动,但是这里的左翼不是中国内地的左翼,因此与中国内地主体的革命历史形成了具有潜在对话关系的差异形态。

三 北上与南归的变奏叙述格局

第三阶段大致从 2003 年的《玉观音》开始,是许鞍华电影创作的一个新阶段,主要影片包括《姨妈的后现代生活》(2007)、《桃姐》(2012)、《黄金时代》(2014)、《天水围的日与夜》(2008)、《明月几时有》(2017)以及《第一炉香》(2021)等。这是许鞍华北上中国内地拍摄电影的时期。与此前在中国香港电影市场体制中的制作不同,这个时期许鞍华进入中国内地电影市场,主要依托中国内地资金和中国内地市场制作影片。即便是依托中国香港本地资金完成的拍摄(如《桃姐》),也无法忽略中国内地电影市场的影响。因此在电影文本叙事的层面,她必然需要建构出一种能够让中国内地市场与观众接受的协商性中国叙述。

在北上的中国香港电影导演中,许鞍华有其独特性。自 2003 年的《玉观音》开始,她进入中国内地拍片的阶段,可以说是形成了"北上南归的变奏叙事"。也就是说,她在"北上"的同时,始终没有放弃"南归"的诉求,因此香港叙事与内地叙事之间构成了一种非常有意味的"变奏"关系。"变奏"的意思是说,同一个题材或故事,许鞍华会讲两遍,一遍讲中国内地,另一遍讲中国香港。大部分中国香港导演北上之后拍摄的影片,都很少把中国香港作为直接叙事对象,相对而言,王家卫(特别是《一代宗师》)和许鞍华电影中的中国香港是直接出现在文本中的。不过许鞍华表现得更明显,她讲一个中国内地的故事后,就要很快讲一个中国香港的故事来匹配。这种"变奏"性体现在她这个时期的所有电影中。

比如《姨妈的后现代生活》和《桃姐》构成一种变奏关系。这两部电影有相似的主要人物:一个是姨妈,一个是桃姐,都是老年女性,而且她们之间也有一种价值观的变奏:姨妈(斯琴高娃饰)的生活是"后现代的",而桃姐(叶德娴饰)过的是"单纯生活"(英文篇名为 A Simple Life)。就两部影片的叙事效果而言,可以说许鞍华非常善于把握中国香港城市的空间感和人文体验的细节感受,但是对中国内地(包括上海、鞍山等城市)就缺少这种体认的内在性,因此不太能够把握住中国内地城市生活空间和人群的独特性。一个例子是《姨妈的后现代生活》里出现的月亮:中秋节的夜晚,姨妈在上海这个城市里饱受精神和身体的创痛,孤独地躺在医院的病床上,这时窗外升起一轮巨大的超真实的魔幻月亮(这个月亮后面再次出现在另一个剧中人物宽宽眼前)。这个月亮给观众形成了一种怪异的印象,很难说表达出了中秋节对于中国人而言的文化与情感内涵,也没有造成那种摆脱生活的烦扰回归本心的情绪反应。可以说,这个月亮与姨妈的生活一样,也是"后现代的",有点怪诞和不可理喻。

另外一组更明显的变奏是《黄金时代》和《明月几时有》。《黄金时代》讲述的是抗日时期的左翼作家萧红(汤唯饰),《明月几时有》讲述的则是中国香港抗日英雄方兰(周迅饰)。两部都是抗战时期的女性传记故事片,在叙事时间上也存在对应关系:一部讲的是从中国东北沦陷到中国香港沦陷,另一部讲的是从中国香港沦陷到抗战结束。而且它们都具有某种纪录片(或伪纪录片)的拍摄风格,以期呈现一种怀旧式的历史影像感与人物形态。就叙事空间来说,《黄金时代》呈现的是抗战时期的中国,《明月几时有》则可以说是呈现抗战时期的中国香港。《黄金时代》叙述的空间跨度很大,从东北的呼兰、哈尔滨,到青岛、上海、临汾、西安、武汉、重庆,最后到香港。萧红足迹所至的地理中国也是《黄金时代》的另一个表现对象,可以说这部萧红传记片,某种意义上也是民国时期地理中国的空间展示。但是,比起1987—1988 年的《书剑恩仇录》,这里的风景不再是空洞的"风光片",人物体验和地理空间的人文内涵彼此交融,呈现出一种有关历史中国的深切体认。这也是许鞍华超越了前两个阶段对中国内地的隔膜感,而真正深入中国的具体表现。《黄金时代》里最有历史感的中国影像展示,一是东北的雪原,一是战时夜色中的长江,一是解冻后的黄河。特别是在从武汉到临汾的火车上,端木蕻良(朱亚文饰)凝视窗外解冻的黄河,感叹"北方是悲哀的",这时摄影机镜头升起,急速地摇过火车顶部,移动航拍冰雪消融滚滚东流的黄河,这或许是《黄金时代》最美、最有沧桑感的几个镜头之一。相对而言,《明月几时有》里的叙事空间就比较单一,主要集中于香港。但是对香港抗战时期的空间的复原和日常生活细节有非常细腻的展示,是平民市井视野里寻常街巷中的人间烟火。这也是这部表现抗战题材的影片不同于绝大部分影视作品的地方:它把抗战这样宏大的家国叙事拉回到吃饭、穿衣、恋爱、婚丧嫁娶的琐屑生活叙事中,从而赋予宏大主题以超越历史的厚实感。

除了上述两组变奏,《天水围的夜与雾》某种意义上与《第一炉香》也可以构成变奏关系,叙事对象都是在香港的内地人,讲述他们从内地到香港的经验、记忆和遭遇。总之,无论许鞍华本人对这样一种中国内地与中国香港的叙述格局是否自觉,就其文本叙事和影像风格而言,都确实存在着这样的"变奏"性。这也从"电影作者"论的意义上显示出许鞍华电影某种原点性的情感结构与叙事(无)意识。

四　中国经验的区域差异与文化认同

从许鞍华电影文本中的中国内地与中国香港叙事出发,可以在一种历史化的当代视野中来探讨香港人的中国认同问题。一般所强调的中国认同，其实包含着一个二元对立的内在结构，即中心和边缘的对立。站在中国内地的主体位置和站在中国香港的主体位置，似乎不言自明地构成了一种对抗性关系，好像站在中国香港位置就不可能同时包容中国内地认同，而站在中国内地的视角也就不可能接纳中国香港人的特殊性。这种思维方式本身显然需要被重新思考，这不只是针对中国香港人，也针对中国内地人。这背后的理论问题涉及我们到底如何看待中国认同与文化想象的同一性和差异性问题。

中国香港某种意义上可以称为中国的"边疆"。当然，中国香港这个"边疆"不是一般意义上处于落后状态的边地，而是冷战历史与冷战结构所造就的中国内地与全球经济体的前沿接触地带，中国香港正是在这个意义上具有跨区域互动的"边疆"性质。许鞍华的《客途秋恨》以个人自传性的家国之思，直观地呈现出了冷战后期在这个"边疆"地带生活着的人们在历史、情感和文化认同上的复杂状态，可以视为考察香港认同复杂性的最富历史深度的文本之一。事实上也可以说，许鞍华电影所讲述的中国内地与中国香港的"变奏"关系，始终在处理冷战历史造就的中国香港区域性经验的差异性，与当下全球化时代中国认同的复杂性。这种将"边疆"和"中心"并置的中国叙述，理想的状态是真正的"一国两制"或"多元一体"。这意味着中国认同应该包含内部的多种差异性，比如中国香港基于特定的英占、冷战经验而具有的特殊性。这也就需要承认在中国香港的中国人有某种"差异性的主体位置"，不同于北京的中国想象，不同于上海或东北的中国想象，但他们也是中国人。

如果把问题的讨论提升到这个层面，再来看许鞍华的电影叙事，就会有更多值得深入讨论的地方。许鞍华电影中的中国叙述，具有某种针对中国中心的疏离感。这包括地理空间的某种疏离性（比如香港相对于上海或东北），也包含对中国意识形态主流叙事（如革命、冷战等）的某种间离性表达。《客途秋恨》在宽广的地缘政治区域视野中来叙述个体的离散感,解构了对故乡(爷爷奶奶所代表的中国和母亲所代表的日本)的一般性国族认同,并在影片结束时确立起了一种对中国香港的在地性认同。但这种认同不是一种本质性身份的认同,不是说认同中国香港就一定要和中国内地(或日本)对抗,而可以说是一种"没有本质性关系的在地认同",即不是基于血缘共同体的民族主义认同,而是基于长久的共同生活经验而产生的在地认同。当晓恩和母亲的认同转向她们生活所在地的香港时,日常的衣食住行这些人生最基本的生存事实,开始因其地域的差异性而获得了文化意义。当母亲在日本故乡开始怀念中国香港的煲汤,当晓恩告别在广州的年迈的爷爷奶奶走向罗湖桥的另一边,这里同时包含着一种连接与断裂、认同与分离。主人公将她的认同放在了一种自觉的疏离性的在地状态,从而与一般的中国民族主义中心叙事构成了一种对话关系。

这种叙述上的疏离性,更能呈现出有关中国认同的现代历史经验的差异性。事实上,现代中国认同的形成并非均质性的,而是存在着区域性的差异。这种差异与 20 世纪的殖民、革命、战争、冷战等历史事件在不同区域的展开样态关系密切。中国香港的独特性,一方面因其曾与中国内地分离,也因日本帝国主义战争和 1950—1980 年代的冷战历史,而处在一种与中国内地非常不同的状态中。这些历史经验,使得中国香港的文化认同与中国内地既关联又有自身的独特性。由此而形成的中国文化认同,也存在着不同方式。

最值得分析的是《黄金时代》和《明月几时有》中的中国认同叙述。这两部影片虽然都是在宽泛的左翼历史脉络上展开的,但其叙述"革命""内地"的方式仍表现出了明显的"香港性"。比如在《黄金时代》里,作为革命中心的延安是"进不去"的,而在《明月几时有》中作为抗日革命总根据地的中国内地是"对岸"的。这种地理上的疏离感,意味着电影叙事是站在中国香港这个主体位置上展开的。尤有意味的是《明月几时有》中出现过两次由主人公吟诵现代作家茅盾的散文《黄昏》。《黄昏》的原文主要讲的是"夕阳",但电影中只截取了

"黄昏"和"大风雨的夜晚"的部分。"夕阳"（太阳）是中国内地革命的象征，而在中国香港视角里，却只有"黄昏"和"明月"。其中可以说包含了关于中国革命的不同想象和理解方式，即只讲革命的侧面或背面，不讲革命的正面或中心，这也可以视为许鞍华作为中国香港左翼电影人一种潜在情感结构的表达。

但同样值得讨论的是，这种建立在差异性历史经验基础上的区域主体性或疏离性，并不是在"中心"与"边缘"的二元对立格局中展开的。许鞍华电影在表达某种疏离性的香港叙事立场的同时，总是力图将其统一到一种更具包容性的中国文化认同之中。除了《黄金时代》中的地理中国想象和萧红的故乡记忆，更典型的影片是《明月几时有》中出现的苏东坡诗词中的明月。

"月亮"是许鞍华最喜爱的影像之一，在她的电影叙事中，月亮的出现总是包含着某种深沉的故国之思。特别是影片《客途秋恨》，片头的粤剧"凉风有信，秋月无边"，一开始就奠定了家国离散、恋人分隔的忧伤情调，而影片的中文名和主题曲都刻意强调"客途秋恨"的意境。在漂泊离散的旅途中，唯有凉风与秋月年年可见。秋月照离人，无边的月光下共有的是一份故园感怀和相思之情。这种被中国古典诗词无数次书写过的"秋月"意象，某种程度上成为一种有关中国人的文化乡愁。从这样的角度来理解《姨妈的后现代生活》中那轮巨大而有些怪诞的中秋明月，或许又多了一层文化反思的意味。而在影片《明月几时有》中，"明月"这次是直接出现在片名里的，显而易见地寄托了中国内地和中国香港两地的相思之情。更值得分析的是，这里的月亮是有国别区分的。苏东坡和中国人的月亮，是不能被日本人占有的明月，所以李锦荣（霍建华饰）会对那个热爱中国古典诗词并对自己怀有暧昧情感的日本大佐（永濑正敏饰）说："你们日本人不会懂。"这里表达的爱国情感，是在"恨日本"这个历史前提下将中国内地和中国香港统一起来的文化认同。那是只有中国人才能体认、才能拥有的文化之乡。影片叙及的抗日东江纵队、接送过境香港的内地文人，都将叙事视点放在香港，而将内地放在了影片叙事的"对岸"。这些叙事上的选择，都可以说是一种立足香港差异性的中国认同叙述。

许鞍华曾如此界定电影的本体论意义："电影的主要部分在于人与人沟通。也就是说，我有重要的事要讲，就通过故事讲出来让人去感受，而要讲的是超越时代。当然，要包装，一定要有潮流感觉，去吸引人去看，但不能搞错，以为电影就是潮流本身。"①可以说，她的电影既是一种表达日常生活中普通人和人沟通的艺术媒介，同时也可以充当内地和香港社会心理沟通的文化政治媒介。在这里，生活与政治是统一的，她既不会为了政治而抹去生活的丰富性，也不会为表现生活而刻意避开政治话题，而是表现两者融合在一起的那种原生态生活质感。许鞍华强调自己的电影"不是要突出政治，而是生活感"，讲的不是人物的"政治生活"（political life）而是"生活"（life）②，这使得她的电影作品能够让我们从一种更日常的视角去观察和思考国族认同、历史记忆、社会运动这样的大问题。

就中国认同叙述而言，这意味着许鞍华电影既专注于表达普通饮食男女的日常生活，特别是她所熟悉的香港市民和女性的生活，同时也具有宽广的历史视野和悲欣交集的人生领悟，将香港日常生活中那些基于特定的冷战、殖民历史经验而形成的差异性中国认同呈现出来。这是她的电影叙述总能与内地叙述形成一种"变奏"关系，并超越了一般香港电影的市民趣味的地方。这种具有生活质感的文化政治视野和她的影片在艺术上所到达的高度，共同塑造了许鞍华在香港电影史（也是中国电影史）上的重要地位。

---

① 邝保威编：《许鞍华说许鞍华》，第 123—125 页，上海：复旦大学出版社，2010 年。
② 邝保威编：《许鞍华说许鞍华》，第 29、94 页。

后 记

这本写了 20 多年的书,终于以相对完整的面貌出版了。

全书的写作过程和基本设想,在序言中都已论及,因此没有想过要写后记。编辑雅秋跟我说,最好还是有个后记,让普通读者能更容易进入这本书。我想了想,也是。序言中的介绍和阐释,都是整本书的构成部分,一些旁逸斜出的感想,不好在正文中论及。因此,在书稿即将付印之际,补写这样一篇后记。

一

首先要说,这是一本以论文形态编成的书稿,但并不是一本伪装成书稿的论文集。全书的主题统一在 21 世纪如何重新叙述和建构中国认同,并从思潮、研究者、大众文化这三个层面展开。

因为写作时间拉得长,书中的一些章节在我此前出版的论文集中部分出现过。其中,第四、十七章曾收入《人文学的想象力——当代中国思想文化与文学问题》(河南大学出版社,2005 年);第一、十九章曾收入《思想中国:批判的当代视野》(广东人民出版社,2014 年);第十七、二十章曾收入《女性文学与性别政治的变迁》(北京大学出版社,2014 年);第一、二章曾收入《打开中国视野——当代文学与思想论集》(北京大学出版社,2020 年)。

收入上述书中,是因为主题的相关性,也是因为担心这本我一直在计划、构想的书，能否最终定型。与我的其他书稿不同，这本书不是当课题或项目来写的，而是出于兴趣或一些偶然性的机遇，边观察边写作边推进。特别因为书中论及的思想文化议题，都具有描述和分析正在现实中展开的文化实践这种特性，所以它是开放的，也许可能是一直都难以做出结论的。

在 2020 年的驻足反思中，我意识到，我所关注的 21 世纪中国问题，在当下社会中已形成了较为清晰的轮廓，并且与我在写作中观察到的情形大致相近。可以说，是中国社会发展的现实，替我的写作画上了一个阶段性的句号。以"文明自觉"作为全书的核心概念，也是基于这样的考虑。对于研究者而言，这自然是万分幸运的事情。由此，我才萌生了将这些聚焦于 21 世纪中国叙述问题的文章集中出版的想法。

二

书稿中有些章节写作时间很早，是 20 多年前带有初学者习作性质的文章。在编入本书的过程中，我都做了重点润色和改写。尽管清晰地感觉到这几篇文章的幼稚和粗糙，但仍旧将其纳入，一个原因是这本书的起点就是从 20 多年前开始的；另一个原因是，经过这些年的变化，我仍然欣喜地发现了关注问题和研究思路的一贯性与连续性。

人到中年以后，自己以为和青年时期相比变化很大，回头看看，才发现一些基础性的思路、方法和风格却好像是稳定的。这大概也是我之为我的原因吧。不过，也因此要提醒读者注意，书中各章节写作时间上的变化。尤其因为探讨的对象都是近距离观察当时的思想文化现象，所以观点的提炼和阐释的角度，都并不是对过去 20 余年的共时性总结研究，而呈现出随着时间的变化不断地延展和推进这样一条轨迹。这是一本真正与历史同步展开的书，从中可以看出思想文化领域20 余年来围绕中国叙述问题发生的变化，也可以看出我作为一个观察者、研究者的成长道路。

正因为各章节的内容是这样写出来的，将其统一起来的是"如何叙述中国"这一问题，所以，最终形成的结论"文明自觉"只在部分章节中展开，而没有统摄到全部章节。这样的一个结果，部分原因是由于这个结论的最终成形是逐步显现出来的，另外则是本书带有勾勒21世纪以来20余年的思想文化展开的轮廓和轨迹这样的诉求。或许读者会觉得本书核心观点的提炼和推进不够深入。但一本书有一本书的命运和任务。进一步的理论化尝试，我想留待以后的摸索和研究。从这个意义上说，这仍旧是一本未完成的书。

在具体的写法上，由于书中论及的多是构成热点话题的思想文化现象，我有意识地尝试追求表述上的某种可读性。但这种尝试还不能算很成功。朋友戏称我擅长写"大部头书"。此前出版的几本书都经历了多年的打磨，章节结构过于规范严谨，有时满篇是长句子和大段落，读起来很不轻松。这本书的总体风格也差不多。

洪子诚老师曾点拨我说：你可以写一点轻松的书，不要每本书都是大论文，也不用总是讲究有头有尾。不过到目前为止，我还是没有学会写作能读起来相对轻松的书。主要原因是动笔时总是瞻前顾后，上下左右前后都顾及到，唯恐思虑不周，于是，经常为了表达一个观点，需要考虑十个以上的观点来展开论证。这种学术的严谨性上或许是好事，但对于一般读者而言，却大概是一件比较痛苦的事情。能"深入"固然是好事，但"浅出"或许是更高的要求，如李零所说，"普及是最高境界，不是第一步，而是最后一步"。本书的部分文章，我也在尝试将严谨的学术讨论和生动可读的文字表达结合起来，但总体而言，仍旧更偏于学术风格的写法。希望在以后的写作中，能够在"深入"和"浅出"之间做得更好。

三

这本书的原发性动力，源自我想要以学术研究的方式认识自己生活其间的历史与现实的愿望。这是我早在求学期间就领悟到的学术研究的最大魅力。认识中国的历史与现实的方法，最初或许叫文化研究，但随着写作的推进，现在也不知道该如何命名才好。所谓文化研究、思想史研究、文化批评等，都不足以概括这种方法的特性，但又兼有这些研究的特点。这里，姑且称之为我的"中国研究"吧。

"中国"是一个大词，它包罗万象但又有生动可感的面孔和形象。作为中国人，我们都有意无意间在时时感知、体验、描述、研究着"我们的中国"。将所有问题汇集于"中国"这个能指，并非民族主义的自恋，而是因为它和我们作为中国人几乎所有的一切，生活、（无）意识、思想、文化、世界观等都密切相关。这是我们站立的根基，我们由此出发来认识自己、时代和世界。它很大，大到几乎我们所有的专业和学科加起来都不足以窥见其全貌；它也很小，小到张爱玲出门去买个菜，也会感慨"中国的日夜"。它很古老，几千年的历史就沉积在我们的语言和脚下的土地中；它也很新，新到我们需要到科幻文学中去构想未来。

如果我们不想把这样的中国仅仅收纳在"国家"或"民族"的现代性语汇中，或许"文明"是对它的更准确的描述。正是在"文明"这一范畴中，中国与中国人的过去、现在、未来才能得到某种有意义的直接关联。而在 21 世纪这样一个中国和世界都发生着巨变的时代，"中国是什么"变成了一个既新且旧的大问题。这也是"文明自觉"发生的时刻。

这可以说是一本研究 21 世纪"中国故事"讲述方法的书。在书中，我通过知识界的思潮、专业学者的著作、影视产业的文本，去触摸、分析、阐释同时代的人们所理解、所讲述的中国故事。故事的功能在于赋予现实以意义，我们由此才能把社会历史转化为我们的精神构成。在这个意义上，作为讲述者的个体或群体，既是现实的参与者，也是创造现实的人；既是渺小的生活者，也是创造世界的上帝。经由这些纵横交错的叙述所编织起来的故事，我们得以进入时代，体验"无穷的远方,无数的人们,都和我有关"的中国视野和世界视野。我们因此而丰富,因此而博大。

我把自己在写作中体悟到的这种感受,作为这篇后记的宗旨,分享给读者。也借此感谢所有在写作过程中给予我帮助和启发的师友。是为记。

2023 年 3 月 21 日